此时此刻

吴亮谈话录

吴亮 著

商务印书馆
The Commercial Press
2012年·北京

图书在版编目(CIP)数据

此时此刻：吴亮谈话录/吴亮著.—北京：商务印书馆，2012

ISBN 978-7-100-08701-8

I.① 此… II.① 吴… III.① 画家—访问记—中国—现代 IV.① K825.72

中国版本图书馆CIP数据核字（2011）第217782号

所有权利保留。

未经许可，不得以任何方式使用。

此 时 此 刻
吴亮谈话录

吴亮 著

商 务 印 书 馆 出 版
（北京王府井大街36号　邮政编码 100710）
商 务 印 书 馆 发 行
三河市尚艺印装有限公司印刷
ISBN 978-7-100-08701-8

2012年9月第1版　开本 880×1230 1/32
2012年9月北京第1次印刷　印张 16 1/2

定价：45.00元

目录 Contents

我等待着一个巅峰时刻（严培明　吴亮）　　　　　001

我每时每刻都在工作状态里（周铁海　吴亮）　　　013

一半是黑暗，一半是光明（柴一茗　吴亮）　　　　025

艺术品可能是世界所有物品的总和（吴山专　英格　吴亮）　043

恢复简单快乐，把艺术当作一个玩（马良　吴亮）　058

很平静很疯狂，画画就像在梦里（何赛邦　吴亮）　072

困难重重，但你必须得做下去（张恩利　吴亮）　　090

世界太神秘了，只是我们什么都不知道（李山　吴亮）　106

一个团队比一个个体更加重要（徐震　吴亮）　　　134

有效期，我的脑袋是空白（杨振中　吴亮）　　　　141

时间是最后的仲裁者（健君　吴亮）　　　　　　　152

走向自己，而不是为了走向世界（孙良　吴亮）　　166

作为一个人，他就是他自己的神（张洹　吴亮）　　177

高处不胜寒（洪磊　吴亮）　　　　　　　　　　　190

我希望有一个梦想（申凡　吴亮）　　　　　　　　213

迟早会有这一天（陈丹青　吴亮）　　　　　　　　225

中国当代艺术的若干问题（刘晶晶　吴亮）　　　　244

艺术的背后　　　　　　　　　　　　　　　　　　298
——在民生当代美术馆的一次演讲

当代艺术：返回非艺术的知识事件　　　　　　　　307

也许一切都很天然　　　　　　　　　　　　　　320
　　——在毛焰"意犹未尽"个人画展上的发言

不要把艺术家放到同一个秩序当中　　　　　　　325

赞美它就是批判它，反之亦然　　　　　　　　　329
　　——在"薛松1988—2011年回顾展"的发言

昏暗时刻突然出现的幽灵　　　　　　　　　　　332
　　——关于王燮达作品的一次谈话

受到影响的特殊性　　　　　　　　　　　　　　339
　　——在"K11贵阳艺术村城市零件工作室"十人油画作品展的发言

艺术是一种物与人的关系　　　　　　　　　　　343
　　——在"单体飞行"画展后与艺术家们的谈话

废墟就是崇高（马原　刘晶晶　吴亮）　　　　　352

先锋文学是历史上的一座座坟墓（木叶　吴亮）　376

中国人的道德水平一点都不低（梁捷　吴亮）　　409

你认为的重要事实对我无足轻重（梁捷　吴亮）　423

八十年代的先锋文学和先锋批评（杨庆祥　吴亮）430

踪迹与涂抹（杨小滨　吴亮）　　　　　　　　　454

南京，城市的肚子（上官秋清　吴亮）　　　　　466

一个人的上海（肖海生　吴亮）　　　　　　　　481

上海是座动物园（蛐蛐　吴亮）　　　　　　　　494

城市之魂　　　　　　　　　　　　　　　　　　500
　　——《环球企业家》专访吴亮

吴亮说吴亮　　　　　　　　　　　　　　　　　503

后记　　　　　　　　　　　　　　　　　　　　521

我等待着一个巅峰时刻

严培明　吴亮

（严培明，艺术家，现居巴黎。对话时间：2010年11月19日）

吴亮：培明，早就知道你名字。我第一次见到你，是在张兰生家，五年前的事了，那天你给了我一本画册，大红色封面，都是大头像，巨大的尺度，一路黑白，一路红色。全是单色油画，当时我还不清楚你为什么用这样一个方式来画画。后来我开始留意你，我们也常见面了。你曾说，如果你要画色彩，就会觉得有好多大师耸立在你面前，你必须要逃，要躲避他们。又有一次，我无意中在一本画册里看到你年轻时的习作，突然想起，三十几年前吧，就七十年代末那会儿，我曾经在一起玩的朋友那边，他们流传几幅水粉画，很小的，像一本书的封面那么大，画的是工厂工人。我看到两幅，一幅是小伙子，一幅是老师傅，边角有署名，"培明"俩字。当时我就想，莫非就是你吧，但我一直没机会问。

严培明：应该就是我吧，二十世纪七十年代，我还在中学时候，就喜欢画画，在上海就开始外面混。苏州河四川路桥下面，永远有一些船民，送货的船民，因为在顺路的桥下头，岸边，他们把货就卸在那里，上来煮饭。就是这样，我画了很多那些船民的肖像。

吴亮：他们就做你的模特？

严培明：就是，他们整天在船上，也没事干嘛，一面煮饭，我们一面上船去跟他们聊天嘛,他们皮肤黑黑的,起先就是这样认识了。

吴亮:现在,你总是叼着一支大雪茄。我看到大雪茄,就会想起格瓦拉,想起那些,那些出身底层,后来成了大腕,老大,不拘小节,不修边幅的人,就拿一支大雪茄。你有没有这样一个念头,就是说,历史上有过很多著名人物,他们都抽雪茄,雪茄是他们形象的一部分——你把他们画一个系列?

严培明:哦,没有,没有,我从来还没想过,雪茄也是。平时,因为我抽烟抽得太厉害了,雪茄对我可能比较好一点,可以少抽一点,用雪茄来代替香烟嘛。香烟里有很多香料,雪茄它比较纯,它没有另外加上去的香料。

吴亮:两年前,你在罗浮宫做了一个个展,叫《蒙娜丽莎的葬礼》。好像是,继毕加索以后,你是第二个在世的艺术家,还活着,被邀请在罗浮宫做个展。

严培明:我前面一个展览,就是毕加索,中间隔了三十几年。

吴亮:以前有吗?毕加索以前,在世的画家?

严培明:好像没有,没有画家。

吴亮:赵无极呢,被罗浮宫收藏的中国人,还有谁,我想。

严培明:没有,没有,他是被蓬皮杜收藏,不是罗浮宫。

吴亮:那罗浮宫基于什么理由选中了你,你知道吗?

严培明:馆长,正馆长,他特喜欢我的作品,就请我去了。

吴亮:这个权力完全属于馆长?

严培明:是,馆长说了算。

吴亮:并不是罗浮宫有这样一个制度?

严培明:没有,它慢慢地……罗浮宫过去一直是艺术家的天堂。大概近二十年当中,完全变成了一个旅游者的天堂。那个馆长,他想再把艺术家吸引进来,重新把罗浮宫变成艺术家的天堂,而不是只有旅游者。

吴亮：听说在这个展览中，你把自己画成一个死后的严培明。

严培明：因为以前，你要是作为艺术家的作品想进入罗浮宫的话，一般来讲你得死了之后，里面的艺术家都死掉了嘛，那我就来个装死，就蒙过去了。

吴亮：你是不是觉得，你通过了一幅画，提前进入了这个天堂？

严培明：能在罗浮宫办个展，对一个艺术家来说，是一生当中的一个荣幸。下次作品再进去的时候，可能这个艺术家就已经不在世了，就是说，这是我一生当中唯一的一次。我为这个展览准备了很久，一年多。

吴亮：多年前，你曾经说过，你说你在期待，等待着一个巅峰时刻，巅峰状态，等待来自世界最高权威的一个认同。是不是罗浮宫的邀请，已经可以作为一个标志，让你完成了这样一个对梦想的期待？

严培明：也没有，也没有。

吴亮：那除此以外，还有什么能够称之为巅峰呢？

严培明：这个对我来讲是新的起步吧，还不是巅峰。罗浮宫办这个展览，不是我的回顾展，而是，很简单，就是一个想法，一件作品，一个展览。

吴亮：一说起中国当代艺术，说起毛的形象，往往和政治波普联系在一起，和二十世纪八十年代末、九十年代的中国背景有关。那时候你已在巴黎多年，和中国没有什么瓜葛了，可是你比国内那些画家画毛更早，你画了很多大幅的毛泽东头像。你没有在本土上做这件事，与这个画毛形象的浪潮无关，所以你就没有被归在政治波普这个范畴里。你好像在哪里说过，你画毛，和那些人画毛不同，你没有把毛作为政治符号；你说在毛身上看到了一种梦想，一种力量。

严培明：在不同的地方生活，就会有不同的对待艺术的态度。你想，要是我在法国画老毛，也画得像他们一样政治一样波普的话，那就是怀旧，而我不是怀旧的，完全不是。我1981年去法国的时候，还没人画毛嘛，"文革"以后，大部分艺术家全部避开这样的政治题材，慢慢地，逐渐地，大家比较避开政治了。在二十世纪七十年代全部是政治，到八十年代，大家很讨厌用政治题材去画画嘛。这段时间，把政治题材全部丢掉了，我到法国以后，因为这个国土不同，环境不同，我画的毛，完全是一种，想用他的形象，确立一位艺术家的起点。当时去的时候，那里也没人知道我嘛，可以画毛，通过他的形象来宣传艺术家的身份和主题。

吴亮：那时你不仅画毛泽东，差不多同时，你还画李小龙，大幅的李小龙，在西方唐人街的华人世界，包括一些西方观众当中，特别是亚裔的或非洲裔的，都知道中国香港有个李小龙，他们很多人也知道毛泽东。我猜想，你在这里，肯定是兼而有之，你不仅是想画毛泽东，也不仅是想画李小龙，你还是想通过画他们来讲你自己吧。

严培明：对，因为当时，你画了老毛，你还要选另外一个中国人。我首选我父亲，我父亲以后，我就选了李小龙，最后我选了我自己。当时在我的作品中，出现的中国人比较少。每个选择都有一个很严谨的理由，要问一下，为什么用这样的人物。你想，李小龙，大部分第三世界的人都知道他，特别是那些非洲国家、南美洲，第三世界家喻户晓。而在西方上层社会，很少有人知道李小龙。

吴亮：你曾经说过这样意思的话，你解释为什么画你父亲，你说你父亲非常了不起，非常伟大，他一个人养了你们一家子，他没什么文化，也不懂什么叫艺术，你看到他，心里总是一种感动。你好像还说，把这个作品，这个展览，献给你的父亲，当时你父亲好像还活着。

严培明：没有，在上海展览的时候，他已经去世了。

吴亮：对不起，他已经去世了……你这一番话，说得很感人，你说你父亲是平常的,又是卑鄙的;最老实的,又是伟大的。你用一连串的排比句,来形容你的父亲。

严培明:最伟大的,最穷的,最富裕的,为什么?当一个小孩,在看一个父亲的时候,不同时期,对父亲的看法也不同,不只是对我的父亲,而是很多小孩对父亲的看法。比如说你刚懂事的时候,你永远觉得你父亲很伟大。当你到了少年时代,你要逆反的时候,你就会感到你的父亲比较卑鄙,或者是别的什么。你成年了,可能你父亲生病了,他老了,没用了,你又会感觉父亲是一个可怜的人。

吴亮:对,你用了"可怜"这个词。

严培明:"可怜"这个词,就是说在人的一生当中,从出生到死亡,他是用什么态度去看他父亲的。我是通过我的父亲,在讲全世界的小孩子对父亲的一种感情。

吴亮:除了你父亲,你还画了很多无名者。实际上对很多人来说,你父亲叫什么名字不重要,重要的是"父亲"。

严培明:对呀。

吴亮:父亲形象,首先是你严培明的父亲,再又隐喻所有人的"父亲形象"。其他形象呢,我前面说过了,你画了好多著名的人,毛泽东、保罗教皇、李小龙,近年还画过奥巴马、麦道夫……啊,还有一些被判终身监禁的,假释出来,你也画过,以及很多黑人、儿童,这些无名无姓的人,你选择这些人物形象,和你早年在四川路桥下给那些船民画画,画肖像,是不是有一种渊源?

严培明:我现在还这样。可能就是小时候底层的生活,与底层的人容易亲密一点,语言沟通起来也没有障碍。比如说那些监狱犯,我在法国画过一些监狱犯,他坐在牢里让我画,他的肖像最后陈列在美术馆里。有这样一个差别,人呢,他还关在那里,有这样一个自由和被剥夺自由之间的差别。

吴亮：听说，你说你不愿意自己的形象，被别人说"很像艺术家"。

严培明：要是当你的形象让人家看了觉得"你像一个艺术家"的话，那一般来讲，就有点问题，"像"艺术家，就不是艺术家嘛！

吴亮：对那个所谓"像艺术家"，你很不以为然。

严培明：每个人他有不同的处境和不同的表达方法嘛，我表达得比较自然，严培明就是严培明，是不是艺术家，也没有什么。

吴亮：严培明基本就两个形象：一个，叼了一支大雪茄，随意，荡来荡去；另一个，穿个沾满颜颜料的粗布工装裤，在你那个油漆车间一般的工作室里，来回跑来跑去，一个体力劳动者，一个工人，而不是"像工人"。你自己，你更喜欢自己哪一种形象呢，在工作中的状态，还是叼一支雪茄荡来荡去？

严培明：我想，我唯一感到自由和幸福的地方，就是在我的工作室里，这是我的天地，这是我的世界。

吴亮：我看到你另一幅画，很大的骷髅，你肯定画了一大堆，按照你的体力与工作习惯，每一个题材你总会画一批。

严培明：骷髅，对，已画了很久了。

吴亮：看来你对死亡，一直在关注。

严培明：每个人都要面对"死亡"这两个字，谁都逃避不了的，每个人，每个动物，都要面对死亡。我这个人，对死亡的态度，就是说我明白我逃不了，那我就面对死亡。

吴亮：画那么多骷髅，你能解脱了吗？

严培明：也不是想解脱，解脱不了。

吴亮：你就是面对。

严培明：就是面对，就面对这个死亡，就是有一种感觉……

吴亮：非常无奈。

严培明：我不想死，真的不想死，我想好好地活着。

吴亮：我记得你说过这样一句话，你说，我不怕死，但是我热爱活着。

严培明：最可惜的，就是活不了嘛，对吧。死，逃不了，逃避不了这个死亡。死亡，我想也是一个永恒的主题吧。

吴亮：许多人，不是许多人，应该说正常情况下的人，所有的生命，都会爱惜自己生命，本能嘛！热爱生活，热爱生命，肯定是大多数。假如有人说他已经不想活，那么肯定有他的原因。

严培明：对。

吴亮：你如此热爱生命，你最热爱它哪些方面呢，你活着又是为了能做些什么呢，是画画吗？

严培明：我也不是热爱这个生命，就是不想死。死，好像对我来讲是太抽象了，我还没体验过，但我可以想象。当你想象死，想象你临死前的感觉，眼睛一闭，这个世界上就没有我了，地球还在转，这个悲惨世界，对我来讲真是一个悲惨世界了……大家可能会哭，周围的，这对我来讲太抽象了，死亡对我来讲是太抽象，但我逃避不了这个现实，我经常会画一些这个死亡，死亡的主题。自己再分析一下，再考虑一下，以后死亡的过程。可能，再怎么说也是一个假想，当然一个艺术家画自己死亡的时候，已经是虚构了，我不可能从棺材里爬出来，再去画一张自画像，不过是一个故事而已。

吴亮：因为绘画，你改变了自己的生活，很明显地改变了你的生活。这种改变对你的家人有影响吗？我想，你的父母一定为你感到很自豪。

严培明：他们也是很久以后才知道吧，平时我不声不响，差不多是在十年之前他们知道的吧，平时他们都不知道的。

吴亮：按照一般的想象，普通的家庭，一个劳动者家庭，父母也没有太高的文化，家里面出了一个孩子，一下出了名，挣了很多钱，有了社会声望，他们可能会有点不知所措，不知道怎么回事。

严培明：我父母，他们从来没有。

吴亮：无动于衷？

严培明：也不是无动于衷……父母对我画画很支持，从小就支持，他们支持的理由，就是你不要出去闯祸，不要出去打架，你待在家里画画嘛，而且，画画的朋友，都比较文雅的嘛。我父母对我画画的这帮朋友全部认识，从小就认识，一帮画画的朋友。想画画的人，第一他不是流氓，第二他也不会出去闯祸。聚在一起吹吹牛，画点画，这个圈子对我父母来讲，就意味不会去坐牢，不会变成流氓，这就够了，他们很满足了，父母没有要求我成名成家，你不要去坐牢，不要变成流氓，他们的任务就已经完成了。

吴亮：你曾在你的巴黎第戎小镇，大概有两三千平米的工作室里，有次你搞了一个活动，请了三百多个朋友，各大博物馆美术馆的馆长。后来我看到那次活动的照片，你和一些重要人物，文化名流，你手指总夹个雪茄，和他们在聊天……但在我印象里，你在社交场合比较沉默。有一次在外滩三号，好像是颜磊的展览，我们留下来在顶楼晚餐，我发现你坐在角落里，一声不吭，你在抽雪茄。我问你怎么不说话，你说：没意思。

严培明：我不是一个很积极的人，也不是一个爱交际的人，我对这个艺术，这个态度永远是低调的，就是有点沉默吧。我不主动，该有的就有，不该有的我也就不去寻找了。我永远是一个等待着，等待中的人。当机会有的话，比如说那个罗浮宫，机会来了，我一定会把它抓住。

吴亮：平时，在日常生活当中，你也是等待。我不找你聊天，你也就不和我聊天，大家见面，就笑笑而已；我要想和你聊，你也会很愿意聊。

严培明：对，对。我从来也没有主动找一个媒体，跟人家谈。你要采访我，我很愿意。我认识你也好多年了，每次看到就打个招呼，有机会就喝一杯。我不会自动提出，吴亮你来采访我，或者怎么样，如果用这种方法，我想不是很好。因为你本来想采访我的，现在我一提出，你可能就感到反感，一次两次，你对我就不感兴趣了。我如果不提，等你开口的时候，我就可以有一个选择了。要是我先开口，我就没选择，对吧？要是你开口的话，那我就可以问问你采访什么内容，该怎么样，我还可以拒绝嘛，主动权就掌握在我手上嘛。可能这一辈子，你也没开过口，我也没开过口，这个机会就永远没有了，无所谓嘛，对吧？我就是这样一种做人的方式嘛。

吴亮：不知道别人有没有这样问过你，我不清楚，看了你那么多画，大部分都是画册上面的，你的画都在法国，需要很大的空间存放或展览。当然我能想象它有多大，用想象放大的尺度再想象它具有多大的视觉冲击力。同一个主题，就是生与死；同一种肖像，大人物或小人物，明星或普通人，他们具有标志性。

昨天晚上，为今天的采访作点准备，我开始琢磨你那些画，培明你的画里，那些人物形象多半是大名人，领袖、首脑、明星、杀人犯，也有普通人。其实这些名人就是普通人，普通人则是大名人的前身——李小龙就是，毛也是，奥巴马、保罗都是。有些人很倒霉，失败者多嘛，一个什么过失，错误，走上另外一条道路，是吧，被投入监狱；或默默无闻，渺小，无足轻重，那些船民，你的父亲，包括你当年的伙伴，那些没有名没有姓的人。你画他们，可你对他们究竟是一个什么感受呢？

严培明：这就要看艺术家了，那些没有名的人，通过艺术家的那个画，可能这个人，他的形象永远就会留在世界上了。就像那个凡·高，他画了很多没有什么名气的人，他的医生，邮递员，他的邻居，或者他的别的什么人，像这些细节，脸是不是像谁，别人不会注意的。你不注意画里的人，那你就会注意艺术家的画了。我当初就是想，只有画毛，因为大家都认识毛，他们会注意他的形象。而我画普通人的时候，他们可能就会注意我在画什么，怎么个画法了。

这样就造成了两种不同的眼光，分别对待两种不同的画。当你画一个名人，别人会留心去看这个人是谁。但假如你画一个没有名的人，别人就会集中注意力去看你的画面是怎么表现的了。

吴亮：七十年代末，你那两幅在朋友之间流传的肖像水粉画，当年大家限于条件，只能画一些很小的画，就像32开的一本书这么大……

严培明：当时的上海居住环境，你想，一家六口人。

吴亮：后来你去了法国，你以后的画变得巨大，它们是突然变得那么大吗？

严培明：对呀，突然有这个条件了。当你的画室，有几百平方，几千平方的时候，你个人的空间感，永远是随着这个空间演变去演变的。有一天，你有了一个大空间，哦，你会想，我这个空间，怎么填满它呢，我怎么用我的这个新比例去占领它的一个位置。

再说，现在的美术馆，画廊，空间都是很大的嘛，总归要产生一个画与空间之间的比例问题嘛。所以我永远在说，画画就是以空间为主的。

吴亮：我记得你好像说过这样的话，你说假如，那个时候你还很年轻，你说你的理想是做一个为电影院画海报的人，很自由，又可以天天画画。对海报的向往，那种大块面积潜意识，影响到你后来画大画？

严培明：我共有两个理想嘛……当时的上海，要么你考上一个美术学校，毕业以后，就分配到什么出版社啊，好一点就分到油雕院，就这样。对我来讲，能够去电影院画海报，就是最理想的了。不能去电影院的话，上海马路边上不是有那个小画店嘛，专门用炭精笔画死人的照片的，我想这个工作也可以。人总归是要死的，那我用画帮死人放大照片，这也是一种画画。面对死亡，人死了以后，家里人也比较大方，人刚死，这个热气刚断，悲哀还没断，家属就会把照片放得很大。当时我想，要么去电影院画海报，要么就在马路旁边开个小画店，就画一些死人肖像，这对我来讲也是一个不错的职业。

吴亮：这两个理想，是不是都有一点隐喻，你现在的画，都和这两个有关。第一，你的画有点像加大的电影海报。

严培明：对。

吴亮：第二，你画死人。这两个梦想，都被你完成了。

严培明：我把它们集中起来。

吴亮：完成以后，作品还不在电影院，也不在死人肖像店，是在罗浮宫。

严培明：对。

吴亮：你做梦也没想到吧。

严培明：罗浮宫，这个地方你不能想象，你想了也没用。这是一个即便你想了，也没有任何意义的地方，你从来不会做这样的梦，你会进罗浮宫。所有进罗浮宫的人，都是死掉的艺术家嘛。当馆长邀请我的时候，那对我来讲，完全是一个机会，别人没有的机会，我得到了。

吴亮：这个展览是在2009年年初吧。

严培明：是，2009年2月。

吴亮：展览多长时间？

严培明：展出了四个多月吧。

吴亮：以后呢，你的目标是什么？哦，对了，你没有目标，你等待。

严培明：就怎么把我一生走完，作为艺术家，天天面对的，就是自己的一个天地。

吴亮：工作。

严培明：工作，因为你不可能会做别的东西嘛。

吴亮：你后天就要回法国了，是不是有一个任务在等着你？

严培明：去准备明年美国的一个展览嘛。

吴亮：你会呈现给这个展览什么？

严培明：呈现，现在还在考虑当中吧。

吴亮：他们只是邀请你，但是画什么，随便你。

严培明：对，我是很自由的。

吴亮：那很舒服。

严培明：对，我每个展览，画什么，都是我自己去定的。

吴亮：仍然会是像电影海报那么大？

严培明：也不必要吧，可能也有一些小的尺寸。

吴亮：你有小尺寸吗？

严培明：不多，很少。

吴亮：好吧，比画电影海报，画死人自由多了。

我每时每刻在工作状态里

周铁海　吴亮

（周铁海，艺术家，现居上海。对话时间：2010年9月30日）

吴亮：不管怎么说，铁海，你能够同意我对你的电视采访，真不容易。我看了桑斯对你的访谈，你的话说得最简短，常常就几个字。许多艺术家，善于利用这样的机会，尽量地表达他们，想做的事情，艺术观念或政治见解，他们的生平故事。只有你，你是最吝啬言辞的，你显然是一个吝啬言辞的人……而且，你基本是不合作，所以桑斯最后就很恼火，或者他也许是开玩笑，他问："究竟是我采访你，还是你采访我？"你立即回敬他说："你桑斯不是在采访，你是在考试！"当然，我觉得在这个回答里有个潜意识，你很厌恶考试，和我一样，我们讨厌中国式考试，它是一种应试考试，它似乎有个标准答案，我们都很厌恶。

我从这个话题开始，为什么呢，我二十世纪九十年代初就认识你了，那时候，你和杨旭在一起做，后来你自己做了。你以一个观念的姿态出现在当时的前卫艺术当中，你非常独特，当时你曾经，还有杨旭，你们用廉价的报纸，把它粘连在一起，涂写一些观念性的口号，以调侃的语言，以这样一个状态来写作。到了后来，你就连这个纸头都不再做了，你就出一个观点，出一个做法，让别人来帮你实现，你不再有自己直接制作的作品，所以一般都称你为观念艺术家。

问题来了——作为一个观念艺术家,为什么拒绝用言辞来说话呢,你能告诉我为什么?那天桑斯问你,你不太合作呢。

周铁海:实际上,我觉得我跟桑斯的对话里,充满了内容。

吴亮:回答得很好,能不能再说细一点?

周铁海:就是说,我当时跟他的讨论,我觉得我的回答就是最合适的,是一个最好的回答。至于具体的,我也记不清楚当时谈了些什么,但它实际上就是一个交流。

吴亮:我同意,我可以帮你解释。但今天是我采访你,你不要变成……

周铁海:对对。

吴亮:因为,在你对桑斯的回答中,确实,我觉得它里面有潜台词,给我的想象空间很大。我会想,为什么周铁海不愿回答呢?我还可以想象,铁海可能觉得这是一个多余的问题,或者说,这个问题答案已经明摆着,你还何必问?但我觉得不完全是这样,我觉得你好像有点,你就不愿意动脑筋。

周铁海:没有没有,接受这个采访,我是很动脑筋的,不是我拒绝,没拒绝。

吴亮:他每提一个问题,你是不是思考再三,再给桑斯回答呢?还是,你马上就回答了他。

周铁海:很快,很快回答。

吴亮:很快,你即兴反应。

周铁海:很快就有反应,我现在这本书没在身边,不然的话,我可以翻一下,可以回忆一下当时为什么是这么说的。

吴亮:因为我记得,为了今天我们的电视采访我专门到民生美术馆来找过你,你百般推托,也就是说,你为推辞我这个访问所花掉的时间,要远远超过今天我实际采访的时间,你那天差不多花了有两小时来解释为什么不愿做这个访谈。

周铁海：对。

吴亮：你花了很多时间来推辞，而你又是一个观念艺术家，你有这样一个身份，那么我难免会这么考虑，也许这是你的一件作品，一件不被记住的作品。我可能会通过以后的写作，来记录这件事情，记录我和周铁海的某次谈话，他不和我合作，他可能是一种姿态。由于铁海知道吴亮那时候约你做访谈，不是私人性聊天，而是准备做一个公共节目，所以你才摆那个姿态。

周铁海：对，因为我觉得面对公众做节目，尤其你还要录像，好像你必须要很准确，不然的话，人家就会说：当时你说了这句话，是吧？但有时候，有一些东西，你很难很准确地把它表达出来；尤其对公众，因为，看电视的每一个观众，程度都不一样，所以你说什么，你必须要考虑的……就是说，你有时候很难找得到，你以为你能说明白的这个东西，他也一定会明白。

吴亮：你的这句话已经触及一个问题，就是面对公共媒体的时候，你要对你的话负责，而恰恰是这种回答，语言都很模糊，它不确定，会被误导，被误解。

周铁海：会误导，有时候你自己很确定，但实际上是片面的。

吴亮：是不是因为你正是考虑到这种说话的不准确性，模糊性，会被误导，或者被片面理解，所以你的作品中也充满了模糊性。

周铁海：我的作品很清晰。

吴亮：很清晰吗？

周铁海：那只是人家感觉模糊，当你在做一个作品的时候，作品里面想说什么是很清晰的。

吴亮：假如，你这件作品出来，你认为很清晰。但对于别人的解释，你都觉得有偏差，是不是这意思？

周铁海：对，他可能没有全部了解。

吴亮：那如果让你自己来说你的作品，你能说得清楚吗？而你又拒绝了。

周铁海：有一部分我不愿意说。

吴亮：你不愿意说，还是你也说不清楚？

周铁海：我说得清楚。

吴亮：你说得清楚，但是你不愿意说。

周铁海：我不愿意说。

吴亮：你就把它这个秘密，永远保持下去。

周铁海：就藏在里面了，对。

吴亮：你能肯定地对我讲，你所有的作品，都有确定的一个内容吗？

周铁海：都有。

吴亮：都明确？

周铁海：都有一个理由——你为什么画这张画。

吴亮：你都能说出来。

周铁海：都能说出来。

吴亮：但是，你就偏不说。

周铁海：对呀，不是偏不说，有的时候你觉得……

吴亮：那就是说，你的作品是永不揭晓谜底的一个谜。然后，你就测试每个人猜谜的能力，你在旁边偷偷看。

周铁海：人家不也是去考证什么《红楼梦》，按照各种各样的方式去考证吗？

吴亮：你这些作品，和《红楼梦》不一样。《红楼梦》涉及太多的历史社会内容，文化的内容，它给出好多线索。而你的作品，它就比较单纯，或者说它有时候也有它的复杂性，但它的复杂性程度，显然不能跟《红楼梦》去比。《红楼梦》有那么多人在研究了，那么多资料，我们且不说它。你是在一个当代艺术的范畴里，刚刚发生的，正在进行时，还没有形成许多参考资料。

另外就是我前面说过的意思，不代表我，代表现在整个后现代的解释系统当中，强调一种模糊性，把一种结构或者说一个作品的多义性放在首位，对差异，对可能性的充分认可，以及对那些决定性的、本质性的东西表示怀疑。也就是说所谓过去强调的要说出一个事物的本质，说出一件作品的意义，都是本质主义的，就好像，就好像说一只苹果里面藏着一个苹果核……当代艺术肯定不是这样，它的意义也不是可以用本质来解释。这样的话，就给你，或者和你类似的艺术家很大的活动空间，人们再不会追究你究竟在说什么，人们假如要提这个问题，他们会觉得自己很愚蠢。

周铁海：这不一定。

吴亮：你能告诉我你在说什么？

周铁海：有的时候艺术家很难回答你，因为他没准备。

吴亮：但是我们看，不仅是一些大师，他们滔滔不绝地回答人们提出的问题，也包括一些平时看起来，很基础性的画家，他们也写作，用语言表达，更不要说像高更、凡·高、达利、塔皮埃斯，都有很多文字记录，日记，通信，还写自传，那太多这样的人了。

周铁海：是有很多，对。

吴亮：当然，也总有一些艺术家，一直说一些人云亦云的话，像捉迷藏一样，今天会这么说，明天会那么说，每个人的方法不同。那么，如果我问你，你有没有可能写一本类似像自传这样的书呢？看来你是永远不会写的，那又是什么原因？你是要永守秘密呢，还是要保持神秘。

周铁海：不是保持神秘，而是那个太复杂。我 2006 年试图编一本画册，我觉得很难编，这个作品之间，这个系列之间，时间重叠，你既不能按照系列编，也不能按照时间编，所以就变得很复杂。编这个画册，你最后会发现，你还是把它作了简单化处理，而不是真正你脑子里设想的，是你整个创作过程的一个记录，它很难做到……何况你要写一个什么自传。

吴亮：以前讲哲学，有这样一种比喻，说哲学家中有一种叫雄狮的思维，就像黑格尔这种，他就是整个世界，他要包罗万象。艺术家当中，可以说也有类似这样的人，比如像达·芬奇，他好像无所不知。另外一种，是狐狸式的，就是说他非常聪明，非常狡猾，比如杜尚这样一些人，当然本来是讲哲学了。我再加一种刺猬式的思维，像一些中国的当代艺术家。你是刺猬吗？

周铁海：我不知道。

吴亮：那你是哪一种？

周铁海：我没想过。

吴亮：你没想过，假如我现在要你找一样动物，来形容你自己，用它来比喻作为艺术家的周铁海，你会想到一种什么动物？

周铁海：我觉得我像骆驼。

吴亮：像骆驼，就是你那个画当中的骆驼。

周铁海：对，但这是后来发现的。

吴亮：就为它任劳任怨。

周铁海：任劳任怨，在各种环境下，炎热，干燥，任劳任怨。

吴亮：而且它总是沉默，不说话。

周铁海：对。

吴亮：骆驼，比喻你作为一个艺术家的周铁海。

周铁海：对。

吴亮：假如让你写一本回忆录，不谈艺术，就写你的生活，你会写吗?

周铁海：也不会写。

吴亮：在你的生活当中，把你的艺术工作撇开，你不谈，让批评家去谈。留给你自己回忆的，还会剩下什么？

周铁海：什么都没有。

吴亮：都没有。那么说来，生活就是你的艺术，艺术就是你的生活。

周铁海：可以这么说。

吴亮：你现在和我说话，是不是你作品的一部分？

周铁海：不是作品，但它是，就是说，是创作状态的一部分。

吴亮：你一直生活在这样的艺术状态里吗？每时每刻。

周铁海：我每时每刻在工作状态里。

吴亮：如果我们两个一起喝啤酒，是不是也在工作。

周铁海：也算。你不要说艺术，就说一个工作状态。

吴亮：那你，除了工作就没有别的吗？

周铁海：没有别的。

吴亮：你睡觉也是工作。

周铁海：除了睡觉以外。

吴亮：都在工作。

周铁海：对。

吴亮：你每天早上洗脸刷牙都是工作。

周铁海：这个忽略不计。

吴亮：忽略不计，那么哪些是工作呢，界线在哪里，生活和艺术的界线在什么地方？

周铁海：就除了这些最基本的不算。

吴亮：超越身体上的需要以外，以外都算？

周铁海：你如果在洗澡，你会忽略这个的，你不会记住。你刚才提到了什么？刷牙，哦。

吴亮：刷牙就不用去思考。你平时，是不是一个非常勤于思考的人？

周铁海：想，不一定是思考，没有你说的思考。

吴亮：我知道了。你在想，你的想是不是用语言进行，还是用形象进行？

周铁海：不用形象。

吴亮：不用形象，用语言想吗？

周铁海：对。

吴亮：还是感受性的，就是一种感觉在脑子里面动。我知道我们写作的人，大都是用语言思考。

周铁海：我不一定。

吴亮：你处在一种若有所思的状态，我多次发现，你在某些地方，会一个人待在旁边，拿杯酒喝，眼睛看着人家，心不在焉的样子，你总是心在别处。

周铁海：没有，我想的时候，是很集中的想。

吴亮：你的思考，有没有作一些笔记？哪怕你不拿出来。

周铁海：用手机短信。

吴亮：手机短信，那是发给别人的。

周铁海：就是为了记住，所以我是……

吴亮：存在里面？

周铁海：是，写在短信里面。

吴亮：不发出去，就为了存起来。

周铁海：存起来，存起来以后，有的时候就扔掉了。

吴亮：你平时上网吗？

周铁海：上网。

吴亮：看些什么东西？

周铁海：不看，现在不看了。

吴亮：什么都不看。那么你关于世界的消息，来自什么地方呢？你肯定是关心世界的？

周铁海：不一定。

吴亮：你肯定不是一个完全不关心世界的人。

周铁海：实际上，就是没有那么多时间去关心。

吴亮：你获得世界上的消息，是不是通过你的社会的交往，你朋友很多。

周铁海：现在也没有多少消息，只有一时的消息。

吴亮：不是说你要刻意打听什么，世界消息总会进到你的耳朵。

周铁海：偶然碰到的。

吴亮：你朋友很多，九十年代以来，因为你从事艺术，就像你说的，假如从你生活当中刨去这艺术，你就不存在了——艺术就成为你很重要的一部分，说它是工作也一样——所以因为艺术，你交往了很多的朋友，国内的国外的，去了很多地方。

周铁海：对，对。

吴亮：因为这，你会和周围人发生交流，那么对所有这一切，你有没有记日记的习惯？

周铁海：没有。

吴亮：从来不记录？

周铁海：没办法记录，没想过。

吴亮：关于你的评论也很多，国内的人写你，国外的人也写你。

周铁海：对。

吴亮：你看这些评论吗？

周铁海：基本上不看。

吴亮：你是无所谓，还是拒绝看？人家花时间看了你，还给你写评论，你为什么不看呢？那不是交流吗，艺术不是需要交流吗？你做这个作品不是让人家看的吗？你总要告诉我，你不看的理由吧。

周铁海：嗯，要分几类，比方有的文章，我会看一下，有的就不看。

吴亮：你觉得他可能讲得有问题。

周铁海：有的会有问题，对对，或者不重要。

吴亮：虽然他是好意，但你觉得他好像不一定对。

周铁海：对，对。

吴亮：那么你还是认为，东西是有一个理解的，还是有程度的，有些理解你是要听一下，你想知道；有些人对你的理解你就不想知道，你觉得他们对你了解都是不对的，是这个意思吗？

周铁海：有的时候就是这样。

吴亮：在你的心目中，对艺术的解释，有正确与错误之分？

周铁海：对于我自己的作品，我知道它的出发点在哪里；这个对我来说很重要，不然的话，我为什么要创作这个作品。

吴亮：你有出发点，你不说，让别人去猜，猜对了，那就是他水平高。问题是，他虽然猜错了，但他作了他的阐发，也许他引申出新的意思来，为什么不是一种新的再创作？

周铁海：这个我不考虑。

吴亮：你不考虑，你认为艺术家有东西出来，只有人家能说对，才有意思，才是一个好的批评？

周铁海：说对很难，就是理解很难。

吴亮：所以，你觉得对于你的作品最终的裁判就是你自己，由你来决定，谁的批评写得对还是不对。

周铁海：最主要的，是我的作品首先是为我个人画的，我为什么画，我知道。我不是说好不好，至于这个别人评论怎么样，对于我来说，实际上不重要。

吴亮：你虽然是为自己，但你的很多作品，它涉及的题目，已经不是你内心的秘密，你经常讲的是一个大问题。

周铁海：我说的都是我自己，我从来不说别人。我的作品都是关于我自己的，所以呢，比如说你可以考虑这个问题，可以考虑那个问题，都可以。但最终是我自己，是我要表达的这个。

吴亮：你在工作时候喝啤酒吗？做作品，想作品的时候，会喝酒吗？

周铁海：会。

吴亮：你平时拿了一杯酒和朋友聊天，也在一种工作状态。

周铁海：看不同的人。

吴亮：这种酒精使你的思维变得更活跃，还是怎样？

周铁海：会活跃。

吴亮：你常常会喝醉吗？

周铁海：醉的概念是什么？

吴亮：就是你已经不大能思考了，想睡觉了。

周铁海：到了最后都会这样，就是累了。

吴亮：大脑麻痹。

周铁海：但当中有一个阶段，你特别兴奋。

吴亮：比较 high 的时候。

周铁海：对，你就特别兴奋，思维会很快。

吴亮：这就是你不愿喝酒很过度的原因？就希望达到这个状态，你就感觉很舒服，脑子特别活跃。

周铁海：你工作一天，到了傍晚，会觉得很累，所以你想要稍微放松一下。

吴亮：你现在是不是几乎每天喝啤酒？

周铁海：差不多。

吴亮：你喝酒的时候，你状态好的时候，你的脑子里面完全是一种自我享受的感觉，还是话比较多一点。

周铁海：要看跟谁。

吴亮：你也有话讲很多的时候。

周铁海：讲话多，对，对。

吴亮：你今天不错，今天跟我说了很不少了。

周铁海：这个不算多。

吴亮：还不算多，那我们以后还有机会，假如这个摄影机不在的话，你可能还会说得更多一点。

周铁海：这个不算多，最主要的是，我们共通的东西太少，我们的话多不了。

吴亮：你觉得，你和我没有共通的东西。

周铁海：共通的能讲的东西不多。

吴亮：比方哪些方面？

周铁海：我也想不出来。

吴亮：你还没说你怎么知道，也许我们还能说，因为我们没试过。

周铁海：不，不，我知道。

吴亮：你怎么知道。

周铁海：我知道。

吴亮：你没试过你怎么知道，比如说有些话题，我们根本还没触及，也许一触及，你觉得和吴亮谈得还是可以的。为什么不呢？

周铁海：那我以后试试看。

一半是黑暗,一半是光明

柴一茗　吴亮

(柴一茗,艺术家,现居上海。对话时间:2010年10月25日)

吴亮:我们非常熟了,但我不能说我已经对你没有了好奇心,我仍然有,因为我对艺术家总是怀有好奇心……通常,你一天的生活是怎么开始的?

柴一茗:早晨醒来,一般吧,对,一般是自然醒,也可能七点,也可能九点,然后呢,上午在家里画画,吃完中饭,下午去工作室再画画,画到几点也不一定……有时候,我会有很多朋友来,吹吹牛,聊聊天。晚上没事了,可能还会画,或者,看一些书什么的,基本上就这样。

吴亮:流水账,没有波澜,天天如此。

柴一茗:天天如此,基本吧。

吴亮:你的家里,两样东西多,特别显眼,书多,影碟也非常多。

柴一茗:对。

吴亮:影碟,唱片,还有书,画册,你的工作室里到处乱放,但你总一再说你不读书,偏偏你又买了很多书,为什么?

柴一茗:我看书,我不读书。

吴亮:你看有图片的书?

柴一茗:比方说,这个书摆在这儿,我看到了,如果它有一些什么东西能激发我的想法,那就可以了,基本上就是这种作用,摆在那里,这是一个媒介。

吴亮:你看书,随手拿一本就看?

柴一茗:是这样的。

吴亮:在你的工作室,在你的厕所,在你的沙发上,你的家到处是书,堆在沙发中间的那些书,几乎可以代替茶几了。你只是为了看这个外观吗,你会不会打开它们看?

柴一茗:书,有时候是一种装饰品,只看外观就可以了,不需要看内容。

吴亮:我不相信你真这么认为。

柴一茗:差不多,因为,有些书你都是熟悉的嘛,著名的书,你只要看一眼它们的封面,你就想起那个故事来……明天我重新看见它,它又不一样了。

吴亮:那么,你的意思就是说,你不看文字书,只看封面……我不会完全相信一个艺术家对自己的描述,因为,你向我推荐的书也不少啊,图片、画册,艺术家的传记。

柴一茗:是让你看的,不是读的。

吴亮:我特别注意这些,真正的另类,这些图片,我想它对你的影响一定非常大的。你风格多变,你画了那么多数量的作品,在纸上,油画布上,也在现成品上做点手脚,加工,有图片,也有拼贴,涂鸦,摄影,混在一起的综合……在里面我看到了一些来自各方的痕迹,文人画,中国民间艺术,鬼怪的,类似《聊斋志异》;也混杂一些佛教、佛学、老庄。西方部分呢也五花八门,比如暴力、性、电视媒介、政治、商业广告,娱乐,很庸俗的,"花花公子"这些,这些非常艳俗的东西,大量充斥在你的作品当中。

我曾经在给你写的一篇短评里,把你说成一个对世界所有图像统统照单全收的艺术家，貌似不加选择，有好多东西，难以命名的，另类的、边缘性的、亚文化的，一种捣乱、颠覆、疯狂、病态，以及同性恋啦，兽恋，恋童癖，一些过度的人类行为，甚至是一种很恐怖的，不堪入目的，你的作品当中，对它们进行挪用和组合，一个人陶醉在里面。但是呢，日常和你交往，你又像是一个比较内向的人，总是说自己不看书，对很多事情无所谓，也根本不起劲，你宁可在家待着，把时间浪费掉，你不怎么会对一件什么事情产生非常激烈的反应，但恰恰在你的绘画世界里，呈现出一个非常纷杂、非常混乱、非常欲望的、乱哄哄的世界。前两年我还说，中国传统在你笔下就变成了一种鬼魅气，道家变成了道教，有一种《西游记》的味道。柴一茗画里面的山，不是仙山，是魔山，妖魔鬼怪。

柴一茗：那是中国呀，妖魔鬼怪都必须要有的，神仙也需要，都需要。

吴亮：你平时，是不是经常看碟片？是不是听各种音乐？这些年来，平时，假如你不画画时，你会在家里看什么，听什么？

柴一茗：这个比较杂乱，反正我是个很容易受影响的人，有什么新鲜东西，或者别人正好提到一句什么，那么这本书，我就会拿过来看一看，略知一二。我就是比较猎奇一点吧……然后嘛，我觉得我就像搅拌机一样，什么东西进来，它会自己搅拌，我的创作就是一种搅拌吧。

吴亮：那就是说，你是用直接行动来代替思考。

柴一茗：有点。

吴亮：你拿过来就用了，你就不去多想，你并不是想好我要做什么，才去做的。

柴一茗：想也没什么用，我就直接画，它是个什么，就自己反映出来了。自己出来，会有一些错位，变形啊，而且我的画也不是一次画成的，涂涂改改，可能三年、五年……今天这个感受，明天那个感受，叠加在一起，它会比较好玩一点。

吴亮：现在是不是还会有些人，不管是国内国外的，他们还会问你这样一个老套的问题——你想通过你的画表达什么呢？

柴一茗：对，也有。

吴亮：通常你会怎么回答这个问题？

柴一茗：我就这个生活，画画也是，就像镜子，你投射进来什么，我就反射出去一些图像，可能变过形了，我不多思考，直接就反射了。

吴亮：也就是说，你的画为什么有那么纷繁杂乱的形象，就因为你是一面镜子。

柴一茗：也不全是镜子，还可能是一个容器，我里面本来有一杯水，进来一个黄颜色，它变黄了；再进来一个什么别的颜色，它的颜色又变了。

吴亮：你的这个比喻是说，在你和世界的关系当中，你是很被动的一个人。

柴一茗：是啊。

吴亮：但你有很大的主动性，我看到你的作品里，还是看到你一贯的语言风格。

柴一茗：这个主动性是不自觉的吧，它慢慢地，慢慢会自己形成，毕竟是我在做嘛，它留下的是人做的痕迹，它不可能完全反映现实，而且基本上，我也不太反映现实。我觉得我的生活没什么变化，平常就靠一些图像，只有它会产生一些不一样的东西，这些最后都错综交织在一起。

吴亮：你外语并不怎么样，你家里却有很多外文图书，我想你肯定只看图片。它也许是新闻，也许是历史或艺术，连你自己都不太清楚。但你不太管这个文字，你就直接看这个图片，图片有自己的信息，按你的说法，直观，过瘾，很刺激很强烈，这就是你讲的你看图的第一感觉。那么我们就讨论一下这个问题——你是不是认为，以这样一个接受图像的方式，不管这图像的来源，不管国家地域，可能都是陌生的，可你对它们的兴趣，远远要大于你对你所生活的城市图像的兴趣，因为，我在你的作品当中，很少看到，顶多偶尔看到，但大量不是我们所熟悉的周围的环境。好像你对你生活的这个城市，这个国家，它发生了什么，你兴趣不是特别大。

柴一茗：兴趣，好像也会有，只要异样，凡是异样的东西总是会吸引我吧，我就喜欢那种边缘一点的，或者就是你需要猜的，不是一看就看清楚是什么事情的。

吴亮：要猜。

柴一茗：要猜的，我对那些需要猜的东西比较有兴趣。

吴亮：是不是你觉得，你所生活的这个具体现实，吸引你的事情不多，你觉得没意思，你都很清楚了？

柴一茗：这也不是吧。

吴亮：你平时看新闻吗，本地新闻？

柴一茗：新闻，我最多看看周刊，或者就是月刊。月刊看得多，我觉得我对外面还是有点了解的。

吴亮：具体看什么呢？

柴一茗：我会看一些比较重要的杂志吧，它总会介绍一些的，现在世界发生了什么事，上海发生了什么事。

吴亮：对你，知道也就知道了，你从来不以这个新闻现实作为你的兴奋点，你不会把它放到你的作品当中去。

柴一茗：这个要看它怎么刺激我呀，如果这条新闻正好刺激了我，它正好是上海的，也可能我就画了，不一定的。

吴亮：那么你是说，这个东西，它有一种不可知性，你不清楚，你才觉得刺激，但国内的许多事情，也就这样了，所以你不兴奋。

柴一茗：我喜欢看表面，我对表面比较有兴趣，现在流行穿着什么衣服，用什么牌子，这些流行有时候也挺好玩，刚才，我还叫你看对面围墙上面老鼠在走路呢……还有植物，这些都是不分国籍的呀，我并没有考虑它属于什么国家。

吴亮：你只是喜欢刺激，新鲜。

柴一茗：刺激新鲜是一种，有些是喜欢，有些就是自己的自然流露，人好像也没办法规划自己的生活，你就是一种混沌状态，好像物理学理论也这样说的。混沌，实际上人也是没有什么规律的，就这么活着而已……然后，碰到一个东西，就有了一个机缘，就产生一件新的事物，然后又碰到另外一个东西，就变成另外一个事物的样子了。

吴亮：你觉得人就是一个很偶然的、很偶发的、自然物理的东西。

柴一茗：是的。

吴亮：没有什么必然的规划，没有计划，什么都是碰。

柴一茗：是的。

吴亮：我们回过头，把你的作品全部放在一起，一看，还是很清楚，柴一茗的计划，一个没有事先计划的计划。

柴一茗：这就是人的局限性，我希望自己的局限性小一点，它应该更广阔，实际上又很难做到，我希望能做到呀，我真的有这个愿望。

吴亮：你这个说法很有意思，你把人放在一个非常没有主动性的位置，人好像并不见得像他自己以为的那样什么都行。至少你认为，人没有那么了不起，没有那么伟大。

柴一茗：那是肯定的。

吴亮：所以，你只能被动地面对世界，顶多像镜子那样，对世界作出一个反映。

柴一茗：是这样。

吴亮：你既然看透这个问题，好像又并不消极，我觉得你特别努力，你的作品数量之多，令我惊讶……是一种什么动力，促使你每天都画那么多画呢？

柴一茗：我就是这样，没有什么消极，或者积极，这种概念在我心里是没有的，消极就是积极，积极就是消极，一样的。

吴亮：怎么说？这句话很有意思，为什么积极就是消极，消极就是积极？

柴一茗：消极和积极只是两种态度嘛，这两个态度是对我是不存在的，我就是观察。

吴亮：你是以一种消极的心态，积极地观察，还是以一种积极的心态，很消极地观察？

柴一茗：好像都可以说。

吴亮：也就是说，你还是积极的，实际上你是在积极和消极当中，找到了一个平衡点。

柴一茗：有可能吧。比如，因为今天我碰到你了，我们就一起聊；如果今天你突然有事不来了，我这一天也是要过去的。

吴亮：对，那当然。

柴一茗：是吧，没这件事，就有那件事。反正总有事情要去做，对吧。

吴亮：有点类似禅宗了。

柴一茗：可能是佛经看太多了。

吴亮：你看佛经？

柴一茗：看。

吴亮：但我看你画的有些佛，为什么总是有点像假佛？

柴一茗：这个……

吴亮：有股妖气，像是妖怪变的佛。

柴一茗：是的呀，这个世界，看上去是真的，实际上是假的呀……我觉得是这样的。特别是中国，特别看不清真假，不知道，人和人交往，或者社会和社会之间的言论，搞不太清楚，我只能靠我的本能来理解，真的没办法去分析他们。

吴亮：这些年当中，你的作品多种多样，可以归纳成两个系列——一个系列，就是那些布面的，用油彩，加点丙烯，或者加点水墨，混杂一些超国家的来历不明的图像信息，明星啊，一些时髦的，很酷的东西，商业符号，然后再加了点涂鸦，把它们组合在一起；整体粗放，局部有一些精妙之处，在其他地方，你草草了事，随便弄一弄，就这样。另外一个，纸上系列。纸上你也做了很多年，在宣纸上，用那种工笔，加点粉，勾点线，有时候是风景，有时候，出现与佛教有关的内容，或者，有点中国古代的隐逸文化的意思……就是桃花源啦。

前面一个，给我强烈的刺激，它就是一个欲望世界，现代的混杂世界，包括你看的电影，音乐，很疯狂的劲儿，全在里面。而在你宣纸上这个部分，虽然表面是来自中国传统，但让我感到，有点不安，有什么危机，有什么地方出现了问题，它不和谐，与天人合一正好反着。

柴一茗：是的呀，现在地球已经四十五亿年了嘛，大概还有五十亿年就结束了，人肯定是先于地球结束的。所以最后，不管什么东西，它都会在风景里面出现，比方在一座山里，留下以前一个门窗还没有烂掉，还在那儿；人可能变种了，有些动物变形了，植物也变形了，它会挤在一起……我也没有预设，我就这样画上去再说，我觉得我画的是，地球上没有了人之后的一个风景。

吴亮：人消亡之后的风景。

柴一茗：对，地球风景，看到的，都是人类遗留的一些东西——

残迹。

吴亮：你前面一部分画呢，画的都是当下正在发生的事情。

柴一茗：因为人还在，人就是欲望嘛，所以画的可能就都是欲望了，这样说其实简单了一点。反正，就是欲望引发出来的，就是欲望的千变万化，万变不离其宗，反正就那么点事，混杂在一起。

吴亮：画到现在，始终是这样一个主题，你描绘这个主题的能量一直没有衰竭。

柴一茗：这好像不会衰竭，不会衰竭。那就是一个没有是非的地方啊，都是在看而已，它总是会有一些好玩的东西让我看到，我就会把它弄出来。

吴亮：没有是非，这非常有意思。但在现实当中呢，我们现在回到现实当中来，你有是非吗？尽管你的是非判断也许无足轻重。

柴一茗：现实当中，在待人接物上面，要有一个基本道德，就可以了，对吧？不能违规。

吴亮：这又是出于什么原因呢？我们知道好多人，他们也把这个现实看得很透，他们于是就可以违规呀，为什么你不违规呢？你还是很在乎现实规则？

柴一茗：不是在乎，我避免麻烦嘛，我要把我的心过滤好，不然这些东西会骚扰我。

吴亮：使日常生活的心态不要被打乱，一违规就很麻烦了。

柴一茗：是啊，所以艺术家很少有变成革命家的呀。

吴亮：也不少，艺术家变成革命家以后，可能能量更大。

柴一茗：艺术家变革命家基本上都是不好的，没什么好的结局。再说，我觉得革命也不需要，世界和平最重要，和谐，还是和谐最重要。

吴亮：按照你的说法，是不是不讲是非，就是和平，因为人和人不一样？

柴一茗：这个还是肯定有分别的，因为人有品种啊，就跟动物一样，有些人，生下来就是坏的，有些人生下来就是好的，对吧。我们就亲君子远小人嘛，对吧，只能做到这一点啊。如果坏人一定要跟我耗上，那也没办法。

吴亮：你说到现在就露出来了，你还是有是非观念，你有君子小人之别。

柴一茗：这个是生活里的具体情况，大的概念，就应该没有什么是非。

吴亮：我现在明白你的意思了，你在具体到日常生活，这个是非，君子和小人很重要。但当你是以一个画画的人来看人类，看四十五亿年来，看以后的五十亿年，这样一个漫长的时空里，什么是非都无所谓了。

柴一茗：天太大，人很小嘛。

吴亮：就无所谓了，天地不仁，天地无是非。

柴一茗：对呀，我相信老子说的，因为没有好，也就没有坏了，没有阳光，也就没有黑暗了，这两个都永远存在，不会只有阳光没有黑暗的。

吴亮：所以你在你的画里，阳光黑暗同时存在。

柴一茗：也没有什么好坏之分，相互依存，没了这个，那个也没有了。

吴亮：所以你就觉得，在你的画里做一点思维判断，简直是多余的。

柴一茗：好像，也没想过要不要判断。

吴亮：你就把它弹出来，就把它从镜子里反射出来。

柴一茗：镜子是自动的，绝大部分是自动的，潜意识，我的第一笔决定了我后面所画的一切。

吴亮：我发现你在用左手画画，你右手也能画吗？

柴一茗：也画啊。

吴亮：两个手能一起画吗，左右开弓。

柴一茗：如果作渲染什么的，就同时用两只手，一只手负责颜色，一只手用水，慢慢把它匀开。

吴亮：你从小左撇子，父母没有试图纠正你吗？

柴一茗：当然纠正了，现在写字只能用右手。

吴亮：左手不会写字。

柴一茗：拿筷子也只能用右手拿，对，还是被父母纠正了。

吴亮：但你变成了左右手都能做。

柴一茗：这个是改不了的，只能在某些具体的地方改掉。

吴亮：这个左撇子，是不是像你前面说的，人的品种不同是一样的道理，实际上不应该去纠正它。

柴一茗：反正这个纠正有些不自然，最后纠正时间长了，就变自然了，也没什么吧，我觉得。纠正了也就纠正了，如果我一直反抗，不肯纠正，也就不再纠正了。

吴亮：你在小学里读书的时候，是不是一个乖学生？

柴一茗：我是一个比较傻的学生。

吴亮：合群吗？你那个时候。

柴一茗：还行吧，反正总有三五个人跟我在一起，我没有孤独过。小学、中学都在上海，再考到一个中专，学设计，学了三年。

吴亮：对学校的印象怎么样？

柴一茗：对学校几乎没有什么印象，大概只有中学里的一个历史老师我有点印象，特别能说，说得特别好，就记住了这一个，但他叫什么名字我忘了。就这一个好玩的老师，别的好像就没碰到过，几乎是，都是无聊的。

吴亮：现在除了你书架上的，或者地板上放的，那些以图片为主的书，你说是摆摆样子的这些书以外，你刚才说你对佛经，不说研究吧，你还是在读。

柴一茗：佛经应该是让人自由的一个东西呀，人活在这个现实中，有很多约束，道德约束，社会约束，如果有党派，还有党派约束，国家有约束，民族有约束，约束非常多呀。佛教可以把这些约束稍微打开一点，我也是很浅的一点点，佛教是提倡想和做要一起的。我做不了，我做不下来，我如果打坐，五秒钟就不行了。

吴亮：除此以外呢，比如音乐，你也听一些佛教音乐吗？

柴一茗：佛教音乐倒听得少，听过何训田的。我听现代音乐多，听古典音乐，还有什么摇滚，朋克，我都喜欢。

吴亮：你的莫干山路工作室里，你的桌上，有一个很巨大的本子，打开以后全是片子，有很多，都是唱片吧？

柴一茗：是啊，我唱片非常多，我也不知道有多少，反正有几千张吧，大概。

吴亮：你每天听音乐，你是会某一段时间集中听一类，还是经常换，把所有唱片都翻一翻？

柴一茗：这个跟生理周期有关，反正，有时候专门听一类的，有时候会打乱，因为生理周期会紊乱的呀。

吴亮：画画的时候，你会听哪些音乐？

柴一茗：有时候听非常厉害的音乐，重金属。

吴亮：照样能画。

柴一茗：对，音乐响，我可以画得很静。有时候是相反的，有时候是相合的，有时候会听听古琴，但是不一定。我好像没有什么特别的情绪起伏。

吴亮：你有没有在画画的时候，突然觉得音乐不对，要把它换掉？

柴一茗：没有，从来没有过。

吴亮：这种音乐，和你的画面完全没关系？

柴一茗：不，我会顺着它画……我一边跟人聊天也可以画画。而且，那个时候画得特别好，我觉得。就顺着想法，或者聊，会有些东西出来。

吴亮：你是一个谦谦君子，不声不响，你说你自己，很谦虚，说自己傻，傻就是不参与周围的好多事，反对，讨厌，都不大会流露在脸上。

柴一茗：是的呀。

吴亮：这是你的日常态度，但在一个比较抽象的层面，你是把这个善恶撇开了，都觉得无所谓了，好坏善恶没有区别了……但是漏掉了一个中间环节，就是你对朋友之外，社会，更大的人群，我们当下的生活……

柴一茗：这我说过了呀，和为贵嘛。

吴亮：我没有要求你一定回答这个问题，你的生活状态跟很多人不一样，你和社会接触的方式都很个人，就因为你是艺术家，交往基本在圈子里，是吧。

柴一茗：是啊，有个圈子。

吴亮：因艺术交朋友，也因艺术而谋生。社交，访问，聊天，买卖或代理，都是冲着你的艺术来，艺术成了你的一把保护伞。

柴一茗：这也有可能。

吴亮：你和这个社会隔了一层。

柴一茗：保持距离。

吴亮：你有这样一个特殊条件，是不是你对外面的世界，就根本没什么兴趣？

柴一茗：什么叫对世界有兴趣呢？

吴亮：就是说外面发生什么，你不会像许多人，比方说在网上，现在网络上面对现实有很多批评，建议啊，或者是发牢骚，各种各样，一看就知道他们对今天的现实生活非常……

柴一茗：非常不满吧？

吴亮：对，非常不满，批判、嘲笑、调侃。

柴一茗：这都是一种声音吧，很好的呀，总要有人发这种声音的，可能我不是那个品种。

吴亮：你的品种是干什么的呢？

柴一茗：我观察就可以了，我可以看，看他们在折腾。

吴亮：你不表态？

柴一茗：没有，如果在需要表态的时候，我也可以表态的。平时，因为我的表态无足轻重。

吴亮：现在我没有叫你表态，呵呵……

柴一茗：如果我说话有分量了，不再无足轻重了，就是说，我很厉害了，现在可以发声音了，那我肯定会表态的。因为你应该要支持好的，不能支持坏的。人和人的社会，总是应该让它变得比较合理。

吴亮：你刚才说到地球未来，也许地球还没有毁灭，人类已经毁灭了，你在画人类毁灭以后的地球风景，你说人会变另一种东西，你是在展望……在你的画里，好多年前，我已经发现你有这样的苗头，半人半兽长出一只角，或多一个耳朵，或一张人脸长在一个动物脖子上，长尾巴，长翅膀，一个动物的身体，长一个人的脑袋。或者说是一只狗的脑袋，长了一个人的身体，肢体，人和动物合而为一，你特别迷恋这样的形象。

柴一茗：我觉得我好像，我的人格里面有一半是非常黑暗的，有一半是需要光明的。所以我可以理解世界的乱七八糟，没关系，因为世界就是这个样子的。我偏爱中国古代的那种志怪啊、游记啊什么的。

吴亮：半人半兽的。

柴一茗：鬼故事之类，吸血鬼电影我也喜欢，这种带变态、色情、暴力的，还有恐怖的，我都非常喜欢。

吴亮：就是反常的。

柴一茗：对，非常反常，不过看这种电影的时候，我反而倒没有什么，不触动情感。如果看情感戏，日常的情感，一切正常的，大家都能够感知的情感，我会有反应的。这些反常的倒不太会引起我的情感反应。

吴亮：我上午采访了一个摄影家，我们就谈谈摄影吧。你拍不拍照？

柴一茗：拍啊。

吴亮：从来没有把你的照片作为你的作品吧，有过吗？

柴一茗：到目前为止还没有。

吴亮：你是纯粹业余的玩照片，还是打算把它作为一个媒介来做作品？

柴一茗：现在只能是业余的。

吴亮：你看电视，只看那些碟片，还是也看一些新闻？

柴一茗：只看碟片。我对新闻没有什么兴趣，反正这些事情呢，万变不离其宗，无非就是灾难、战争，然后，一些奇闻异事之类的，就这些嘛。

吴亮：我看你有那么多的影碟，国产电影你从来不看的吧？

柴一茗：国产电影，那就只看香港电影。中国电影如果有恐怖片，我也会看，别的基本上就不看了。

吴亮：那么，侦探小说你喜欢吗？

柴一茗：侦探小说喜欢的，侦探电影我也很喜欢。

吴亮：只要有悬念。

柴一茗：对，要有悬疑的，有一个东西，把你牵着，侦探小说我有时候会看，现在短的小说看得多，长的就不看了。像袁枚的《子不语》，这种鬼故事，或者什么纪晓岚的那种，我经常会翻的。

吴亮：明清笔记。

柴一茗：对，笔记小说，这个翻得多一些，短，看得快嘛，它们都是媒介，就激发一下我，有时候，是让我轻松一下。

吴亮：你买了一些类似《科学与探索》、《新发现》这样的杂志，你既然看这样的杂志，那你很关注人类的近况吧，还包括未来，比如地球的生命，人类毁灭……那我就把你作为一个富有想象力的人，你开始想——如果人类因为一个，或几个什么原因，因为自身原因的错误，或因为自然改变，这个物种由于外来的原因灭种了，绝种了。那么，新一轮的，地球上产生出一种动物，一种新的智能生物，你希望它是由什么变的？你画过很多动物的肢体，器官，头颅。你熟悉它们，在你画过的动物中挑一个。

柴一茗：我希望它是什么？

吴亮：你希望哪一种动物，将来发展出了一种高智能，由它们来统治地球可能比较有意思。

柴一茗：有意思啊，这个问题倒从来没想过。

吴亮：就这个接力棒，接管地球，传递这个地球文明的接力棒，下一班，会是谁？比如以前，侏罗纪是恐龙，它们统治了地球一亿年，但恐龙没有文化。

柴一茗：我觉得还是没有文化会更好。有了文化，世界就会加速运动，然后加速灭亡。

吴亮：我的意思是说，恐龙在地球上生活了一亿年，没有多少智能，还混了一亿年才灭种，太厉害了。人进化到现在的文明，才多少时间啊。

柴一茗：未来嘛，什么东西好啊，这个倒挺难回答，我觉得好像应该是细菌。

吴亮：我讲的是一种智能动物，假如你说细菌，那一直有，不要进化的。

柴一茗：我觉得还是不发展比较好，不发展，你饿了才去吃，你需要去娱乐就去娱乐，这种状态是最好的。一旦有了智能，必然就要思考，一思考就会出问题……然后再解决问题，再出更大的问题，就这样恶性循环，最后免不了要毁灭。

吴亮：你这说法和李山很像。你很不得了，说了一个非常精彩的观点。

柴一茗：我不知道呀。

吴亮：我同意一半。确实好多事情，都是人，是智能动物把自己搞砸了。

柴一茗：现在速度太快，像以前的语言，十年一变吧？现在可能一年不到就变了，又有新的词汇出现。这个科技发展也是，原来嘛，几千年，都差不多的社会，现在缩得非常短，以后会更短，它用快速的速度把所有的能源都消耗掉了……但是这对地球，我觉得是没有什么危害的，因为所有的东西，都是在地球上长出来的，就像如来佛的掌心，我们就是那个猴子，他怎么跳也跳不出如来佛掌心的。最后地球是最厉害的，它会用各种办法把不需要的东西去掉的。反正什么东西也统治不了地球的，我觉得还是不要统治吧。换一个统治者，反正过一百亿年，它也没有了，因为这个宇宙，物质的聚合和分离，都是自然，不需要什么统治吧，它来了就来了，去了就去了，最好是这样。

吴亮：自然状态。

柴一茗：对，顺其自然。

吴亮：那么，今天下午你打算做什么？

柴一茗：我老样子呗，画画。

吴亮：我们来了就来了，我们走了就走了。

柴一茗：有什么朋友，我们还要再约，再喝酒，吃饭，再接着聊天。对，把时间给它耗掉吧。

吴亮：对。

柴一茗：时间总是要消耗掉的。

艺术品可能是世界所有物品的总和

吴山专　英格　吴亮

（吴山专，艺术家；英格，艺术家，现居雷克雅未克。

对话时间：2010年12月10日）

吴亮：来，我们开始吧……一开始我就面临困难，在你家里，必须要由你说了算，你充分行使了作为物业主人的权力。我知道在很早，二十多年前，你已经有了三个世界理论，世界一，世界二，世界三。在你家里，我感到这三个世界同时存在。你的房子，一个物的世界，物权的世界，显然，这个物权属于你，你对我们指手画脚；另外是人，世界二，当然就是你和你的太太，还有我们。

吴山专：不是我的。

吴亮：我知道，是波普尔的，我想你以为我不知道。

吴山专：我怕你把它按在我身上。

吴亮：我设下一个陷阱，你很警觉……波普尔的三个世界理论，符号世界，就是你的艺术世界，一个词的世界，在你背后就你有的作品，你把艺术归在一个词的世界里。现在，我们就在这样一个空间，三个世界共存的一个状况当中，我觉得非常有意思……你先翻译，不用全部翻译过去，事后你有时间告诉你太太我们说了什么。

吴山专：我大概知道，我们可以轻松一些。

吴亮：我手里这份东西，就是你的一件重要作品，《今天下午停水》，红的封面，这使我想起毛泽东语录，也想起你在八十年代的一些作品，你那些大字报，文字图形。后来我知道你在国外的活动，直到 2005 年以后，你在国内也作了一些展览。我印象中，吴山专好像是一个不画画的画家，是一个写作者，甚至就是作家。但人们还是把你放在艺术家的行列里。好多年前宋海冬告诉我，说吴山专在欧洲一个展览上，朝一只杜尚的小便器小便。你站在当中，我想你的意思，恐怕就是使它重新还原为一个小便器，而不是什么艺术。

吴山专：要说明一下，促成这一行为的那个观念，不是我的；我在这个行为作品中，只是一个演员而已，这个作品的观念是属于英格的。那是在 1991 年，我们在斯德哥尔摩的杜尚那房子里面，斯德哥尔摩现代艺术博物馆，那个杜尚的房子里，我做了这样的一个行为，观念是英格的。

吴亮：当时有没有被发现，被制止？

吴山专：杜尚那个尿罐作品，是为男人做的嘛，所以英格有这个想法，但她很难去做这件事，你要这么一做的话，很可能会被人家认为是过多的女权主义。

吴亮：所以要由你来做，你是男人。

吴山专：以一个演员的身份，参与交流，那个计划叫"欣赏"。

吴亮：你们的本意是说，一个反过来的观念，就是把杜尚的《泉》，把它的实用功能恢复了，把它的艺术品概念颠覆掉。但是你们这个行为本身，仍然还是发生在一个艺术脉络中，你不觉得这是件很吊诡的事情吗？

吴山专：我们当时想，这个尿罐在那里好像等待了六十多年了，如果说杜尚是在 1917 年创造了它，那到我们，大概快有一个世纪了。我们是 1991 年做的嘛，应该有近八十年了。这个《泉》在这里等待了八十年，就为了等我们这样一个行为。

吴亮：那么我顺便再问，有关这个作品，关于杜尚的讨论，这些年一直没停止过，一个世纪以来，始终没有被人忘记，他的重要性越来越被提出，或遭到质疑；那么你这个行为，我猜想也有质疑在。我觉得，在你的这个行为中，包含了对艺术史，或对艺术批评家的新一拨反省——艺术体制的一种现象，只要一个艺术家，行家们，指认某样东西为艺术，它就是艺术，完全是沙文主义的，是话语权赋予它的一种含义。那你们呢，这个行为是不是要恢复一种常识，反对这种沙文主义？

英格（吴山专翻译）：这个行为被称为"欣赏"，首先，我对杜尚的这件作品，是非常的喜欢。其实是一件很简单的物品，一种"欣赏过度"……但是一个东西，你在欣赏它的时候，总有一个你怎样和它交流的问题。

吴山专：后来我们把那个在杜尚尿罐里面小便，把这个对话的行为，这是1991年做的——跟1994年我们做的那个"物权"做了连接，这就牵扯到你说的那个沙文主义，我们的"物权"概念在某些意义上，就有针对人，针对物的含义；就是对物的含义的那个累加堆积的沙文主义。

吴亮：一种强制的赋予。

吴山专：对，沙文主义，你已经提到了这个。

英格（吴山专翻译）：我们的那个"物权"是从人类的"人权"译过来的，也是为给人权以更大的容量，我们对人权有个小小的修正，在动词及名词上的小小修正，然后，我们命名为"物权"。你可以待会儿，吴亮你可以看到它是怎么过来的。在这点上，当然指人权，在1948年，就是二次大战以后，人们对那个权利的认知有了一个转折点。也就是说，我（吴山专）就简单地翻译——就是让人权具有更大的容量，把人权推到物权以后，人权的容量更大了。从这个物权平台来看，其实杜尚做那件作品的时候，物权的意义已经在了。就是说,一个物,随时准备可以变成另一个东西,这是让人觉得很了不起的一个意义。

吴亮:一件物,不再是原来的物了。

吴山专:对,它可以变成物证,它可以变为任何东西的物证。广告的物证,政治的物证,阴谋的物证,包括这瓶农夫矿泉,健康的物证。所以这一点,让我们很惊讶,就是任何东西,时时刻刻准备着,变成别的东西的物证。

吴亮:因此在你们看来,所有的物,都是一种"例如"。

英格(吴山专翻译):杜尚,因为他在他的地方——非常感谢你会提到杜尚,我们在谈到杜尚的时候,有个非常好的形容,就是谈杜尚很容易使人堕入爱河,这是很舒服的一件事情。我刚才说到的物权,就是从那个纬度来说的,它是非常超越的。无论他,还是你,或者还是我们从一个职业角度看,当你把人权转为物权的时候,那个对文字的透视,用在人权中使用的那些语言去透视,就必须要把它转换,放到物权的透视中来看,你也必须制造很多新的词……因为新的透视的需要,你也必须给一些新的意义,文字的寓意,给它设定一种语境。

吴山专:现在她去拿一个物证,请你看一下,是中文版的,所以你能看到它是怎么样的。

吴亮:这个是你们商量出来,还是她提的?

吴山专:是从杜尚的那件雪橇开始的,英格说她在巴黎看到那个杜尚雪橇,在博物馆里,她想,如果把它偷出来,再随意放到某一个汽车的后备箱里面,任何车。然后这个人开到什么地方,意外发现后备箱里有那个雪橇,他可能会再次使用这个雪橇。可能是1990年的想法吧,这有一个过程,不是简单地就事说事。

英格(吴山专翻译):吴亮你来看,在这里,"人人"变成了"所有的它"。

吴亮：把《人权宣言》全都替换掉了。

吴山专：你来看，物所当然，要求，就有。社会是物界。国际是宇宙，并且是复数背景，宇宙的复数背景。程序当然，次序、物序。载，那就变成录、抄、复、仿。权利，物所当然。自由，超越尺度。获得是有，充分是完全等价，实现是存现……这些都是实在，存现，物在。我们就有一个词叫"物在"。

吴亮："物在"，我们现在面临的这个东西。

吴山专：这里是二十八条，总共有三十条。你觉得"物在"这个词比较好，"物在"这个词呢，matter existing，或者 matter atting，它有些时候，就是词的一种生成吧。

英格（吴山专翻译）：这是比较短的一条，它应该是，在物权当中就是"就有"，just have。

吴亮：我本来就想提这个问题，关于《人权宣言》，你们这个作品是一个置换，做代数式的一个替换，把这些词，用一些其他词来填充原来的《人权宣言》。

吴山专：对，你这样就能读，所有的它，物所当然，物界，宇宙，复数，背景。

吴亮：完全能读，意义，句型，逻辑都不变。

吴山专：背景、物序。在这种物序中，本宣言如何如何。

吴亮：所录。

吴山专：所录，抄，复，仿，物所当然。超越尺度。完全等价。物在。所以它是能读的。我们在外滩三号展出的时候，你来看过。

吴亮：我看过……所以这样的东西，我觉得应该做一个文本，它更适合阅读，你当时展示在空间里面，贴满了展厅，大家都在说话，喝酒，没有几个人细细地读它。有这样的情况。

我想到这样一个问题,也是我们今天话题的延伸,今天我们时间不多,但还可以稍稍深入一下。天赋人权,一个历史文件,它是在历史当中被提出来的。在人类历史的回顾中,一般说先有神权,后有皇权,最后有了人权……当然人权里面包括了物权,就是所有权。但是显然在你们的思考当中,把最后的人权置换成了物权,把"物权"变成一个涉及人类生存状态本身的非常大的概念。

吴山专:让人权的容量加大,使人权更丰富。

吴亮:你觉得,你们发展出这种概念,它是本体论中的一个概念呢,还是历史发展的一个产物?

吴山专:这个,一般不在我们考虑的范围内。我们考虑的,如果说按照这个词来看,是"要求",还是"就有",我们基本上考虑这两者,我们应该选择为"就有",而不是"要求"。因为……

吴亮:那还是属于"本质论"。

吴山专:因为"要求"已经是有问题了。"就有",是没有问题的。

英格(吴山专翻译):当时很难去找到一条路,你彻底地感觉到,你自己是"一个物"。这条路很难,很多人都走过,加缪,《局外人》,这些人都走过。

吴亮:我们不追究这个"物权"的由来,不再宣布这个问题是否是一个发现,新的世界秩序,新的结构。我们不追究,就像你说的,你们不追究它的来历,是历史生成的问题,还是一个本体论的问题。

吴山专:对。

吴亮:但你是不是觉得,你们提出的"物权"已经成为一种超越人的力量,它还能被人类掌控吗?它是物本身生产出来的一种权力,还是人类造成的?你们的"物权"与马克思的异化概念又有什么联系?

在谈这个问题的时候,你说你们不愿意再深一步说它是历史生成的,还是个本质论;它是"就有",而不是"要求"有,是吧,你们回避这样一个问题。那么,当然你们发现这个问题的时候,这种"物权",物的一种力量,是不是已经脱离了人的控制,成了超越人的一种力量?

吴山专:这个是,你提到这个很好,这是一个大的容量必须给的牺牲。如果说我们要追求一个很大的容量,这点牺牲,我们必须要给。也就是说,你在看你自己的一个投射时,你都是可控的。但是投射的容量越大,它超越了我们的尺度,这个叫做超越尺度,最大容量的自由,就是超越尺度,也就是不可控的了。

所以,当一切不可控的时候,我们应当感到高兴,这是我们的大容量必须给的牺牲,因为我们追求这个容量。不可控,也就是我们中国传统里面的那个无常,我们是很欣赏的。

吴亮:你这个是艺术态度。

吴山专:这是一个很高的境界。我们必须付出这个代价,这就像有些时候,我们说民主的代价,我们必须付。虽然这些代价很大,好像还是不要民主的好,但不能这样说。这个代价是应该付的。

吴亮:你们对这个问题的看法,还是正面的。

吴山专:这应该是一个正常。

吴亮:一个自然过程。

吴山专:是正常,我们叫做"物序",虽然这个物序可能会得出一个异化的结果。由于这个程序,人必须被异化,这是没有办法的。这是马克思主义的一个很了不起的发现,就是说,这一切都是在程序当中,就是"它必须"。但我们如果认识到有个物序的话,我们就会有可能从另一个层面上认为事情……

吴亮:会有一个变化。

吴山专:对,我们来看异化,我们把"异化"改成"物化"。把

"物"这个词,改成"在物序",我们可以做很多这样的调整。

吴亮:杜尚那件作品,到与你们相遇,等了八十年,对你们,它是"就有"。

吴山专:有时候,你在乡间走路,忽然,你看到一块石头,或看到一把凳子。

吴亮:像在等你。

吴山专:你觉得这凳子已经等了很久,而且,你觉得这个凳子就是为你准备的,你就会激动。

吴亮:你的梦中情人在等你。

吴山专:有这个感觉。

英格(吴山专翻译):这里你看,也有一个元素。是不是我们很像一个课堂,很多物证,拿这个来……这个英文的那句,括号的左边,乘以括号的右边,等于完美的括号。那么完美的括号,就是表示了一个最大的容量。

吴亮:这是你们杜撰的。

吴山专:不不,你这个乘以这个,等于那个。你在这样一个括号的范围里面,你再大的括号,它的容量也是有限的,那么只有左括号和右括号相乘的时候……

吴亮:它就无限了。

吴山专:它既封闭了自己,又封闭了外围。如果非常庸俗,或者非常消极地来说,一个自我封闭的人,其实也封闭了他的整个外围,就是这样的一个意义。当然,这个要更加来得积极了。

吴亮:你们这个括弧,就是一个物权的符号。

吴山专:对。这是我们物权的一个标志。

吴亮:十字,加号;还有一个乘号。

吴山专:乘号是,透视和投射。

吴亮：这是一个很完美的图像。

吴山专：非常漂亮。三个元素加在一起，我们把它放在一个"场"里面。

吴亮：这个图解很好。

吴山专：这个颜色的，就是所谓的信息，就是广告，它是这样的。

吴亮：中间是文字。

吴山专：一个场。

吴亮："场"，就是你们对这个世界整个的概念。

吴山专：也没有你说的那么严重。

吴亮：不是世界的话，就是你们的符号地图……还有一个问题，我们可以再继续。英格说她曾经很喜欢杜尚，似乎等了很多年，通过对它进行一次小便，进行了交流。你用了一个词，说这件作品已经被过度欣赏，似乎人们已经忘了，它还可以用来小便。然后她还举了雪橇的例子，当雪橇回到美术馆之外的某个地方时，它就又会恢复本来的使用功能。

吴山专：这是你在说的，不是我说的。我没有说杜尚这件作品被过度阐释，没有说过。

吴亮：你用了"过度"一词。

吴山专：我只是说，当解释你那个沙文主义的时候，我对英格说，可能我们把那个人对于物的解释，就是过度的一个陈述，就是它的含义过分的那个意思。但没有说杜尚这件作品，好像没有说"过度"。

吴亮：那没关系……也就是说，当杜尚通过他的权力，或者影响力，通过一个媒介，突然使一件物，意思完全发生了转移，变成了另外一个物，杜尚把非艺术变为艺术……然后你们，则通过这样的一个计划，一次小便，又将它回归到原来那个"物序"之中，完成一次交流。是不是这样一个意思？

吴山专：对。

吴亮：接下去这个问题，和后面一个问题又相关——你们说，一切都是很自然发生的，因为我问你："是不是异化？"你说："不，它就是一个过程"，是吧，应该有这样一种胸怀来接受这样的事物。

吴山专：对，对。

吴亮：你们并不持有一种批判的态度。

吴山专：不批判。

吴亮：但是我在里面看到你的一种欲望。

吴山专：当你说"批判"这个词的时候，我想到，以前也有很多人问我们，你们的基点在哪里，"你是批评，还是指出，还是干嘛？"我们提到一个词，就是提醒，就是说，我们只是让大家能看到我们的东西，他们如果感觉到有一种事情需要警惕，这就够了，我们没有说批评这个，或者批判那个，没有。1993年的时候，英格做了一件作品，她在水龙头旁边，打开水龙头直接喝水……今天如果我到你家去，我从你水龙头里直接喝水，你肯定会说："千万不要喝！"因为我们都有一个常识，这是一个很危险的行为。那么，正是这个常识，导致这个瓶化的水生意……如果哪一天再反过来，我再到你家去，像英格这样，直接从你家水龙头里喝水，你不再阻止我，那说明我们的环境就已经很好了。这是我们的一个态度，就是说，对有些事情我们要警惕。

吴亮：是不是你们的作品，就是提供一个瓶化水，这个水是可以喝的，那个水是不可以喝的。但是在前面，你似乎觉得这个物权问题，是根本没法解决的。

吴山专：没有像你说的那么严重，有些事情吧，是在一个范畴内说的，如果你突破这个范畴，它很难说了。一直是有一个小环境的，比如说你看，为什么"要求"应该改成"就有"，这里面就有一个很细小的区别，我们就感觉到，对呀，这不是我应该要求的，这是"本来就有"的呀。比如我说:"吴亮,我能抽根烟吗?"我再一想,这是我的空间啊,我"就有"呀,我没必要"要求"你吴亮啊。你在"要求"的时候,你已经是一个弱者了。但是"就有",才是一种正常的状态。

吴亮:但是"就有"本身,为什么就不是问题,就没有问题?我们现在看到、听到的这个世界、这个现实的好多"就有",统统都有问题,就像你的早期作品。

吴山专:在哪个层面?

吴亮:你的《今天下午停水》,宣布停水就是"就有",它是不用解释的。

吴山专:这是一种警惕,就是一种警惕。

吴亮:警惕又如何呢?我举个例子,因为我们前面讲到了卡尔·马克思,他讲了异化问题。但是他最后,坚信这种异化里面会产生否定力量,人们将会得到解放,最后消灭异化,是这样一个构思吧,这是马克思的早期思想。那么现在看来,这种想法是过于乌托邦了,看来异化不可能消除,至少目前看来遥遥无期。我们对一个遥遥无期的,一个全面的物化,全面的异化束手无策,只好,对不起,只好说警惕,仅仅是警惕。我们没有任何办法,也就是警惕一下,世界一切照旧。

吴山专:我没听懂你要问什么。

吴亮:这么说吧,你们提出了问题,使用或创造了几个概念,通过展览,出一本书,一个演示,说了你们的一些想法,花了许多时间,让我们读懂了你的意思,行了,你们俩,吴山专,你们在说什么,我们全知道了。然后,我们回到这个世界里头,一切都依然如故,一切都没法改变。

吴山专:这个你也不能太……我们不能太急,一切都在变。放心,这个变不是说我们要让它变，它就变；我们不让它变，它就不变。

吴亮：那是。

吴山专：缅甸那个女的，得了诺贝尔和平奖，那个谁，昂山素季……

吴亮：我不看新闻。

吴山专：缅甸的那个女的。她说了一句话让我很震惊，大家都在问她，你们缅甸——对不起，这种知识你应该知道——因为她一直被软禁，大家问昂山素季，好像缅甸什么都没变化，你却被软禁那么长时间，还是什么的；她回答了一句很好的话："一切都在变。"并不是说你要让它不变，它就不变，没有这个事情。所以我觉得，她有这样一个积极的态度。

吴亮：那么你的意思是不是会认为，既然这个变，就必然会变，而不是要求变，才会变，那"要求"就没有意义吗？

吴山专："要求"当然是有意义的。

吴亮：可是你用"就有"替代了"要求"。

吴山专：我说的这个"就有"里面，是在我们要把人权，转向到物权的时候。对物来说，显然这个是"就有"，因为它没有必要"要求"，所以它不能，你不能够把它拿到另外的一个层面说，你说的这个是社会现象，不应该"要求就有"，应该"是就有"。

吴亮：是不是可以这样解释，你们整个的想法，还是一个代数，而不是应用数学。它是不被应用的，它是原则性的数学。

吴山专：可能艺术一直是这样。

英格（吴山专翻译）：当然作为艺术作品，我们的作品能让你，像你这样提出那么多的问题，已经是很有价值了。你不觉得这是很好的结束吗？

吴亮：不不，还没有结束。

吴山专：哈哈，对吧。

吴亮：我问山专一个老问题，你曾经说过，"所谓艺术，就是在生活当中无法归纳的那一部分"，你记得这句话吗？

吴山专：今天看来，那些话像警句。

吴亮：这话是你说的吗？

吴山专：这句话当然是我说的，当时大家都说警句，有些同学说"树的一生梦想，就是为了发胖"。还有一句，大概意思是，"一个不想骑好自行车的医生，一定不是一个好厨师"。

吴亮：你八十年代做的艺术活动，和你这句话有什么关联吗，这句话很精辟。

吴山专：因为你常常搬家，搬家摆东西的时候，沙发应该摆哪，厨具摆哪房，微波炉摆哪，灯摆哪，这些都很明确的。但你碰到那些艺术品，你就不知道这个该摆在哪了。那显然，艺术品就是那些无法归类的东西，我们就把它们称之为是艺术品，是这样对吧。

杜尚的这件尿罐作品出现以后，那个定义又扩大了，就是说，"艺术品可能是世界所有物品的总和"。这就是我的第二个概念，容量更大了。我们的第一概念，"艺术品是那些无法归类的东西"。但有了杜尚的那个尿罐后，我们突然发现，艺术品大概就是世界物体的总和。

吴亮：杜尚这个观点，是不是就是一面镜子，就是世界给镜子多少，它反射出来多少。

吴山专：那显然是其中的一面镜子嘛……还有一个词，我觉得它让我也比较舒服，你刚才说到的一个"其中"，我一直在想，我们有一些概念，像"其中之一"，这个概念是从哪里推导出来呢？是从"例如物"推导出来的，当你有了"例如物"以后，你会发现吴山专是吴山专的一个"例如物"，这个时候你就很轻松了，你只是其中之一。"其中之一"有一个好，让我们非常轻松，也就是说，它什么时候都可以不在,因为有它的"其中之二"会代替它。这可以让我们,对自己的存在与不存在,不要太紧张。

吴亮:这句话讲得很明白,我听懂了。

吴山专:其中之一,就是一个处方。只要把自己放在"其中之一",你就会很舒服。同时,也要把自己放到一个"多余"的位置,有了"其中之一"以后,它的另外一个概念,那就是多余嘛。

吴亮:对。

吴山专:这个时候我们就发现,"人人都是多余的"。好像文天祥有一个说法,叫做"时时可死",就是无常,"时时可死,步步为生",我想,他们当时也认识到了,人就是一个很高明的"例如物",我们都是多余的,但这个不妨碍他爱国主义嘛。

吴亮:文天祥还有两句话,人家更记得,"人生自古谁无死,留取丹心照汗青"。

吴山专:这个太大了,对我来说,我还是更喜欢"时时可死,步步为生"。你这个太大,因为大,就很难了。我们只能是,只能说一些废话。

吴亮:还有一个问题,前面的问题,你并没有回答,但是我又产生一个问题。你前面讲到你的作品,你用一些很通俗的例子来说,这世界就是,每一个艺术家不过是其中之一而已,你既然是其中之一,也有其中二,其中三,其中四……无限。

吴山专:"其中之一",大致多余。

吴亮:那么,说任何其中之几,他都是多余,可以轻松了,但是挺好。

吴山专:哈哈。

吴亮:看你的作品并不轻松,你还讲过一句话,你说你是一个为艺术家创作的艺术家。但我觉得可能很多艺术家,都没法看你的东西,也许他们没有兴趣。

吴山专:对,他是这样的。

吴亮:还是会有非常小的一部分艺术家,会对你的作品有兴趣。

吴山专:我知道,别的艺术家对我的兴趣不大。

吴亮:你的作品,基本是给空闲的哲学家或数学家看的。

吴山专:我更喜欢的比方是做外科手术,我开刀是开给别的医生看的,当然同时我救活了这个病人,但是我开刀,我是让别的医生看的。

吴亮:同行。

吴山专:我考虑到艺术史,有很多同行,就像故事一样,今天采访一开始,你提到了杜尚,就是这个人,每每当我对自己的职业,这个行当感到沮丧的时候,我想到有这样一个人,历史上,也在这个行当里干过,我就想,杜尚也是其中之一呀,我就又很轻松了。

吴亮:你还是想进入艺术史,留取作品照汗青。

吴山专:不,没有像你说的那么严重。

恢复简单快乐，把艺术当作一个玩

马良　　吴亮

（马良，艺术家，现居上海。对话时间：2010年10月25日）

吴亮：今天进你的工作室，感觉好像走错了门。以前每次来，都是傍晚，晚上来，像一个密室，感觉空间也没有这么大，到处挂满了你作品里面的那些符号，服装道具、木偶、面具，七零八碎的，一些很神奇的东西。以前给我的感觉，就像剧院的后台，一间道具室，一个巫婆的密室，或者像一个淘气的孩子，把他从各种地方收集来的一些小零碎放在自己房间里……今天稍微有点遗憾，这个氛围消失了，你把它挪到美术馆去了。

我觉得你的这些东西不能够放在美术馆，美术馆拿过去展览，就假，简直开玩笑。但是今天这样也有一个好处，我可以免受你这环境的干扰来问你一些问题。

还是从你的房间开始——你虽然做了不少户外的照片，但给我印象最深的还是户内的，可能是你的这个空间强烈地刺激了我。说说吧，以前你也曾经和我说过，零零碎碎的，你的童年在话剧院的后台度过，你母亲是话剧演员，你父亲是京戏导演，你在一个戏剧家庭长大。这样的家庭氛围，你所接触的小世界，对你小时候的生活方式，你的记忆和想象力，有什么关联，又有什么影响，甚至影响至今？

马良：是很可惜，所有的东西都搬到美术馆去了，所以今天这房间,整个气氛不对了,就您刚刚说的那个很戏剧性的气氛没有了。的确是,我的父亲母亲,他们都是搞戏剧的。我小时候,那时代没保姆,每天放学或者在家待着,或者晚上跟着父母两人中的任何一个去剧院。大部分情况下去我妈妈剧院,我嫌爸爸的京剧太吵,锣鼓一敲我在后台作业做不了。那时候我妈剧团的定点剧场是长江剧场,国际饭店背后,他们的青年话剧团老在那边演出。父亲的戏则在天蟾舞台演,福州路。我就在这两个剧院之间跑,在剧院的后台做作业,跟大人吃晚饭。

你可以想象我们小时候,那个时期,外面的世界还很贫乏,但剧院里头,所有的东西,布景、服饰、道具,都显得比现实生活要丰富。上海青年话剧团是中国最早演莎剧的一个剧团,莎士比亚戏特别厉害,又是"文革"之后国内第一个恢复演西方古典戏剧的,第一个戏好像是《无事生非》吧……我读小学时常去我妈的青年话剧团,安福路,那房子以前好像是一个犹太商人,沙逊吧,还是谁的一座私宅,解放后就成为上海青年话剧团了。花园洋房,花园当中有个露天舞池,裸女雕像,喷泉什么的。有一天,我看见很多叔叔穿着白色的练功服——袖子像灯笼那样的——在击剑,真的用那个钢剑在击剑,真是太魔幻了。

吴亮:像佐罗一样。

马良:是啊,只有电影里的佐罗才击剑,击剑在我们生活里完全见不到的,那时的孩子只熟悉《少林寺》的那些棍棒,可能我们还能找到玩具红缨枪、大刀什么的,击剑这个动作,包括训练用的服装,他们的步伐,剑相互撞击的悦耳又让人胆颤的声音,我都觉得太酷了。在那样的现场里,小孩子很容易产生幻觉,这个世界有两面,一面是现实生活,另一面就是艺术生活,我觉得我爸爸妈妈所从事的这个工作很刺激,可以脱离现实生活,那时好像我已经有些不满于现实生活了吧，我从小功课特别不好，这现实太残酷了。

我父亲是导演，京剧的科班学生，他算是对生旦净末丑都很了解。小时候我曾经缠着他，要他做玩具，我说我看你们那个演孙悟空的，在舞台上，演员随手做个姿势，空手往空中一甩，啪，一根金箍棒就凭空地跳出来了，我说这个东西怎么做的，我要学，学会以后我可以显摆了嘛。父亲就教我，他拿那个赛璐珞片，那种类似于胶卷的那种赛璐珞片，大概那么宽的，他把它卷成一个金箍棒的形状，然后用热水定型，定型好之后，再把它掰开，重新横着卷，这样它就再变成了很窄的一个卷，可以握在手里。当你把它扔向空中的一瞬间，那个赛璐珞片由于自身的弹性，一下子就恢复成原来金箍棒的样子了。

吴亮：这叫材料记忆。

马良：对，材料记忆，可是对小孩子来说，太迷幻了，我爸爸给我做了一个，那时候没有喷漆，做不成彩色的，就一根透明棒子，然后我就到弄堂里，看到小伙伴，啪，一甩手就一根金箍棒，哈哈。

看戏，我也和普通观众不一样，一出戏，我能够看十遍二十遍。一般观众只能看一次新奇，我就看出门道了。第一遍看表演看故事，再往后，就有闲心看各种各样旁人忽略的细节了，怎样打灯，怎样追光，怎样制造风雷声……你知道闪电那种效果，就是拿一大张金属片悬挂在空中，工作人员拽住金属片下边，"哗"一抖，就是一道闪电的声音。我很得意，觉得自己是小孩子里头所谓了解机密的人，经常跟同学们显摆：你知道舞台上那个闪电是怎么做的？然后神神秘秘地给他们揭秘。

父母亲担心我在剧院里闹出声音，有时就把我放在灯光台上，坐在灯光师傅旁边。那些老式剧院的灯光台，在观众的头顶上，或者在舞台两侧的高处。剧场很安静，大家都屏息看戏，我在一个被忽视的角落里不敢讲话，只能乖乖地在那儿看，等到那个戏演到某个部分，需要追光上去的时候,马上捅捅那个师傅,或跟着那个灯光师做下手,帮忙传递纸盒电线什么的,跟他们一起玩儿,就成了我童年记忆的重要部分。后来我大学毕业,没多久就做起了广告导演,我是学美术的,没学过导演,别人说:你没学,你搞什么导演?我心想:我哪要学啊,小时候我早全看明白了!

吴亮:有句话说,世界大舞台,舞台小世界。因为你特殊的家庭背景,你的儿童记忆与一般孩子不同,但是我想问一个具有普遍性的问题——在七十年代,也就是1976年中国发生变革以后,毛泽东去世以后,你们这一代才开始成长。你出生于七十年代初,你读小学的时候,刚刚开放,你的童年记忆没有"文革"这一段,但你不应该不知道"文革";也许你长大以后,会听到你父母说起"文革","文革"的遭遇,"文革"的故事。在我所看到你的作品当中,没有发现一种明显的历史创伤感。我不知道你父亲在"文革"中有没有受到冲击,这是当年许许多多家庭都发生过的情况。

马良:我父亲在"文革"中受冲击很大。

吴亮:虽然很大,但对你的成长,似乎在你童年的记忆中,没有留下烙印。

马良:对,也可以那么说。但是我后来看到,例如我的一张华山美术学校的学生证,是1985年的初中学生证,正面就是一段毛主席语录,教导我们要做又红又专的"四有新人",类似这样的话。你看那时候毛主席语录还在,现在我们再回忆,好像"文革"结束后就应该没有了,其实并非如此,1985年在我的学生证上的毛主席明明还在瞪着我们。我还能回忆起那时候教室的上方,红色的纸,毛笔字,菱形贴成一排,也是做又红又专的什么什么,总之我清楚记得毛主席教导我们这些专科学生一定要又红又专。还有马恩列斯的那些画像,也是在教室里的。虽然"文革"结束了,但这个教育和宣传方式,还是一直影响着我们。

吴亮：但对你没有影响到骨头里。

马良：影响虽然有，毕竟，对我们小孩子来说，不会像你们成年人那么深刻地去看它，这些东西对我的影响，更多是一种图式记忆，我并不理解这些东西到底是什么，当然也就不会对我有特别大的影响。

我回忆起一个事情，对我影响至深……小学的时候，有一天我路过青海路的一排房子，青海路和石门一路之间的一个区域，靠近上海电视台是青海路的一头，另外一头，有些小小的洋房在那边，其中有一排洋房全部被封了，门上贴了封条，封条其实早就很烂了，可能都封了很多年。其中有一个门，上面有个巴掌那么宽的木条被蹬碎了。我那时候小嘛，大概是小学两三年级的样子，我的头正好能钻进这个门缝，头能进去，全身就跟着进去了……整个院子里全是荒草，长得比我还高，下午的时候有光亮也不怕，我就穿过荒草进入院里的那幢别墅，房子的门都被踢开了，可能小偷光顾过，满房间被翻乱折腾的场景，那一瞬间被凝固了，落满了灰尘。这应该都快八十年代了，我想那房子的主人要么死了，要么移居海外了，或者这房子可能没还给他。我记得那个房间里头，所有的东西都被翻了出来，有红卫兵当时抄家翻的，估计也有后来被小偷翻的……这家人的一家一当，满地的照片，信，书，那个床我都记得很清楚，那种古铜的，床头栏杆有雕花，很豪华的床，是我们普通人家庭看不见的式样，还有被打碎的水晶吊灯斜挂在空中。

吴亮：这房子在哪里？

马良：青海路，青海路跟吴江路，还有石门一路之间的那片住宅区里的一幢，这个房子已经拆掉了，我后来去寻访过，没有了。

之后，我就常去那个房子，那房子也就小孩子能进去，别人进不去，那门上的洞太小了，另外，那时的人也不像现在那么好奇吧。我觉得像找到一个私人乐园，每天放学就偷偷去那里头玩，到处翻他们家的东西。这个事情实际很残酷，对一个成年人来说，它是一场浩劫，你不能趁火打劫。但对小孩，它就是一个没人看管的乐园嘛。我每天在里头玩，把他们家翻得更乱。小孩没有什么道德观念，胆子大，那时候还没有流行鬼片，都不知道怕这个。我甚至还在他们家的那个被窝里睡过，被子表面很脏，里头却很干净……我躺在床上，看那吊灯歪斜地挂在屋顶中央，窗户很脏，有很多被雨水打过的水渍，窗帘都发霉了。这个空间的很多细节，印象，特别深刻地留在我的脑海里了。它曾经是一个人的家，一瞬间给毁灭了，然后就凝固在那里，可能凝固了十几年，然后一个小孩进去了，这个地方就成为他的乐园……我大概在里头玩了差不多一年了，几个月或一年，我记不太清了。终于有一天，门上的洞被一根新的木条封住了，再也进不去了。

吴亮：那时候你几岁？

马良：八岁吧，就小学二年级，七十年代末，最多是1980年，那时候很多人还没有平反吧。我的小学在南京西路原来的新成游泳池对面，现在三五大厦旁边的一条弄堂里。那小学的房子呢，也是一栋两层楼的洋房，大厅里头有宽大的楼梯，一侧是教堂式样的彩色玻璃长窗，很漂亮的那种彩色玻璃，小朋友走进来上课的时候，都要穿过那个大厅，那种教堂的光，透过彩色玻璃折射的绚丽的光，安静地洒在地上。我们的教室里有一个壁炉，我就坐在那个壁炉前，最后一排。窗户外面有一棵巨大的玉兰树，玉兰树每年到考试前，差不多六月份，它就开满了花。这时候校园里全是花香，这个淡淡的香味和痛苦的考试，在我那时的记忆中被联系起来，一旦闻到这个花香就知道马上要期末考试，好事坏事一起来了。

这记忆是在小学四年级之前。然后,好像五年级,暑假结束回校,校门口贴一个牌子,说这房子还给主人了,校舍已经迁到这个房子的两三百米之外,居委会临时给我们找的一个房子里。我觉得很奇怪,怎么,我的小学就没了,那么它的主人是谁呢,我很好奇嘛,也不光我,我的同学们都很好奇。我们就老在那边张望,终于发现,那房子的新主人,竟然就是我们小学门口一直扫地的那个老太太,她有一个小孙女,跟我们年纪差不多,但她不读书,不知道是没钱读书,还是没资格读书。老太太大概是六十多岁,七十来岁的样子,平时就住在我们那个房子大门对面,一间临时的板房里,她们祖孙俩平时靠捡拾垃圾度日。一个拾荒老太太,竟然是这个房子的主人。

这个事情对我刺激很大,我想不通这是怎么一回事情,小孩子完全搞不清楚。其实很简单,就是她的房子在"文革"中被掠夺了,还很残酷地,就让她住在这个房子的对过,每天看到她自己曾经的家,全是小孩子在上学,而她的孩子,则没有资格读书。平反大概是1982年吧,房子才还给她。你看,这也是"文革"留的一个尾巴吧。

吴亮:但对你,这些人的故事,都是你成年以后才慢慢知道的吧。

马良:这个具体的原因,我是后来才明白,但我记忆特别好。我对童年的很多事都记得很清楚,我的记忆力是属于那种画面性的,气氛,画面感,清清楚楚。

吴亮:你的描绘很清晰,你前面讲到青海路那个房子,我感觉你就像阿里巴巴闯入了四十大盗的洞窟。

马良:就是这种感觉。

吴亮:这就是我之所以在你后面的作品当中,发现它们有联系的原因——为什么你总是会重复出现这样一个景观:里面有蜘蛛网,许多玩具,厚厚的灰尘,房间凌乱不堪,好多东西来历不明,都堆在一起。

马良:是,是。

吴亮：刚刚在你的讲述当中，多次讲到你穿过什么弄堂，一会儿又青海路，吴江路，新成游泳池，凯司令，这些路这些地方我也很熟，我在南京路一家小厂工作了十四年，老美术馆隔壁，那一带的街景我太记得了，穿弄堂，到地段医院去看病，我都会从那走，捷径嘛，所以南京路一带的街景我很熟。这么说，难怪在你的作品当中会出现这样一些，一而再再而三地出现这样的老弄堂，围墙，小院子，老式房子，教堂的彩色玻璃，你作品中有种彩色玻璃的效果，很绚丽……这批我比较熟悉的作品，是你在做电视导演以后，哪一年开始做的？

马良：我大学毕业后，做了九年的广告，广告的美术指导，还有导演。直到 2004 年才开始创作自己的艺术作品，到现在六年了。

吴亮：这以前你有没有摆弄过照相机？

马良：几乎可以说没有过。那个时候真是没有照相机，我大学的课程里有一门课，叫广告摄影。一个班级分两台海鸥 DF，用胶片的。我们的老师，除了教学生，还有一份兼职，是为美容店那帮烫头发的中年妇女拍招贴广告的，多恐怖的爆炸发式和盘头的照片，不知道你记不记得，我记得很清楚。以前南京路白玫瑰门口，有很多那种阿姨盘好头发，脸歪着，拍得很惊心动魄的照片，这边一道蓝光，那边一道红光，这老师的风格就这样。教我们就这套东西，我特别反感，觉得摄影怎么这样低级，摄影在我当时看来，实在是一件很低劣的事情。我是学美术的，我觉得画画比摄影这件事情要高贵多了，所以虽然上课却从来没有认真学过摄影。第一，我讨厌这件事情，第二实在条件太差，这个照相机在我手上只有一天时间嘛，这一点时间，性能还没摸会，怎么过胶卷，怎么调光圈，都不知道，等于没学过。

吴亮：你一开始拍照片，就用数码了？

马良：我蛮幸运的，我真正摸到这个照相机的时候，就是数码，它一下子把很多技术难关给省略了——前面说的上课用的海鸥,那个不能算。

吴亮:你直接用数码,你一开始拍照,就可以在电脑上修照片了。

马良:对,反倒是现在,我还会使用更复杂的那种胶片相机,但最早摸的倒是数码相机,它没让我一下子有反感,那么简单,马上就可以拿它去拍作品,也不管懂不懂技术。其实摄影,这个熟悉机械的过程还是蛮好玩的,后来才觉得。

吴亮:看你的作品多了,就发现了其他一些细节,经常你会引用一些句子,在你画的旁边,你好像有一种对写作的爱好,你喜欢在你作品旁边写一些字和词句,或许是一个段落。你的写作,有一种华丽的风格,但凡这样的措辞,这样一个作家,必然会看点诗歌,国外戏剧,现代派小说,这个那个的——你什么时候开始接触这些东西的?

马良:这是我的又一个幸运,我有一个比我大十一岁的姐姐。我小学毕业后正可以开始阅读的时候,她二十岁了,她那个年代,有机会接触西方的文化,那是八十年代,1985 年前后吧,那时候已经有萨特、尼采、叔本华等等很多书。我姐是典型的文艺青年,她书架上全是这些书,我姐夫也是个文艺青年,他在追求我姐姐的过程里,送书为主嘛,大量的书。那我呢,就有机会比别的小孩更多地阅读那些东西,虽然读不太懂,读第二遍才稍微看懂一点,第一遍,就是一种神秘的向往。

当时姐姐她们二十多岁年轻人读的书我全读了一遍,影响到我自己以后的学习生涯。我大学读美术这件事情一直让我自卑,我不算一个好学生,觉得很委屈,明明自己很有才华,为什么分数总是排在班级最后几名,学校教学按照苏联模式,比较规整,不需要想象力,素描要画得硬朗,明暗的转弯清楚,要画出石膏的质感……我就画不好这个,我可能画得很有感情,现在我觉得自己其实画得很好,情感才是艺术里最主要的东西，可当时的教育，是不允许学生这样想的。

　　我后来一再碰壁，慢慢就把自己的那种，也许是虚荣和自负，转移到另外一个领域去了。我画画，画不过你们，那我就写诗，我很早就写诗了，十六岁就在家里不停地写诗。到现在，我已经很明白我这个诗是什么水平，我很清楚。我的诗歌阅读，和自己文字的方式都停留在那个九十年代初期，后来就不太读诗了。喜欢诗歌最狂热的那段时间是八十年代，就读北岛、顾城、舒婷、朦胧派，还有当时的西方翻译诗，美国意象派，还有一些，我现在名字都记不得了，还有泰戈尔的一些老版本诗歌，都对我影响挺深的。我当时写实，反正就是寻找自我平衡，好像我画画画不过你们，但你们看我一直在校刊上发表诗歌，我证明了自己的才华。

　　我其实也知道自己写得不是很好，但我的文字对我后来的艺术创作起了作用，比较快的进入你设定的情境。刚创作的时候，我有些苦恼于视觉作品太过于沉默，大多数时候像一个谜语，就像你去看一个展览，如果艺术家不在标题上提示一个导向，很多观众就完全无法进入这个思考。

　　吴亮：你写诗，有没有写过小说？

　　马良：写过，写过小说，写过电影剧本，都写过，但写得不好。

　　吴亮：我看你的画，就知道你写电影、写小说肯定是不行的。

　　马良：为什么？

　　吴亮：看你的照片，我发现这样一个情况，很多次了，你都突出一种戏剧效果，但它又不是处在正在某个连续性的情节当中，只是一个孤零零的片断，一个瞬间，没有来由，缺乏情节性，没有前后关系的戏剧片断。

　　马良：对啊。

　　吴亮：所以它比较接近一种意象，诗人方式的意象，我为什么说你写小说不好呢,你情节感不行,你脑子里出现的是意象,却不追究这意象的来龙去脉。

马良:也许是的。

吴亮:而且你逻辑性也不够。

马良:我曾经试图要把它写成电影,写成一个情节很有逻辑性的,结果写出来很贫乏,写顺了呢,就没有想象力了。往想象力靠,又写不顺,这的确是个问题。

吴亮:你的作品就像梦境,一个记忆片断,或像一种很恍惚的瞬间,让我感到很奇怪的,异常的一个动作。觉得不可思议,它往往是一种象征,一种隐喻。你很多照片的构成非常复杂。细节,所使用的细节符号非常密集,我有时候会觉得,你有点像超现实主义,同时又有点像荷兰的一个画派,就是把水果堆砌起来,非常非常拥挤,不像后来的塞尚他们,苹果就苹果,盘子就盘子,就很简单几样东西,它们没有几个,就这么放在桌子上。你不是,你的作品有堆砌感。

但是你的堆砌,又和那些——现在有许多类似的堆砌,不是和你类似,就是符号很多,物品很多,杂乱无章的作品不同,它们表现另外一种感觉,一个过量的,过剩的,垃圾性的一个时代,它有这样一个意思在里面。你不是,你是把你所堆砌的东西浓缩在一个封闭的小环境里面,其中隐约有一个童年记忆,我第一次进入你房间的时候,就看到许多,只有小孩子才喜欢的玩意儿,比如老鹰啊、翅膀啊,或者枪啊、望远镜啊,所有这些东西都是小孩子玩过的,还有像你小时候看到佐罗的剑啊,像灯笼的袖子啊,诸如此类的这些东西,都是一个小孩子对成人世界的想象,基本就是个孩童的梦幻世界。直到现在,你的作品中都是一种试图从儿童记忆和儿童世界出发,来看一个成人世界,都有这样的影子在里面。小孩子误入大人世界,他对大人世界的来龙去脉当然是不清楚的。

马良：对，是这样。

吴亮：你在青海路房子里玩，是一条线索，是吧。

马良：我还有一个特殊，其实，我小时候是不说话的，为什么呢，因为我父亲在我整个儿童时代，都在被批斗，写检查，我记得我父亲是家里头第一个不说话的人，他永远在写东西，在阁楼上伏案写作，或许写检查。"文革"后，一有机会他就拼命地想要创作，根本不理孩子。我父亲生了多年肝病，生病的这个过程里他很暴躁，我尽量不去碰他。那段日子我在家里活得很紧张，大我十一岁的姐姐和我的关系也是，真让我挺压抑的。我姐姐六岁的时候，就因为"文革"对我父亲的批斗太严重，我爸爸觉得会给她的成长造成阴影，就把她送到南京去，在外婆身边生活了整整七年……等她从南京一回上海，有了个弟弟，弟弟成为全家中心，爸爸妈妈的焦点，而她说一口外地话，然后又跟爸爸妈妈显得很陌生，她当时的心情一定很复杂，她一直就觉我是夺走她爱的人，她给我压力很大。我很压抑，尽量小心翼翼，不要给他们惹麻烦，也不想跟他们接触。

我心想还是沉默些好，不要惹他们，不要跟他们有关。这就形成一个小孩的孤单性格，一个自己想象的世界，我为什么会找到那个房子，不跟人家分享，我不希望人家去打扰我的世界。这也可能就是"文革"的阴影，通过家庭遭遇再对孩子产生了一种影响……我现在变得会讲话了，是我后来为了做导演，努力去克服这个缺陷，慢慢学习一些讲话的技巧，以前我都不太会说话的。

吴亮：那说说你这些作品吧……你从2004年开始做照片，已有六年了，你出了好几本画册，我大部分都看过，凡是那些诡异的，超现实的彩色照片，基本上都是在这样一个封闭的范畴中。虽然后期你也在荒山野地里，一些旷野当中，一望无边的那些陌生风景，比如一些奇奇怪怪的植物当中，荒原当中，你也做过很多作品，但仍让我感觉,你全部的出发点,就是你那段时间的记忆,它对你几乎是挥之不去的。当然,你阅读到的一些其他图像资料,或者通过其他的媒体获得的其他东西刺激,比如说电影啊,影像啊,肯定都会影响你。因为你热爱阅读,诗歌,图片,一些大师的摄影作品,你看得特别多。

但是呢,你后来做了一个与它完全不相同的系列:在一只盘子里面,铺了一层大米,然后上面放了很多小物件,老照片,身份证……高光,白色,一个非常冷的氛围,冷漠极了,类似像医疗器械的这样一只盘子里面,连续地排列在那儿。

马良:是的,我也有一些别的尝试,随着自己越来越成熟些,肯定会渐渐转移自己的注意力,想要往其他方向走一步,虽然有时候,我觉得好像并不怎么成功。我最早那批作品其实挺自我的,它不需要我去假设一个别的方式,因为我现有的方式对我来说是非常自然的,它来源于我以往的记忆和生活经验……我慢慢觉得,如果某些东西不变,我能不能语言上调整一下,想再往前走一步。说实话,我自己觉得不成功。但相对来说,我创作的时间都还短,才做了六年,把整个人生当成一盘棋,这个六年还只是一小步而已。

吴亮:那你原来那个童年记忆的脉络还在继续,没有中断吧,它对你是一个很强大的力量。

马良:我认为一个小孩子,是跟这个世界没有关系的,十六七岁之后,你才会跟世界真正有关,才会受到世界的影响。那之前的这个少年时代,完全封闭的一个漫长时间,你如果能在这段时间里形成一个很强烈很独立的小宇宙,你可能后面的一生都会受其影响。也许,我后面的一生都可以用它作为一个出发点,我的童年真的挺特别的,因为父母和家庭,加上自己性格的原因,我的作品完全就是从我的童年来的。

吴亮:你的作品,我还想讲你作品中的那些人,除了有点像白日梦，非常恍惚的感觉外，还有很大的一个特点，就是游戏性。所有的人在里边，服饰、动作、表情，参加你这个合作的人，他们都在摆一个姿势，如同做游戏。你有这个感觉吗？

你在拍摄现场，就是要的这个感觉吗？

马良：其实就是这样，很多拍摄在外地，最远的到内蒙、新疆，在青藏高原也拍，南京、北京郊区……怎么去呢，就是我那些生活里的朋友，他们喜欢我的创作，我就说，我们像玩儿一样，我来付所有的旅行费用，你们就做我的演员，听我的调度，往往就这样，临时组成一个小剧组，我是制片、导演，又是摄影，我把他们带着，比如说到内蒙古去，八个人，然后就准备帐篷，军用帐篷。

吴亮：还有服装、道具、设备。

马良：全部带去，到现场后，通过短时间的共同生活，携手进入一种状态，比如拍《乡愁》这个作品时，我特别想拍的，其实就是比我大几岁的那些当年的哥哥们的生活，这个记忆对我也有影响——他们是我的偶像，我小时候的偶像，就是那些穿军裤的英勇善战的街头少年，我自己没那么厉害，但我就觉得这样是美的，这样才是男子汉，有种浪漫在里头。拍摄的那些日子里，我还要带着比我还年轻的那些人，一起去体验一种我当年的英雄主义情结，我们每天骂来骂去，喝酒，进入一种比较像当年的少年不知愁的状态。这事情挺游戏的。现在，现实太乱七八糟了，伴随着艺术的乱七八糟的东西也太多了，我想恢复一种简单快乐的状态，把艺术首先当成一个玩的东西来做。

很平静很疯狂，画画就像在梦里

何赛邦　吴亮

（何赛邦，艺术家，现居上海。对话时间：2010年11月5日）

吴亮：赛邦，我这次集中和你们画画的聊天，到现在为止大概有三十几个了，大部分都在他们的工作室。个别是在家里，这些人在家里画画，做作品，先是计文于，柴一茗，今天上午秦一峰，现在是你。坐在你的家里与你聊比较有意思，为什么呢，就是说你绝不是一个工作狂，一般艺术家的工作室都邋里邋遢的，很大的工作室，一天世界。你在家里画画，在家里睡觉，看书，接待朋友，就像你现在和我在这里聊天。我首先想问一个问题——居家，就是说，你在家里生活，工作，你的生活用品全在你的周围，那些书包围着你，你的日常生活和你工作时间，都是融合在一起的，那会是一种什么感觉呢？

何赛邦：在家里画画，生活就基本上在梦里了，早晨醒来，夜里的梦刚结束，看书、画画，白天的梦又接着开始。这样的生活，既很平静又很疯狂，有一种生活在梦幻里的感觉。

吴亮：一个多礼拜前吧，我和你在东廊办公室门口，大概十分钟谈话，这是我们第一次正面交换看法。过了几天你到我办公室里来找我，带的那些"书面文件"，你开玩笑说，这是你的"自我交代"，在宣纸上写的铅笔字。很荣幸，我已把这两页"交代书"收藏了，你的笔迹。

那天是我们第二次面谈，现在我和你进行第三次谈话了，这是一个非常奇妙的机缘，前后也就是十来天时间，这么短的时间里，一下子走得很近了。其实你的家我以前和施勇一起来过的，十多年了，有印象。后来看你的画，有些感觉呢，依然与你这个房子有关，和一个抽象的居住有关。就是说，你的画都诞生于你这样一个室内，一个私人空间，文人的，画一些小小的室内景物，还有一些小小的风景，类似的风景，当然中国文人历来讲山水，不讲风景的。

何赛邦：一张画叫山水，还是风景，其实都无所谓。我画过一些户外的图像，叫它山水、风景都可以，因为出现在画面上的那些意像、符号与山水、风景都有关。我习惯称这些画为风景。这"风景"二字主要是指心理上的风景，因为，那些意像、符号与我的日常生活经验是对应的。

吴亮：怎么个说法无所谓，山水，我们也可以把它称为是户外的一个作品，户外的图像。另一个，我就称它是室内的图像，比方说，画面当中有把椅子，我们想象它是室内，但也未必，也可能摆在院子里面，对吧。但是在你的作品里的那些器物，一般是没有依托的，它们孤零零的，浮现在一个虚空当中。我看你那天送我的三本画册，三个阶段，基本都是如此，一个景物，器物，就悬在中间，而且它的尺度非常之小，它似乎是没有重力的，它飘浮着——我待会儿再谈它的笔墨——我觉得这个形象的浮现，因为它很小，这样一个小形象，迫使每一个观看者要走近它，另外，由于比例关系，当你走近了，哪怕鼻子就要贴住你的画了，你仍然觉得这个东西还在画的很里面。赛邦你是制造了一个永远不可克服的距离，就你只能观看它，却够不着它，你限定了我们。我们只能好像是很远地观看它，它孤零零在里面，在一张画的深处。

何赛邦：你对画的解读，确实很有意思，不可克服的距离，孤零零的存在，飘浮在虚空中。也许我的画传达了那种若有若无、似真似幻、失重飘浮的生命感受。一切都像梦境，然而，却是一种真实。面对这种真实，人走向了自己的内心世界，而画也走向了画面的深处。我把画分为两类，第一类画当你观看它时，它是扑面而来的，比如英国画家培根的画。第二类画，当你面对它时，它仿佛是离你而去的，比如中国画家牧溪的画。我画册里的画，想追求那种"仿佛离你而去"的感觉。我希望，它们像微风、像余音飘在空间里。

吴亮：离你越来越远去，这个比喻太好了，你说一个是扑面而来，它似乎要冲出来，特别是现代西方艺术中，有太多这种讲力度、冲击力的大东西……而你是退进去，无限的朝里面退，这是非常好的一个姿态，我没想到这一点，但是你把这一点说出来了。哎，对了，那天我们聊天，你讲到了陈老莲。

何赛邦：没有，我们讲到了弘一。

吴亮：那天你说起一些画人物画的，你没提到过他吗？

何赛邦：没有。

吴亮：我可不是强加给你，大概最近与画家聊得太多，搞混了。但陈老莲有两句话说得很有意思，他说他有一阵把那个《石刻七十二贤人》拓片拿到家里来临摹，他开始临得很像，很高兴，他说因为很像，他很高兴。后来，他又重新临一遍，越临越不像，他又说，因为他画得不像，所以他更高兴……我记得肯定你也说过类似的话，你说你要画得不像，要"画坏"。

何赛邦：对，我喜欢"画坏"的画，它们是一种能给人意外视觉感受的"好画"。

吴亮：那么好，我们就撇开陈老莲不讲他了，就是在一个像和不像之间，另外一个在通与不通之间，那天我在东廊看你的那组画，中间出现几个文字，这几个字，我当时就感觉它来自《西厢记》，关键词，有缺损还打乱了，组合很怪嘛，读不通。但读不通，它仍然流露出一些痕迹，蛛丝马迹告诉你，它是来自《西厢记》，在通与不通之间。我担心我的观点会影响你自己的观点，但我觉得还是先把它说出来。当一样东西，如果通过文字你完全把它读通了，它会有一个确定性的认识，就是说，你不能够随便去解释了，因为它已经被读通了。你不可能再存心歪读，不可能了。但当它读不通的时候，它就有好多可能性在里边吧。那么你呢，像你前面说，一个形象离你远去，看不清楚，你是故意营造这个东西。

何赛邦：东廊那组《字与图》，我故意打乱了文字与图像被看时的连续性，它们在墙上左右上下的排列，像一匹马的外形。它们有左右或上下多种解读的可能。我想让我的画只是作为一种图像，或者一种手绘的痕迹出现在墙上。在能辨识和不能辨识之间，在可解读与不可解读之间，它们活动在一个意义模糊的空间里。观看者可以自由地观想，随意地解读。

吴亮：你上次告诉我，你曾经做过一个跟踪式的儿童画教学，弄了帮画画的小孩子，长期观察他们，等到他们长大了，离开你了，上小学了，你也希望他们能回来。后来种种原因，有些人还回来，有些则不回来了，你收藏了他们的一些作品，各个时期的。你说你很遗憾地发现，尽管他们中间的个别人，好像还进了中央美院，南艺，但他们再也画不出小时候画的那些画了，他们已经被驯化了，都按照一个模式去画画。当然你也没说这样好还是不好，这是一个成人化的过程，总要有这样的过程的。

何赛邦：是的。儿童画有点像人的前世，人长大以后都会忘记自己幼年时的绘画经历。我曾经问过一些考进美院的学生："是否记得小时候画的那张画？"回答都是："忘了。"也许，正是这种"忘了"才使他们考进了美院，否则他们只能回幼儿园了。

吴亮：但你依然觉得遗憾，你是一个相反的思路，有这个思路的也不是你一个人，还有很多人，特别是画家——那天你说起米罗、杜比菲。

何赛邦：对，也有一些往回走的人，比如米罗，比如杜比菲，都在儿童画、疯人画里寻找到了他们想要的东西，并建立了与儿童画、疯人画有关的语言系统。

吴亮：你那天和我谈了很多，素人绘画，疯子，或者是通灵者，这样一些异常人的绘画，你觉得这样一些人画的画，才是你的目标。绝大多数人离它而远去了，你要走进去，你要寻找这样一些东西，一个是儿童画给你的经验；另外一个呢，关于疯人的画，和素人绘画，这种资料现在比较好找了，你最早是什么时候发现的呢？

何赛邦：我是在上大学时，看了一本介绍国外当代美术的小册子，其中有杜比菲与疯人画的介绍，当时看了这些文字和图片后很兴奋，这些"乱画"的画深深地打动了我，他们和我在学院里学的那些比较规范的画完全不一样。在这些陌生、意外的图像里，我看到了一种令人向往、自由的创作状态。但是，它们并没有成为我在学院学习时的目标，它们只是启发了我，使我开始想一些与学院美术教育不一样的问题。

吴亮：你注意儿童画，并做这个尝试，是哪一年开始的？持续了多久？

何赛邦：是1994年，前后持续了十年左右。

吴亮：中间你应该做了大量其他的事情，但这件事你一直没搁下。

何赛邦：是的。

吴亮：知道杜比菲的这些画是哪一年？

何赛邦：1984年左右。

吴亮：那时候你有没有把它作为一个方向，但它打动了你了。

何赛邦：当时，面对那些具有灵性的图像，我开始认识到感性与理性都是些有局限的东西。同时，我也知道只有充分地拥有了感性与理性之后，才可能不断地超越感性和理性，并最终进入一种自由的创作状态。于是，在接受学院美术教育的同时，我开始注意儿童画和疯人画。

吴亮：在你的绘画当中，有没有尝试类似的方法，也去弄一弄。

何赛邦：一直在弄，一直在寻找。

吴亮：你后来做这个儿童画教学，跟踪式的研究，是你个人的愿望，还是学校给你布置的，一个共同的计划。

何赛邦：带幼儿美术实验班，是学校的计划与我个人兴趣的一个巧合。

吴亮：你是老师，他们是学生。但按照你的意思，不仅你是他们的老师，他们也是你的老师。

何赛邦：是的。

吴亮：他们是你的老师，你怎么教他们？

何赛邦：当我组织他们画画的时候，我是他们的老师。然而，当我在他们的画面上发现了成人画里所没有的意外、陌生、美妙的东西时，他们就成了我的老师。

吴亮：你怎么教呢？

何赛邦：我是通过写生的方法教他们的。

吴亮：你不画示范。

何赛邦：我不会在黑板上示范，并告诉小孩，先画一个圆圈，这是一个大熊猫的身体，再画一个圆圈，这是一个大熊猫的脑袋，然后再画两个小圆圈，那是大熊猫的眼睛……假如这样教，还不如不教。因为这样会把小孩的观察能力、思维能力、以及独立的动手能力都教没了。

吴亮：对，僵死了。作业时间有多长？

何赛邦：这要看每个小孩的画面进展情况而定。在教学时，我会不停地观察每个小孩的作画进程，然后作出判断，这幅画是该结束了，还是继续进行。

吴亮：孩子们会问你吗，为什么老师这样教课。

何赛邦：孩子不会问。

吴亮：那么你能不能告诉我，比方说同样画一只玩具熊猫，他们笔下会出现怎样不同的形象呢？

何赛邦：同样一个写生对象，不同的小孩会画出不同的构图，不同的造型，不同的笔触，不同的画面处理方法，以及不同的个性。有些画面效果完全出乎我的意料之外。

吴亮：我打断一下，你这些孩子一般是几岁了？

何赛邦：从5岁到7岁，个别的大点或小点。因为这是一个实验美术班，对年龄没有严格的限制。

吴亮：我提一个问题，你肯定不能够认为他们在进入你的班以前，他们没有看过任何图像，他们也许已经受过一些图像影响了。

何赛邦：他们当然受过图像的影响，但是，他们没有接受过我这样的写生绘画训练。

吴亮：然后呢，随着时间的推移他们中那些画得很成熟的人，越来越成熟，那些本来画得比较生的，比较素的那些人，慢慢也会向这边靠拢了？他们会越画越像吗？

何赛邦：他们会越画越像，但是，这个像与学院的素描教学中的像是不一样的。这些画上没有模式化的技术，也不会出现概念化的造型，画面上的每一笔都体现了一种观察的专注与表达的自信。

吴亮：那么，在这个漫长的时间里，你有没有发现，他们那些图形，都会刺激你，甚至影响你的作品。

何赛邦：是的，儿童画确实在过去影响我，现在影响我，而且，将来也一直会影响下去，但是，儿童画对我的影响，主要是那种专注的观察与自由的作画状态。因为，儿童画里的观察方式、作画状态比儿童画的造型更内在、更具有精神性。通过儿童画，我看见了一个陌生的世界和一种朴素的画法。儿童画，在我的眼里，是活着的史前绘画，是美术史的出发点。

吴亮：我再问一个直接的问题，你的画里，你觉得有儿童画的影子吗？

何赛邦："影子"和实体相比已是"虚"的存在了，但是，在我的画上，"影子"似乎还"实"了一点。儿童画，影响我的是那种更"虚"的东西，如果这种东西叫"精神"，我希望留在我画上的是儿童画的"精神"，而不是儿童画的"影子"。

吴亮：这种学习，反过来向学生学习，向孩子学习，你受过正规绘画训练，你已经完全成人化了，已经画得非常娴熟，现在你要往回走，做得到吗？你要变成孩子，要假装画不来，这个假装没有贬义，就是说我太熟了，这个套路我太熟了，中国有一句老话，叫"师法其上，得乎其中"，你不能往下看，是吧，你要往上看最后你也只能得到一半，它是一个打折的概率嘛。那么现在反过来了，要往下看，倒反而能得乎其上，这样翻转的过程。向原始艺术，向儿童艺术，向疯人艺术学习，这个学习当中有个什么问题呢？他们是疯人，他们是孩子，他们的天真是天然的，其中奥妙我们不得而知，因为孩子说不清楚，那疯人呢，他可能脑子里有幻觉，他的一种天赋，一种与我们不一样的意识，可能都比我们复杂，他是不正常的人，他也很难用我们的语言把它描述出来。

但是我们这些人，当然你比我更要看得多一些，我也不难想象。你是一个受过现代文明教育的人，你要克服理性知识，把你的感性和趣味慢慢转移过去，由你的身体去实行，像他们这么画画，这容易吗？

何赛邦：既容易，也不容易。这要看你如何理解绘画这件事。这要看你拥有怎样的绘画能力。

吴亮：诀窍？

何赛邦：诀窍，绘画的诀窍似乎在语言之外，它可能在儿童的眼睛里，在儿童的手上。

你刚才说到了"上"与"下"的问题。我认为，儿童画里所体现出来的那种"陌生的观察"与"朴素的表达"是"上"的东西。而成人画里的那种"视而不见的观察"与"概念化的表达"是"下"的东西。

吴亮：那么好，你且慢，这事我们先暂时告一段落，为什么呢，再往下讨论的话，我们马上要进入一个更大的领域了，以后所有对美术的评判，应该全部交给孩子了。假如说全是这样的话，那整个世界的文明体制就会崩溃，其实现在孩子画的好坏，最终还是大人说了算，你不觉得吗？比如疯人院，疯人院是疯人说了算，还是医生说了算？上次我已经跟你说过这个意思了。

何赛邦：对，你说过。

吴亮：假如说觉得疯人院的疯人，才是直率的、天真的，那么医生，就都是被文明所压抑所残害的，居然他还来管制病人，那么是不是应该来一个颠倒，就像福柯所说，现在的疯人院就是一个监狱，就是一个权力，就是一个话语权嘛。但福柯不是一个疯子，郭海平也不是疯子。按照你的逻辑，我说为什么只能停下来，因为接下去，我们会变成一个政治领域的讨论嘛，整个世界，就是完全错了。

何赛邦：你认为错了吗？

吴亮：不仅是我们的绘画错了，更多的领域，价值，对道德、伦理、真善美，标准完全不对，只有孩子是天真的。

何赛邦：也许吧。

吴亮：对吧，那就有很多种说法了，历来有，现在我们讲的仅仅是一个艺术领域，在政治领域当中也一直有，比如说回到古代，回到以往，回到原始自然。今天上午和秦一峰也说到，回到过去，回到自然，讲的仅仅说生活方式啦，还没说到其他。实际上几千年来，尤其是近两百年来，一直有这个声音，在政治上一直有回归自然的说法。所以这是一个，已经超出我们今天所能讨论，而且注定是没有什么结果的问题。但是我觉得很好，就是说，你已经把这个问题讲得很彻底了，你的态度很重要！甚至，你不是仅仅拒绝承认儿童属于"下"，他们就是"上"，那很好！

我们前面还说到了一个现象，就是把画"画坏"，这又是一个很有意思的题目。把画"画坏"，不是说画得像儿童，而是把它"画坏"。我很想听你对这个问题的具体观点，施勇他们好像做过一个作品展览，展览的就是"坏画"，在他们的小平画廊里，一些年轻人，不出名的，没学过画画的，我那天忘了问他，究竟这个画展做得怎么样。

何赛邦：美术史上的画，基本上都是一些和当时流行的画"画得不一样的"或敢于"画坏"的画。"画坏"通常有两种解释：一种是，"画得和别人不一样"；另一种是，"失控"。而那些故意"画得和别人不一样"，故意"失控"的画，是打引号的"画坏"。"画坏"的画能给人一种陌生、意外的视觉刺激，"画坏"的画能透露出一种独立、自由的绘画气质。故意"画坏"，是一种自说自话，是一种冒险，但是，伴随着这种冒险，画画这件事会变得，更刺激更有意义。

吴亮：你所谓的"坏"，其实就是自由，摆脱约束。你说的要打引号，这引号打在什么地方呢？我们通常会认为一幅画已经画得几乎完美时，实际上并不好，这个完美是有问题的，它可能就是僵死的，是吧，没有灵性。

何赛邦：如果你说的"有问题的完美"，是指僵死的完整。而没有灵性,是指平庸。那么"画坏"也许是解决这两个问题的方法之一。

吴亮:它是一个很高的标准,"画坏"不是一个低的东西,是很高的标准。就是强调灵性、偶然性、意外。

何赛邦:灵性似乎与意外、偶然性、"画坏"都有关,它是在感性与理性之上的东西。假如灵性借图像意外地降落在画面上,画,就入化境了。

吴亮:通常认为"画坏",脏了,坏了,一条线歪了,比例不对,重心不对,接不上了,胳膊按不上了,错得离谱,你都能看出妙处,妙趣横生,是吧?还有一种情况,所以反过来讲呢,就是说有些孩子们画画,你说停了,正好,为什么呢,再往下画,真的要画坏了。

何赛邦:再往下画,一条歪的线,就画直了,不准的比例,就画准确了,胳膊,也按得正好,和解剖书上的一样了,但是,让你感到意外的、陌生的东西却没有了。

吴亮:不,他们继续再往下画。

何赛邦:再往下画,就画"好"了,而不是画"坏"了。

吴亮:真的坏了,现在正好,不完整,坏到恰到好处。

何赛邦:如果你喜欢"不准确"、如果你喜欢"不完整"、如果你喜欢"乱画",那"坏",就是恰到的好处。

吴亮:是不是它这个"坏不坏"的临界点很微妙。

何赛邦:是的。这是一个过了一点就坏了,不到一点就坏不了的临界点。

吴亮:我们没法给出一个标准。

何赛邦:每个人对"好"与"坏"的判断,没必要按标准进行吧。

吴亮:还有一个问题,也关系到评判标准,现在一些意识讨论中,许多人依然纠缠于什么东方西方之争,中外之争,中西之争,现在改了两个词,叫全球化与本土化,文化身份,还是文化决定论。我本人很不同意这种陈词滥调,因为什么呢,今天我们讲的这个话题,超出了文化范畴,就是疯人画,素人画,包括一些儿童画,向儿童学习,他们是超国界的。

何赛邦:是的,这些人的画都是超越国界、超越时代,甚至超越人的,他们似乎离神灵很近。

吴亮:我不是文化虚无主义,但我更反对文化决定论,你怎么看这个?他们现在还是很夸大东西方的差别,是不是?想听听你的意见,很高的艺术,无所谓国家的区别,它们之间是没有差别的?

何赛邦:东方人、西方人,都可以画出同样好的画。比如,培根的《教皇》,比如,牧溪的《六柿图》,都是好画。当教皇的嚎叫与柿子的沉默,都反映了作者对生命的极致体验、都体现了作者对绘画语言的极致探索时,他们在艺术上的高度是相同的。

吴亮:现在回到一个具体的话题——我还是通过你才知道,"新文人画"这个称呼,来自一个展览,一个系列展览,我真是孤陋寡闻——你曾经参加了其中的一届,后来又脱离了。显然那个时候,你被这样一个新文人画群体认可了。你事后觉得你不愿意仅仅被这么理解,当然他们出于友情,能够邀请你去,你也是欣然接受,对吧。但是你又不愿意被定位在这样一个位置当中,所以后来就不参加了。我很想知道,"新文人画"在你的视野里,它属于一种什么类型?又出于什么原因,你要将自己和"新文人画"切割开呢?

何赛邦:"新文人画",画的是一种传统文化的概念,而我想画的是面对事物的直觉。

吴亮:那出于什么原因,他们把你放在新文人画这样一个范围里呢?

何赛邦:可能是,我画中的书写性与旧文人画有关吧。

吴亮:那么好,我再继续问另外一个问题——假如我说你的画里面有禅宗的意味,你有什么感觉,你会接受吗?

何赛邦:我的感觉是,你似乎在给我好东西。接受。

吴亮:那么好,我问你,禅宗难道不是文化吗?

何赛邦:禅宗怎么会不是文化呢?也许你想问的是:"新文人画",画的是山水、花鸟、人物;而你,也在宣纸上画风景、静物、人物,它们的区别在哪里呢?难道只是在画面上图像画得大一点或小一点?难道只是在画面上东西画得多一点或少一点?风景和山水的称呼,难道有什么本质上的不同吗?他们画了古人在抬头吟诗,而你只是画了没有翅膀的天使。它们的区别究竟在哪里?这样的疑问,很正常。因为有一些属于图像本身的东西,语言不能说。而另一些属于图像背后的东西,又是图像不直说的。要区分画与画之间的差别,也许只能用图像比对的方法,但,还是会有问题。因为每个人对图像的感受是有差异的,有时甚至是完全相反的。所以,我想说的是,我们能说的实际上是另一个我在前面说过的问题:是一个画文化概念,还是画当下视觉感受的问题。你说呢?

吴亮:我不是要和你抬杠,我觉得我们这样讲话比较有意思,就不要变成我捧你,你捧我。我要刺激你的思维。

何赛邦:我希望,我们的谈话像"画坏"一样刺激。

吴亮:假如,你的画里面有禅宗的意味,或者说我们读出了禅宗的意味,并不是说你每一笔都有禅宗的意思在里面。你近来买那么多书,以前也买是吧,你这样一个生活状态,缓慢的生活,不急不躁的,那么假如你这样,其实已经很禅宗了,就是一种生活状态嘛。那么好,假如他们也看到你的画里面有点禅宗意味,看到你的生活状态,你的笔情墨趣,宣纸,一些山水物象,跟中国传统还是密切关联,那么他们把你归入新文人画,又未尝不可呢?

何赛邦:我不关心自己的画有没有禅意,我也不在意自己的画是不是"新文人画"。相反，我希望，自己在画画时，能忘记禅宗，忘记"新文人画"，甚至忘记自己在画画。

吴亮：那你还是得解释一下你的意思，就他们的，不是所有的，这个"新文人画"里面，画面讲的是文化，实际上是类型化和模式化，有一点女人，有一点文物，文房四宝啦，诸如此类，可你觉得它是一个比较广义的概念，我倒认为它是比较小的，狭义的……中国传统里面有很多内容，禅宗是很强大的一路，非常厉害，虽然有些人说它很消极，很虚无，这个我们今天不追究。尤其现在功利社会，你再空谈什么禅宗，基本就是个秀，就是文人作秀，或什么人作秀。

何赛邦：禅宗，只是一种能使人不断深入了解自己，了解世界的灵修方式。能用来空谈、作秀的大概不是禅宗吧。

吴亮：发了财以后，找个禅师来说一说，大家陶冶一下，无非就是心理按摩。那些文人画呢，文人画的符号，现在都成了装点书房的消费品，是吧？你是不是在这个意义上来使用这个词？

何赛邦：禅宗可能不在装点书房的消费品里吧。至于文人画，我喜欢旧文人画。中国美术史上曾经有一些文人画，记录了古人对生命的深层体验，记录了古人对绘画语言的深度实验。比如，倪瓒的《渔庄秋霁图》，那种对时间流逝、生命孤寂的无奈与感叹，那种对绘画语言简、素、空、寂境界的探索与追求，太美妙，太迷人。

吴亮：在你的作品当中，我们看到了许多日常用品，无关紧要的一些小零碎。像口红、打火机、小刀、工业社会的小物件，你都会把它们放在这里面。也会出现一棵树、一朵花、一把茶壶，所有东西，在你的画里没有等级，就是一个庄子思想，《齐物论》的观点，万物平等。

何赛邦：凡是出现在我画面上的东西，它们都一样重要，因为它们都同样记录了我的日常生活经验，同样反映了我对绘画的理解。

吴亮：你这个重要性何来，它是一个观念的重要，还是一个日常的重要？

何赛邦：这些工业社会的小物件，不仅与"日常"与"观念"有关，更重要的是，它们是我绘画的视觉出发点。离开了这些日常用品，就没有我那些静物画了。

吴亮：就像我们每天的无意识写字，像练字，不是写信，每天会抄一些东西。你是一个习惯动作，私人癖好嘛，你画了那么多的画，每一幅画都很隐秘吗？

何赛邦：是的，画每一幅画都可以是一种私密的行为。甚至，写每一个字也可以成为一种私密的行为。当我写毛笔字时，文字，是作为图像被观看的，这样的写字方式，有点像绘画中的写生，是写生汉字。当我在观看一个汉字时，首先，是寻找一种与我日常生活经验有关的意像，然后，用一点一划将这种意像，用文字的方式呈现出来。这种通过书写一点一划来回忆、记录个人日常生活经验的行为，可以说是一种私密的行为。

吴亮：你有没有画过一些纯想象的画，比如有些小景物，山水，完全靠想象。

何赛邦：一般，我不会去画纯想象的画。我画画时，要有一个视觉出发点，这个出发点，可以是实物，也可以是图片或手稿。

吴亮：你在完成一幅画的过程中，会不会出现和你所依据的范本没关的东西？

何赛邦：会，画面上经常会出现一些意外偶发的东西。

吴亮：出于什么原因，许多人都能凭记忆画画，你为什么不行呢？

何赛邦：因为，我根本不想凭记忆作画。凭记忆作画，或叫默写。画一次两次问题不大，但，如果一年、两年，十年、八年一直画下去，那记忆中的图像，一定会随着人的衰老而变得像概念一样空洞、苍白。

吴亮：在你画的那么多的画里，你都有范本，在你幻觉和想象的观察中，它们就开始千变万化了，但是必须要有东西在里面，必须要有一个视觉感，你可以把它看成十样，一百样东西。

何赛邦：对。我在画画时，需要一个视觉出发点，这样，想象才能展开。比如当我面对一只橘子时，今天我可以把它想象成一座山，而明天我又可能将它当成一只乳房来画，而后天……只要面对真实的物体，我就会有各种想象的可能。

吴亮：那你要是去超市，你会把橘子看成面包吗？

何赛邦：会啊，只是不会在付款的时候。

吴亮：除了你在观察上的双重性之外，我们还有表达的问题，就是说，画画应该是一件需要手眼统一的事情，不但是观察。无论你眼睛把它看成怎么样，最终还是要通过手里的这支笔把它表达出来。而你这笔呢，又是中国毛笔，或者偶尔也用一些其他的笔，与纸头接触，通过不同的颜色，有时用一点白粉，有时水墨、木炭、白胶，都会交替使用。然后，我们知道这个物质性，有它本身的逻辑。所以呢，会不会有些东西是手给你带出来的，就是说你当时画得很投入，你不会想太多，你眼睛看，不管你把橘子看成山也好，看成乳房也好，但因为你的手拿着这个笔墨，颜料，在一张纸上这么在移动的时候，它出现了一些你想不到的东西。

何赛邦：作为绘画材料的物质，它们之间有一种内在的逻辑关系，图像会在这样的物质相互作用下自然而然地生长出来。在这个生长过程中，经常会出现一些意外、偶发的东西。一般我会顺其自然地跟着它走，一直走到那种我也无法预料的画面效果里。

吴亮：结果它在带动你。

何赛邦：是的，画到出神时，不是人在画画，而是画在画人。

吴亮：是否绘画有这样一些妙处，所以你才说，不管我的画有没有人看，是不是能卖掉，我都喜欢画画。

何赛邦：是的，在画画时，我经常能感受到意外的惊喜也会遭遇到画不好的痛苦。这样的状态令人着迷。

吴亮：你这种绘画状态令我羡慕……我们再回过来谈谈日常生活吧，在日常生活中你不会把橘子看成一个面包，你生活怎么样，除了绘画，还有其他什么乐趣？我看到你房间里堆了那么多书。

何赛邦：还有逛书店的乐趣。站在书店里，翻翻书，看看画册，就像做梦一样，一个上午或下午，很快就过去了。如果再把喜欢的书买回家，梦，就可以在家里继续下去了。

吴亮：我家里也乱堆了很多书，你说一本书就是一个梦，我觉得一本书就是一个人的生命。我们打开一本书，这里面的文字是有某个人写出来的，它必须有一个写作生命在背后，具体到，当你看其中任何一行字的时候，你会意识到历史上曾经有一段时间，某个人在他手稿上，写下了这句话。所以你想，一个曾经活着的生命，早已作古了，死了，古人，或外国人，你根本没见过，但他的文字活着。我自己的书，将来，迟早的事，也同样的命运。我现在还经常写作，我写作时常会走神，我现在想，思考，写，写不出，撕掉，改，涂掉，重新再弄，反反复复，它耗费我的时间，时间有长有短，我的一段生命就融化在那里了，与你画一幅画一样。我家里有很多画，画这些画的全是我的朋友，同代人，我熟悉他们，我经常进入他们的画室，我知道这些画是在什么地方诞生的，一幅幅怎样诞生，每一幅画，都包含着一个艺术家的一段生命的时间，想到这一点，我会很感动……你可以想象你的家里，书与画，一个死灵魂，一个活灵魂。那些书是死的灵魂，你和死的灵魂在一起，你只要一把它打开，你就觉得他们还活着，那真是很奇怪，灵魂没死，还活着。画也一样，这些活人，都是我非常要好的朋友,都住在这个城市里,他们在某一个时间,曾经画过这样一幅画……有时候跑去一个博物馆,我很喜欢走近看,走到一米左右的近距离看,为什么呢?比如凡·高,我站在凡·高的画面前,我想,历史上曾经有过这么一刻,凡·高就站在我此刻的位置,手里拿一支笔,面对这幅画,一幅还没有完成的画……这个人已经不在了,这个画的面前,这个位置,后来又有无数人站过,而今天,是我站在这里,这一分钟,或两分钟。

何赛邦:你的梦,也做得一天世界。

吴亮:谢谢赛邦,和我有这样一个深入的谈话,我会把这个谈话的录音整理出来,然后,今天这个下午就会出现在一本书里了。

困难重重，但你必须得做下去

张恩利　吴亮

（张恩利，艺术家，现居上海。对话时间：2010年10月27日）

吴亮：恩利，我们近来见面比较多，聊了好几次，每次都说应该带个录音机，我也曾答应过要随身带个录音机来，然后就忘。但想不到，今天会带摄像机来拍你，我都始料未及。而且呢，我答应给你写评论很久，拖到现在还没有动笔。似乎对你越了解，写你就越困难，就像你画画一样，你越熟，反越陌生，越遥远，当你自以为了解它的时候，好像觉得把握挺大，其实不然。你画你熟悉的东西，能画出一种陌生感，评论写作不太一样，陌生意味着你不了解对象。你画对象的表面，我则不能只看见对象的表面，但批评家，常常凭第一眼印象下判断，胆大得很，他们看久了往往会因为过于熟悉而不知道从何说起了。你曾说，你并不赋予事物什么，你让事物呈现出来，你拒绝这样一种所谓的赋予，不仅是你自己，包括我，就不敢再赋予你张恩利的作品其他什么意义了。

那我们今天就试试看，不赋予，直接谈感觉，比如像你身体背后的这树啊，我简单称它为一种非风景的风景，什么意思呢，就是我们通常所看的那类风景，在你的作品当中是看不到的。也许我孤陋寡闻，以前我看到的风景画，包括印象派，都不是这样的，但是你的树，则和我某种视觉记忆接在一起了，也就是说，其实我们有好多视觉经验,都没有被那些风景画家画进他们的作品,他们的画,好像全是通过一个取景框弄出来的。另外,有人说你开始画静物了,当然是静物,我觉得更准确的一个说法,你是在画物体。

张恩利:物体。

吴亮:这静物呢,一般理解好像是一些花瓶、瓦罐、水果,即便到了塞尚那边,也还算是个静物画。而你这是画物体,是画出一种存在,我用了一个哲学术语,"存在"。你曾说你的画是在"捡漏",你说你画那些别人不画的东西,被遗漏的东西,一个小盒子、废弃的颜料罐、马桶、厕所里很不起眼的一个下水道,是吧,甚至角度都不同,一只玻璃缸你是垂直看它,一个水桶你也是垂直看它,而不是通常那样从侧面看它。实际日常当中我们偶尔可能也这么看东西,但我们不认为这是一个正确的绘画角度,不是一个写生角度,你呢,不管选取了什么物,或随便一个观察角度,一个灯泡,一支灯管,几块瓷砖,好,你就直接在画这个了。

所以这些东西就让我觉得,你总在边缘游荡,因为人们长期以来,他们的视觉经验,总带着一个关注点,中心,偏重注意其中的主体部分;你则是看那些似乎次要的,无关紧要的,易被忽略的,我不知道这种情况,是不是和你个人,长期在一个边缘状态有关,我不清楚,我猜想……这样说吧,现在是我在采访你,我语速比较快,以后电视里面出现的只有你的部分,我的话将会被剪掉,我得问几个我以前问过的问题,因为电视观众不了解你,他们不清楚你前期的作品,就那些有点弗朗西斯·培根式的,一种很紧张、很欲望、很狂野的,然后到以后,你的画有了点蒙克的意味,柔软、忧郁、孤寂、荒凉,我再没有看到以前你作品中的那种类似培根的紧张,一种疯狂劲。我很想知道这样一个重大转变是如何发生的。

张恩利:实际上这不是一天两天的事,这个路是漫长的,应该说就是二十年了。二十年，如果说有转变的话就非常自然，就像说你今天胖了，这个胖，不是说你吃一顿肉，你就会增加五斤。我这么说，不是挑这个问题的毛病，而是说，我们看到那个变化的瞬间的时候，并不是一天两天里发生的，它可能经历了非常长的时间，但是对我自身，我是感觉不到的，比如说，前十年跟这十年的变化，我自身是感觉不到的，我觉得我还是一样的。人的成长跟很多记忆、经验有关，当然早期的经验，可能自己觉得不够，然后就拼命努力去寻找。你刚才提到了"捡漏"，其实"捡漏"对我来讲就是一个发现的过程，或者是一个寻找的过程。

但是，你还要有一个态度，对你说的主体跟次要，我觉得，就是说关于存在，你说了一个存在，实际上哪怕一颗灰尘，它也是一种存在，你说这种灰尘它是不是主体？我们对某些概念，我觉得大家认知会不同，这个是差异。你刚才提到了静物，静物这个概念延续了我们以往的思维惯性，对某种东西的一个定义，但这个定义一旦确定以后，就是把你所有好像是类似的东西，都往这里套了。当然，你最后一句话是"物体"，我觉得比较准确。我觉得物体就是在"观照"人，就是它跟人这个关系是互动的。有的时候我在想，实际上，周围环境，或者是围绕你的物体，是在关注你成长，而不是说你看到这些物体，两者是不同的。就像这个物体，就是物质本身，是在人之外的，独立的；但有时它们正好是反的，就是物质会影响到你这个人，会给你这个人造成一种气息，这个气息不断影响你思维，影响你的视觉，到最后影响了你的作品，你的呈现方式。

吴亮：以前，九十年代末吧，看到你的一些画，许多人聚集在一起在饕餮，或者剁肉，都是赤裸的，他们肌肉很发达，面目都是一种类型，他们通常是没有背景的，一片黑暗，在中间一束灯光，一张桌子，或者一个案板，聚餐，喝酒，也有人在抽烟。现在，人没有了，他们去哪儿了?当然,我们看东西,我们不可能像你自己一样,你的时间是一天天过,是吧,你是,对你来说,生命是连续性的,就像你说每天每天都在变,这二十年。我们不是,我们是一年以后看到你一个展览,两年以后又看到你的一个展览,中间有间隔,发现你有转变,这不是我们的过错。

张恩利:对,对。

吴亮:那么另外一个,就是说当我发现你画里的人全不见的时候,一个空间出现了,就是你以前不曾出现的东西,出现了,一下子静下来了,特别安静。有一次在劳伦斯画廊,你的个展,我迟到了,他们都在外面喝酒,我一个人在里面看,我一个人,展厅是一个大空间,你的画又凿出了许多小空间,一些角落里放点物品,许多桶,空盒子,空柜子,厕所,墙壁,一扇窗户,一间空荡荡的客厅,一张床。一下子,哗,这空间里的空间,我一下子被打动了。

后来我翻了你的一些文字,你接受别人采访,我忘了是采访者问你,还是你自己的话,说你的作品是有情感的,我的感觉也是同样。你的作品当然绝不冷漠,你这样不厌其烦,像塞尚画苹果那样去画一个桶,画那么多桶,画那么多空盒子,我们可以像小孩子那么说,说它们每幅都一样,是的,大自然当中,每棵树可能都差不多,但当一个画家不厌其烦地在画差不太多的"物体"时,我觉得不能说仅仅是一种激情在这里面起支配作用,还得有专注力。你的情感,还有专注力,它们从何而来?

张恩利:绘画的事,它不是说是单纯从情感方面去理解,我觉得应从视觉上去理解,绘画就是一个非常视觉化的东西,当然这种视觉化的东西,它必然附带着有情感在里面。但有的时候恰恰相反,我会注意避免这种情感过度流露,有时候这个画面本身,一块色彩,一个笔触,它产生的情感比我的情感更丰富。我自己这种情感,是没法跟它比的。这当中存在着一个问题，就是说，绘画语言本身带有一定的感染力，每个艺术家都试图找到他的这种表达方式，或者水桶，或者箱子，或者树，也就是要找到一个自己的点，自己的词汇，并不是说看上去好像什么都可以画。但实际上，当你把这个窗户打开的时候，你发现很困难，当你关注，当你试图想关注一个点的时候，你发现很困难。这个，就是我多年来的困难，看上去好像什么都可以画，但实际上很困难。

  吴亮：我讲的这种情感，有点像一个小孩子，他一开始对世界产生好奇的时候，他不知道是为了什么，他就很好奇，盯着一个地方看，你的这种对物体的凝视，有点像回到一种孩童时期，就不分这个事物的名称，重要不重要，廉价还是昂贵，不在乎这个，是吧，它也许就是一个废弃的垃圾，别人扔掉了，你都用平视的态度来看它。用昆德拉形容小说的说法，他说小说是一种勘探，恩利你的画也像是一种勘探，一种勘探工作，有种什么力量呢，就是迫使我——不知道别人怎么感觉，你好像以前也问过我一个问题，说别人怎么看，我说我不在乎，他们有他们的看法——你这个画，迫使我看，凝视它，而不是简单地去欣赏它。你在凝视这个东西，你把它画出来，但又不是画得惟妙惟肖，逼真，不是。那你的画里面究竟什么东西打动我，我一直有点迷惑。

  最后，问题还是要回到起点，作品是谁画的？你是它的主人，你是它的创作者，所以问题还必须要扔还给你，就是说你在面对这些物体的时候，以及把它搬到了你的画面之上以后，这个物体，在观看上到底发生了什么改变？

  张恩利：我也得想想，关于一种观看，观看的不同经验。有时候你看现实物体是平面性的，而非立体的，但大多数人看都是立体的，这立体本身会掩盖这种画面感。当然，可能我看物体成了习惯，我看很多空间,或者一个地面,我看到是平面,在这种平面当中,就有一定的绘画性,我要找的那种适合我的那个画面的一个东西。

你说我强迫别人去观看一个角度,实际上并不是这样的,而是说我们有一个惯常的观看方式,什么可看,什么是不看的,什么一眼带过,有这种差异,这种差异就是习惯,这个习惯包括很多,包括思维,包括关注,包括停留。有时就是看一幅画,我想画画是一种停留,画画也是一种阅读。但你观看的时候,比如说你看这个地面,实际上你在阅读这个地面,并非就是说这个东西好像很重要,我非得硬看一下,并不是这样。就像我们看待一个句子,这个句子是非常非常简单,说了一句话,而不是一个什么名言,或说了什么重要的事,可能就是几个普通的字而已。

吴亮:你用了一个很好的词,让我们的眼睛停留。在日常生活中我们停留,是出于一种实用的目的,除了孩子以外,成年人都觉得,我今天想干嘛,我有目标,过马路,我就看红绿灯,我要和谁打招呼,就看你脸熟不熟,我们为找一个人就得看门牌号码,我们因为有选择,我们的观看就会忽略掉好多东西,这是实用生活造成的。但艺术家可能不同,你从一个实用世界里面摆脱出来,看那些不重要的物体,你采取这样的方式,让你停留,然后让我们也停留,你想通过这停留说什么呢?

张恩利:物质本身就在那儿,如果说你的视线停住了,你看它了,它就变得重要了,至少对于我来讲是这样。你刚才说孩子,孩子的眼睛对世界,他不会以主次轻重去划分的,他在这个当中存在着一种无知,就是成人视野里的无知。

吴亮:儿童他对世界还没有分类。

张恩利:对,没有分类,一切都是新鲜的。有的时候,我们应该向孩子学习,实际上我们长大以后,环境的惯性跟教育,就是文化的一种惯性,导致你对某种东西的忽视,而不是说你本来对这个东西忽视。由于长期的不关注,你就觉得它不重要了,或者说这个东西不存在了。有时候,我们在弱化一种主题,弱化一个场景,弱化一个人物,这个弱化的过程,实际上也就是把它推回到最原始的一种物质准备,让我们从另外一个角度去观看它,我觉得艺术家所做的工作,实际上就是带领别人去看。

吴亮:那我们还回到你的画,就场景说,我将它分作两类,一是户内,二是户外。简单来讲,户内的,就是一些寻常物体——当然,物体也可包括户外物体,一只垃圾桶,一个厕所,可以说是建筑,也可以说是小装置,都行——户内物体呢,灯泡啊,窗帘啊,衣架啊,角落里的一根皮管啊,或一只把手,一只龙头,一团电线,你有很多很多这样一些东西,都是和人发生关系的,你平时在使用它,每天在使用它,你可能视而不见,一角地板,一个角落,一摊污渍,这都无所谓,你天天工作的地方。但是呢,它们都和人发生关系,它有人的痕迹在上面。

另外就是你的户外作品了,有几幅画我印象特别深,现在想起来,一个就是一些简陋的房子,水泥的房子,窗子都开着,里面好像没人,但窗户一直开着,光线好像是阴天,它好像毫无生气,冷冰冰的,矗立在你面前,一幢房子,包括一个厕所,荒凉的四周,然后你用线画出它的马赛克,一切都是被遗忘的。

另外,你还有一批,我当时特别感兴趣,就是你画的道路。后来你说,你把它解释得特别简单,你说你当时在学开车,说你开车的时候,通过隧道,空旷的路,它们在你旁边飞快地过去,就这个经验。现在我已经领教了你的开快车,但当时我没有体验,在没有听到你述说之前,我的感觉,我对这个道路的感觉,一条地平线,旁边是山,旷野,隧道,对吧,有些是一个,或者是雪地,荒原,这种意象,特别会产生一种象征性的感觉。毫无办法,我们总会对道路产生很多很多遐想,道路、地平线、天空、黑夜、黎明。所以,在我当时看来,觉得这个问题,可能就包涵了张恩利这个画家对世界的一个基本观点在里面,一个你在户内,你休息、生活、思考、画画,所有手边的东西,都是你每天要碰到的,你看了千百次的,于是你画它。然后是户外,道路、开车、沿途所见,那里你也看不到我们通常所讲的那种美丽风景,可是你也反反复复画它们。

张恩利:我画很多东西,并没有忽略我自己,就是说存在着一个括弧里的(我),这个我,实际上就是人,就是生活在这个当中的人,比如说,你说到那个前几年我画那个公寓,那是我从旁边一幢很高的楼,往下看,看隔壁的一个公寓,只有这种视角,才会有这样的一个画面啊。

我还有一张画,从高楼,十几层楼高,看下面的树。俯瞰的树,我觉得这个代表一个观察点,人在某个点上,我们看很多东西,取决于角度的变化,就是尺度,就是人的高矮,你看的角度是不一样。我觉得一个成人的眼睛跟一个孩子的眼睛,是完全不同的,小孩看一张桌子与大人不同,他看桌底下,我们看是桌上面。

吴亮:对,是这样。

张恩利:我不过就是试图把一个正常的桌子翻过来看。就是日常,实际上就是说你每天站着看桌子,看这把椅子。我的画就是改变你那种,改变观看的姿势,再去看一个很平常的你周围的东西,这种体验完全不同了。

吴亮:那么到现在,你还是不愿意把问题谈到其他领域,就仅止于观看,你提供的就是一个观看的角度,仅此而已吗?

张恩利:其他意义,我觉得都是别人附加在上面的,当然一幅画会引发别人去想其他,这也是避免不了,但我没有权力去引发别人怎样去想。我提供了一个线索，绘画是一种线索，或是一段文字，我曾经写过一段文字，我认为画这个东西，它紧贴墙面，没有侧面，而且，它只有一个非常理想的观看角度，实际上这个就指明了绘画的一种特性，它没有那么宽泛，它只能让你站在一定的角度，看它一眼。如果你感兴趣，你可以停留几分钟，不感兴趣你就过了，因为它挂在墙面，它跟环境，跟你的那个环境，都成为一体了，有时候你可能看到这是一幅画，我可能看到这是一个墙面，可能差别是在这里。一般当你看到这个画的时候，你觉得它是一个画，肯定富有什么意义，但对我来讲，它有时候它就是一个墙面，你说墙面能有什么意义。我们之前提到，就是环境，物体，它观照人的存在，这一点我觉得非常强大，并不是说人在这里生活，这个空间才显得有意义，而是这个空间本身，它这个时间，跟建筑本身的破旧，罗列在一起，它形成了一个意义，这个就具有一定的感染力。人有很多容易激发出感染力的潜质，它储存在记忆当中，它引发了这种记忆，产生这种非常波动的心情。但激发你想象力的事物本身还那样，并没有变嘛。

吴亮：你曾说自己，说你读的书有限，读得不多，但是你，谁要介绍一本书，你如果非常喜欢的话，你就会非常认真地读它。你说起哪个作家我忘了，我记忆力下降……你说手里拿起她的书，每天看两页，就足够了，哦，记起来了，是桑塔格。

张恩利：对。

吴亮：还有你热爱的导演，比如帕索里尼。帕索里尼我也很喜欢，你还说了几个导演，我一下想不起他们的名字来，你说了一些电影的片名，这些电影我大多没看过——我热衷看西方电影，是在九十年代，看录像。2000年后我就不大看了，我有点儿疲，看多了有点烦了，所以我没法就具体的电影与你交换看法——这些电影，是否影响你的观看？看世界看物体，电影影像，对你有潜在影响吗？

张恩利：它只能产生潜在影响，不会直接影响你。因为实际上你看问题，必须要通过你的身体，无论是你看书，你看事物，或者你想了解一个东西，或者学习一种方法，它必须先要进入你的身体，然后，再通过你的眼睛和大脑去观照，如果不是这样的话，你只成为一个"知道"而已，你"知道"这个事情，"知道"那个事情，你可能非常广博，但你只是一个传递者，一个信息的传递者，最多是一个知识的传递者，而不是一个感受者，我觉得作为画家，对我来说感受非常重要。我只能在自己的身体里，用自己身体去感受。

吴亮：你的这种身体感受，是不是就是指一种气质相同？

张恩利：不是吧，我觉得气质相同，这个还是不确定，我说的"确定"，是指人活着的一种感受力，就是手摸着木头的那种手感，或者我看那个石头，它的雕刻的记忆，这也是身体感受。现代人的知识，现代社会被知识所包围，人的那种困境，被知识困住，就是怎么样去感受。人必须具备一定的穿透力，你要穿越这个知识的障碍，但你必须是，首先得了解这些知识，或者，你自身具有一种极强的感受力，如果你不能穿越这种障碍，知识就是一个很麻烦的东西，你的眼前永远是各种各样的知识和信息，它像墙面一样，你冲不破它，你变得没有任何自信，你变得自己都觉得自己那种感受力的丧失。

我经常说，绘画是一个非常自足的世界。它跟现实是一种平行关系，它们永远就是像两条平行线，永远不会重叠，虽然某个瞬间，某个年代，它的偶然部分是交叠的，但主要部分和其他部分，它依旧是独立的。人要是跳跃那个，就是跳跃到绘画这个世界里面去，足够了，你足够了。但是有时候，这个现实到底怎么回事，现实是我们怎么营造出来的，就是我们今天的现实，我们上海的现实，跟高丽的现实，跟伦敦的现实，它们非常不同。但绘画世界，有的时候，它好像是一个，它只是一个。

吴亮：我们再讨论一下物质，我待会儿再问一个可能比较尖锐的问题，就是恩利你同时十分热爱奢侈品，放在后面。我先提前面一个问题，还是和你的画有关，关于画与物质。

假如按你所说，知识是一种迷障，它对你构成一个重围，我们要穿越它，但这是一种要求很高的做法。几千年前的先贤，哲学家都告诉我们，世界上有很多障碍。那么假如我用这样一个比喻，来比喻这个物质世界，物质世界也是一个迷障，那么你的画是不是一种，穿破迷障的手段，比方说，一个铁桶放在旁边，我们不会当回事，一脚踹了也就踹了，但人们不会一脚踹你的画，这是肯定的。这里奇妙的变化怎么会来的？一个物体，它在我们旁边，它是坚硬的，固体的，然后，它是很麻烦的，它有分量，有体积，有重力，但这一切在你画里消失了，画中的物体没有重力，它飘浮着，它变透明了，它悬浮着，它有点像音乐。音乐它存在，但是它可以穿过，我们可以从音乐声当中穿过去，听到声音而不破坏声音。画有种音乐性，它变得很亲密，打动人又很亲密，它又是物，又不是物。那么我可以说，在这样一种物体转换为画的过程当中，你的画也是，可能就是平时我们根本不会把一只桶一个厕所的角落当一回事，诸如此类的物体，都是这样。但现在，画家把物体搬进了他的画，这两者之间，画家在将物转换为图像的时候，用我此刻的说法，就是把它抽象化了，或者音乐化了，你让物体漂浮了起来。

张恩利：我们所说的精神，都附着在物质之上，或者是物质的里面，然后透过物质反映出来，我们说这是我们，就是现在说，除了书以外，我们生活的环境，你到处，你感受的是物质，这种物质给你一种感染力，你觉得这种物体，这个机器做得非常精彩，这个汽车这个照相机非常精彩，但实际上它们都带有一种精神，它们当然是很物质的，非常奢侈的物质，精神本身也是非常物质的，这个世界是由物质性构成的。我们往往就把精神单独拿出来，好像它就是另外一种东西，就像，比如说画了一个水桶，别人觉得你是在画垃圾，或者是一个废弃的东西。但是如果我画了，我写了一句话，或伟大的画，别人觉得这个才了不起，我觉得这精神当中好像有种说不清楚的东西。我们能够说得清楚的，实际上都是从物质出发，说一个非常好的建筑，当然包括，或者包含一种非常精神的内容。这种精神内容实际上就是用在，包含在技术里面，通过一个完美的物质体现出来，两者非常融合，你很难把它隔离开来，把精神和物质分开谈，这种思维我觉得没法解释现在的生活。

吴亮：讨论物体里面有没有一个精神躲在里面，这就成了一个哲学问题，语言哲学认为它就是语言的结果，说出来，其实就是赋予物体一个命名，赋予某种感觉一个命名。这自然界，如没有人类的语言去分类去命名，我们又能感受到自然的什么呢？我小时候看地上蚂蚁在跑，地上有个肉骨头，有两只蚂蚁拖不动，蚂蚁就去叫其他蚂蚁，路上看到别的蚂蚁迎面过来，触须碰一碰，只碰一下，对面那蚂蚁就会意了，判断很准确，马上就奔这个骨头去了，根本不像我们那么复杂，需要描述，画地图，指方位，我不知道蚂蚁的语言是什么，至今奇怪它们是怎么传递信息的。

张恩利：你举这个例子呢，蚂蚁这个例子，我觉得，或者我猜测，无非动物本能，就是饥饿嘛，所有的动物植物，都具有一种最原始的本能，包括花，它为了繁殖，会利用风，把那个花果花籽吹跑，然后它更加繁荣，它这个种不会灭掉。这个自然世界就是有这样一个东西在推动，它就是始终生生不息的生命力。当然这就跟人的语言，就又不同嘛，因为人的语言，它不是说光有繁衍会演变成的。

吴亮：是啊，现在我们的语言难道不就是赋予一个东西一个名词嘛，你说假如离开语言，物质的意义又何在？你又如何表述？

张恩利：如果说生命，它们应该是同步的，如果说一种新的物出来后，人首先要想办法，使这种物跟别的物不同，他必须要来说明这个物跟那个物是怎么不同的。因为这个物质的丰富性，使语言本身也丰富了。还有生活方式的改变，同样，使思考方式丰富了，也使语言丰富了。最初的时候，比如说以前我们在一个村庄里面，男人每天早上去耕地，晚上回家，问，饭好了吗？老婆说，好了，吃吧。男人吃完饭，说累，要睡了。就这么简单，语言交流非常非常简单，因为生活极其简单。

吴亮：现在已经不那么简单了。

张恩利：我们已经生活在一个非常复杂，到处可以看到很多东西的一个环境中，你不能像傻瓜一样，说什么都没看见。

吴亮：可以啊，我们就像你说，假如你把一切都简称为物质的话，那么你可以把世界说成一只桶。

张恩利：你刚才提到的那个问题，是一个现实物，别人觉得就是一个东西而已，那就是说，我把这个东西画出来以后，感觉就是。

吴亮：它成了一个形式，我们不能说它一定就表达了精神，当然，精神肯定要有物作为依托，这点我同意。

张恩利：不是精神，精神还是太大。

吴亮：但肯定也不是一个简单的物。

张恩利：它就是一个画，就像我之前说，它是把一个现实之物，用一个平面的方式画出来。在这个平面的方式中，存在一定的技巧，存在艺术家处理这个空间的一种特殊手法，这个是不同的，可能有十个画家画这个水桶，就可能会有十种不同的方法。我们说这种方法有意思，那种方法没有意思，这当然是差异。或者是这个画家，这个平面方法更微妙，更有价值感。

吴亮：这不就是慢慢出现了意义吗，意义有大小。

张恩利：区别正是在这里。

吴亮：行，我们这样讨论下去，就又成了一个哲学问题，语言学问题了。因为我马上跟你说，十个人为什么同样画十个平面，大家都做了转换，你怎么来衡量它不一样呢。于是我们会引进一些尺度，引进一些标准，然后，你会最后发觉，它们都属于精神范畴，都是抽象范畴，结果都可以归入语言的范畴。

张恩利：关系到怎么样确立价值，这个问题就有点复杂了。

吴亮：说穿了，就是一个语言的问题，就因为语言的介入，而且越来越多的语言，语言派生出来的语言，然后，语言自身发生了混乱。也不是，就像你前面讲的，知识迷障，知识爆炸带来很多负面的东西，知识掌握者只是成为一个传达者，或者成为一个搬运者。

张恩利：我不说负面，我觉得这很好。但就个人，他要具备这样穿透的能量，才能做到毫无障碍，就是代表他自身。因为就是当你拥有非常多知识的时候，你会无形当中，受知识影响，你所有的语言里面，你在引用别人的话，或者是你在借用别人的眼睛来看世界。我是说这个。

但是说人要有所谓穿透，就是当你看了很多的时候，你知道别人是怎么看的时候，这个时候你还能够用自己的眼睛，去感受你周围这个墙面，这是很重要的。如果不是这样的话，你永远做不到，用你的方式来把这个呈现为一个平面。

吴亮：能够做到这样的人会很难，很少见。

张恩利：是很难，但有时候，这是必需的。

吴亮：我在看你背后这个树，从这个树叶当中看天空，在一个很小的缝隙里面，看到一道光。

张恩利：对。

吴亮：并不是每一个人站这样的位置，都能看到这样的缝隙。

张恩利：或者是看到了，或者因为他不是一个画家，或者他没有。

吴亮：他只是没表达出来。

张恩利：他如果没有这个技巧他就表达不出来。"检漏"，也是一种，就是说被画家所遗漏的。我说画家还是一个不合群的人，他的确不能代表整个社会，就像音乐家一样，他也是一个，他们必然同属于这个群体，它有一定的局限性，但它具有跟其他领域不同的观看方式。

吴亮：你近些年展览频繁，英国、瑞士、韩国、美国。我看到了一些评论你的文章，采访，你的接触面大大拓宽了，在你接受艺术杂志的采访，以及你和我的已往谈话中，你偶尔会流露出对影响过你的已故大师的崇敬，还有几位，他们不仅健在，而且非常活跃，他们中有的成为了你的朋友。

张恩利：对，对，是。

吴亮：你那些话，让我觉得你已经，实际上我们每个人都不例外，统统生活在同一个历史系统中，同一个脉络里面，这是一个共同体，在这些已故或仍健在的大师当中，有些名字我比较耳熟，还有几个人的名字没记住，毕竟我不像你那么熟，其中有一个比利时画家。

张恩利：图伊曼斯。

吴亮：对，对。还有一位是南非的女画家，名字也没记住，她的画我在网络上搜索到了，你的画和她的画，有些方面很接近，她画女人，有些时候很暴力。

张恩利：身体。

吴亮：她颜色涂得很平，很简略，下手狠，有几幅画男人体，人体，黑、黄、白、显眼、利落、肯定。

张恩利：黑和白。

吴亮：那个画面，好多年前你也这么画过，你画的一些后脑勺，我记得就是这几个颜色，黑、白、黄，非常醒目，这个人你见过吗？

张恩利：她叫杜玛斯，没见过。那就是，黄嘛，因为我是黄皮肤，黑嘛，是因为黑头发……杜玛斯是白人，生在南非，她就属于这种种族的丰富性和差异嘛，就会对她的这种生存环境与经验触动非常大，应该说她所看到的东西，是我们所看不到的，一个人，就是说局限性，她也只能看到，就是说她围绕着她的这部分，她熟悉，所以她的那种表达是更准确的，更有力量，但每个画家的局限性，自己要非常非常清楚。

我很少说自己是艺术家，我说我是画家，像你刚才提到的那几个，非常优秀的大师，或者说画家，非常崇敬，因为在这个领域当中，优秀的人太多，我以前说过一句话，就是对自己所喜爱的，或者从事的，要有敬畏之心，要崇敬。因为如果说你连这一点做不好的话，我觉得会很难进入，人会变得很狂躁，或者莫名的一种狂傲，但这种狂傲是没有道理的，它是一种，人在不自信的情况下才装作很自信。人就是这样，当你在一个领域，你知道优秀的人比自己多得多的时候，你没办法做到百分之百自信，更谈不上狂傲了，当你知道越多的时候，你发现自己还是很微小。

吴亮：你现在是给我这样的感觉，又自信，又谦卑。谦卑的意思，就是对一个很大的事物，更优秀的人物，我们怀有很恭敬的心情，但是同时，你还是一个非常自信的人。

张恩利：我说自信给自己力量。

吴亮：你是历来就如此吗？

张恩利：差不多，自信给自己力量，实际上就是给自己鼓劲嘛，因为你知道困难重重，很不易，但你必须得做下去，你要有这种愿望，要做，你这时候必须是给自己鼓劲，让自己充足了气，要不然没有办法，你会畏缩不前，你会很恐惧，你是无法达到的一种东西。

吴亮：好。

张恩利：谢谢吴亮。

吴亮：讲得很好，你最后这段话，简直令我感动。

世界太神秘了，只是我们什么都不知道

李山　吴亮

（李山，艺术家，现居纽约。对话时间：2010年10月23日）

吴亮：我记得在2000年12月31日，晚上，你在顶层画廊的个展，就你一幅大画，那幅画叫《子非鱼》，是我给取的名字，它占了一堵墙，一幅画做一个展览。你当时也穿着一件盘扣的外衣，一件皮衣，黑的。那天来了好多朋友，这些朋友你都非常熟，他们和你开玩笑，说李山你画什么我们不惊讶，但你今天穿的这件衣服我们没见过啊，他们存心和你打岔，说你的衣服比你的画还要酷。

李山：是啊，你都记得。

吴亮：现在你穿了一件更酷的衣服，老土布的，一件旧衣服，你说事出偶然，可我觉得你这衣服，就跟你的背景后面那四个农民的形象，特别对头。我真是觉得你有点像农民了，李山，你是不是觉得我这个比喻有点问题？

李山：农民该多好啊，你知道，我从农村出来之后，到了上海，又去了纽约，我一直跟家里人在说，我说我本该生活在马背上，而不是住在上海或纽约的楼房里，我说我什么时候回到马背上去。我女儿李洋问，你多大年纪了，还回到马背上？其实我知道，这些东西都失去了，如果我感到遗憾，或者有时很苦闷的话，是这些东西已经失去了。

吴亮：在你的画里，或者在你的梦中，你似乎一直回到了马背上，在你很早的作品中，远在八十年代初，就不断出现了马。你出生于1942年，你生肖属马，后来你以马作为你绘画中一个经常出现的形象。

李山：对。

吴亮：在各个时期都反复出现过。

李山：可能张扬自己，潜意识，我不知道，反正我还是很喜欢马。我生在北方一个小草原边上，很早就跟马建立一种关系，放马呀，骑马呀，赶车呀，都跟马有直接的关系，我很喜欢马，形象如此可爱……许多年之后我来到了纽约，我看那个美国警察骑着高头大马在执勤，你晓得吧，真是太美了。

吴亮：你多次对我讲过，你的少年时代在兰西度过，后来能够来到上海读书，完全出于一连串的偶然。你对外语没有兴趣，放弃了黑龙江大学俄语专业，你还说过好多年以后，甚至直到现在，你偶尔做噩梦，还是梦到了数学课考试。

李山：你都记得啊。

吴亮：你重复做这样的梦，恐惧数学考试，难道是数学不好才使你改变了方向？你曾说有段时间休学了，在家里看文学作品，然后呢，找了几本教材，依样画葫芦地画素描，后来，也许是因为天赋，也许是运气，歪打正着的，你到了上海。到了上海之后呢，你说你一开始并不喜欢上海的生活，也不喜欢戏剧学院里的生活，这很让我惊奇。两年后，"文革"爆发了，我在你的一本画册里看到你"文革"期间，"四清"期间的照片，你还是一个小伙子，一脸天真稚气，单纯，和你的同学穿一样的人民装，你们在长风公园的湖边，飒爽英姿……我最早知道你的名字，是在1974年。那时我在一家小厂做工人，这厂紧挨着当年的上海老美术馆，所以美术馆里里外外跟我就很熟，1974年他们搞了臭名昭著的一个展览，但我本人却应该感谢的一个展览，就是所谓的"黑画展"，所谓的反击"文艺黑线"回潮。可能那个时候，正好是邓小平"文革"后期第一次复出，他在工业、教育、科技方面，正在做整顿，具体我不清楚，但江青，上海的左派，革命文艺路线有许多自觉的追随者，他们热衷告密，表现自己忠诚，说要抓阶级斗争，抓文艺黑线回潮，主动想迎上去，讨好权力，他们自发地搞了这样一次展览，通过收集与欺骗。那是我第一次看到你的作品，还看到了吴大羽的，看到了夏葆元的，陈逸飞，还有一些人，其实都很有名，但我不太熟，他们的一些画，这个展览影响了我，毒草影响了我，所以我感谢这个展览。八十年代初，1983年，我才正式认识你，然后我们就成了朋友。这近三十年，变化真是太大，因为你这些经历，我前面说的这些东西呢，都断断续续听你讲过，所以呢，你还是再简述一下你的故事吧，说说你的少年时代，怎么会到这儿来，你先从那个时候讲，俄语和数学，到"文革"开始，包括苏联艺术对你的影响，你所处的当时环境，我需要一点故事。

李山：在中学读书的时候，高中二年级吧，我跟班主任闹了一个别扭，其实这事情，现在看起来，或过后看起来非常简单，没什么大不了的事情，当时呢，我住读在学校，住宿的学生你知道，早晨起床，晚上睡觉，需要学生中所谓的干部，去关注他们。比如说，睡觉之后你要去一个个检查，帮他们熄灯；冬天到了，有那个炉子，看看那个炉盖子，煤压好没有，搞不好会煤气中毒嘛，就这些事情。那我呢，因为班主任要让我来管这些事，当然不只是我一个人了，有好几个班干部。那个时候呢，大家很重视理工科，都有个共同理想，比如说考哈工大，考清华，高中的目标就是以后报考这些好的学校。刚刚你说我数学不大好，那是后来的事，后来我转向了文学，当时叫第三类，数学就放弃了，放弃是放弃，但最后毕业考试，还得考数学，所以我后来跟你讲我老做噩梦。那之前，我跟我一个很要好的同学，同桌，在一起，还可以每天做物理题，做数学题，也曾有过理工科的志愿。

后来呢，我刚刚谈到那个每天检查学生住宿，我管这件事，这个故事是怎么个故事呢，我很不耐烦做这种事情，因为什么，每天早起晚睡，因为都是同学嘛，大家都高中二年级了，读书很紧张，大家都要考大学，大家都很用功，那么我呢，每天必须为这事耽搁好多时间，我每天至少要比别人少做十道数学题，至少十道，那如果一年下来，我要少做多少习题？那我将来考大学怎么办？

于是我就跟那个班主任——班主任是教文学的，很不错的一个老师，我就提出来，我说我不干这个事了，你让别人去干吧。班主任老师马上就批评我，说你不关心集体，思想上有问题，后来他又汇报到教务主任那里，你知道当年那个政治环境，六十年代初，政治环境是很严酷的，作为一个高中毕业生，如果你不热爱集体，不关心别人，不愿意做为大家服务的事情，你就很麻烦了。大家对这种事情都很敏感，为什么敏感呢？因为我在初中的时候就经历过反右斗争，尽管年纪很小，但对很严酷的政治生活，很敏感，我知道，如果学校把这些东西写在我的档案里面，而且他们肯定会写的，那对我考大学肯定有影响。然后嘛，那我怎么办呢，后来我就决定休学了，休学的目的，就想把这个班主任回避掉。

其实呢，那个教务主任对我是很好的，即使班主任告状告到他那里，事实上也没造成什么后果。但后来我还是休学了，想回避一下这个班主任，然后，就像我以前跟你讲的故事，休学在家干嘛？我不能再做数学题物理题了，只能看看书，看点小说什么的，兴趣发生转移，喜欢看点文学和历史，对这些方面发生兴趣了。第二年复学，其实还是这个班主任带班，呵呵，没有回避成，我对班主任说，是我自己不好，还跟他说，我喜欢文学了，喜欢历史了，他也没再说什么。最后我还是考了第三类，就那个外语了，我再给你讲这个外语的故事。

当时我们考大学前，大家读的是俄语，那个俄语我原来也很不好，为了考学，用了两个月时间，我一下补上来了，就背单词嘛。补上来之后，考大学的时候，我那个外语考卷几乎没有错的地方，俄语第五格变格之类的比较复杂的语法，我全答对了。我填志愿的时候，没有填黑龙江大学的外语专业，后来把我分到外语专业，为什么呢，学校看我那张卷子答得不错，其实我对外语，确实没有什么大的兴趣。

吴亮：你就这样被录取了，你也就去了。

李山：我也就去了，去了也只读了两三个月吧，因为不喜欢，我这个人嘛，又很过分地敏感，连一个床铺都感到不舒服。到处不舒服，怎么都不舒服。然后开始琢磨，将来我究竟准备当个翻译，跟在别人屁股后头，别人说一句，我重复一句呢，还是我能够设法自由一点？那什么业务最自由呢？什么专业，或者做什么事情最自由呢？我想到了画画。这个想法在当时看来，是一种很奢侈的想法。为什么呢，因为在我们那个兰西的中学里面，那么偏僻，所见到的，所接触到的，非常非常有限。记得在考试之前，我连一个正规的，或者所谓社会上承认的画家的艺术作品，我都没有见过。何况那些正式美院毕业生的作品，我也根本就没有机会见。我只是在初中的时候，曾有一次，美术老师叫我们搞一个作业，就画那个四方连续模样，我画的比别人稍微复杂一点而已，老师就感到，你还能画画。于是就在那个年代里边，比如那个年代经常有些社会活动，比如说大跃进啊，人民公社啊，什么总路线啊，叫一些学生到街上，在街头墙面上画一个肥猪啊，画个玉米啊，就这些东西。那么谁来画，把这个任务交到学校之后，我们那个美术老师，就只能拉一些人去画了，其中就有我。回到学校后，班上有些黑板报，也会让我做一做，写写字啊，用粉笔画点小东西啊，只此而已。

那么我擅自退学回来，跑到我的母校，找到那个图画老师那里，他叫孙福生，是一个民间艺术家。他的剪纸非常漂亮，但很正规的美术教育，素描色彩训练这方面，他一点都不会，他明确讲，我不会教你们画石膏，也不会教你们怎么样画色彩。那天我退学回来，我跟孙老师说我想考美院，他非常惊讶，啊呀，他说你为什么要退学，不是很好的学校嘛，当时考学校多不容易，学生收的名额也很少。我感到这件事情，最对不起的是我的母亲，我退学的时候，没有跟家里人商量，可以说没有跟任何一个人商量，就从那儿退学回来了。我回来之后，我母亲就开始不讲话，一年。我知道她心里非常难过，我太对不起她了，真的是这样，整整一年。后来我考上了上海戏剧学院，心情才好一些。后来我有时候也经常讲，我是我们家里最不孝顺的一个孩子，一年时间，对一个母亲来讲真的受不了。

吴亮：很煎熬。

李山：很煎熬，我不谈这些……我的老师当时也哭了，他感到第一，黑龙江大学，那么好的学校，也真可以算不错了，你不读；第二呢，你还想另考美院，开玩笑吧，你在干什么？他没有谴责我，他只是为我的这件事情很揪心，因为在他看来，考美术学院绝对不可能的，你凭什么考美术学院，你平常画画黑板报，就能考美术学院吗，这简直是不可思议的事情。但我没办法，来不及了，我已经退学了。

于是孙福生就说，我没办法帮助你，他从他那个文体教研室，给我拿了一个石膏像，伏尔泰，浮雕，半面的，贴在墙上的，就一个伏尔泰，然后把他订阅的苏联画报《苏联妇女》和《星火》杂志，他一直订这些，把这些东西送给我作参考。我再到新华书店买了一本苏联出版的《业余绘画教材》，就这三样东西，带回家去了，我想既然有了这样一个愿望，就把那个伏尔泰挂在墙上，一边翻绘画教材，翻一页，我做一页，就按照那本教材，我画了几张石膏，好坏，没人评价，谁也不知道，颜色怎么办呢，我就临摹画报上的苏联艺术家和苏联大学毕业生的一些作品，苏联的这些杂志，里面有绘画作品，印刷品。

色彩也是，我自己买点颜料，临摹画报上的印刷彩页，其实呢，这个临摹对我后来的色彩影响是很大的，我的颜色就是在实践当中，反复独立摸索中得到了好多经验，当时的颜色理论，对比色啊什么的，其实我并不懂，但在实践的过程当中，调制的过程当中，那种感觉，可能正是通过临摹，我掌握了我自己的颜色规律。

吴亮：你后来考试的考场在哪里？

李山：哈尔滨师范学院艺术系。

吴亮：是上海来招生？

李山：对。

吴亮：你当时的第一志愿是报哪个学校？

李山：志愿，第一个就是上海戏剧学院。

吴亮：为什么是上海，而不是北京中央美院，或者杭州浙江美院？

李山：当时美院没有在我们那儿招生，来的都是师范学院，或解放军艺术学院，还有几个戏剧学院。那是1964年，我问过中央美院，他们那年没招，另外有些美院呢，是第二年招生。

至于选择上海，到这个学校来吧，好像以前跟你说起过，我很小很小的时候，北方过年，不是家里要张贴年画嘛，我父亲买过一张年画，叫《上海大世界》，我小时候，没事情就看那张年画，看都看不完，大世界，许许多多人，密密麻麻，有点像刘大鸿的画，就这么一张年画。那就是上海给我的最早印象。另外呢，当时报考的时候，在填表时，来招生的学校就那么几个，像摊位一样摆在那里。志愿是临时填的，我不知道为什么，别的地方根本就没有想，直奔上海戏剧学院，第二志愿填了中央戏剧学院。我之所以填戏剧学院，因为我知道，那儿有个舞台美术，可以学画画，而那个解放军艺术学院，没有考虑，我没想去当兵，我不愿意当兵。直奔上海，就这样。

吴亮：当时考的人多不多，录取的占多少比例？

李山：最后录取了三个人，考试的人有两百多吧。

吴亮：那你很罕见，那么短的时间，就按照这样一些简单的东西，又没人指导你，哪些地方画错，哪些地方有问题，你心中无数啊，你前后准备了多少时间？

李山：没多少时间，一共一年不到，我先在黑大读了三个月俄语，回来之后，还有杂七杂八的事情，也就几个月的时间，我想我能够来上海是上帝帮我。上帝帮忙就是，因为什么，在考场上，那些家境阔的，那些孩子画架一摆，那么老练。我坐在最前边，两个凳子，放一块画板，画素描的时候，那个时期已经不能画外国石膏像，画的是一个中国石膏像，一个老头，正面放在我前边，教室里面光线全散的，不知道什么东西，模模糊糊的，你想想，一个石膏像四面受光。

吴亮：看不清，难度极高。

李山：真不知道该怎么画，而且，只听见站在横侧面的那些考生，那个铅笔哗哗直响，我就感到什么呢，那些未来的画家，不晓得画成什么样子，你晓得吧，我心里很紧张，整个画的过程当中，很紧张。但还好，画石膏，我们共画了两次，上海考场画的是石膏模型，圆锥体和立方体，他们四个小时。我们因为画的石膏比较复杂，两边为了平衡，我们前后画两次，一共画了八个小时。第一个半天结束后，我站起来一看，旁边那位挺吓人的，我想这个考生不行，构图根本就不行，头都缺掉一块，这怎么行，尽管那种派头很大，铅笔声音很响，但没用啊。后来第二次画，还是这张，继续画下去，我不知道我这张好还是坏，反正按照我的感觉去画。快结束时，突然背后有一个人朝我腰里顶了一下，吓死我了，不晓得是谁，他偷偷地在我耳朵边说：好了，别去弄了，再弄，弄脏掉了……那是谁呢，我都没有敢看他的脸。

吴亮：后来知道这是谁吗？

李山：一直不知道，不敢看，也许是那个艺术学校的高年级同学，他们下课了，进来看看，那时候，考场管得不严。我还以为什么事呢，你晓得。其实他是在帮我忙，帮助我。后来我说其实是上帝推了我一下，告诉我说可以结束了。

第三天发榜，那么多人，发榜的时候，参加复试只有八个人。我去看啊，学校公布的是号头，考证号码，我一看，我是第一个，不相信，把考证拿出来对了好几遍，你晓得。然后，旁边有人讲，谁啊，那是谁啊，我也不敢想，小孩，从那一个草原来到这样一个考场。

吴亮：那时候你已经过了二十岁。

李山：过了二十，因为什么，我已经耽搁了两年。

吴亮：对，对，休学，然后又退学。

李山：对呀，然后还有，接下来口试，口试是我们学校的苏坤主持，一个副院长过去的。他刚好到大兴安岭去避暑，顺便来到考场上，口试，一个个过关，大家在门外等，一个个叫进来，前面一批老师，像法庭一样的。问一些杂七杂八的，一些奇怪的问题。我画的一张水粉画，一个劳动的场面，画的打谷场，打谷场衣服啊，围巾什么的。他们问，这个农民那个衣服为什么那么好看，红的绿的，对吗，这颜色。我不知道怎么回答，我没办法回答。那些老师看看这个孩子这个样子，也就通过了。就这样，再通知我参加了一个简单的文化考试，就被录取了。

吴亮：出乎意料的顺利。后来呢？

李山：去上海了……一年级的时候，我不怎么敢画画，为什么，大家坐那儿画速写，有的是南艺附中的，浙美附中的，还有些人，刚会走路就在上海市少年宫学画画了，开口闭口就是我跟韩和平学的素描，全山石就住在我们那儿，感觉这些人都很厉害。还有太仓的，太仓出了多少画家啊，教我们色彩的杨祖述就是太仓的，他们都是，啊呀，感觉都是一些纨绔阔少，或知识分子家庭出生的。

吴亮：你和他们来往吗，这些纨绔阔少？

李山：后来还好，毕竟大家在一起好多年了嘛，好在什么地方，就是说我无所谓，他们可能对我还有些小嫉妒吧。为什么呢，因为我能够在班上感到有点自信的是，老师布置一些课外作业，我到华山路马路画一些风景，其中有一张，绘画老师拿出来作为范例，给大家讲解。啊呀，总算开始有些自信了。从那以后，至少是彩画分数，我总归是最好的。因为我在考学之前的这个实践过程，自我摸索，谁都没有过，真的，谁都没有过。比如说，我印象最深的，我临摹罗工柳的一幅在苏联画的习作，一个女人穿紫罗兰颜色衣服，长裙，边上还有一束花，紫罗兰的上衣，我没有玫瑰红，只有大红，那怎么办，我就实验着调，最后没有玫瑰红，我也能够调出很接近玫瑰红的颜色，别人不会有这样的实践。以至到后来，至少在绘画这方面的成绩，我应该算班上很好的吧。

吴亮：那么，你记得1974年又是怎么回事，那个"黑画展"，你的画怎么被拿去展览，被谁拿走？

李山：1974年是这样的，1973年的时候，开始招收工农兵学员，招进来之后呢，因为绘画老师少，我就充当绘画老师，当时班级很少，一两个班，每个班派一批老师过去。当时在上海郊县的八二大队，就现在的石化厂那里，在那儿边写生，边教学，边干活，边搞运动。记得当时有个什么运动，出了个张铁生事件。

吴亮：白卷先生。

李山：张铁生事件，这个事件发生之后，我们开始学习啊，批判啊,自我检查啊,找问题呀,然后就批判白专道路。在这个时候,其实我受到的伤害是什么呢,因为第一次当老师,刚刚开始,走上工作岗位,作为一个老师,当然有很多老师带班,出去写生嘛,大家分头去找地方画画。那些工农兵学员比我没小几岁,也差不多,大的好像跟我差么一两岁,就这个样子。我没有老师架子,学生很喜欢跟我聊天,也很喜欢跟我在一起画画,然后嘛,也很喜欢我的画。讲穿了就是,每次出去,我屁股后头跟一批学生,其他老师后头没人。遇到张铁生这件事情,我就成为那次运动的一个批判对象,说我只带学生画画,不跟他们谈政治,不交流思想,只教他们业务,引导学生走白专道路。接下来,从外地回来后,还没完没了,又赶上"批黑画",开始在北京批,上海因为是"四人帮"的一个基地,所以有人要紧跟,计划在上海也搞一个"黑画展"。我们的系里边工宣队的一个领导,到音乐学院去取经,回来就说,音乐学院一些人,在拉小提琴当中,歌声当中,他们利用这个来反党反社会主义,否定"文化大革命",难道在我们系里某些人的画当中,就不存在这些问题吗?他还说,这次要搞的话,他就要搞那些没辫子、没尾巴的人。就是说,有历史问题的那些死老虎,搞起来没劲,历史有定案了,每次运动都搞过了,不新鲜,他就搞那些屁股没尾巴,头上没辫子的人,那是谁呢,当然就是我们这些年轻人。比如祝希娟的先生侯逢民老师,他是穷苦出身,又是个党员,出身好啊,干干净净。但是,他说我就要搞这些人,这些人搞起来有劲。于是那个"批黑画"开始在学校内部批,我记得,它们拿走了我二十八张"黑画",在那个208,那个大教室里,我的"黑画"最多,批斗的时候,我的那些先生,兴奋得不得了,小崽子,啊呀,兴奋呀,上纲上线。

吴亮:怎么个批判呢,你这个风景画,有什么好说的?

李山:风景画也能批啊,比如说我有一个国画老师,叫胡若思,他是张大千的学生，画了一条牛，那时我们都下放了，在那个农村，他画一条牛，也被当作"黑画"，理由是什么呢，运动当中他关过牛棚，现在画牛，就是想翻无产阶级"文化大革命"的案。我画那个风景，那更是什么，资产阶级颜色，什么乱七八糟一大堆。我画房子，我喜欢那个颜色，批判的时候，他说这是魔鬼的宫殿，哪里像农民的住房；我画黄浦江的黄昏景色，他就说这是解放前，灰蒙蒙的，哪里是解放后。他们就是这样干的，你后来所看到的"黑画"，就是在这样一个背景下，作为反面教材，再拿到美术馆展览批判。

吴亮：这二十八张画展览完了还没还你？

李山：批判完了之后，那些画一扫而光，都被他们拿走了。

吴亮：他们拿回家去批判了。

李山：拿回去欣赏吧，批判的时候是批判，魔鬼的宫殿，拿回去挂在墙上也很好看嘛，就这样，全部没有了。其实还不止二十八张，当时批判知识私有，戏剧学院有好多怪事，画放在你这里，就是私有了，交出去就从私有变为公有，你交出去，就没有什么问题，放在你这儿就是问题。这个在全国来讲，别的单位，任何单位都没有的事情，变成很独特的一件事情。后来，油雕院的夏葆元和魏景山的画都拿回去了，都从美术馆撤掉了。然后嘛，市委负责人跟我们学校领导联系，说李山的画是不是也要拿掉，但我们学校坚持的一个说法是，其他画家画一张画，也就画一张画，不展出，塞在床底下没事。李山是老师，他的影响，他的危害，远远超过一个画家，不是一张画的问题，他培养那么多，什么资产阶级知识分子，或者是培养出那么多学生，如果他是个坏人，那影响将非常大，所以我的画最后到哪里去了都不知道。

吴亮：你这个事情还不算最极端的，最极端的是"文革"爆发没多久，上海音乐学院一个高材生，钢琴系的，顾圣婴，女的，圣婴就是取耶稣的意思嘛,可能家里就是一个基督徒家庭,肯定出身不会好了,"文革"爆发后,钢琴系一些其他出身的,水平不如她的,造反派,就把她手指打断了,以革命的名义。人性中的邪恶和嫉妒,用这种名义把她摧毁,后来顾圣婴自杀了。你还算幸运,因为你毕竟是一个农民的孩子,假如你是地主的孩子,你就非常麻烦了。

李山:类似这样的故事还有呢,我后来经历的——我毕业之后留在学校,画画得多。有一次去湘西写生,当时的颜色,在学校可以领一部分,这是公开的,每个人都是这样。我出去写生两个月,比较集中地领了一点美术用品材料,比较集中,因为时间长,两个月嘛。湘西回来后,我们的系主任叫孙浩然,通知一个总支副书记,叫她跟我说,说一件什么事呢,要我把用过的颜料皮子交给他。

吴亮:什么?

李山:颜料的锡管,颜色挤完之后,剩下的锡管皮,要交到系里。我感到莫名其妙,为什么?那个总支副书记没有跟我讲,他讲不清楚,我说我那些颜料皮子扔在湘西了,湖南湘西,我再过去一下吧,去深山老林里面把它们捡回来。啊呀,她说李山你怎么好这样说,我说我不可能写生结束以后,把颜料皮子带回来,这是不可能的事情。那怎么办呢,第一次我就这样回答,但这件事没完,第二次她又来了,我说那怎么办?这个总支,是个老太太,真的对我很好,她说这样吧,你交不出来,我到教室里去给你捡一点,交给他算了。那我想她捡,还不如我自己捡了,后来我捡了一些颜料皮子交上去。

吴亮:你画得太多,他不舒服。

李山:是,用这种方式来打击我,限制我,那他的性质跟把那个手指打断一样,就属于这种性质,方式不一样,性质是一样的。因为你画得太多,所以你不能再画那么多,你以后不要去领绘画材料,对吧,其实是限制我画画。

吴亮：这些都是一些很不愉快的经验，这种被压抑的感觉，到了八十年代以后，在你仍然存在吧，只是这种压抑来自的方向不同。

李山：九十年代仍然有。

吴亮：那么，在哪些方面有改变了呢，这种压抑，一种权力压迫，来自什么样的途径，以什么样的形态来对付你？

李山：对，我再说一个六十年代的事，然后说九十年代……我最早的写生画被他们批判，1964年的10月份，我画了一张记忆画。当时的王邦雄老师，我们同班同学，他说这张画很好，将它贴在了墙上——当时教室的墙壁上，每个同学都有一块园地，每个人的作业都可以贴在上面，那张画我现在还在——然后，系主任马上就过来，跟那个总支书记，指责说，李山你画的什么？这个树怎么会这样，山怎么会这样，天和云怎么会是这样的？你刚刚从农村来，那么朴实一个孩子，你不要学坏啊，拿下来拿下来，这完全是资产阶级的东西！你看，他们就这样。那张画还在，其实那个时候，其实，我真的不明白他们为什么会这样。

吴亮：我们换个话题，说说九十年代怎样，你的那个胭脂系列。

李山：胭脂，因为胭脂系列，给我带来了好多麻烦，这部分作品呢，其实从1988年就开始做了。后来被栗宪庭放进了"政治波普"，政治波普嘛，很显然，大家就从政治这方面去解读我的作品了。用"胭脂"这两个字来命名我的这个系列，还是你来帮我确定的，你记得吗？

吴亮：记得，那是在1990年。

李山：在我的画室里，你来看这些作品，你说"胭脂"很好嘛，好极了。那这些作品的代表部分呢，涉及毛的头像，还涉及当时东欧的政治变化这方面的内容，主要就是这两方面。其他图式也有，但这个系列里面好像显得不重要，最重要就这个，因为它们很扎眼。

当时为什么选择这样一个图式，因为那么多年，我的遭遇和经历，一直是，特别是从事美术以来，所遭受到的那种不断的环境压迫，它让我感到很压抑，确实是这样。那是什么造成的，那当然，是意识形态，如果说我的"胭脂"涉及有关政治符号的话，那是主要的原因。但我的思考不是把这样一个图式作为正面对抗，我的意思是一种放弃，对吧。毛泽东含一朵花，其实是一种放弃，隐喻将政治放弃掉，就这样一个简单明了的政治图式。这个图式其实一直在笼罩着我们，从年幼的时候一直到中年，整个成长过程当中，就生活在这样一个图式，这个影子下。我的全部经历，包括我周边的人的经历和遭遇，全都被覆盖在这个图影之下，或者可以说我们的命运全是在这个图影之下被塑造成的……所以我当时的第一意愿，就是想放弃它，初衷的确是这样。

那么我为什么使用这种颜色，对吧，因为胭脂这个颜色，跟我的目的是一样的，浮躁、轻浮、没有意义，很表面的，任何人都可以把它拿来使用的，很俗很俗的一个颜色，同时就把那些原来在美术这个范围里，所使用的那种语汇，比如说笔触啊，造型构图啊，变形啊，概括啊等这些高级范畴，可能都放弃掉了，因为这些范畴这些概念，都是为了使作品更加深刻，更加有历史意义。那么在语汇上我把它放弃掉，本身就是想把刚刚我讲的那个罩在我们头上的意识形态放弃掉。

所以吧，我就把那些个别人最不可能使用的颜色，或者是最不可能使用的一种方式方法，用到了我的画面上。作品出来之后，在圈子里边，大家感到这样的语汇从来没有看见过，以前没人这样来讲话，来述说，大致就这样吧。

吴亮：这二十多年来，我一直在，几乎你的每一阶段，我都来看你的作品，我也写过你几篇文章了。今天我重新再听你比较完整地回顾这段历史，由于时间的推移，你的画，你的胭脂，重新产生出一些新的意义。你当时也许不是想得特别清楚，我记得你当时另有表述，你当时的着眼点好像是文化而不是政治，因为八十年代末九十年代初，政治仍然是一个敏感的词。可能后来，你的作品慢慢产生影响，不断有人会围绕着"胭脂"问你这些个问题，那你必须要给出一些说法……

李山：是啊，每一次又会不同。

吴亮：当时你的"胭脂"陆陆续续出来，它的影响只局限在一个小圈子里，那时候坚持"搞前卫艺术"的，行为举止有点像地下工作者，跨地域，大家通过邮寄，交换各自作品的反转片，孙良那里，张平杰那里，当时图像资料很集中。但都没有机会展览，谁要是举办私人聚会式的展示就会引起有关部门的注意。媒体从不报道，我记得整个上海，一个曹小磊，一个徐克仁在八十年代报道过几次"现代艺术"，九十年代后，将近十年，上海媒体与"现代艺术"彻底分离了。没有媒体报道，也没画廊，从社会影响与艺术家的生活保障两方面，限制了当代艺术。偶有外国人来收藏，也是个别的，偷偷拜访，看中了，卷起来就拿走。所以呢，就是说在中国九十年代前期的这个语境下，你，其他艺术家，影响力是非常小的了，几乎不为人知。只是在我们自己的一个小圈子里面，假如说有些批评家对你李山有兴趣，国内的或国外的，他们会对你进行私人拜访，去你的画室里看看你李山在做什么，画了些什么。那时候你的画室在戏剧学院，一座独立的有天窗的大平房，离学生食堂不远，许多人都去过那儿。

其实更早你的"扩延"系列，你第一届凹凸展的作品，就明显带有原始主义风格，八十年代中期上海有过一些跨界的沙龙活动，社科院一些年轻人，好像潘维明在里面起了一点作用，我记得我们在那里见过好几次，你谈到了文化问题。后来这个不定期的沙龙没有延续下去，搞戏剧的，搞音乐的和电影的，大家就谈文化了，中国的传统，西方的现代，当时我们接触到的东西不多，但都挺兴奋。

你的作品后来被人们追述评论，基本是从你的"胭脂系列"开始的，你李山的背景，就是1989年的世界背景，中国和东欧，美国和苏联，这可能与你1989年北京那个现代艺术大展上的行为作品"洗脚"有关。你曾告诉我说你本来想选择毛做你的形象，最后为了避免麻烦，你选择了里根。1988、1989年那段时间，你的政治兴趣是明显的，至少你的作品内容确实给了人家政治解读的可能性，一些政治符号，政治领袖肖像，国家元首，东欧国家的国徽，旗帜，里根和戈尔巴乔夫。

李山：还有柏林墙推倒之后画的那张画。

吴亮：是啊，政治事件，国际新闻，这些图像非常清楚地表明了它们的政治含义——但是另外，有一个东西被严重忽略了，那就是你创造的那个个人符号，就是你那种粉红色的莲花，荷花，一种妖艳、轻浮、难以形容的脂粉气，又性感又不怀好意的调侃，很难说它是什么花，就是李山的胭脂花。面对这个东西，大家也许还没有视觉准备，大家又很关心政治，其实"政治波普"的确是当时的一个普遍状态，从政治图像学出发，把你解读成"政治波普"，也不是没有原因的，因为有这个背景在里面，这并不是批评，批评家可能会从这方面去引申，企图引起大家的注意。尤其重要的是什么呢，我们在一个政治的国家里生活，像我们，作为男性艺术家完全不思考政治，那几乎是不可能的。个别人也许能做到完全逃避，在中国，你完全逃避政治，都能被认为是一种政治，就像你在1974年就被批判为"白专道路"，问你："难道农民的房子是这样的吗？"你当时没有政治，照样可以成为一个政治问题。

李山：是，谁都逃脱不了。

吴亮：你也逃脱不掉，这样一个情况下，艺术家有政治的考虑，不管他采取什么方式，你画还是不画，你都是一种政治，都可以做政治解释。

李山：对。

吴亮：到了九十年代以后，政治慢慢淡化了，就是说，你可以不谈政治了，就怕你再谈政治，这是一个根本的变化。在这样的缝隙中间，其他的艺术出现了，在政治之外的艺术。在你紧接着那批政治作品之后，你给你的画带进了一些其他因素，对人的思考，动物性，本能，欲望，性，假面，虚伪，羞耻感，荒谬，这些令人不安的东西开始频繁出现了。但是，你作品中那种粉红色、蓝色、白色，一直还在；以及，你的表面性，艳俗，没有深度，一直还在。

另外还有一个很重要的问题，绝对不能忽略掉，就是你的平面性和绘画性，就这点来说，无论你的"胭脂"，还是2000年以来的"阅读"，几乎都没有在绘画性的意义上被解读，大家重复性地在一个图像学和符号学的范围里来谈你的作品。现在好多人都喜欢你的作品了，好多是年轻人，他们喜欢的就是你的绘画性。这个绘画性的来源，也许就是你在学生时代，已经显示的一种天赋，你独特的表现方法，那时已经注定了你以后的一种发展方向，你天性当中，那种一意孤行，那种对自由的渴望，而你又始终生活在不自由当中。你在你几乎所有的作品当中，非常重要的倾向，就是自由，哪怕只是一点点造型的自由，一点点色彩的自由。以前，你想逃避，回避。回避是一件很傻的事，成本很高，你很可能一下就把自己毁了，你母亲为你沉默了一年多，老师也为你着急，你很任性，你一任性你就自由了。你受不了这个受不了那个，你被班主任批评你受不了，你学俄语，一想到将来要跟在别人屁股后面做翻译也受不了，这个受不了背后，就是自由，你想自由，所以你总爱这么画。当你在画里面来点隐喻，来点抵抗，或者夹带点思考和幽默的时候，你骨子里只是为了自由。

李山：也是挣脱。

吴亮：是啊，自由就是挣脱枷锁……包括你现在的画，你采取各种方式，我经常说你故意把画搞坏，我目击到好几次，故意把画弄脏，画得难看，你反对优雅，好像你和任何主流都合不来。你说你在考学的时候，旁边全是家境优裕的未来大师，一半是羡慕与自卑，一半是不以为然。我听得出来你的意思，我是穷孩子，虽然我没有你们的条件，但你们也不过就这样，又怎么样呢。

我们这一两代人，最早获得的自由概念，可能就来自毛泽东的一本小册子，《反对自由主义》，他把自由主义分成十一条，哥们一团和气，当面不说背后乱说，不揭发坏人，事不关己，高高挂起，不关心集体个人第一……

李山：对，对。

吴亮：毛认为这些东西都属于自由主义。他所谓的自由主义，就变成个人主义，就是极端自私自利，就是腐蚀剂，就是反马克思主义……所以我想啊，你当年肯定不会想到我要获得自由，自由是你的一个无意识，是你很重要的一个被压抑的因素。

九十年代以后，你从"胭脂系列"到后来你做生物艺术图片，我觉得都贯穿了一个"怎样都可以"的态度，怎么都可以，听起来有点和蔡国强差不多，艺术怎么搞都行。但和蔡国强的仪式化景观制作不同，在你这里，艺术永远是一种个人行为。你的"怎样都可以"就表现为，当你们接受了我，你们在说李山这样做很好的时候，你觉得又不自由了。因为你们的趣味和我一样了，而你们的要求就是希望我重复你们已经习惯的趣味，对我有个要求了，本来是我自己想这么画，现在变成你们要求我这样画了，那么我非要搞它一搞，搞得又不一样。你总是有一种，还是有一种不太负责的，一个小孩子的心态，你们老是要我这样做，我偏不这样做，家长要我这样做，我偏不这样做，你难道不觉得吗？很不幸，你现在名声太大了，你怎么弄坏他们都喜欢，那你现在还怎么办？你还能捣蛋到什么程度呢，你把一幅画，画坏了，甚至让一个从不画画的人来替你画，人们还是喜欢，你怎么办？

李山：觉得很痛苦，画坏了他们还喜欢。

吴亮：怎么办呢？

李山：那就从头再来，再把它画好。

吴亮：他们又很失望了，也许他们依然很喜欢。

李山：对呀，比如说这几幅，就像你刚刚讲的，我又画成这样了，当然这里边不完全是我，但是有我的那个意思，其实是我的思想。

吴亮：是你的思想，就像一个导演，请人做个角色，他可以用任何人，用别人是为了表达你自己，你假他们之手。而且他们不是替代你画，因为他们的东西正是你所需要的，然后一切就不一样了。

李山：对，是这样。

吴亮：再说说你2000年以后，你的"阅读"。

李山：其实那个就是威尼斯双年展的马修·巴尼的东西，给我一个启发，那也是刚刚你所谈到的，我可能已经脑子里面有这样的思考，或者是有这种愿望要做些什么，于是他的东西启发了我，如果我没有这个愿望，这一切就不会发生。那届威尼斯双年展，我认为最有意思的，就是他的作品，半人半兽，一个真假合在一起的东西。

吴亮：你有没有去了解，马修·巴尼这么做，他的观念是什么，什么用意？

李山：我没有去了解，但我知道他的背景，他是学医的，不是学艺术的。他后来做的那些行为带装置，带有表演、化妆等等，其实就是一个乌托邦作品。没有很明确的思考点，或者通过这一个作品要怎么样，没有像当下那些批评家们所要求的，一个思考点在哪里，它针对什么。我觉得马修·巴尼的作品是很模糊的，是飘移不定的。他的作品就这样,他不是针对某一点。不像我们这里所谓的"政治波普",泼皮,都针对某一个点。我觉得他没这样,他是飘移的,就是一个乌托邦,刚刚你谈到自由,他也是一个非常热爱自由的人,我觉得是这样。怎么有意思,奇奇怪怪的东西,他都想尝试一下,他的试验性很强。

我从那个时候就开始思考这个问题,只是做起来很难做,当然这有一个过程,思考有一个过程。我从那回来,比如说我曾经有两个作品,想做,但我根本做不到,我设想用狗皮把一架飞机包起来,把一辆汽车包起来,使它变成,活的东西和死的东西,当时是这样的思考,对吧。但是作品没有做下去,没有做下去我并不感到可惜,你晓得,像这样的作品,最早美国的一位女艺术家已经做了,一套杯碟。

吴亮:奥登伯格。

李山:用毛皮包起来,当然她的出发点不一样,那个作品是一个同性恋意识的作品,或者类似的意识。我思考的,飞机,狗皮,那还是一种生物学,机械,关系到生物改变。只是要实现它,很难……那后来能够做到的,就是绘制的图片了,最后也做了一批南瓜,其实我最终的目的,还是做活体。为什么要这样做,可能还是这样一个理由吧,就是现有的东西都陈旧了,都是被框死的东西,人类也是这样,陈旧,吴亮你很陈旧,李山更陈旧,我们每个人都是很陈旧的东西,对吧。那陈旧的东西,应该打破它,要有新的东西出现。

吴亮:你做了许多昆虫图片,把它们同人类的皮肤与器官结合在一起。

李山:我为什么要抓住昆虫,因为这是一个跟人类,跟哺乳动物,在结构上,外形上,意识上——也许昆虫也有意识,对吧——完全不一样的生命体。为什么那么不一样?后来我也在想这个问题,它们的祖宗,也从海里诞生,和人类都一样,为什么它们会变成这种样子,这种样子有意义吗?这是第一点。第二,当我在澳洲讲人类应该回到蛋白质状态的时候,其实我还没有把这个问题讲彻底,连蛋白质都不应该有,这才是我最根本的想法。

什么都不应该有,有意义吗?你想想看,当银河系和仙女座星系,以每小时50万公里的速度在相互接近,三十亿年之后它们混在一起的时候,那又是一种什么意义,宇宙不在于你地球有没有生命,我们人类为什么要谈宇宙,谈宇宙干吗?既然你如此局限,你为什么还要去思考。

吴亮:那没办法,人是一种智能动物。

李山:那既然你谈宇宙,宇宙回过来,就感到你没有意义,确实没有意义。所以我做了那些东西,它还是一个生命,我的目的是要告诉人们,人的存在是没有意义的。

吴亮:这一点呢,我有点不同的看法,我的不同看法当然和你的艺术没关。

李山:你说。

吴亮:按照我们所获悉的这种知识,人类目前的知识,我基本认同这样一个描述,就是说,现在地球上那么多生物,最高的智能属于人类,虽然人类有很多问题与麻烦,这个我不必说,给自己找了很多麻烦,这个大家也是共识。为什么有那么多文明?为什么有那么多战争?为什么有那么多欲望?对吧,人类自己已经谈论了无数次,金融危机,人类需求的无限扩张,政治家、记者、环保分子,现在的任何报纸,任何人都能谈,小孩子都能,我们不必谈这个。

但就从整个宇宙进化来看,目前所获得的证据,地球上发展出来高级生命,只是一个晚近的事情。当然我们可以说,无限的宇宙中,现在的某处,以前,也有过类似的高级生命,我们不知道罢了,没有证据,从逻辑上能成立。生物,一直到高级生命,它在进化当中,有两条路向，还是达尔文说的，一是演化，就是慢慢的进化；另一种就是突变。假如说在工业文明起来以前，整个地球文明基本是个演化过程，是农业社会缓慢的演化，现在，从工业时代到信息时代再到生物科学时代，就进入一个越来越加速的突变阶段。文明开始加入到自然演化的进程中，文明史是一种新的宇宙演化推进器，它已经产生，或推动产生了新的物种，我们人类已经进入一种新物种阶段，这就是我们面临的现实，我们的价值观，机器发明、技术，自身的改变，非常深刻地反作用于我们的生活与身体，催化着人类的更多欲望，人类已经和机器连一起了。

李山：对。

吴亮：所以我觉得你那个设想，用狗皮还不如用人皮，或人造人皮。这个世界，人完全覆盖了地球，动物已经宠物化，所有的动物都成了人类的宠物。当人已经把自己覆盖在地球上每一个角落的时候，全世界布满了人的痕迹，这个巨大的物质地球已经被人化了，地球上就剩人，全是人，这样一个欲望动物，覆盖了地球，我都不好说，这究竟有意义，还是没有意义——但是有一点我是清楚的，这几乎没办法，这是不是又是宇宙计划的一部分呢，是不是宇宙生命无论在哪个星球上得以演化繁衍，只要达到了一种最高的智能，都会面临这样一个与宇宙对抗的结果？也许以前的很多次文明的毁灭，都是因为这种结果。

李山：就是。

吴亮：我们不得而知。但是呢，还有一种情况会出现，是什么呢，就是以前你也老讲的，你说，你不知道从哪儿看来的，你说地球人类灭亡了以后，接班人可能是海蜇，还是章鱼。

李山：章鱼。

吴亮：你当时说章鱼。还有人说，以后代替人统治地球的，极可能是老鼠，因为老鼠的生存能力最强，啮齿类，什么东西都吃，当人类食物枯竭的时候，人类不能吃的一切，老鼠都能吃。老鼠除了鼠疫，其他细菌病毒对它都无效。鼠疫，属于它唯一的麻烦。

地球上有一个自然现象很奇怪，它用达尔文进化论说不通。我们现在随便去一个自然博物馆，它都这么告诉我们，地球上的生命起源，最早是单细胞，孢子类，无性繁殖，然后慢慢就发展成一些植物，一些动物也开始慢慢出现了，每个阶段都得有上亿年，比如说先出现无脊椎动物，比如虾啦，贝壳类，都是无脊椎动物，然后产生脊椎动物，那就是鱼了，所以就有人类来自海洋，人是鱼变的说法。再然后呢，脊椎动物的一部分爬上陆地，成了爬行动物，爬行动物再发展出两支，一路变成鸟，一路变成哺乳动物，这个过程很清楚，有动物化石为证。但是奇妙的是，每一次进化都不是整体的，即新物种根本没有完全替代旧物种，原来的物种依然存在，就是说，每个进化阶段的物种，远古的孢子、苔藓、无脊椎贝壳类、蜥蜴、蟑螂，现在的地球上依然还大量存在。也就是说，生物发展到那么高级了，但低级生物还存在。我觉得这与人类制度差不多，文明制度出现了那么多年，野蛮制度还存在，发达国家那么发达了，还是有一些国家水深火热。

李山：是呀。

吴亮：所以这个世界，这个地球，我真觉得不可理解，这一切的荒谬，也许是正常的，合乎自然的，所以都是没有道理的，自然是不讲道理的。并不是说一个高级生命出现了，一定会取代低级生命。就好比你说，回到蛋白质去，再回去，回到无生命，回到无形。但是，你就是你的一种艺术家的绝望，一个关于人类无意义的狂想，你觉得很悲观，还是回到蛋白质，就像复古主义要回到原始社会。但是，只要给蛋白质时间，蛋白质必然会演化到高智能，而蛋白质的出现，也是物质运动的一个结果，所以只要宇宙中有物质存在，今天的一切就必然会发生。

李山：我不久前看到一个资料，宇宙当中的无机物里面，我们所认为的无机物，它们自然会组成DNA链，然后能够复制，到处都能复制，所以说生命的产生，可能是整个宇宙都会有的现象。

吴亮：只要一个条件得到满足就行。

李山：所以说，我刚刚谈到那个，宇宙的膨胀也好，收缩也好，现在科学家不讲这个了，宇宙膨胀收缩的概念，已经成为历史了……宇宙在分解，宇宙最后的结果是分解掉，瓦解掉，没有什么收缩。现在西方的科学家开始从这方面去探索，去思考问题，因为最后都是，星球和星系之间，那个银河系和仙女座星系，它们之间，它们在……

吴亮：靠拢。

李山：在靠拢，其实它们还是一个整体，另外的还是在分离，最后整个解体。

吴亮：解体以后呢？

李山：都成为碎片了。

吴亮：物质不灭，然后又回来了，再聚合，还是循环的，这个物质世界还是循环的，还在轮回。我相信轮回，我讲的这个轮回，不是简单指一个生命，十八年又是一条好汉，那是一种自我安慰的说法。

李山：宇宙这样的一个变化，或者运行，或者存在的这种形态，这个过程当中，宇宙到处都有生命的迹象，宇宙从整体来讲，是一个生命，不可能没有生命。也许没有生命，就没有宇宙，那这跟我以前所思考的问题，可能不一样了，以前我感到地球上的生命太无所谓了，生命算什么，人类在这儿打核战争，太没有意义了，打来打去，争夺来争夺去太没有意义了。

吴亮：你最近又在做些什么作品？

李山：我还想种一些东西，种一些新的物种，通过嫁接，那个做动物，至少现在我没办法做，牵扯到伦理与技术限制。

吴亮：现在的农业学家，动物学家，已经做很多了，转基因啊，嫁接更早，已经做很多次试验，新品种出现了很多，你又能提供什么新东西呢？你肯定不能通过你的作品表达一些绝望的观点，需要他们配合，这不可能，科学家的工作还是需要对人类有意义，带来好处，他的身份要求他这样做嘛，比如改进粮食，结果必须能吃，成本低，营养更好，那肯定要有实用目标嘛。

李山：问题是，我既没有从有益这方面去思考，也没有从给人类带来什么灾难这方面去思考。我不可能做对人类有益的东西。为这个事情我回绝了好多邀请，我南瓜种出来之后，好多大公司，大财团，说我们这儿要搞一个什么主题公园，自然景观啊，你来给我们做，我全部回绝了，我说我不愿做对人类有益的东西。为什么这样思考，高名潞说我"反人类"，我不知道，哈哈……我不会做这些事情。我就做我想做的东西。

吴亮：你反文化反文明这个倾向，早就有了。多年前你就有，和你聊天的时候你就有。

李山：我并不刻意去反对什么。

吴亮：作为一个普通人，日常中的人，你是非好坏的标准很明确，知道应该怎么做，什么东西好吃，什么人品德不好，哪种制度，哪种方法更合理，更人性，你都知道的，我们都受制于具体空间嘛。但就一个终极思考，你现在搞的艺术，有些问题涉及终极思考，那你就没有空间了，你会变得特别虚无，虚无缥缈。

李山：是啊，生物现在做不出，做起来有几个困难，有障碍，所以上次我选择一种植物，南瓜。植物其实一样是生命，还是我们的问题，我们对植物不认识，我钻了这么一个空子。植物也是生命，当你作践植物的时候，植物的感觉你不知道。佛教徒说不吃荤，不吃动物，他们吃植物就不一样了吗？我跟我的一个同学，他是典型的佛教徒，我曾经跟他激烈争论过，后来我们都不来往了，实在是合不来。我说你有什么理由讲植物不是生命，要不你什么都不吃，对吧，你喝水，水里也有生物，有好多好多菌类，你干吗要吞下去，我想你只有早点离开这个世界才对，才彻底，才是最高境界，那肯定是这样。

吴亮：我觉得呢，每个生物体，它本身都是自私的。因为这个生物体它首先要维持生命，这是它第一个要考虑的问题，在一种生物链当中，在我们现在看到的这个秩序当中，有所谓的食物链，这食物链的设计，就是自然演化的结果，是自然的安排，它就是经过亿万年的生命混合搭配，这么形成的。假如没有这样一种食物链，彼此吃来吃去的话……

李山：大家都不存在了。

吴亮：现在我们讲的道德、怜悯心、不忍心、恻隐之心，都是文明，那是人们语言进化之后想出来的，属于精神进化的结果。天地不仁，古人就这么说，天地间是没有什么仁义道德可言的，自然就是一种道，就是一个规律在里面。

李山：我接下来，可能还是做植物，因为植物这个生命非常有意思，现在我们还不太了解它，我觉得它更神秘，它比动物要神秘得多。动物，哪怕一声狗叫，还能跟人有一种交流，真的会有交流，它有声音。植物没有任何声音，非常神秘。

吴亮：我那个办公室，你来过，阳台墙壁上爬了好多爬山虎，紧贴在墙上，到了秋天，全部枯萎了，但是它还爬在墙壁上，焦黄色，似乎没有生命，像死掉了一样。如果你在冬天，把那个茎，把它掐断，里面一点点水分都没有，干枯的，但它活着呢，到第二年春天，一个礼拜之内，这些死了的爬山虎突然全部爆芽，顿时一片春意。植物神奇在什么地方呢，你根本不要动它，不管它，它不会死。没有人管，它在人类出现之前的多少亿年中何时停止过它的生长，它扎了根就能活到死。动物不行，动物辛苦，动物它还得自己觅食。

李山：对呀，在一片森林里面，一棵树受到虫害的攻击，或者侵扰，其他的树木马上分泌出一种毒素来抵抗虫害，太神秘了。只是我们什么都不知道，我们知识太有限了，我们认识太有限了，那个世界，比动物世界要神秘得多。

一个团队比一个个体更加重要

徐震 吴亮

（徐震，艺术家，现居上海。对话时间：2010年9月7日）

吴亮：我刚从杨振中和刘建华的工作室过来……和你不同的是，他们出生在二十世纪六十年代初，你则是七十年代末出生的。我不难想象，你眼睛一睁开，开始懂点儿事情的那会儿，看到的这个世界，不再像我们这些五十年代、六十年代出生的，望出去的那个世界一片红色，或是一片灰色，颜色很单一，很单调。那时候，就灰色、蓝色、红色……而你那一代人，童年时代看到的世界，色彩比较斑斓。

徐震：嗯。

吴亮：我把这个色彩，联系到了你的成长，最早的成长环境。现在看，无论你的性格，一种非常可爱的情绪跳跃与波动，富有色彩的个人生活方式，你的行为言谈，以及你的作品，都显示出缤纷斑驳的状态。但这一切肯定都有一个脉络，我自然会对你的童年发生兴趣，因为按照我们的习惯思路，在对某种艺术发生兴趣之后，就会对这种艺术背后的那个人产生好奇。比如平时，我们可能会读一些艺术家的传记，尽管故事形形色色，但一般总会有许多篇幅，专门讲他们的童年以及少年时代，我现在的第一个问题，即你的少年时代，有哪些事情的发生，或想得起来的往事，对你现在所从事的这个艺术，产生了重要的影响？

徐震：好像很平淡吧，就是，没有什么特别的。

吴亮：平淡？你说的平淡，是指什么而言？

徐震：就是生活平淡……我的童年生活比较平静，比较平淡，没有那种很戏剧，很曲折，就是说没有大线条，转折点什么的，基本上没有。就一路读书过来，直到读完工艺美校，然后就开始做艺术了。我基本上没有什么太大的转折，也没有什么很重要的那种事情的发生。

吴亮：那么，一直都是自然而然。

徐震：对，因为我从小时候起，就生活在一个比较正常的家庭，不穷，也不富，独生子，很典型的上海家庭，居住在老式里弄里面，就石库门这种房子。

吴亮：我刚才看了你这本"没顶公司"手册，以这个名义来发布的这些作品，我知道，它们实际上就是你的作品，实际上就是一回事。你在每件作品旁边，都有一个文字解释，幺五幺六的。我觉得，显然做作品的这个人，不管是他自己画，还是请别人画，应该对语言很敏感，或者说，他不仅阅读，而且他这个阅读，还不是一般的阅读，这个阅读不是我们所说的网络时代的浅阅读……你是一个很喜欢阅读的人？

徐震：还好，读得不是很多，但我属于……就是说，属于勉强读一些东西，比较正常的那种人，而不是整天在读书什么的。

吴亮：那么，关于你的作品，除了你的这些文字，你还有什么其他要说的？还是说，仅此而已，你到此为止了。

徐震：基本上到此为止。

吴亮：后面你就不管了，别的事情都交给别人了。

徐震：对。

吴亮：那么你以前所有的作品，包括那一次双年展，美术馆钟楼上的钟。你将它拨快了，疯狂地走……你有文字说明吗？

徐震：那个钟啊，基本上也就是这样，不需要说了。

吴亮：事后有没有人采访过你，问你这个感觉是怎么来的，怎么会想到这样一个点子？

徐震：其实那个作品还是比较简单的，就觉得上海，或者说中国发展的速度，我的思考和这个速度有关。正好碰上上海双年展，又正好在这么一个地点，有这么一个钟楼，就比较简单的，出现了这么一个想法。

吴亮：你对这个时间加快，有没有自己的态度，觉得亢奋，还是无所谓？

徐震：我觉得有了双年展这个气氛，再加上这个钟楼，以前有这样的一个历史，在今天的上海，视觉上不需要什么解释了，基本上所有的人看了都会明白。

吴亮：你制造过几次"假作品"？

徐震：都有，好像一直是不同层面的。

吴亮：除了这一件作品以外，你能否说说你自己比较得意的，有哪些假作品？

徐震：以前做个体艺术家的时候，我做过一条假恐龙，用达明·赫斯特的那个方法，把恐龙从当中劈开，里面两面都是内脏，这个作品现在就停放在隔壁那个仓库里。另一个，你知道的，我不是有过一个虚拟的嘛，就模拟把珠穆朗玛峰上面的岩石砍下一些来……反正在不同层面，还是有过一些作品的。

吴亮：你好像不是每一件作品，都和当时所发生的事件有关联的。

徐震：也不一定，就不是那么直接，有时候会结合得紧密一点，有时候比较松散，就是说……我想到什么就做什么。

吴亮：你能不能比较完整地能告诉我一些什么……比如说有一件作品，因为我知道你作品很多，作品和作品之间，跳跃也很多，有些彼此互有脉络；有时候，这个作品它一下子会跑出去，好像和你没什么关系了。

徐震：对，对。

吴亮：你总有那么几件作品吧——你觉得还比较得意，但反映平淡；或者相反，你心里感觉不怎么样，可是别人把它讲得特别好。

徐震：其实我一般都是做完以后就不去管它了，也不再去想，因为这件作品总归是你自己做的，这个经验非常个人，我认为这很难分享。就是说，比如有很多人觉得好，你自己其实不怎么在意这个东西，那他们一定要说它好，也就好吧，没有问题。可能大家觉得，对你，在这样一个时候，对你有了一个期待，但是你没有去迎合这个期待，但你也不见得一定得有自己一个很明确的想法，其实也就这样过去了。我觉得作品的经验真的很难与他人分享，比如说现在，我们开始做这个公司，其实我们已经不再强调这种东西了，不强调作品的个人经验，或者不强调这种体验，可能它就开始慢慢往其他的方向走，比如作品的目的，或者说做艺术的未来规划，整个就不同了，引进别的角度，慢慢组成一个可能被我们认为的艺术的将来，类似这样的东西。

吴亮：以我的直觉，经验观察，或者一些直接判断，这个作品是你做的吧，你先有一个观念，一个想法。最后你决定做它了，而你在做的时候呢，虽然会出现某些偶然的、意外的效果，但是它在整体形成过程里，它始终掌控在你手中，对吧，你一边在做它，一边调整，你会注视你的工作进度，直到实现它。

徐震：对。

吴亮：但是，现在你不再是个体，一个团队取代了你。这种状况下，我想你对作品制作的控制力会明显削弱，失控的情况可能会更多发生。

徐震：对，是这样的。

吴亮：本来有一个自己的走向，现在走到一个程度它就转向了，你觉得这个感觉怎么样？

徐震：目前来说，我觉得这个倒不是问题。可能从公司的角度来说，会强调一个作品的目的性，你为什么做这个作品，或者你做这个作品，要达到什么样的目标。可能这个情况对以前的创作来说，是一个非常大的区别——以前你可能只是一个爱好、喜好、个人兴趣，或者是你自己领域内的工作；那作为一家公司这样的一个角度，你可能更多的会去看这个行业面临的问题，比如说现在社会上需要一种什么样的东西，完全是另外一种不同角度的策划，完全以不同的视角面对那些问题，最终性质上可能还是一样的，只是工作方法区别很大。

吴亮：那是不是说，变成公司以后再做作品，它会产生另一类目标，比如强调外面需要什么，或者市场需求……你作为"没顶公司"的其中一员，你也会有妥协，或者让步，甚至，你必须跟着公司走。

徐震：我觉得在这个层面上，这种妥协，就变得很平常，就是说不再重要了，妥协其实是另一种层面的不妥协，或者更长远的不妥协，相对个人来说，其实是更主动。

吴亮：我知道，其实"没顶公司"就是你……那我前面的意思，是说一般的，这种商品生产，比方有一个客户，有一个商品广告商，他们有他们的需求，你是生产特殊商品，它还被称作艺术品，它和一般的商品不同，这个商品本身的生产走向，会偏离一般商品生产既定的目标，目标会得到一种修正，或者偏移，它和你单独做一件普通商品是不同的。

徐震：对。

吴亮：单独做作品，完全是你一个人的意志在里面起作用……但现在这个过程里你们的各种意志发生了作用，影响作品的生成，各种力量不断在发生一种关系,那么,它肯定又产生出来一种新的经验。

徐震:对。

吴亮:这里你是不是觉得,作品的意义反而放大了。

徐震:对,我就是这个意思。

吴亮:就不完全是表达一个个人的意思了。

徐震:其实就是这样的,你个人参与其中,你就会觉得是更主动,你作为整个公司,作为社会形态的一分子。

吴亮:你是一个特别有个性的人,你怎么突然,在你年纪还那么轻的时候,愿意放弃个人的身份,进入这样一个面目比较模糊的团队来进行工作?

徐震:在今天来说,就算是一个单个的艺术家,已经不是我们传统意义上的个体工作经验的问题了。也就是说,他同样要面临这些,包括我们的公司所要面临的一模一样的问题。所以再加上我之前的个体经验,很多跟艺术家合作,做展览,做艺术空间,做网站,对我来说已经不会再刻意去强调,强调我的什么个性,相反我倒是认为,我能参与到一个团队的工作中,一起来创作作品,这个比以前那个个体状态更加重要。

吴亮:曾听你说,你出生在虹口区。

徐震:对。

吴亮:小学中学都在虹口……虽然你才三十出头,还远远没有到回顾自己一生的时候,但我想总还会,回忆回忆过去吧。我女儿五岁时就开始说"她小时候的故事"了。假如我现在要你想一想,你小时候的虹口,会想起什么呢?

徐震:就那些小时候的记忆,是吧。

吴亮:对,你在虹口的童年生活。

徐震:虹口,就是以前的虹口道场嘛,流氓很多的地方,我家离那个地方正好有一小段距离，过一条马路，就到了虹镇老街。小时候家里大人说小孩子不允许过去，一直不让你下课之后去虹镇老街玩，时间长了，我就一直不敢过到那边去，那边对我很神秘。那现在，有时候我回自己原来住的地方去，发觉这些流氓早不见了，因为拆迁，那些流氓团伙跟着被拆迁的房子，一起被拆掉了……这是一个你根本想不到的，你会觉得挺有意思，很奇怪的一个经验。

吴亮：其他呢？

徐震：其他，就是你会怀念小时候的这种平静生活，比如，午饭跟晚饭之间，午睡啊，或者读会儿书啊，看看电视啊，就这种生活。很平静，不刻意，也不用去想，我必须要去干一点有意义的事情。

吴亮：你那时候，大概没想到你会做艺术。

徐震：我从小到大，一直认为我以后会是一个画家。

吴亮：这么想过？

徐震：小时候没有艺术家，只有画家，就觉得自己会。

吴亮：从小立志要画画……你的才能什么时候被发现的？

徐震：就是幼儿园里画画，得过奖嘛！

有效期,我的脑袋是空白

杨振中　吴亮

(杨振中,艺术家,现居上海。对话时间:2010年9月7日)

吴亮:你已经很多年不画画了。

杨振中:基本上,到上海来以后就不再画了。

吴亮:就动动脑子,想想点子,找切入点,然后,搞一个玩笑,有点开开玩笑的意味。

杨振中:嗯,呵呵。

吴亮:我一进你的这个房间,感觉就不像……我们一般不会以为这是一个画家的工作室,倒像做动画的,或是什么设计公司,或者干脆盗版什么东西的一个秘密场所。

杨振中:哈哈哈!

吴亮:你是不是,把一样东西,做成一个不像它原来的那个东西,你就觉得很过瘾?

杨振中:也看吧,有时候是这样的,有时候是那种,各种类型都有。

吴亮:你作品的出发点,是不是就是一个恶作剧?

杨振中:是,有的时候。

吴亮:一本正经的作品有吗,好像没有过。

杨振中:但有一本正经的题材。

吴亮：可你把它搞得很不一本正经。

杨振中：你说得有点对。比方那个录像，《我会死的》，为拍那个录像，找很多人说："我会死的。"题材很严肃，但片子拍得很轻松，很搞笑。

吴亮：他们也很配合，知道那不过就是游戏。

杨振中：我不是用那种很专业的，像这种摄像机，就比较好玩那种。

吴亮：你喜欢开玩笑，已经有多少年了？

杨振中：这个，我也不知道，不知道多少年了。

吴亮：我很想了解一个小孩子的成长过程，后来变成一个恶作剧艺术家了。

杨振中：很多艺术家，可能是方向性比较明确，他有一个明确的目标。我是喜新厌旧的，一会儿玩玩这个，一会儿玩玩那个——录像，摄影，装置，互动，很多作品经常都是一做完，就没了。

吴亮：你是不是也爱看魔术，有很多地方很像，就希望给人家大大小小的意外……比方你刚才那个，一大堆照片凌乱摆着，中间一看，它聚合拢了，这就是意外。你把这个照片放得这么大，本来也没什么意思，就因为你把它们先裁切开，搞乱了，那么"复原"就是一次意外。

杨振中：有些情况下，像这种东西有时就是玩出来的。有时候，把一些三维的游戏，或者软件，瞎玩玩出来的……这样的一个，有点像，自己也觉得挺好玩的，一个智力上的快感。

吴亮：按照你的说法，走上这台阶，通过一个窥视孔去看这个照片的时候，它已经全部合拢了，我觉得很有趣，本来假如把这个照片贴在墙上，满满的一张照片，我就不会有意外的惊喜。现在，就是一个小小的惊喜，然后走下来，重新再看它怎么摆的，就变得很有意思。所以这个摆,必须非常精确,必须这么摆,变成一个非常精密计算的事情,你用非常复杂的过程,做一些效果很简单的事情。

杨振中:有这样想。

吴亮:其实你要获得一张完整的图片,是不必要这样做的。你故意把它变成这样大大小小,完全不对等,再把这东西拼合起来,你是不是……

杨振中:没有这么复杂。

吴亮:我觉得这里面有一个隐喻,隐喻什么呢,就是我们给自己找事……现在好多事情就这样,好比你先把自己吃成一个胖子,然后再经过体检,通过复杂的节食,治疗或运动程序,再把那些多余的脂肪减掉,回到正常。中间漫长的道路,和你这个东西差不太多。

杨振中:当时我预设观众观看这个东西,大概会有像你说的这样的感觉。但主要是我自己在玩,把这个东西慢慢玩出来的时候,有一种智力游戏一样的快感。它就是一个智力挑战,一定要把这样一个东西搞出来,有些作品是有这样的,我是在玩这样的一个过程。

吴亮:你也做过低成本的,"胡来"的东西,你也做了不少。"吞图"就是一个低成本的,就像强迫症。

杨振中:"吞图"实际上成本不低,它是一个网站,是一个服务器,所有的人,任何人,只要上网,他就可以看到这张图片,全世界同步。

吴亮:一秒钟一张?

杨振中:一分钟一张。

吴亮:一张一分钟,消失以后,就再不存在了,它是谁输送的呢?

杨振中:任何人。看图的人,也可以发,可以发自己的图片。我们怎么会考虑做这个,自从有了数码相机之后,每个人,现在手机都能拍照了,每个人手里都有无数的垃圾图片,数码垃圾。

吴亮：对。

杨振中：我们这个项目，把数码垃圾拿来，做成一个艺术项目，每分钟，我们做很多这样的屏幕，各种各样的屏幕，可以在各种不同的场合，公共场合，私人场合，都可以放。它不是一个图像，不是一张画，或者一张摄影作品，一个录像，它就是一个东西，可以在家里墙上一挂，它每分钟是不同的内容，这个内容是全球不同的人提供的，任何人都可以向这个项目提供图片，只要他发上来，就在我们这个平台上存在一分钟。

吴亮：那他要排队。

杨振中：对，那当然。先发的图片先出现，就是这样的。

吴亮：这个项目延续多长时间了？

杨振中：三年了。

吴亮：现在还在运转吗？

杨振中：嗯，一天就是一千四百四十张，一天是一千四百四十分钟。

吴亮：对，六十分钟乘以二十四嘛，那么再乘以三百六十五，有没有算过这个数字，三年多，多少万张了。

杨振中：一年差不多五十多万吧。

吴亮：那就一百多万张了，三年多时间。

杨振中：呵呵，是的。

吴亮：没有存档，也没有保存。

杨振中：每天那么多人不停在生产垃圾图片，我们每个人自己电脑硬盘里的图片，已经多到连自己都不愿意去看了。

吴亮：是，是。

杨振中：那就是垃圾了，就在那儿睡觉。

吴亮：除了这个，互联网过量的图片，你还有一些其他的作品，它具有一种稳定性，就是它所表现的问题，它比较不那么短寿，管用的时间长一些，比方你那件作品，《2009年的夏天》，如果我建议你改为《去年夏天》，换个名字就表明它不在某一个时间点上，可以使它的生命延长嘛。你觉得现在还有什么东西是可靠的呢，是可以回味，或者值得保存的呢？所有的图片不值得保存，垃圾图片，不是因为图片本身垃圾，而是图片太多，对吧，我们都感受到了，谁的照相机里都有大堆信息，删都来不及，你要删它还要再看一遍……我回到前面的问题，你觉得现在的生活当中，还有什么东西可保留，可重复看，生命力比较长，将来还会回味它的东西，还有吗？

杨振中：很难了。像前两天还在说的《有效期》这个展览，这个主题很明确，任何东西，包括你所说的做作品的兴趣，只有一段时间，你对这个作品非常有兴趣，你去做，把它做出来了。但是它有一个有效期，很多东西就是这样，这个方向，这么一种方法，或者这样一个主题，任何东西都行。对你自己来说，从你个人角度，都有一段时间的热情，一段时间会让你激动，但是那都会变，到一定时候，你又会对别的东西感兴趣了。

吴亮：我觉得不是全部，你说牛奶有效期两天，一包饼干有十个月，也许照相机使用寿命更长，有效期也有相对长短的问题……我问的是，"有效期"相对比较长的作品，重要经验，还有吗？

杨振中：我不知道。

吴亮：在你的作品当中还有吗，你没兴趣了，你强调一切都很短暂。

杨振中：你要说我一直有兴趣的事情，那还是对人，关于人的。

吴亮：好极了……刚刚说了《吞图》，一分钟一张图片，积累几年就是天文数字，就像我们每天从早上到晚上，你肯定不可能把看到的东西全部记下来。

杨振中：对。

吴亮：你曾经看了，你最后什么都没看到，因为你记不住。但我们有办法保留，就像我刚才看你的几本图录，一打开，觉得印成书了，还是有些东西留下来了，有的瞬间，有的片段还是被记住了。

杨振中：对。

吴亮：那么就有了另外一个问题，就在你脑子里，你脑子里的记录，你的往事，你现在可以想一想。前面刘建华回忆说，他小时候画画的起因，是大哥哥大姐姐们都去插队落户，父母让他能够有一技之长，将来就可以不去插队了……那么你呢，你基于什么原因学画画，或者某一天突然说：我想做艺术家。

杨振中：很多东西都是碰的。我属于比较稀里糊涂，小时候不知道自己该干嘛的那种。一直到中学，我都不知道自己该干嘛。我们当年受的教育，就是很普通的那种高中，从小学到中学，都很普通。

然后怎么讲呢，就是机缘巧合吧，碰到一些朋友，大家就是画画，那就混在一块玩吧，慢慢觉得这个东西还有点意思，就开始对画画感兴趣了。感兴趣之后，就在学校里，已经是中学了，整天看这种书，去图书馆看。八十年代初各种思潮各种不同的东西进来了，看到很多书，我们这种中学生都开始看弗洛伊德，存在主义了，还稀里糊涂的，也已经在看这种东西，这是环境使然，那时候就是这样。

可能受到那么一些思潮的影响，慢慢地，所理解的画画，可能就不仅仅是一个风景画了，开始接触到国外的那种观念艺术，都开始有点了解。就这样进入到这么个行当中，当然那时还小，还没真正进入这个当代艺术的行当，属于对这个行当发生兴趣了。

吴亮：你前面说到了弗洛伊德，存在主义，它们都比较有深度，不管是心理学，还是一种哲学。但是很快，我想知道的是九十年代以后，你怎么从这个比较有深度观念兴趣，观念接触，一下变成一个

"乱搞"。当然我这个话是套用了蔡国强的那个说法,他说,当代艺术就是"乱搞"。

杨振中:对。

吴亮:我在你作品中,看到的,更多是一种玩笑,调侃,恶作剧,开玩笑的性质很明显,当然,我们也可以说玩笑是很严肃的,这个变化你是从什么时候开始的?

杨振中:我不知道。我理解,你说的那种观念很学术,或者怎么样有深度,但玩笑不一定浅啊,不一定,我感觉是这样。

吴亮:好,我们不说玩笑,那你就说一些深刻的,你的玩笑在哪几方面是很深刻的?你要用你的一两件作品为例子,你要典型地说明,它既是个玩笑,又是个深刻的东西。

杨振中:比方说,我刚才说到《我会死的》这个录像,我大概拍了将近五百人,先是在中国拍,后来到了国外,不同的语言,不同民族的人,都要求对方对着我的摄像机,说一句"我会死的"。这是一个看上去很严肃的主题,我用一种比较轻松的方式来拍摄,来制作。你看他在说这个话,你觉得这个事情好像是一个很终极的问题。但他整个过程又是一个表演,这就是一种矛盾状态,每个人对着摄像机,就算我不用专业摄像机,用业余摄像机,他对着摄像机也会想要表演,他作为非专业演员,常会有那种很拙劣的表演。所以,这个东西最后让人看了,会发现每个人都试图很努力地去表演这句话,像说一句台词,实际上是一个人对着摄像机说谎话,他很难对着摄像机说一句真话,但"我会死的"这句话肯定是一句真话。

类似这样的玩笑,我觉得它并不仅仅是笑一下就可以了。

吴亮:你讲的是一个人的死亡问题,一个尚未到来的事实陈述,因为对他们来说死还没有发生,将来总要发生,但目前依然是表演,还是玩笑……我还想说说另一种死亡,就是你前面说到的,互联网图片的海洋,图片的深渊,海量的信息海量的垃圾……

杨振中:对。

吴亮:对那些图片的迅速死亡你怎么看,我们会面临怎样更可怕的前景?

杨振中:不知道。前段时间,我看他们的一个讨论会说到一个问题,就是电脑和 Internet 的存在总共只有五千天,五千天已经发展到完全改变人的生活状态了,谁也不知道在往后五千天里,会是什么情况,真的没法预料。五千天之前,刚刚有人发明了电脑,发明了互联网这个事,就是说,两台电脑可以联网,然后覆盖全球,这个 Internet 完全改变了人的生活,在那时候哪会想到现在这个样子,现在也真的没法想象将来是什么样子了……现在可以看到表面的现象是,你需要的硬盘越来越多,你需要的硬盘越来越大,确实硬盘也越来越方便,你存储空间越来越多了。我经常碰到这样的问题,要找一个文件,要从十几个硬盘里面去找。

吴亮:还找不到。

杨振中:经常有时候,一个东西明明放在那儿,就找不到,你存储的空间越来越大,你存储的信息越来越多,它到底是多了还是少了,就说不定了。我们人的脑子也一样,我现在也开始每天看微博,我基本不发言,就看别人在说什么,海量的信息,真的是海量的信息,你每天花很多时间在微博上看别人在干吗,别人在说什么,各种各样的信息。一天看下来,我的脑袋是空白的,我什么都没接受进来。就是这样的。

吴亮:你有没有保留一些你小时候的照片?

杨振中:要找了。

吴亮:应该找得到,因为少,你才能找到。你说多找不到,少应该找得到。

杨振中：我是在杭州长大的，很多东西要回老家才能找。

吴亮：你应该能记得吧，小时候的照片。

杨振中：有啊，有印象。

吴亮：它可能还在？

杨振中：应该在吧。

吴亮：你回去找找，你什么时候回去？

杨振中：这个月还不一定。

吴亮：下个月可以吧？一定别忘了。

杨振中：行啊。

吴亮：那个时候没有什么太多信息，低信息时代，所有图片我们会很珍贵。

杨振中：对，那个时候，如果去照相馆拍张照片，或者出去玩，一帮人里面，有一个人有个相机，拍一张，比方一个朋友，他拍了照片，他会寄给每个人，这个照片就很珍贵，可能出去一趟，就那么一张照片。现在就不是了，现在每个人的手机，出去一趟，咔咔咔。

吴亮：对，拍了以后，再也不看，就存在那里面。

杨振中：对，反正在那儿。

吴亮：你的母校在哪里？大学母校？

杨振中：我最早，大学是丝绸学院，杭州丝绸学院，设计专业，服装设计这方向。

吴亮：以前跟老耿在一起，是吧。

杨振中：耿建翌是我们老师，他浙美毕业最早分配到我们学院，所以老耿是我们最早的素描老师。

吴亮：然后呢？

杨振中：毕业以后，在社会混了两三年，那两三年就是画广告，做美工，但是还可以，那个时代那种广告牌，都是人工画的。那时候年轻，辛苦又不怕，弄点钱还蛮容易的。出去画一段时间广告，就能活一段时间，活很长时间。后来我又去美院油画系进修，待了一年，因为之前就一直对绘画感兴趣。结果，反而油画系待了一年之后，我画画越来越少了，可能美院有一个很好的图书馆，就接触更多艺术方面的，兴趣就开始转向各种不同材料，各种不同形式……就是说，形式这个问题被打开了，不在乎用什么形式来做了。

吴亮：中学小学都在杭州？

杨振中：都很普通，它们几乎都搬了，现在这种城市扩建，都挪位子了。

吴亮：你还会回忆得起你的小学时代和中学时代吗？

杨振中：能回忆一点吧。

吴亮：糊里糊涂的，已经不大去想它了。

杨振中：我属于变化比较大，当时我们读小学，中学，是一拨同学，同一种类型的。我不像有些人，比方说他是读美院附中，他一直是跟艺术圈有关系，我中学之前，完全跟艺术这方向没有关系，然后才考上美院。中学阶段，是自己一个人，一个人自己对画画感兴趣，周围的同学完全不干这个事。到了大学，到了后来，就真是慢慢，慢慢的……

吴亮：你有艺术自觉，是从大学开始，从丝绸学院开始。

杨振中：应该是，之前也有，已经有，我1986年开始读大学，八五新空间和八五新潮，在这个之前，我们就算在中学，因为已经开始画画，要考学校，那时候的考生已经接触到他们八五新潮的这些东西了，那时候杂志上都有。

吴亮：你除了为了你的作品拍照，你现在还为日常生活拍照片吗？就像以前，觉得拍得蛮好看，不是为了服务你的作品，你自己留下来，比如说给朋友拍，自己留张照片？

杨振中：很多，有时候经常手机乱摁，我现在都懒得用傻瓜相机了，就手机。

吴亮：手机拍。

杨振中：拍生活照，小孩什么的，这肯定拍得很多，拍自己很少。

吴亮：不再把它当成一件什么重要事情了，就很随手。

杨振中：对，我觉得正常人的生活，全是这样的。有句话怎么说来着，就是说，原话想不起来怎么说了，类似"生活就是为了拍照"，我忘记怎么讲了。

时间是最后的仲裁者

健君　吴亮

（健君，艺术家，现居纽约。对话时间：2010年11月12日）

吴亮：我一进门，恍然觉得你这浦东的工作室，似曾相识——我认识你是在二十世纪七十年代末，在你利西路父母的家，你房间里堆了很多画。非常凌乱狭小的空间，除了画，那里还有一些叶子宽阔的植物，橡皮树和龟背竹。后来你换过不少工作室，里面都会栽种一些植物，这是你工作室里不变的标志。

健君：还有鱼，热带鱼。

吴亮：对，鱼，在纽约，你还养乌龟和变色龙，还有，你的作品尺寸依然很大……当然，你中间也出现过很多色彩，但是黑和白，是你最常用的两个基本色。过去在黄陂路老美术馆，你利用美术馆的闲置空间画画，好像是一个过道；后来在纽约，在上海其他地方，两湾城，我都来过。你的工作室依然保持凌乱风格，堆放一些石头、砖块，甚至是一些被废弃的物品，你都会把它放在房间里面，它们随时可能是你作品的一个成分，构件，或者说是你灵感的来源，你喜欢这些东西。

你妻子芭芭拉，她和你有同样的爱好，据你说，芭芭拉经常会把一些石头拿回家来，像宝贝一样放在口袋里……只要跑到你的工作室，我都能闻出你的气味。

我们的来往前后有三十年之久，超过三十年了，故事很多。我们现在的话题就从你的这个画室开始——你对工作室的概念，你希望怎样的工作室是最适合你，你在工作室里，除了画画，还做一些别的事情，比如你还饲养一些小动物，照顾一些植物，现在你在浦东，这地方很荒僻，除了画画，我知道你非常勤奋地工作，画画之余你又在做什么？你的日常生活，和你作品当中所表现的自然，又是怎么一种关系，先从这个开始吧。

健君：搬到浦东的这个工作室，差不多也有一年多，近两年了。这儿有一个比较安静的空间，相对说，空间也够我做一些中等尺寸以上的作品，真的做大的作品，我还是在现场，我在青浦那边还有个工厂工作室。但在这儿，是一个比较独立的空间，我不太喜欢扎堆挤在一起。回溯到八十年代那个时候，其实上海艺术家相对比较独立，不太喜欢搞群体运动，是吧。回来以后，到现在也是，我还是想保持一个比较独立的状态，这样可以安静地做做作品，所以我选择在这儿。在我的工作室对过，从那个窗望出去还有一片田野，在上海也算比较奢侈的，能看到苞米地。哪天苞米熟了，我就下去摘，顺便去买一些东西。

我的作品和自然有联系，和人文历史也有联系。我觉得一个环境，工作的环境状态，对我的工作有潜移默化的影响。尽管我在画布前面拿了个笔，或者做雕塑的时候，周边的影响可能不是那么直接，但是我的生活状态，会决定我的那一笔怎么停下来，这个雕塑怎么做，找一个什么方式，这个和它有联系的，所以我给自己尽量创造一个独立环境，符合自己心境的环境。

吴亮：我们七十年代末第一次见面的时候，我看到你几幅早期的写实的画，也有几幅带有印象派色彩的画，你很早就受印象派影响。你最早一幅使用了综合材料的油画就是《永恒的对话》吧，好像这幅画出现在一个实验画展上，在复旦大学。

健君：1983年，对，作品是1982年画的。

吴亮：我后来也没有发现国内有谁，比你更早在绘画当中，在平面油画当中，采用综合材料，用胶、碎玻璃、石头、石膏、鹅卵石，把这样一些东西放在作品里面。然后呢，这是你的一个起点，接下来，你就有那么一种象征性了，很明显的象征，月亮、星星，后来一度成为你的一个符号，你签名都用一个圆圈，加一条弧线。

那时候国内正在出一些自然哲学和科学前沿的书，比如东方神秘主义，或者现代物理学什么的，我们都看，我记忆中觉得你当时阅读面很广，跨领域，后来就发展出你的《有》系列。你大量使用综合材料，纸浆、木头、树枝、石头，还有绳子。

另外就是所谓"中国元素"，虽然"中国元素"这个词我不爱用，这种趣味，从八十年代早期开始你就有了，一直到现在你都在延续——后来则是墨、陶土、太湖石——你经常往回走，有些人就是这样，他一会儿这样，一会儿那样，一直往前走。但你经常会往回走，有时候画一段时间的油画，又去摄影，再回来，回到黑白，油画或水墨。你总在这样一个多重旋律中不断变奏，最近你做了很多新作品，在公共空间，用墨，硅胶，用中国的传统材料，也包括一些新型的廉价材料，包括硅胶。

健君：硅胶不廉价啊，很贵。

吴亮：我讲的廉价，讲的是它可复制，不稀有，它不是自然的东西，它是合成物，我是在这个意义上来说它……与此同时，你还做了好多混合了影像的作品，用影像替换绘画的某些局部，利用绘画和影像的衰变做一些观念隐喻。你在美国也做过一些有针对性，具有社会新闻效应的作品，比如日本广岛原子弹爆炸纪念，人与人的沟通，你为此做了好多不同国家不同人种的访谈。

健君：对，历史，社会，形形色色的人物，我都有兴趣。

吴亮：你中间多次参与观念艺术和行为，你有了很多变化，但是呢，但有一件事情你从来没忘掉——黑白水墨。

我并不因此觉得你这个人是一个传统的艺术家，但这个黑白水墨非常顽固了，在你的作品中，它时不时跑出来，永远没有一个尽头——好像结束了，不会，你不过是暂时不弄，过一阵，又来了。

健君：你如果不考虑发展是一条直线的话，它就没有一个向前向后的问题了。

吴亮：也许是曲线。

健君：我觉得它可以是一个范围，一个非常大的范围，在这个范围中，我会考虑其他问题，会对历史有兴趣，但我这个历史兴趣并不意味着我准备很刻板地去指出一条什么道路。

吴亮：你的历史兴趣比较抽象，而不是针对具体的历史。

健君：是一种历史感，而不是一个具体的历史。我会对一个人，整个人的状态，有时对人类状态有兴趣。这其实可以追溯到小时候，我们都有的仰望夜空的那种状态，所以它时不时要回来，你说的那个黑白，其实我找到黑白，也是在八十年代前期。在之前，我记得在戏剧学院读书那会儿，就受了西方绘画影响，我那时有个雅号"野兽张"，颜色曾经很暴烈，对不对？做黑白是1978年、1979年，我连续去了永乐宫、龙门和敦煌，对东方佛教的艺术产生了浓厚兴趣。同时我阅读了老子、庄子的一些书籍，你知道那时候"文革"刚结束，整个是重新学习的过程，开放的过程，所以那时，大量翻译介绍了很多西方哲学，尼采、叔本华、歌德一路扫过来，不光我，影响了整个我们那一代人。

在龙门、敦煌那些经历让我产生对东方哲学的兴趣，我以前学画是表现，再现一个场景，不管是人是景，画画只是再现它。通过这些旅行我发现佛教艺术是往里走的，是心境，这是另外一个空间，或者是第四维空间。从那以后我开始转换了，差不多有半年到一年时间，在那儿折腾，最后在1981年底、1982年初，就你说的那个时候，做《永恒的对话》。那个期间我的颜色静下来了，黑白，开始用材料，用自然界的材质，用石头，玻璃是后面加的，玻璃用得很少。在很短的一个时间内，大量用了石头，用木，以后还加了水。

那以后，我就直接找那种材料，物质本身，材料和材料之间的那种直接的语言，而不是我依旧去用油画笔，去臆造，描绘出那种状态来。材料有它的特性，肌理，有它的属性，从那以后非常着迷，是很早，对呀，我对材料有兴趣，但不仅仅是对材料有兴趣。我觉得，这些材料比较能够表达朦朦胧胧那种"有"的艺术观念，就是物体存在的本体，它本身的价值，而不是通过一个再现去解读它。

我记得当时我们也有过对话，你说过，我当时读那些书，并不是去为了解读一个答案而读那些书的，你说我当时更多的是寻求那种状态。我的确比较注重寻找那种状态和心境，而不是为了去图解一个问题。这个过程，一走也走了差不多十年。

刚才你谈到了，我用过很多综合性的材料，特别到了美国以后，我用过音频，或者行为，装置。但不管用什么材料，我觉得我关注的一个点，还在那个地方，那就是时间。

吴亮：这是你开始得很早的一个主题。

健君：时间过程，在这点上我觉得几十年来，到现在还是这样。

吴亮：你很早的一件作品就叫《永恒的对话》，这个"永恒"，就是一个时间概念。

健君：对。

吴亮：当然"永恒"是无穷无尽的，你后来就改变了，一个有限时间，可以观察到的时间。你有一个系列作品，表达了时间的衰变，你有些照片是通过图像的,就是一张照片,一年以后它就没了。

健君:对不起,打断一下,我觉得,我早期的作品,实际上就是我的母题,作为一个主题。我在关注时间。再往后,慢慢发展延伸,时间已经是我作品中的一个媒介了。

吴亮:目的变成手段了。

健君:我把时间参与在我的作品当中,我的作品存在于一个特定时间过程中,有时候一个作品的最后完成,可能要十年,有些作品可能时间短些,两天,有时候是几个小时。

吴亮:我看过你做的一些照片,还有录像,用清水画山水,水分干了之后,山水就消失了。

健君:它在一个时间段中形成,存在了十几分钟。

吴亮:一开始,时间它作为一种明确概念提出,比如说你的另一幅画《人类与他们的钟》,1985年画的吧。我还记得你问我,这个钟用什么数字来表达,罗马数字又太西方了,是吧,我记得。

健君:你记性太好了,呵呵。

吴亮:中国方块字,或者沙漏,太地域性了,都不对。后来你用了一个不明物体,这个物体有点像UFO,好像突然降在荒原上的一个天外来客,我有这个印象。

健君:对,一个蘑菇状的东西。

吴亮:另一个主题是"存在",存在的问题。我记得你当年一批作品出来以后,和我讨论,要取个题目。我记得你说你的画表达的就是一个"存在"的观念,我当时给你一个建议,我说,因为那时我正好在看那个黑格尔的《小逻辑》,对比老版本和新版本,老版本贺麟译的,"存在论"贺麟译作"有论",我曾和你讲过的。我建议你用"有"字来命名,这个词比较中国。

健君:对,对。

吴亮：在汉语里，"存在"是个客观的，冷冰冰的东西，它就和你没关，存在先有物质，存在和艺术无关嘛，存在先于意识。"有"呢，是一个主观判断，这有主观因素在里面。所以你接受了我的建议，用"有"来命名。存在与时间，始终是你关注的两个大主题，不由得使我想起海德格尔的书《存在与时间》，他完全是从语言上来探讨这个问题。你呢，一直在用你的画，你的作品，装置，然后有许多现成品，你所使用这些现成品里面，实际上都包含了强烈的一种时间的感觉。

我们知道任何一块石头，都可能有上亿年历史，这是不用说的，这个事物本身，石头本身没有新旧，它就是多少亿万年形成的。你也用一些短暂性材料，比方说塑料、涤纶片，或者一个屏幕，都知道这是短暂性的物质，但是你常常会把两种物质放在一起。

另外，你把那个时间作为一个媒介放在你的作品中，试图通过时间来使它衰变，时间自身不出现，但是通过时间，这个东西改变了，或者说融化了，这个东西损坏了。

健君：消失了。

吴亮：消失了，或者影像没有了，结束了。但是呢，你还有一部分作品，很有意思，比如说我前面说过，你参加一些国际上的邀请，或者有一个什么具体的，或者专门的历史主题，你会拿出一些你自己的思考，来和他们进行合作。或者我称它为是一种插曲，在你漫长的关注中，时间与存在中，你总因不同情况的出现，插入一些东西。能不能告诉我们，你插入哪些作品，它们非常有意思？

健君：插入的作品，我觉得应该比较多的，或者是比较明确的，是九十年代中期，其实我1989年离开中国以后，一直到1991年、1992年，那几年，我基本上还是在延续我的《有》系列。只是到了空间的状态了，在大地上做，做装置，或在做一个室外雕塑，而不是以前平面的东西了。但是到了1993年,中国那会儿不管文化积淀,或者是传承,都慢慢淡去,也不是淡漠,就是整个文化土壤改变了。到了一个完全新的,西方文化的环境里。

上海那时候,我们相对比较独立,比较老庄,或者说是形而上思考多一些,所以在那个时候,我做了一些美元作品,我关注美元的一个系列,最近这个系列我重拿出来的不多,我觉得可能是一个转换的过程吧。我没有过多地拿出来过,但在美国展出过。我记得你还写过评论。

和我的整体思考一脉相承的,是我对一个"人",对社会,制度,对跨文化的兴趣。我做过一些"美元作品",做了你说的广岛那个作品,那个作品是历史的,也和人的这种精神有关,我当时是以一个理想主义的身份介入其中的。为那个作品,我在纽约花了三个月的时间,在路上找,在联合国广场、中央公园、移民局、学校、百老汇大道、朋友间的聚会、领事馆,方方面面的地方,我找了所有不同国家的人,当时全世界是186个国家,现在大概有200多了。我的计划是——让所有国家的人画一只和平鸽,我准备纸和笔——只有在纽约我能做成这个作品,纽约是非常国际的都市,有个别国家的人一开始找不到,但最后通过不同的方式全部找到了。每个国家的人画一只和平鸽,我把那国家的那个小的国旗图案,贴在那个画纸上。差不多我收集了三个月,每天在街上,我像推销员似的。第一天去街上找人,还挺难为情的,一个礼拜下来,我觉得自己像个老练的推销员一样胸有成竹。

展览那天,我在纽约工作室一切准备就绪,同时在日本广岛,一个纪念公园那儿,一个很大的广场,用灰烬覆盖地面,中间竖了一根立柱,立柱顶端放了一架传真机,当时没有电脑,都用传真机,那是一个接收机……在纽约,我把工作室全部清理干净,整个地面上很大的一个空间，中间就放了另一架传真机，我把那186件不同人种画的和平鸽用传真机发送去广岛。

吴亮：都是同样尺寸的纸。

健君：对，同样尺寸，之前我已告诉过大家，要求他们把和平鸽画成同一个方向，这是我唯一的要求，让别人参与你作品的时候，有一个要求，就是鸽子面对同一个方向。我把这些完成了的186只鸟，粘贴成一条，8月6日，我就从纽约把那个传真机打开，拨那个广岛的号码，那这边在慢慢地发，那边慢慢地收。你还记得原来的那种传真机吗，纸张吐出来之后，每一张会自动切开，会慢慢飘下来，这里慢慢传过去，那里一张一张地飞下来，飘下来。这个过程，差不多飘了两个多小时。

吴亮：186只鸽子放完了，循环再来一遍？

健君：不，就这么一遍。然后把那个，飘在广岛的那个接收的那186只和平鸽，那是复制件了，是吧，收集来以后，加上我的原件，还有我当时做这个作品的时候，有摄影师跟着我拍的照片，我在采访别人，别人在画鸽子，那些不同肤色的画画的手，有几百张照片，那不同肤色，不同人种，不同的年龄、性别的，所有这些记录，原始记录，原件和复制件，又做了一个原件展，分别在德国和美国展览。

吴亮：这一定是个非常有感染力的场面，和平，广岛的天空，手绘的鸽子从空中飘落……我能想象，这图像资料还在吗？

健君：有资料，还有影像，我记得别人还拍了一个片子。这个作品其实并非是政治性的，从我的角度讲，是一个人类性的主题，我对人类的共同性比较有兴趣。出国之前我画的《人类与他们的钟》其实也是同一个主题。

吴亮：超越政治。

健君：超越政治……我觉得是人性。因为这个，当时作品做完了以后，我收到美国总统办公室的一封信，还有纽约市长的信，联合国秘书长的信，就是表明特别感动，觉得一个作品，把对人类的那种关怀都表达出来了。

吴亮：你说起那个作品用了186个国家的人，当时国家的数字，来完成这样一件作品，在你的安排下。后来好多年以后，你又再画一个新的系列，有点类似的，我不知道你做完没有——你画了各种各样肤色的人的头像，很大的肖像画，这个计划完成了没有？

健君：还在做，还在延续。

吴亮：已经画多少张脸了？

健君：现在有二十多个吧，我这个系列叫《人类篇》，方式有点类似，在纽约，或者现在我来中国，或者去欧洲，去亚洲其他国家，我去采访不同的人，不同身份的人……

吴亮：也就是说，被你画的人，你都先采访一次？

健君：对，我有七个问题，给每个被采访者的。我画的那些肖像，其实不完全是画，是画在部分照片上的。但那是经过特殊处理过的照片是，影像会慢慢消逝。如果把它放在光下，它慢慢，慢慢会消逝。我找不同的，尽量找不同的人种，有流浪汉、大学教授、亿万富翁、军人、学生、作家、舞蹈家，男女老少，什么样都有，不同国家的。

吴亮：你这个采访是书面的？

健君：书面和录音，我还保留着录音。

吴亮：你问了哪七个问题？

健君：第一个，你最快乐的回忆是什么？你最悲哀的经历又是什么？最后一个问题是，你想对一百年以后的人们说什么？

我想，其实这就是时间的力量，文化的演化，人种的演化。我们今天如果说看到了一百年前，如果今天去美术馆，看到有那么一组作品，画中的人们在谈论他们那个年代，他们的生活，然后他们在臆想我们的今天，那种沟通，那种联系，一定非常有意思。

我的具体制作方式是——先拍照片，每个我准备采访的，拍一张照片，然后把它放大，两米高那样大的肖像。我用一种没有碳的方式去放大，所以将来这个影像会消退，因为只有碳素能够留下来，黑颜色能留下来，没有碳素，影像只能是短期的。把那个照片放大以后，我就在这张照片上用油彩或是铅笔去画，跟着这个肖像，局部地画这个人，但我不是整个地画满它，而是局部地画它。

最后这个被画过局部的照片，在光的作用下会慢慢，慢慢，影像部分消失了，画过的部分会留下来，几年后，影像部分没有了，剩下的是我的绘画部分。那绘画部分，肯定还剩有几个线条，可能说还比较明确地指那一个人，但是，只是一个画的痕迹。

将来展览的时候，就是这样的一个痕迹，每个人的采访，他们手写的那本访谈，还有声音，就是访谈的声音……我最终设想，可能有九十九个，展厅有九十九个人物的肖像，你走进去了，你能听到那些人的声音。一个人类的殿堂，人类的，不是宗教，我觉得是人的殿堂吧，它其实超越了某一个宗教……这就是我这些年，可能到了纽约以后促成我形成的，关注人的状态，超越文化冲突，超越宗教的不同，寻找人类根本的，基本的共同之处。

吴亮：你关注的核心其实就是时间，时间的消失给你的刺激，虽然会有不同的议题插入你的作品，无论是和平还是人类的共同性。前面一个广岛作品，它是历史创伤记忆，五十年的纪念，从1995年回望1945年，现在又是15年过去了，你又回望那个1995年……我们继续说时间，除了你这个作品的历时性，还有一个同时性，你在纽约通过传真传输和平信使，差不多同时在广岛降落。

健君：横跨美国飞越太平洋，在亚洲降落，对。

吴亮：一秒钟不到，秒速三十万公里，电讯就是这样的速度。所以，基本就是同时性的传递，传递一个关怀，对历史的关怀，对未来的关怀。你现在似乎是在回忆，但是那一刻好像又浮现在我们眼前，因为只要我们活着，时间总是在那里，它永远是同时性的。

我为什么会这样说呢？因为在你身上我似乎看不到时间的流逝，你永远不会闲着，精力充沛，你近几年回到国内做了很多公共雕塑，公共作品，我知道一些，我看到过一些草稿，你说它将会出现什么地点，我看过你许多图片，我渠道很多，我经常会想象：健君最近又在做什么啊？

健君：你是指我在国内做的公共雕塑吧……我有一个作品，我本来挺喜欢我当时做那个作品的观念，后来很可惜，在置放的时候，它没有根据我的要求来置放，有点可惜了。因为这个，我也不想去多谈它。其他也不多，我很少做公共雕塑。但我会帮助芭芭拉去参与，帮助她，做她的助手。作为我个人来说，我有过一些尝试，就是我在做雕塑作品时，用一些不同的材料，用墨，或者用硅胶，我想还是觉得，不同的材质，就有不同的象征意义。材料是一种特殊的载体，我用硅胶，它是后工业时代的材质。

就像你前面谈到的，我会拿很多不同的材质，把它们并置在一起，我曾经拿硅胶和古陶罐挤压在一起，把古陶罐翻制成硅胶，或者把太湖石翻制成硅胶。或者，把它们和一些上海石库门的老砖放在一起，很粗糙的，加一个很精巧的……其实那个就是我的《幻园》系列。我1989年离开中国，1995年第一次回国，一种强烈的感受就是，这个社会在巨变，文化，经济，人的思维方式、行为方式，都在改变。这是一个特别大的变动，我出生在上海，整个上海这样的变化，我特别敏感，加上中间有几年的空白，突然的那种震撼。我开始觉得在上海，东方的西方的，传统的当代的，两者几乎没有联系，没有延续性，就那种挤压，组合在一起了，那是特别强烈的一种视觉经验。

这个现象或者发生在中国，或者全世界别的地方也都有，但是这个上海，感觉特别强烈。

吴亮：我没有离开过上海，记忆都有空白了，呵呵。

健君：那个时候我开始在考虑，以这个感觉介入，还是一个时间，一个文化断裂与转换。最后，差不多用了两年的时间，我想到了古陶罐这样一个载体，它同时具有文化及时间两个特性。

我改动了古陶罐一些不同的造型，再用硅胶材料去重塑它，阐释它，这一系列差不多前后也有十多年了。这几年，我在做不同文化材质的对照，它们相互冲撞、挤压，好比以前我用油画、水墨交织在一起。这是两个不同文化材质的对话，刚开始的时候还是关注那种对话，现在我觉得，它就是我个人的生活方式。我出生在中国，又在美国二十年，我太太是美国人，这样的话，那种交融，就变成是我生活的一种很简单的思维，很单纯的生活方式了。

我的作品现在就是自然而然的，单纯的，哪怕别人以为就是冲撞，但在我这边，可能它就是一个并置而已。

吴亮：我收藏了好几幅你的作品，一幅《有》，另外一幅，在一幅很小的一张纸上面，你用油墨，点火，烤焦了。

健君：对，用火，是1991年、1992年做的。

吴亮：还有一幅照片非常特殊，是什么呢？是在世贸双子大厦没有被撞以前，你把这个拍有世贸大厦的一幅照片，改画成两幢带有伊斯兰味道的两个陶器。你把它外轮廓改变了，整体建筑完全变形，扭曲的波浪形，有点像阿拉伯陶罐，我们不谈这个伊斯兰。这完全是个巧合吗？这照片我现在都不大敢挂它，它的形状比较惊悚，尤其是"9·11"以后。

健君：这画还在你那儿。

吴亮：在，我把它放在镜框里，就是不敢挂，很怪异，不吉祥……"9·11"以后,我觉得这幅画是一个预言。

健君:这是一个巧合,我当时画了一批陶罐,里面有阿拉伯的,先把陶罐拍下来,再把它一半用油画覆盖掉,变成另外一个形式。

吴亮:你后来从中发展出两个类型,一个就是用陶罐的一部分,和硅胶进行结合,强行的结合,人为意志,我觉得它不是融合,它是意志强加给它的。另外一个是太湖石——太湖石非常中国,还不仅是东方,而且特别中国南方,就是苏州的太湖石。另外,你又用硅胶来翻制它,这样一种材料的组合,一种翻转,把它陌生化。我想问你一个问题,你究竟讲的是融合呢,还是不可融合?也许两个意思都有,它是开放性的。但听下来,你有融合的愿望,我猜想,就是说最起码,它们是可以共处的。

健君:不一定,我觉得这是很个案的。我刚刚谈我个人的体会,说我现在做作品,是我个人生活状态的流露,这肯定是每个人都很不一样,是吧。我这样做比较符合我的理解方式,那对其他人,可能就不一定是这样的了。我并没有一个主观意志说,我一定要它们融合在一起。

吴亮:你只是把它呈现出来。

健君:对,我把它通过我自己的那种方式呈现出来,从美学的角度去关注,去介入一个社会文化的形态。

吴亮:你这作品里并没有一个确定观点,你持一个开放性态度。

健君:这只是现阶段的一种心境。

吴亮:这种经验是不是来自纽约呢?你在纽约待了二十年。

健君:我想可能会有,我一直强调个人的感受性,而不会去更多关注一个群体,非要提出一个什么主张,好比说你是属于哪一个党派的。艺术关注的是你个人的感受,你的独特性,你个人的,此时此地的,你个人的独特方式。归根结底,艺术面对的是时间,只有时间是最后的仲裁者。

走向自己，而不是为了走向世界

孙良　吴亮

（孙良，艺术家，现居上海。对话时间：2010年9月22日）

吴亮：距今二十年了，你的画室还是老样子，这个房间，多少次我想象有一天它终于被拆掉了，然后我在一本书里回忆它，我都想过第一句怎么写……当然不是我希望它被拆掉，上海到处拆房子，从上个世纪末就开始了。

孙良：迟早吧，谁知道呢，十几年前电视台纪实频道来拍过纪录片，想留点图像资料的。

吴亮：你背后墙上的颜色斑点，也一成不变，时间的痕迹。就像伍尔芙的小说《墙上的斑点》描述的联想，伍尔芙的联想完全是意识流，我是真实回忆。二十世纪九十年代初你很多画诞生在这里，《奥菲利亚》、《莎乐美》、《圣雨》……许多年过去了，你的一些画陆续被收藏了，美术馆、艺术机构、私人收藏家，你的那些画进入了完全不一样的空间，隆重的或奢华的空间，但它们当时恰恰就诞生在这样一个凌乱不堪的狭小空间中。早听说这个房子很有来历，楼下是1949年之前跑马厅的马厩，电视台那年来拍你，据说一半就是为了这个马厩。

孙良：那个马厩的历史很传奇，不过这个房子对我来讲，实在是太习惯它了，它的气息，缓慢的时间，有朋友说气场对头……这二十年来我几乎所有的油画，都出自这个房间，只有在这里画得是最好的。现在弄个新工作室很容易,国内很多艺术家都有非常大的工作室,但我总觉得在新的工作室画不好画。你来,朋友来聊天喝茶,我从来不觉得打扰我,我随时能把手里的画放下来,也可以随时继续画画,或者看电视,睡午觉,这都是十分自然的。有了新的工作室,你天天赶过去,多少有点为画画而去画画。对大工作室我到今天都一直不以为然,工作室够自己用就行,偶尔有几个知己来就行。记得那年去扬州,见到金冬心的画室,也只有几个平方,一张桌子很小。

我这么多年来,像你讲的,画可能被收藏,或者送去展览,不在我身边了。但我从来都是为自己画,我没有为别人画。我画完了你要拿,只要我同意,你就可以拿走;如果我不同意,谁也不能拿。可能这个态度,我的画全在这个房间里面,慢慢形成了我自己对这个画室的迷恋。

吴亮:还记得二十世纪九十年代刚开始,在这个房间,我们的一个经常性话题就是"世纪末"吗?当时你还远远没有出现像今天这样的画面,那时候你有几幅画就围绕着世纪末——1990年前后,社会抗议,东欧崩溃苏联解体,冷战结束了,你间接表现那个感受,一度很表现主义,有寓言性,《怪异的行走》是其中最尖锐的。其他相对比较抽象,隐喻艾滋病啊,死亡与性啊,信仰啊,还有战争,1990年爆发海湾战争,你说你的《棋局》就是萨达姆和老布什给你的灵感。中国政治全球政治,你都在画里表现过,但是没过几年,你似乎就和这个世界疏远了,在你的画中,再也看不见这个世界的故事,连一点点痕迹都没有。你融入了你的画当中,画已成为你个人内在世界的呈现,而不再是外部世界的隐喻。但是这么多年来,我知道你,虽不能简单说你愤世嫉俗吧,你对世界一直抱一种悲观、怀疑甚至是批判的态度,面对这个世界,不管是中国还是国外,国际,所有的制度,你都质疑,你从来不一边倒。你的观点依旧,但你后来的画,已经没有原来那种冲击力与冲突性了，完全没有了，画面中飘浮的是你的内心幻象。我其实一直想问你一个问题——你和你的画，与你的内心是一种什么关系，你与这世界又是一种什么关系呢？

孙良：我早期的那一批，就是1989年前后的那些画，人总有青春期，我的那个青春期处在一个特别的社会环境之中，可能大家都深深地投入进去，包括吴亮你，包括胡建平。那时候社会对我们压制，我们会喊，用行动对抗，作为一个画家我也就把这种情绪流露在很多作品中，尤其在八十年代最后的那几年，到1990年，我内心的冲突是最强烈的，年轻，甚至会不顾一切。我那时候会讲，我迷恋世纪末，我甚至认为我如果和世界同归于尽，那是一件非常好，非常光辉灿烂的事情，你可以想象我当时那种心理是什么样子。但是，也许就是有了那一个特殊时期的经历，我以为作为一个艺术家，你假如还是仅仅是把一种简单的，对外部世界的情感，融进作品当中，那你还是一个太简单的艺术家。

就像我们身边随便一个人，现在的普通人，谁不在对社会进行批评，天天去菜场买菜的邻居老太太，话也说得比你狠，说狠话谁都会。可是你的内心在哪里呢？你的个人生活，个人情感呢，我觉得这些，在中国艺术家当中似乎是很少有的。艺术家总是在为别人画画，都是为了集体性的，把这些集体情感付诸作品，再让集体去看。但我想，中国历代的一些画家，我们认为最好的那些画家，似乎是为自己画画的，只不过后来的那些史学家，评论家，在谈论他们的时候赋予了许多所谓的社会意义。我记得我1993年从意大利回来，跟你也聊过，我曾问别人，那些旷世名作的背后是什么？很多人会去猜，那是什么呀，没有啊……我说，背后就是博物馆的那堵白墙，绘画本身说明问题，而不是关于它的叙述，附带的阐释说明问题。

当然，可能我内心还有另外一个反叛，画面中一些交织的形象，可能影射了我的内心，我对今天这个当代艺术，我照样反叛。中国当代艺术完全是学西方的，我并不满意这个现象，尤其到了今天社会变化很大的时候，所谓的当代艺术，你满目看到的中国人全在学西方，甚至，连中国最著名的艺术家都在明显学西方，并被西方人说好，这是个问题呀。我是永远的无政府主义者，我不会去阻止别人，我得做我的事，我反对的事我决不做。我有我的美学，这个美学和今天的中国格格不入，这是我今天的一个态度。在我们生活中确实弊端太多，腐败、政治专权、社会不公，对现实中出现的问题我还是会愤怒，甚至可以说很绝望，我跟你吴亮两个人还会为国际事件争论两句，我跟你那么密切，好到了应该全部都不该跟你争的。因为我觉得我有我自己的看法，该争论还是要争论，那是我们共同面临的重大切身问题。但是一回到画室，面对画面，那些问题就不应该继续左右我了。

吴亮：我能不能这样理解，换成另外一种语言就是说，所谓针对现实，所谓反讽、丑化、游戏，或者乱来，现在的当代艺术批评，强调针对性，他们很流行这种说法……我们假定它现在由于商业的成功已经与权力和市场合谋了，针对性变质为针对商业利益了，这是一个大胜利，也是一个大溃败，大多数弄当代艺术的追求的不再是自由反抗，而仅仅是成功，今天我们不讲这个……我们讲的是，在这个大背景下，另外一些时空里，仍有另一部分艺术家，确实有一部分，似乎坚持在用他们不同的样式，不同的语言，不同的象征，仍然在表达自由的诉求，或者间接的，他们就是要争取自由。而你，以前也曾经有过这个阶段。

孙良：是的。我们早先都受到过所谓的创作为什么服务的教条钳制，好像艺术永远只是从属的，但艺术不仅仅为了寻求自由。

吴亮：呐喊，呼喊，是青春期的一种表现。随着年龄的增长，你，不能再代表别人，代表群体了。艺术就是艺术，作为一个人还是有明确的政治态度,但艺术不再是争取自由的工具,因为艺术本身就是自由。

孙良:对。

吴亮:你相信你完全可以做到,在这个艺术当中,你仍然可以享有自由,哪怕在监狱里,你都能创作,你都能欣赏牢房墙角的一朵小花,这些都是艺术,我能这么理解吗?所以你是不是觉得,你对"艺术的背后",或者和同你世界的关系,已经不再通过你的作品去追究,你的艺术作品只是你内心想象的见证,而不是通过它见证了时代,有没有这样的意思呢?

孙良:实际上,今天的中国,只要是艺术家在做自己的事,那他就真正是时代的见证。我们今天总归是要为别人做事的,我不以为那就是一个时代的见证,今天反映主旋律,或者明天政府要求你画形象工程,你说这就是反映时代吗?我并不觉得。艺术家在这里是一个被要求者,被指派者,一个背书者。一样的,那你为一些所谓的画廊,西方人,西方的嗜好去画画,你又在为什么呢?那么多年了,中国艺术家没有自己,我说了很多年的一句话是,"中国没有艺术家"。

吴亮:你反对一切工具论?

孙良:可以这么说,当代艺术也是被要求的,似乎给了一个目标,如何如何操作就会被认可,会得到金钱和名声,这是否又是一个圈套?我还有一句很著名的话就是这几年说的,官僚专制的走狗,和帝国主义走狗,都一样是走狗。而不是说,你为官僚专制干活是走狗,为帝国主义干活就不是走狗了。

吴亮:你又愤怒了,我们说点其他的……你这个画室,是一个很适合怀旧的地方,回忆回忆你的童年怎么样,说说你的童年吧,你并不出生在上海。

孙良:我记得1990年我曾给你描述过我的童年,那时我还记忆犹新，现在我的童年有点太遥远了……忘了昨天还是前天，我碰到一个福建人，说起来，我小时候生活在福州，他告诉我那个地方已经和你原有的记忆，离太远了，那个福州已经彻底变了，变得看不出了。我一直没敢回福州，我两岁到福州，十三岁离开福州到了上海，我在那儿度过十一年。我以前一直做梦，这几年没有再做了，那天我在翻自己九十年代末的日记，里面记录了我做梦回到了少年时代。

吴亮：你十三岁离开，是没机会回去，还是不想？

孙良：曾经回过一次福州，但没有进城，我就在福州火车站附近住了一个晚上，第二天就直接回上海了。那次我从武夷山过来，就这么经过了一下……有时候人好像很怪，我不知道你有没有这个经验，比方年轻的时候，有一个女孩你很喜欢她，许多年后你回忆她，她总是很漂亮，二三十年过去了，你和她重逢了，完全物是人非了……所以有时候，为了保持以前的那个怀念，就不该把自己的记忆擦掉，不应该重访故地。就像录像带，那个原始带，我就不擦，尽管颗粒粗糙也不好了，我还是想保留它，保留在心里。

我那个少年时代，我想大概是中国最匮乏的时代吧，1959到1969年这十一年，是中国最匮乏，最动乱的时候。但对作为小孩子的我，却给了我最多的幻想，甚至最多的自由，那个时期我好像没有受到什么束缚。

吴亮：类似姜文《阳光灿烂的日子》。

孙良：比那个电影厉害，那是个小孩，他所谓"阳光灿烂的日子"，不过就讲1969年到1971年以后的事。我的阳光灿烂从1966年就开始了，"文化大革命"，我是一个小孩，红卫兵不让我加入，我还跟他们搞，自己穿着父亲的军服，束着武装带，一个小学二三年级小孩那个样子，我今天回想，想不出是什么样，但记得那时候挺过瘾的。当年福州武斗厉害，远处常常有枪声，你就会恐惧，因为那个枪声很远,又非常好奇。

我父亲的部队那时驻扎在福州郊外,离城市很远的地方,一座座山,营房用围墙围起来,有哨兵站岗,但对我们这些孩子来讲就是世外桃源,一个被圈起来的乐园。我们一帮小孩子那时候自己做刀自己做枪,到山上去玩,在大树下用弹弓打鸟,抓小动物……前年我去英国,他们采访我,也问到了我的童年,我觉得那种感觉倒有点像戈尔丁的《蝇王》那种野性的味道。姜文的"阳光灿烂",有一点学《美国往事》的那种抒情,从文学上说就不够过瘾……那种野性,如果那时候不刹车,我们就有可能变成一帮野蛮小子。本地的福建人,他们穷,没有鞋子穿,为了学他们,我们有意光着脚在煤渣上走,还是在夏天的曝晒下!我们跟本地福建人打架,朝他们扔石头,我那时候扔石头扔得特别远,就为了打架嘛。我现在知道了,美国人打仗厉害,就因为他那个导弹能够打到你,你打不到他。我那个时候扔石头扔得远,那我们就占有很多的优势。

吴亮:你射程比他们远……后来随你父母进了上海,你就比较规矩了吧。

孙良:进上海我就变成一个外地人了,在班上我的绰号就是"外地人",我比同龄人小,显得瘦。你要知道上海小孩也会来欺负你,那唯一的办法就是和他们打架,我在中学里前后打过三次架,以后就不再被人家欺负了,他们说,这个"外地人"很厉害。

吴亮:进上海读中学,后来又到工艺美校,玉雕厂,你这简历我都熟。你能否回忆一下,一个野蛮小子,怎样慢慢变成一个艺术家的,中间有什么转折点?有过什么契机?还是慢慢就对画画感兴趣了,糊里糊涂就着迷于画画了,画画的自觉意识还是以后。

孙良:要是说转折点,那没有。但可能我敏感,我到了上海就读初中二年级,四年级我就生病了——当时初中与高中合并,六年改为四年——我患了肝炎，给关在医院里，关了一年都没出过医院，可能造成我后来很多敏感的状态。今天你问我问题，我脑子里才想起来，我对死亡的恐惧，可能就是那时候积累的一种意识。因为我经常会在医院里突然听到哭声，如果是晚上有人哭，那就一定是一个人死了。至今为止没有一个人死在我面前，但对死的恐惧，这种感觉我那时就有。我早期的作品会不会有这个影子？

吴亮：对，你画过许多关于死亡的绘画。

孙良：可能会有这个阴影，我住的医院，属于部队的医院吧。很多住医院的病号都是我父亲的部下，都比较纵容我，调皮捣蛋的事也没少干。一出医院，就通过关系进玉雕厂工作了，学做玉雕，有一点跟艺术搭界，我们进去一百多个同龄人，年龄都跟我差不多，这当中有几个朋友是画画的，年纪轻嘛，可能有点争强好胜，人家画那我也得画，就这么慢慢开始画画，不算那么自觉的，就画上了。

吴亮：当年那个玉雕厂，好多你的同事，现在都在艺术圈里呼风唤雨了。

孙良：是，萧海春是我师父。同学嘛，像费大卫、陈箴、徐龙森也算，许多，我现在一下子也真的说不出来他们的名字……反正玉雕厂我实在是不喜欢，我那个时候心动过速，我们那个时候大都心动过速，受不了那种嘈杂声音，对玉雕不仅不喜欢，有时候还会担惊受怕，因为那个玉雕碰不起，做的时候要非常当心。它不像木雕一样可以敲敲打打，象牙雕还可以粘一粘补一补。玉雕呢，你得在那种飞速旋转的机器砂轮下提心吊胆地做，工作环境也不好，老师傅还整天指责我，像我这种比较自由散漫的年轻人，就最容易被指责。

吴亮：据说你在宝钢那边的蕰藻浜弄了一个新的工作室。

孙良：不知道怎么回事，反正现在工作室到处都是，我反而没什么感觉，真正画画的地方没多大，占有得多也没啥意思。以前，可能物资过于匮乏，想象力很活跃。现在不知道他们出于什么目的，提供给我们工作室的时候，我却不知道怎么用，所以在那个工作室，我只做了一件作品——刻了一只棋盘。

吴亮：一样东西突然来的时候，你又觉得无所谓。

孙良：应该无所谓……艺术家可能更多的是要走向自己，像一个艺术家那样生活，而不是为了走向世界。上个世纪九十年代中期，我们那个时候最密切，我挺怀恋那个时候的。坐在一起聊天，在那儿喝茶，我们九十年代大概茶叶喝掉不少了，对吧，烟也抽掉不少，整个下午，把时间慢慢消磨掉，然后找个小饭店喝酒吃饭，那个很过瘾。

有个朋友对我说，人家整个上海都在忙，孙良你是最空闲的。迄今为止，他这句话很让我得意。整个九十年代我觉得还不错，尽管也有过一些麻烦，不快乐，那种痛一挥手就过去了，那个时代挺好的。多次出国，出国回来呢，都有点新鲜的感觉跟你聊，跟朋友聊，有点感触啊。

吴亮：我看过你的从国外或者从中国内地，你旅行途中拍回来的照片，现在是数码相机了，那时候是冲印出来的照片，你还送了我好几张，其中一张拍的是天空，两架喷气飞机交叉飞过，它们的白色尾气在蓝天里画了一个巨大的十字架……我看得不全，但很有意思，就是你的日常记录，你照片多是拍大自然，云彩，树，花，草，有时也拍城市建筑，美术馆、博物馆什么的，但大自然更多。我不清楚你最近的趣味，比方说，像宝钢那里的工厂景观，你会拍吗？

孙良：也拍的，但是真的比以前少了，我觉得你很敏感。以前我爱拍这个衰败的，很酷的旧工厂，破街道。拿一只老式机械相机，黑白胶卷，还有意找一些过期的黑白胶卷，去拍一些废旧的，破烂的，像垃圾堆的那种镜头。工业化的，被污染的水，仓库之类，现在我不大拍了……对，你这个发现，我连自己都没意识到，被你抓出来了。

还包括我这两年做的事——我画了不少小幅国画。

吴亮：可能它们背后是相通的。

孙良：我好像有点，有意跟这个时代逆向走，我就这个性格，不管这个时代怎么样，我就逆着走。

吴亮：是不是你的这种态度，姿态，是不是可以这样概括——本来大家都在做当代艺术，当时叫前卫艺术，OK，你的也是当代艺术，毫无疑问，但是随着这种事情的发展变化，我不用再重复，大家都知道你在说什么——你现在则表示，假如你们说你们全是当代艺术，我孙良可不是。那么，我说你有一种反当代艺术的艺术态度，你有吗？

孙良：对，你这样说，我肯定是赞成的。可能骨子里，我有一个感觉，就是中国当代艺术有问题——没有为自己画画，没有为自己做事。中国人都习惯为别人做事，从小为国家干活，按父母的意愿干活，帮领导干活，为老板干活。艺术家则是为了某个外国机构的喜好干活，或者更多的是为画廊干活。

中国有许多问题，但我没法改变，我只讲独善其身，我尽量做好我的事情。

吴亮：假如还有下辈子，有了这一辈子的经验，你下一辈子准备做什么？

孙良：想做个旅行者，我觉得我这辈子没法干成了。前天我跟人说，他们正在谈什么爬珠穆朗玛峰，我说我肯定不行，我怕高原反应，西藏去不了。那么如果我还有下辈子，我就能够周游世界去了。

吴亮：你现在已经是旅行家了嘛。你现在除了西藏不能去，哪里不能去？

孙良：我现在的旅行，就有太多的不可能了。高一点的山，吴亮你是爬的，我也是爬的，但我们都有那个习惯，我们爬楼梯，你一向是倒数第一，我是倒数第二。反正我们两个都差不多。年轻时候,我们会有一些叛逆的冲动,但我们今天不会再去做了,假如我只有二十岁,那我肯定干,那么现在不可能了……我以前很羡慕你,自由自在,独往独来,想怎么着就怎么着,我说我最羡慕的就是吴亮了,我确实真的是羡慕你那样子的生活,我觉得很好。那么当然,也有可能我去做一个,像我这种嘴巴这么刻薄的人,去做个评论家大概也不错吧!

作为一个人,他就是他自己的神

张洹 吴亮

(张洹,艺术家,现居纽约。对话时间:2010年12月17日)

吴亮: 最早看你的作品图片,就是你的行为,身体,以后我再看到你就会想,面前这位是艺术家还是他的作品呢,两者已经合二为一了……你曾经说,不管是艺术家,还是政治家,或企业家,他未来将做什么,别人都不可预知。所以跟在你后面的人都很紧张,不知道你下一步要做什么,就好比那些围绕着毛泽东的人,不知道他下一步要做些什么……你总是给人一些惊奇。你还多次说过这样的话,说你不能在这系统里玩,你就要不讲道理。但你有没有发现,你的不讲道理,当代艺术的不讲道理,也已经成了一个系统,甚至成了传统了,那么在这样一个成了传统的不讲道理的系统中,你再要不讲道理,那将是何其困难。

张洹: 在不讲道理的这个系统里面,再要讲道理,他就只有更不讲道理。

吴亮: 那是一个辩证的、相辅相成的事情了……我想肯定,你说自己的故事说过许多次了吧,外面对你的评论也特别多。我看了你的那本《创世纪》以后,发觉现在阐释张洹最权威的,不是别人,就是你自己,你把自己讲得特别清楚。你能成为一个作家,而且你已经成为作家了。你一开始用你的身体进行写作,然后用你的观念,各种媒介,用你各种各样的行为写作。你跨越了好多领域。当你开始从你的身体出发做作品的时候,你可能还是针对你自己,你说你好像是灵魂出窍,你的身体好像离开了你的灵魂,你不再是你。然后,一个行为结束,你的灵魂又回来了,事后你觉得很恐惧,很害怕,你回顾这一切怎么会这样发生的,你说无法忍受,很不舒服,你用很多这种语言来描述。

后来国外那些美术馆纷纷邀请你,你成为一个到处游荡、漂移、移动的艺术家。你带着你的头脑,带着你的身体,带着你的皮肤,带着你因地制宜的想象力,到处游走,你似乎成了一个没有根的人,到处漂泊。你曾对我说,你被邀请到某个国家,某个城市的某个美术馆,做什么你都不知道,下了飞机还不知道。

张洹:对。

吴亮:你后来又说,你回到中国这片热土,在这块土地,你很舒服,你回来了。

你回老家,回安阳,到上海,你回到了朋友之中,有一种找到根的感觉。你总是给我们一个印象,我感觉是,不断在移动当中,从曾经非常内在,非常具体的个人自我感受,一直扩展到很大的世界。

你开始让我眼花缭乱,你涉及了时尚,做歌剧,忽然你有一批作品触及到中国近代史,使用一些革命历史照片,做了好多木刻,一会儿又听说你对《推背图》特别感兴趣,同时又与佛学发生联系……反正你就让我眼花缭乱,我很想知道这个张洹究竟是怎么回事,他的那些念头是怎么出来的。

张洹:这样做,是我的个性决定,这是自己也没法改变的一个状态。有的人,一生专注于一项事情,做得非常深,非常透;可能这个事情很小,但它的穿透力,传达的东西会很广很深。那我的状态呢,就是东一下,西一下,老是穿不透,没法打穿一个东西。我那种感觉,属于东试一下,西试一下,最后什么也弄不成的这么一种状态。

吴亮:我们分几段说吧,比如,你在1998年以前,在东村的活动,今天你在回顾自己往事的时候,除了一些故事以外,给你留下的是一些怎么样的遗产呢?留给别人怎么评说那是别人的事,留给你自己的记忆,对你的今天,你当时的那些状态、行为与经历,它又意味着什么呢?

张洹:那是我人生中最宝贵的一段年华,青春时期,荷尔蒙极旺盛,多余,剩余,现在回顾起来,很幸福,幸福感很强。那个时候,因为是一个人的状态,随心所欲。那个时候的状态,是一个很真诚的状态,是另外一种真诚。当时的环境,整个艺术世界也好,或者说是大众百姓也好,它还没有接受,或者说不理解,这到底是艺术还是非艺术。到了今天,那些八十年代出生的,八〇后,九〇后的,他们,我接触到的这些年轻人,我很惊讶,他们那么喜欢我在那个时期的作品,那种精神状态。我没想到,年轻一代会那么热爱它们。

吴亮:我此刻想起你有两件作品,一件作品广为人知,你在一个狭小的厕所里面蹲着,身上叮满了苍蝇,一张黑白照片,一个行为。还有一件作品,你后来没有做成,差点闯祸,就是一只铁箱子,开一小口。你的手伸在外面,也是一张照片。

张洹:嗯。

吴亮:假如那天你不嚎叫,没有一个打扫卫生的正巧在走廊上听见你的喊声,你可能就死定了,你都不敢想象。

张洹:对。

吴亮:以后你看到箱子都害怕……这是两件作品的共同点,非常封闭,非常个人化,完全退回到一个人的身体体验,一种什么感觉呢,就是一种忍耐,测试忍耐力的极限。但你还有两件作品,让我觉得很放松,一件叫《出走》,你和一帮农民兄弟脱光了膀子,挤在拖拉机上面,你混在他们里面。还有一件作品,上了很多杂志封面的,站在河里,水漫到你胸口,你脖子上骑着一个孩子,是吧,有好多人。

张洹:在鱼塘里面。

吴亮:这就不是封闭了,是一种融入,参与,离开,走向一个什么地方,而不再把自己关在一个地方。这是两个反向的脉络,而且,这两个脉络到现在,仍然在你的作品中重复,虽然你在形式上做了很多变化,有不同外表与颜色。比如说,像你现在做的香灰这种,大场面的,动用很多人力物力,你在国外做过很多这样的作品,当地也动用了很多人,是吧……你在东村的时候,周围的人,和你差不多命运的人,就是农村的农民,一些民工;九十年代之后,你动用的则是志愿者了,你是导演,他们是演员,在这两种序列之间的作品,有逻辑关系吗?

张洹:当然有,我的特点吧,一个是关注自我的内心世界,同时呢,又会把自己放在一个群体,跟我有共同质感的那个群体里面。当然,在2005年以前,在国外的这八年,跟另外一种群体合作,那些群体对我来讲是陌生的,他们是一种旅游者的身份,一种中心跟边缘的关系。我谈的这个中心,是以我为中心,我每到一个城市,这个城市对我来讲就是一个处女地,一种边缘。这种结合很有意思,它两种状态一下就拧在一起,共同来实现一种想法。

我同意你这个说法,我有时候是独立的,个人化的;有时候又把个人放在一个大背景下。我现在的创作,多种材料的这些作品,香灰画,香灰雕塑,你也能看到,它们有时候是独立的,一种个人的,很强的个人感觉;有时候就是一个大场面,比如这个天安门广场。

吴亮:你刚才说到中心和边缘,就是主体和他者,就是这样的关系。我们在现在的艺术批评里面经常看到这样一堆的范畴。在这些范畴里,发达国家是中心,落后国家就是边缘。如果你到西方去,他们的体制是一个中心,其他地方就是附属的,从属的,等级不够的,那就是边缘,一般都这么来理解,就是一种等级制度。但你刚刚前面这番话,流露出一种什么想法呢——就无论在哪里,你才是中心,完全以你为中心。你是不是觉得,没有什么别的中心,中心只有人自己。

你曾经说人性就是自然,无论是什么,都可以是你所关注的目标,不管你的形态有多少变化。也就是说,你不管在那个小厕所里面待多长的时间,你都是世界中心。你跑到巴塞罗那,或者跑到纽约,你在纽约把那些牛肉包在身上的时候,好多人围着你,你成了一个很夸张的史泰龙,你唯一的中心。人们在看你,你感觉很 high 吧,有这种感觉吗?无论在东村忍耐,或是在纽约炫耀⋯⋯

张洹:这个中心呢,我经常讲,一个人也好,一个神也好,他都是一样的。我对这个神的理解,他都是一致的,只是名字不一样,出生的地方不一样,但是他都是一个人。那作为一个人,他就是他自己的神,他就应该以自我为中心。

吴亮:你近期作品有非常宽泛的内容,涉及范畴大大超出你个人经验的领域——中国近代历史,宗教,包括佛学,还有神秘的《推背图》。你多次流露过你对这些课题的兴趣,这些课题不仅大于你,而且早于你,在还没有你张洹,还没有你我的时候,那些课题已经存在了。在我们的生命来到世界以前,这个世界已经形成了,我们不能因为我们认识了它,它才存在。这和我前面问你的问题不矛盾,前面讲的是艺术家的主体,现在讲的是客观世界的存在。

现在你已经不是在一个只有四平方的空间里做作品了,你在如此巨大、几万平米的空间里做作品,你的社会交往,影响力,包括通过你的助手和团队,延伸出去的触角,使你的视野,思考,也随之扩展。毫无疑问,我想你肯定会产生一些完全不同于你九十年代的那些思考,这些新思考是你后来不断地扩张,由你的交往扩张而来,你现在是否觉得，与九十年代相比，你已经完全不同了？

张洹：我没有什么本质上的不同，无非还是人性。按我理解，喜新厌旧好吃懒做，这就是人性。我也一样，一直做那些东西，烦了，所以就老是变。

吴亮：你喜新厌旧我相信，但你不好吃懒做。

张洹：不，我真的好吃懒做，我不想工作，我真想放松，去玩，去做一些更轻松的事。这没办法。

吴亮：好像在我的印象当中，你并不这样。我们好几次有玩的机会，邀请你，你说不行，吴亮，我有工作，我不能陪你玩。

张洹：那是压力，那是今天给每一个人的压力和枷锁。我相信人的本质是喜新厌旧，好吃懒做的。很多人工作几个月，然后出去放松一星期，休息；休息目的是回来再继续承受这个工作压力。就这么一种循环。

吴亮：应该说，你是既好吃，也好做。

张洹：不，好吃懒做。

吴亮：那行，我们换个话题……你曾说《推背图》里有一句话，预言灯朝下，那是电灯还没有发明的一千多年前，你觉得很惊讶，原话怎么说？

张洹：原话应该是灯朝下，新时代开始。

吴亮：当时有这个词吗？改朝换代，还是新时代开始？

张洹：我记不大清楚了。

吴亮：你就确信这在预言电灯时代的来临。

张洹：对。

吴亮：其他呢，还有哪些什么地方，被它预言了？

张洹：它有一幅图，关于山上的，一座山，山上一只鸟，朝东看。底下一个升起的太阳，就预示着邻邦，日本跟中国的关系。

吴亮：这是后来人的穿凿附会吧。

张洹：那是你的看法。

吴亮：你做了很多佛像，你用香灰做，也用铜，后来还发展到用一些零碎的碎片的铜来焊接，你有一件作品，我特别注意到你这个作品，虽然我不是佛教徒，但我对这些东西还是很有兴趣。那尊三腿佛，照你的说法，本来是两条腿的，你给他加了一条腿，还踩在半个脑袋上。

张洹：对。

吴亮：你解释得很好，你说它都是残片，零碎的，我要它焊接的痕迹。我把这个作品和你的香灰作品放在一起思考，你对香灰，对香灰的描述和阐释也讲得很吸引我——上海附近，江浙一带的几座寺庙，每天大量的香灰。你把它们运回来。

张洹：是"请"回来。

吴亮：我问过你，香灰为什么还有那么深的黑色，你说那是因为没有燃尽，是炭化的细木棍。对，应该说"请"，每一点香灰都是一个信众，他拿着它把它点燃，曾经有个愿望在里面。香燃尽后就不要了，源于尘土，归于尘土。

张洹：对。

吴亮：但你把它收集起来，你把这些曾经被当作一种寄托的东西，重新再把它凝聚成作品，使这个灰烬死而复生，重新获得灵魂，招回灵魂。你有好多尊佛，也是一种用焊接或组合的拼贴，它们已经散落，被肢解，碎片化了，你重新把它凝固起来。我觉得，在你的潜意识当中，有没有一种轮回的意识？一个生命存在，到不在，又变成在……你看到的是一件事情，一个形态的轮回。

张洹：我相信有这个轮回，更相信有来世和前世，我们能有今天这样聊天，谈话，是早就安排好的，我们能有这个机遇认识，成为朋友,那都是定数。

香灰不仅仅是一个信众和一个愿望,它还是一个美的愿望。在寺院里不可能有诅咒的,即便是一个贪官去了寺院,他祈求的可能是不要发现我,那也是一种好的愿望。他希望不要去坐牢,对吧。但香灰这个东西,它真的可以把一个人给毁掉,废掉,也可以让一个人重新站起来,它的力量就这么大。要不寺院里面也不可能有那么多善男信女,你去龙华寺、静安寺、灵隐寺,那么多寺院那么多人,这个香火旺得已经不行了。尤其过年过节,初一、十五的头香,更是一卡车一卡车地焚燃。

吴亮:你前面说香灰不会包含诅咒和恶意,它是一种善良的愿望。但是你又说,它能把人毁掉,"毁掉"是什么意思?

张洹:呵呵,毁掉,当然能毁掉。比如以前的太监,你知道怎么阉割的吗?做完以后,一把灰就撒上去了。成就成,不成就不成,就这一把灰。

吴亮:我知道,起这个止血的作用,你总算讲了历史的另一面……你背后这个香灰作品,兴修水利,我在美术馆看到过。我们知道在毛时代全民学大寨,人民公社,亿万人在移山造海兴修水利,你可以说中国大禹治水以来,或者秦始皇造长城以来,一直是个专制集权国家,做大型工程是亚洲国家的一个特征。当然这种浩大的工程非洲以前也做过,埃及金字塔。你对这些历史场面,也觉得仅仅是一种美,一种感动吗,还是因为触及这样一些历史资料,你会对它产生一个历史的认识?

张洹:当我看到这些图片,过去的这个六七十年代、五十年代,人的那种非常纯净、巨大的精神世界,我感动了。回到今天,今天的中国,今天的世界,跟那个时代的那种精神状态是一样的,内容形式都变了。我们那个时候是造河,愚公移山,今天是造水泥城,把老的东西移走，我觉得都是一种疯狂状，现在是一种 high 的状态，那个时候也是一种 high 的状态。

吴亮：五十年代大量征用劳动力，包括六十年代学大寨，它历史的另一面就是饥饿，缺衣少食，思想清洗，这个强制性的社会变得没有活力。那些图片看上去人定胜天，实际上是一场灾难。

张洹：我理解的倒不是这一面，我看到的是它的精神世界，人定胜天，人可以改变一切。今天中国也是这种状态，人可以改变一切，改变不了，就弄一把火。你从评论家角度可以这样理解，但从我的角度，更多的是看到一种精神。

吴亮：行，那就是一个艺术家的观点，和历史学家的观点不一样。

张洹：我没感觉到那是一个灾难，我感觉到那个时代很幸福，比今天的人更幸福。虽然他们是这种状态，但是他们确实很幸福。

吴亮：也许你说得对……那么好，还有一个问题，我还有好多问题，我们一个一个来。几年前我们在闲聊中，我问过你在做什么？你说你到河南去刚回来，你要做一部关于狗的纪录片。你说这部片子没法在西方放，它涉及屠宰狗，这个作品有没有做成，后来有没有展出过？

张洹：这个作品，从来没有照片展示过，纪录片也没展示过。片子做出来了，在山东一个山区屠宰厂，曲阜附近。

吴亮：栗宪庭在宋庄，有一个专门做影像的电影院，有没有拿去播放？

张洹：没有，我都忘记这个作品了。

吴亮：忘记了？你作品太多了……后来你又做了很多仍然和动物有关的作品，大量用动物的皮毛，牛皮，你用它来缝制你的"巨人"，英雄，做得很大。还有一些卡通形象，比如为世博做的熊猫，现在的情况怎么样？

张洹：哪方面情况？

吴亮：我没去过世博，一无所知。

张洹：我以为你问它在不在，还是问我是不是被人偷走了。

吴亮：我都不知道它是个什么样的形态，什么材料。

张洹：永久性的，为世博会专门做的……镜面不锈钢，高度是六米，两个六米的，一对熊猫，一个叫"和和"，一个叫"谐谐"。雅俗共赏，我觉得做得很棒，很智慧。它们被称之为世博会的八大奇观之一。

吴亮：待会儿我可以看到照片吗？

张洹：能，能……为这个作品，很多人写信，他们见了我的作品，这么大的体量，这个和和谐谐，他们感觉不和谐。我解释说中国政府之所以提出这个和谐，就是因为中国政府非常英明，意识到社会浅层，深层，有很多不和谐，如果这个不和谐不把它解决掉，这个国家就会有灾难发生，就会动乱，这个状态是中国政府不想看到的。他们觉得不和谐，不和谐就对了，不和谐就是我想表达的中国人的今天。今天的中国人，面对世界的一种态度，不卑不亢，人不犯我，我不犯人，而不是传统熊猫的那个憨态。

吴亮：我觉得你现在具备的解释能力，已经可以做一个文化部长。

张洹：文化部长，呵呵……我面对评论家，还是觉得很紧张，我跟很多媒体在一起谈，面对面谈，我都很放松。但是今天我面对你很紧张，我说不出话来。

吴亮：不会吧？

张洹：你的语言太厉害了，呵呵……

吴亮：那我们换一个话题。说说那个吧，有一次你打电话给我，你说你要准备做电影，你还记得吧，你让我向你推荐片子。你需要集中看一些非常诡异的，非常有想象力，不可思议的电影。

张洹：这是我的一种习惯，或者本性，我觉得做艺术的，从事艺术行业创作的人，或者作家，科研的，你从事哪一行，你就要尽量远离这一行，你要跨行去学习，去拿，去挪用其他行业的东西，才能做好你的本行。当然前提是，你对你的本行已经了如指掌了。

前两天我一个朋友从印度回来，他就跟我讲，他在印度跟着一个师父，一个高人在那儿练了几天，现在有了一种能量。我问是什么能量，他说是一种人类如何接受宇宙能量的能力训练。我说我太需要这种能量了。我问他，你现在跟过去有什么区别？他说他以前面对一个问题很费力，老是不得其解。自从跟这个高人一起训练，接受宇宙能量回来以后，他就一下子能够简单地看待事物了。

吴亮：美妙极了。

张洹：对。

吴亮：你作品是有能量的，很少见到你有轻盈的作品，但是我有一次意外发现你也有轻盈的作品，一套你的丝网印刷，做得很有趣，也是你自己形象。就叫《张洹的软硬功》，你想穿墙，结果头撞了一下，哈哈。你怎么可以做如此轻盈的作品，太有趣了。

张洹：那个软硬功，是六年前，六年前从纽约刚回来的时候做的。

吴亮：在崂山想到的，不是在崂山做的。

张洹：刚回来的时候，我看到这些老的功夫书，我奇怪，怎么都是我早期的表演，我早期关注的这些东西，这种体验，全都在这个传统功夫里面，怎么全都有啊。它很老，手绘的，做得很质朴，我这么大年龄了，也没有机会再去学功夫了，就在画面上把这概念给转换一下。

吴亮：很快乐吧。

张洹：挺好的，因为很直接嘛，很像自己。

吴亮：很轻松，是难得一见的轻松作品。你到四川汶川带回来的"猪刚强"，这头可爱的猪还在吗？

张洹：在，现在它比我们俩加一起都重，就在工作室，一会儿能看到它。

吴亮：你给它找一个伴吗？

张洹：有一个伴，找了，这是第二个伴了吧。

吴亮：你后来有没有把它带到国外去做展览？

张洹：海关拒绝，没成，因为国外的政策。"猪刚强"没带走，就在那儿帮它找了一个英国女朋友，叫"牛金花"，把它请到画廊里。播放"猪刚强"的影像，24小时的现场，直接移到那个画廊的那面墙，它俩很亲近，"牛金花"能看到它，一会儿吃，一会儿睡。一个虚拟的，和一个真实的。

我做事情，一般不是靠理性思考，我靠原本感触。"猪刚强"这个信息也是在媒体上看到的，我一看就非常感动，它完全就是我嘛，就是我在东村时期的这些作品。一头猪，地震瞬间砸到这个猪圈底下，49天没任何吃的，没任何喝的，靠雨水，靠吃木头、泥巴维持了49天的生命，依然活着。我见到报道赶快派队过去找它，这种生命能力，求生的能力，面对这么一种绝境它能那么坦然就地等待，不去消耗，保存着这种能量。这完全是我东村早期的一个写照，它已经是我的神了……天天供着它，为它养老送终。

吴亮：你现在已经是吃素了。

张洹：也不，多数是吃素，你跟朋友在一起，你全吃素也不方便，所以也吃鱼，也吃一点肉。

吴亮：你不是很严格。

张洹：不严格，我是一个假和尚，假居士。

吴亮：读经书吗？

张洹：经书很少有时间读，经常看这些大师的语录，他们的生平。

吴亮：你现在有几个工作室？

张洹：在上海这里是最大的工作室，在纽约也有一个。我做公共艺术必须有大空间，没有大空间没法做。

吴亮：在大空间思考问题确实不一样。在井冈山思考问题，和在北京思考问题是不一样的。

张洹：就像站在长城上看歌剧。

吴亮：一个种子，和长成了一棵树是不一样的。我很相信这一点，你不能老待在这地方，你的思路会被限制。你得想象那些几乎不可能的事，做那些几乎不可能的事。

高处不胜寒

洪磊　吴亮

（洪磊，艺术家，现居常州。对话时间：2011年3月22日）

吴亮：下午在你工作室看到你的一幅三联画，画在丝绸上，黑白。看得出你把这个画面破坏掉了，出现另外一个形，后来你说这是玻璃裂缝……你的作品总是来回摆动，最早你的《紫禁城的秋天》，东回廊西回廊，包括你的《中国园林》，总有一些意外出现，像一个犯罪现场，一堆珠宝，一只死鸟，或者突然流血。你同时又拍黑白照片，没后期加工，画面很安静。但你最近又来了，一些很突兀的形象。

洪磊：我想稍微强烈一点。本来太湖是很柔美的，柔美，作为当代语言我觉得不太准确。它可能属于古人的那种情绪，山很好看，水也是。

吴亮：这个当代概念是很难定义的。在那些很不当代的艺术里面可能有一种态度，那就是反当代。反当代为什么不是当代呢？也许它是更当代。其实就是一个身份的问题，比如说，一个非常传统的画家——我们姑且用这个词，某人画了一幅山水，这是复古，没有创意，因为他一直在这样画。我讲的是身份，谁在做这个？安迪·沃霍尔做这个作品就算，别人做这个就不算。谁在做很重要，运用这个语汇的人是谁很重要，我们会对他的作品产生一种复杂解释，不再是画面本身的问题。洪磊你已经被认为是一个当代艺术家了，你有当代性思考，所以当你在某几幅作品里什么都没有的时候，人们就会问为什么。

洪磊：我觉得未必每一个看到这幅画的人都会来问。我有时候着急也是着急这个——我这个作品拿出来以后，别人会觉得这是……

吴亮：别人是谁？

洪磊：不就是观众吗？

吴亮：没有观众，当代艺术家是在为他们的同行画画，不存在大众。

洪磊：也许就是同行，他们会认为这算什么东西呢，不明白你要做什么。他们可能会说，这个人怎么会去画一些很过时的题材。

吴亮：不明白不就是表明你的意义吗？一看就明白不好，过时，它成为一个问题，就有意思了。你为什么这么做，人们会产生疑惑。

洪磊：如果批评家都像你这样倒好办了。现在普通人都被一般的批评家所左右。当你的东西比较平淡，他们就会有疑问，从我个人来说，比较着急。

吴亮：我觉得你这个焦虑本身，就是对当代的狭义理解。很多人定义的所谓当代艺术，就是一定要有针对性，什么叫有针对性？任何画都是有针对性的，问题是你解释的能力。从这个意义上来说，当代性是个阐释学的问题。艺术家没有问题，都是解释的问题。按照这个说法，当代艺术是被批评家制造出来的，不是画家画出来的。他们说，关键在于画家本人的自觉程度，但是自觉就真的那么重要吗？历史上有不少画家的价值后世被提得很高，他生前未必很自觉。凡·高很自觉，写日记，写信；塞尚很自觉，有好多笔记；高更也很自觉，还写过书。但更多的艺术家是不自觉的，艺术史照样给他很高的评价。那你说，一个很自觉的艺术家和一个不太自觉的艺术家，当艺术史把他们摆在某个重要位置的时候，会不会考虑他一定要很自觉？光自觉够吗？一位艺术家，可能很自觉地想了很多，但是艺术史对他评价还是不高。很多艺术家口号宣言多,作品却不行。后来反过来了,作品没什么,因为解释得太好了,不行也行了。我看不出一堆油脂有什么了不起,也看不出一个喷绘的玛丽莲·梦露有什么难度。但它正处在一个历史的转折点上,机缘来到了。当代艺术有时候就是一个机缘,各种条件的交合点。另外就是马太效应了,当人们都在说它,你就绕不开它了。你反对它一次,就是多说它一次。杜尚的小便器就是例子。

洪磊:我倒认为自觉比不自觉好,艺术创作当应该是很自觉的。也有一些艺术家就是很不自觉,他正好很准确地在那个语境当中做对了。我最近读董其昌,他非常自觉,清楚自己将来会在历史上有什么地位,他的一生一直在精心塑造,他提出南北宗的问题,这个还有争议——南北宗概念,据说是莫是龙提出的——他的绘画以这个系统在走,即使别人先提出,最后成就的还是董其昌。

吴亮:你是自觉的,很早你就整理出自己的《洪磊年谱》了,我记得你按照一个顺序,出生、家庭、父母、祖上、你受的教育……你提供了主要线索,一眼看出这个年谱的主人就是个艺术家。从你年谱的不同阶段可以看出你当时作品的影子,用它解释你的作品背景。因为你的身份是艺术家,我们觉得你是艺术家了,我们才去了解你。假如洪磊不画画,就是一个普通人,我们就会被你的故事本身所吸引,我们不需要通过它来深入对你所从事的工作的理解。比方说,你是个医生或工程师或看门人,我们就是朋友,可以聊,聊你的经历与故事。但我们并不会想到通过了解你的个人经历和癖好,有助于我们来了解你为什么会成为医生、工程师或看门人。但因为你是艺术家,这个关系就很密切了,了解你的经历和生活对理解你的艺术可能是非常有用的。我们平常的聊天有很多内容和艺术没有关系,你的内心不见得都在画面里,艺术也许很单纯,永远画一些重复的东西,个人生活却很丰富，完全和画画无关，画面根本看不出来。你写年谱，有好多影子，你是否打算让人们对你洪磊的兴趣超过对你作品的兴趣？

洪磊：那也不是……我觉得作品还是一个影子，一个收藏家跟我见面后会更愿意收藏我的作品。我这个人，有一点有意思的地方，收藏家可能也会觉得有意思，他会接二连三来找你，我指的是真正的藏家，跟他们相处交流之后，他们会觉得你这个人有意思。如果没有这个艺术作中介，他们也不会来跟你接触。

吴亮：他们是不是希望收藏一个故事？

洪磊：收藏家的概念可能很多，收藏的出发点很多。有的藏家会觉得这个作品勾起了他童年的某个记忆，或者觉得艺术家比较有意思，他要收藏这个艺术家的个人情趣。故事倒很难说，因为作品的内存没那么大。

吴亮：我说的不是收藏作品里包含的故事，而是收藏作品背后的那个艺术家的故事，这使他的作品收藏的意味变得更丰厚。凡·高的有些画有故事，加歇医生、邮递员都是有故事的；当然塞尚也很有故事，但塞尚的苹果有故事吗？没有。等我们知道塞尚有那么多故事的时候，他的作品都变得有故事了，我们看画的时候不必想那么多，心里能感觉很多意味。对一个艺术家的兴趣，这种魅力起的作用越来越大，现在书写方便，传记，对他人故事的追求，名人，政客，运动员，普通人的故事都上电视了。假如这件作品挂着只是好看，那它就有点单薄。人们希望看到一种联系，买你作品是一种特殊的交往，这种交往很重要。人是生活在交往当中的，买艺术品除了收藏、保值、增值的经济目的外，很大程度上是为了交往。认识一个艺术家，知道你的故事，跟你一起用餐聊天，都是他生活当中的一部分。

洪磊：英国有个艺术家好像是专门陪人聊天讲故事，没有什么主题的故事，大家一起吃顿饭，很私人，就藏家和他太太，然后就收钱。

吴亮：聊的故事录下来就是作品。

洪磊：也许都不录。

吴亮：那就更牛了……刚刚在车上，夜幕降临，空气潮湿，你车里放着评弹。在上海听评弹没感觉，小时候我家里有一个老式收音机，父亲用它听评弹，我不爱听，六十年代评弹都唱雷锋……九十年代电视节目比较丰富了，有专门的戏曲频道。黄昏我回到父亲家，他晚年时经常把电视开着，黄昏有半小时或者一小时的评弹节目，杨振雄、杨振言、蒋月泉。

洪磊：徐丽仙、朱慧珍。

吴亮：那个时候我已年过四十，对评弹的味道有感觉了，不烦这个声音了，没什么道理，好像和父亲的关系近了。我父亲是个很城市化的人，不知道他为什么会喜欢评弹。

洪磊：评弹基本是在吴语系里面。

吴亮：评弹演员我蛮喜欢的，还不至于着迷，不像你会特地去看。一男一女，女的旗袍，男的长衫，男的多是一个老头，沙哑的嗓子，女的多是中年女人，发福的，风韵十足，我觉得很有味道。糟老头和发福的女人假如做别的角色，我不会看的。他们坐在那儿就很对，他们唱什么我不知道，鼻音在那儿转，我挺喜欢。

洪磊：可能跟这一带的地方饮食有关系，它的调性和江南水乡的城市影像，小胡同，弄堂转来转去，同这种悠扬的节奏感是相通的，你不反感，因为它和上海的感觉是相像的。

吴亮：上海现在没有书场了。

洪磊：对，现在包括苏南，还有浙江的很多城市基本上没有书场了。没有听众了，它的听众全是老头。

吴亮：会绝掉的。

洪磊：像我这种年龄层，百分之五十还是喜欢听的，下面一代可能百分之二三十，有那个东西留在那儿，我觉得很难绝，评弹学校还在。我认识一个小女孩在评弹学校，问她为什么学评弹，她说她就是喜欢。我说你之前知不知道评弹是怎么回事，她说不知道，现在就是一个饭碗。我问她有没有理想，她说没有，现在结婚了，丈夫也是评弹演员，俩人经常跑码头，钱拿得很少。女孩条件不错，但她不专心，不在这上面用功，用功也没用，赚的钱也就这么多。看来这个东西比较难，即使有人喜欢，关键唱的人要坚持，唱的人都不坚持了那怎么办？还是需要一些有钱人来资助这件事，这一点日本做得很好……评弹是一个情怀，它不一定非要代表一种文化。小时候听的这个东西你不会忘，听到这种音乐你就觉得舒服，就是水乡本身。

吴亮：把评弹传承下去，本来传播没问题，它本来就很市民，当时生活水平不高，听众都是凑份子，有很大的普及面。现在大多年轻人不再喜欢，甚至他们连电影都不看了。我听说他们都在互联网下载影片下载音乐，书都不看。不仅是评弹，书本都要消亡了。九〇后已经不看纸质书了，网上阅读，电子阅读越来越普及。如果还有人能够愿意保护评弹，只有一种途径，就是把它精英化，这就发生了根本变化——它不再是普及的、下里巴人的、民间的、民众的、大街小巷角落里的东西了，变得很高级，类似昆曲，或者像日本的能剧。这种情况将来是否有可能出现我们不知道，现在还没有看到这种迹象。不可能听一次评弹要花一两百块钱，拿钱来养他们。假如说你只付30块钱、50块钱的茶费，只有十几个观众在茶楼里面听他们唱，他们的生活肯定是没有着落的，也不会得到相应的社会承认和荣誉感，技术就不会很高，他们没有野心，没有遇到挑剔的耳朵。但是这一切以前是有的，以前文化不那么丰富，在这个区域里面，老听众非常喜欢这个，他们的耳朵很在行很挑剔。

洪磊：评弹对今天的年轻人来说可有可无，在我个人，是听一个过去。年轻的时候，记得那时常州还没有拆成现在这个样子，我坐在小河边上写生，画桥可以画一个下午，一个下午都在听广播里放的评弹，现在听的都是一个记忆。

吴亮：江南的吃，还是能够保留下去的。

洪磊：饮食没有问题，中国文化到最后，唯一能保留的就是饮食。

吴亮：中国画呢？

洪磊：死亡了……我个人认为，中国画到清代，基本上所有的事情都结束了，到了赵之谦，最好的是印章，那是印章重新兴起的时候。中国文人画，诗、书、画、印。印到了赵子谦的手里达到了很高的高度，不仅汉字，包括金文、甲骨文的入印，包括刻工的精细，布局的险要都做得非常好。印圆满了，中国文人画的所有事情都圆满了。以诗和书法入画是从苏东坡开始，当时的绘画还不那么完善。文人画的出现应该是在元，赵孟时期，到了清代，从国画的面貌上来说，基本都解决了。《芥子园画谱》以后成为程式化，所有事情都不需要再去做了。八大、石涛之后的所有画家再拿出来看，一眼就能看出来这个人是学谁的。跟前面比，没有谁能超过他们，几乎没有能扔开他们的方法另起炉灶的人……只能作为一个类似评弹的命运，作为个人爱好，像紫砂壶一样，成为一个传统的项目。

当然利用这个东西来做当代绘画也是可能的，这方面现在有人在探讨，但还不是很成功。过去的那一套中国画的方式我觉得是结束了。1949年以后的齐白石更加低俗、庸俗，黄宾虹只是新安画派的一个余声，他的所有方式其实在新安画派那些人里面已经全有了。他学石涛，他的那些新安的情怀，新安画派的人早就完成了。之后的李可染，按照传统来说，也没有另辟蹊径，他的大的山的构图可能是从范宽的，或者可能还追不到那么远，可能只是从渐江的山那样的结构来的。一个李可染用湿墨画山水，一个张行用焦墨来画山水。湿墨更合乎中国画材质的情理，他湿墨的山水是成立了，张仃的焦墨实际上画得也不错，但是不像李可染名气那么大。水墨在宣纸上还是要水的成分多一些，如果全是焦墨蹭来蹭去，不像素描又不像速写，厚度和韵味就没有了。但李可染没有给中国画注入新的东西，他就是一个大的纪念碑的构图，像范宽那样的大山的构图，黑色的山加一个逆光。逆光的山，肯定是黑乎乎的，它的细节就可以忽略。无非借用西方人的光学和视觉，没什么意义。像傅抱石，无非是早期在日本学的染织之类的手法，拿一些水彩画技巧进入国画，他的基本理念还是古人的，也没有开拓……中国画早就结束了，最主要的是没有提供新的可能性。西方的绘画也会向古人学习，但是它每一个阶段都有一种新的可能。

吴亮：我们可不可以改变一下思路——你说每一种艺术都有一个高峰，艺术史都有各自的发展历史，风格的更替，材料的更替，不同时期政治文化的原因、技术的原因、新的手段的原因，有不同的代表人物往前推进，它不可回复，倒不回去，这是一种描述。另外一个描述是——不以成败论英雄，不一定非要超过前人，我讲一种生活常态。比如说生物的进化，并非一切生物最终都要成为万兽之王，恐龙已经消亡，它统治地球近一亿年后结束了。人类社会也一样，自然的原因，文化、制度、技术的原因使一个个朝代被 pass 掉，被超越，但这种超越不同于中国书法，如果硬笔没出现，打字机、电脑没出现，那么毛笔还会继续被使用，因为它是书写工具。人们写字不是为了要成为书法家，人们一开始要画画也不是为了要成为画家，因为生活中有这个需要，而不是为了超越古人。所谓要不断超越前人的要求，都是艺术史制造出来的，由博物馆制造出来的。

洪磊：我认为，当你是画中国画、写书法的人，你就要拿出新的标准，关键是既然你现在还是依照古人的标准，那你就一定要超越他们。

吴亮：不见得。中国字用笔墨书写的消亡是因为书写工具的变迁，笔墨书写的广泛社会基础没有了。学生读书读的是科学，他不需要再用毛笔了。继续用毛笔写字的人是那些在这方面还想有所作为的人，喜欢这个事情的少数人。你想，人们的大量时间都不使用毛笔了，你怎么可能想象他能超过古人？除了只有在书房里悬挂几幅毛笔字，没有别的书法语境了。且不说还有那么多其他东西替代了它，那些非常聪明的人都干别的去了。笔墨绘画是这样，写实绘画是这样，用木头造房子也是这样，都造不过古人，用石头全世界砌不出第二座金字塔。

洪磊：所以建筑形态就发生了质的改变。

吴亮：这是一面，另一面是这种东西博物馆化了，被封存起来，故宫、罗浮宫、坟墓、保险柜，供人瞻仰。此外是普遍旅游化，纪念品生产，都是赝品，但无所谓啊，一般游客都需要的。古董珍品只有博物馆、国家或者有钱人才有能力拥有，他们也就是过过手而已，做临时保管者，你不能再刷新它们了。当代人只有在今天这样一个新的材料时代、观念时代，生产出和它匹配的各种艺术样式，我不相信所谓的意大利文艺复兴、中国文化复兴，这都是扯淡，往回走的可能性有没有？实际上出现的就是新东西，传统文化的特区化，保留它，不要再说超过古人。"不超过古人，我们就不做"，这怎么可能？

洪磊：我觉得这种概念是往回走，这种情趣我们需要，但是我们的标准不是原来的标准，可能是另外一种。

吴亮：往回走我同意，但不要同古人比。我觉得不要老想那个标准比较好，假如我们今天坐在茶楼里，想搞一个堂会，我们请人来唱评弹，他的水平远远低于蒋月泉，我们就不享受吗？仍然享受啊，我们不必因为他不能超过蒋月泉我们就不听。

洪磊：也许是，我们要的是一个形式，好坏无所谓。这个形式跟古人不一样——古人所需要的堂会是不一样的，本质变了。

吴亮：这个新本质很当代，前年我们去苏州的一个新茶楼，伪建筑，还叫了苏州大学几个朋友一起来听。这种假东西给我一种异样感，它不太真实，一个虚拟空间，但这个虚拟空间是实在的，它不是一个幻象，它有活人，观众和演员，琵琶和戏服。我们可以想象，以前在苏州茶楼听评弹，下面坐着的听众穿长衫，台上也长衫，现在不一样，你西装革履，而台上穿长衫——有意思啊，一种离奇的，新的感觉享受。

洪磊：质地变了，意义变了，但享受还是存在，只是享受的质量差些。

吴亮：它不再是这个社会的有机部分，而是镶嵌品，碎片，这种镶嵌文化在很多国家都有。人们的趣味是分化的，并不是大家都看春晚，也有人看地方台，看专业频道，人们还是需要特殊交往，小范围的私人交往，并不是大家全去看世博，我就根本不去看世博。像我这种人不是少数，而是很大的一个多数，只是被忽略了。为什么一定要看好莱坞呢？为什么一定要看春晚呢？所以，这样一种镶嵌式的、特区化的、私密的活动可能倒是恢复了艺术的原初功能。古人搞那些东西，想过全球化吗？想过进入博物馆吗？只要恢复这样一种生活和艺术的亲近关系，这些貌似陈旧的东西都会在某些地方被复活，当然也会丧失，取决于偶然性。有些东西被复活了，但是变味了，质地变差了，但这都不重要。我现在和以前不同，有时候会感觉一些假的、仿制的东西也很好玩，在不真实的地方，就像做一场梦。以前觉得假，嘲笑它，现在觉得挺好，弄假成真，成为一个新的现实。

洪磊：什么都不是，就是一种当下的状况，有时我痛恨，说传统也不是传统，说当代也不是当代，全部混在一起。很多人说要把握住当代状况，有时候挺荒诞——怎么把握？当代是不是很重要？

吴亮：我说的这种小型的、私人的、特区化的、镶嵌式的，类似换频道。世界是块大屏幕，我们的经验就是遥控器。假如我们给朋友安排一个礼拜的活动，穿梭于不同的空间，这些东西不是发生在一个时空里，它都出现在不同的时间段。进入不同的空间就接受不同的节奏。

洪磊：这一点在日本比较明显，台湾也有类似的感觉，中国可能慢慢也会这样的——传统的当代的混在一起。当代不是很纯粹，传统也不是很纯粹。所以，我更多想的是过去早已消失的文本，以片断调查方式出现在我们生活当中，来回走。

吴亮：现在人们很轻易地谈什么全球性，比如经济问题、环境问题，但这些问题下面有无数小问题被忽略。还是有种种顽强的东西存在着，它不会轻易消失。当代文化普遍平庸，人们已经接受了，不得不接受折中的，调和，尽量适应混杂的环境，不求最好，只求符合我当下的需要。就像喝酒，我不要求每一杯都是最好的酒，只要喝了感觉好就行了。就像我们吃扬州狮子头，我们不要求这是历史上最好的狮子头。

洪磊：前段时间我在台湾买了张爱玲的小说，全套的。里面有一本她晚年用英文写的《雷峰塔》，自传式的，第二本是《易经》。美国某出版社的一个编辑看了以后很不以为然，觉得既然旧中国是这个样子的话，那么让共产党来接管也是应该的。这就产生两个问题，一是西方人很难理解我们的文化，他们读《红楼梦》的心态跟我们就是不一样。另外，张爱玲她家里那些鸡零狗碎是不是当代人要看的故事？她更多地沉浸在个人的经历、烦恼和家里乱七八糟的矛盾当中，永远纠结在这里面出不来。她的故事不具备公众阅读的可能性，或者说可能不具备当代人观赏的可能性。我就想到我自己，老在自问，自己纠结的一些情绪，当代人是不是愿意看，拿到西方，西方人愿不愿意看。

吴亮：你这个假想是不对的。什么叫当代？当代什么人都有，总有一部分人在看，有一部分人不看，谁能代表当代？

洪磊：我们假设一个状况，这个状况完全可能存在，这个编辑没有把张爱玲小说出版，张爱玲晚年很悲凉，觉得自己不被承认，我在思考这个问题。

吴亮：这个问题不应该成为一个问题，这个编辑的判断是有问题的。他没法解释张爱玲的小说现在还是有那么多人在看，难道他们就不当代了？为什么一个很狭隘、很自私、很有偏见的作家——假定张爱玲就这样，为什么就没人看？哪怕张爱玲误读了中国，为什么就不值得看？即便共产党代表了未来，它的文学为什么就一定值得看？也许情况正好相反。

洪磊：这也许就是一个西方编辑的眼光……张爱玲她是个很奇怪的人，她的有些小说很难看，她的《双城记》，方式上基本是学《金瓶梅》。

吴亮：九十年代我写了不少随笔，其中一个观点是，"当你在咖啡馆里喝咖啡的时候，你不要看它后面柜子里还有几十种咖啡，你就认真喝你面前这一杯"。还有一句，"并不因为玛丽莲·梦露死了，我们就不再找女人"，当然我是把梦露抽象化了，我不是说她一定最漂亮。每一个生命，瞬间，属于自己的环境都很重要，一棵草还在生长，管它旁边在长什么。

洪磊：你谈的是当一个标准死亡之后，其他的生物是不是还在继续生存的问题。

吴亮：生存肯定是第一位的，它永远在轮回。生命在生长，生命有等级，它还是它的这个状态。它要获得满足，不因为有高级的东西存在过而感到自卑。这一点对人来说是完全不必要的。艺术史的各种等级分类我觉得很扯淡。

洪磊：现在艺术史的概念已经扩延了，不像原来，由一串大师名字来排列的艺术史。

吴亮：艺术史被文化史取代了。

洪磊：对，只要它有一个片断的史料，那我们就可以研究了，比如"文革"时期茶杯上的美术形象，当然这也是艺术史的一部分。原来那种由大师连接起来的线形艺术史已经不存在了，已经是一个全方位的概念了，而不是有一个顶尖或者别的什么典范。

吴亮：金字塔结构被破除了……应该这样，高处不胜寒。何况现在被称为顶尖的，当年并不顶尖。还有一个原因，我们书写的容量有限，我们必须要经过选择，你要写一部通史，就得设法找出几个风格找出几个高峰，假如你写部断代史，写个案，那就无所谓了。研究低等动物就是在研究高等动物，男孩子假如他从小生活在女人堆里面，他的性感度和性能力会减弱，这个观察是受到了老鼠实验的启发而得到证实的。为什么研究人总要通过老鼠来做实验？首先老鼠在动物试验当中最没有争议，不像狗，狗不能随便拿来做实验。还有一点非常关键，老鼠的基因和人类很接近，许多新药物实验都是通过老鼠来做。人是万物灵长，老鼠地位卑微，但两者却有惊人的同构性。你说，同老鼠与人的区别相比，一个人和另一个人，他们的作品什么的，差别又能大到哪里去呢？精神病是现在文化研究和人类研究的重要课题，反常、越轨、疯子、精神病、罪犯。其实这是一种很高级的研究，和领袖研究、精英研究没什么区别，到最后我们发现许多政治领袖哲学精英是疯子是狂人，远远不只是艺术家。你说谁比谁更高？凡·高在日常生活中是很让别人讨厌的，人们肯定不愿意与这样的人做邻居。

洪磊：据说后来别人都怕凡·高，他做好人好事都太过了。

吴亮：好人不容易交到朋友，因为他使我们变得不像好人，另外，好人容易宽容坏人，我们就没办法跟他合作了，在一个团队中，好人被认为是不可重用的。人性阴暗面在某些人那里很重要，比如领袖人物，多疑或者莽撞、冷酷、厉害，所以他能成为领袖。假如你什么都很正常，你就没法操纵别人，没法在危急时刻当机立断。经常会由一些有性格问题的人掌握了历史权力，好坏你怎么说？甚至他只有充分地坏，才能在重大的决定当中洞悉敌人在想什么。

洪磊：好人想不到别人的坏，好人都把人想得很好。

吴亮：那就成为了一个伪君子……当代艺术中有一个陷阱，或一个推动力，是不是可以怀疑一下，为什么一定要想创新？有那么多新吗？

洪磊：收藏家希望看到新的东西，老的东西肯定不想要。收藏家不可能一直盯着你买。

吴亮：也许就认你这个符号，你也不能变，一变就不要你的作品了。

洪磊：艺术还是要以创新为主要目的。

吴亮：纯粹为创新，是艺术史的怪圈，在历史上留一笔，那是为艺术史创作。还有一种情况，为策展人，为一个万里之外的讲另一种语言的人去创作，想想也太奇怪了。当然我们可以得出一个简单解释，这是全球化造成的，你的读者、观众、收藏家和你周围邻居毫无关系，你在这城市里完全没有意义，你在外面的世界具有意义。你把这个意义带回来，本城的记者开始采访你——听说你在国外得奖了。你不仅生活在别处，你的影响力也在别处。我觉得这一切都很虚幻。

洪磊：有时候这种虚幻能支撑人生活下去。

吴亮：一个畅销作家有几百万读者，他们认识你，你不认识他们。在新书发布会上你签那么多名，你会忘的，这些人对你根本没有意义，它是个数字。村上春树有那么多日本读者，但他还是很孤独，人家把他的作品放大了。看这些红得发紫的明星传记，他们实际上都很封闭、病态，有些还会自杀。看上去好像不可能——他们已经达到了巅峰，内心还是那么孤寂。那些成就和那么多的粉丝，并不会使他们对这个世界的态度有所变化，他就是不开心，觉得没意义。你创作艺术，撇开谋生、赚钱和虚荣心的满足以外，你的作品本身究竟是在说什么？你表达观点，你对世界提供一些看法，世界上已经有无数看法了，不缺你的说法，你再增加一个渺小的看法进去，你也就是在一个比较小的圈子、比较有限的时间段里。好比我们今天的谈话，我即便把你放在一个很高的位置，但是对这个世界，对这幢楼来说很不重要，所有的房间都有人在谈话，好多人不知道你……有太多的人一辈子不进博物馆，根本不知道世界上有艺术史三个字，他们照样度过他们不幸或者是美满的一生。按照杜尚的观点，或按照安迪·沃霍尔的观点，这些人难道就不艺术了吗？他们太艺术了！他们的每个行动都是艺术，只是他们没有宣布罢了，他们每天使用的日常物品都是安迪·沃霍尔的作品，艺术是不是比寻常事物更高级，这在人类价值体系当中都是个大问号。

洪磊：艺术高级吗？

吴亮：肯定高级嘛，它昂贵，昂贵背后是金钱，用那么多钱来买你一幅画，这笔钱可以做多少事情啊，就买你一幅画，这就证明艺术的高级，我不讲精神高级，精神高级都是扯淡。一堆油脂，作为物质形态有什么高级的，就是一堆油脂，价值不就是我们赋予它的？一幅画不就是一块布加一堆颜料吗？既不是精神也不是物质，艺术又怎么会那么高级，会那么值钱，因为艺术作品背后所包含的复杂社会关系，艺术作品是一件为大家确认的"高级物证"。

洪磊：人类对艺术有这个需求，所以它就存在，所以要拿金钱来

换。这个需求是天生的。

吴亮：有需要，然后艺术逐渐被制造出来。制造不是那么简单，它有两层含义，一个是当下复杂的社会关系运作，还有一个就是它的历史起源。它有一个形成过程，艺术作为手工制品，有难度，有技术，需要专门人才做，才会有人订货，给你多少钱你帮我做。更早一点，巫师请一些能工巧匠帮他做事情，现在称他们是无名艺术家。艺术一开始就被看得很重，因为它使用的材料昂贵，玉、青铜、黄金，成本高，加工复杂，劳动时间长，必须由能工巧匠来做，它被赋予神圣性，和巫术、宗教都有关系。每一次改朝换代，能工巧匠不杀，留下来继续服务，造房子，画画，工匠是要保护的。他们成了一个特殊的群体——工匠。古时候工匠不署名，到了唐以后签上名字了，主要是字画，落款了，有这个意识了。

洪磊：那你这个制造是指……

吴亮：制造是"人为"，但不是阴谋的意思，并不是某一天几个人突然起了个念头，开个会密谋制造一个东西。现在大家讲的"制造"，其实是在说策划……还是谈谈你的作品，具体一点，你的《锦灰堆》也算是策划，现在停下来不做很可惜。

洪磊：《锦灰堆》以后会慢慢做，还没有完全成熟，思考还是不够，从理论上来说基本成熟了，但还是存在具体操作和技术上的问题。我拍过两张：一张，看上去是一个好像被暗杀的女人，放在一个脏兮兮的环境中；另一张拍了一堆树枝，当时摄影棚外有很多树枝堆在那儿，里面放了个布娃娃，像垃圾或者被废弃的。之前拍那个女人，也是寻找一种废弃的感觉。是不是非要有创新，我还是苦恼，不清楚。

吴亮：我给你个建议……从你的写作来看，不够松，过于讲究，一个单元改来改去，意象密集，用词太讲究。处处是闪光，那就没有闪光。我希望你能写得松弛一点。一篇短文 600 个字，每句话都是格言，那绝对不是好文章，中间必须有水分，有几个点吸引人，够了。现在听起来，你做《锦灰堆》也有你写作的味道，每一步都很刻意。你是不是可以尝试——假如你以后展出 100 幅，30 幅是刻意的，70 幅是很随便的，抓拍的快照，最好放在一起，它们之间可能产生一个节奏。

洪磊：有拍《锦灰堆》这个想法，是因为我买了一个大画幅的摄影机。每一次拍实际上工作量很大，底片也很贵，我不可能随便抓拍。

吴亮：你每一幅作品都搞得寓意很复杂，那不好。你不能每幅都很紧张，都有戏剧性，像作案现场一样，可以有一些晦涩、迷幻、虚空。用精度高的手段去拍一些垃圾也可以。

洪磊：不就是在拍垃圾嘛。

吴亮：除了刻意堆放的垃圾，也可以是马路，房间地板，什么都没有，一摊水迹……你的画室里有点潮湿。

洪磊：画室里潮湿是因为养兰花，每天要浇水，摆了一只清末的石水槽，有水气。进来有点霉的味道。

吴亮：在潮湿的房间看你这几幅画感觉特别好。

洪磊：这三幅可能明年四月份拿到美国去展览。

吴亮：你还是应该想一个题目。

洪磊：我原来想弄成无主题，无主题可能是当下比较准确的标注。我看岩井俊二的《关于莉莉周的一切》，很有意思的一部电影，好像也是无主题的，给我一种视觉的当代感。后来我随便拍一些东西，这种无主题、无序的状况很有意思。后来吕澎找我要题目，我想到我以前有一组作品，你给取的名字《香水》，我就用了这个名字。我不需要去具体说明什么，可能跟香水也没有什么关系，就是一种类似女性化的感觉。未必一个展览题目必须要十分准确，我们今天的对话如果能产生一个题目，就作为展览题目好了。

吴亮：不如叫《不是香水》，那就很宽泛了。香水很具体，不是香水，就可能是任何东西。也可能，结果还是香水。

洪磊：香水这个意象很时髦，又有一种当下的感觉。

吴亮：它很虚无缥缈，很浓烈，它曾经是香水。用否定的方式表明它的存在。香水可解释的范围很小，不是香水，就很开放了。

洪磊：前面可以加一个"这"。

吴亮：但你就不能画香水了，否则就变成马格利特……不要让人家想起马格利特。

洪磊：《这不是香水》作为书名也挺好看的。

吴亮：它不晦涩，以否定式来成立。香水是物质，也是幻觉。照片很时髦，女人很时髦，服装很时髦，都是香水而已，一会儿就飘散了，它很虚幻。

洪磊：虚幻性在传统的艺术里面是非常重要的。

吴亮：存在就是虚无……我反对在艺术里面出现哲学，要用形象说话。

洪磊：这个问题我前几年已经意识到了，我以前的东西都比较哲学。

吴亮：需要撒点香水，艺术史也是香水……有没有画过烟雾？

洪磊：有，楼梯拐角做了一团烟雾，看上去很神秘。

吴亮：画盘子里的方糖，可以画一些这样的，不要总是风景。画容易消逝的东西，但就不要是香水。比如一条女人的内裤。

洪磊：女人内裤可以放在其他场景中，比如在一张很好的风景里挂女人内裤，会很酷。如果专门去画它，就有点太强调了。

吴亮：还可以画一些洋娃娃，或者玩偶，神秘、梦幻。按照这样一个否定式的主题去想，但是它又很具象。

洪磊：你这个提法很好，它全是否定的。

吴亮：但它出现在画面上的时候是肯定的。

洪磊：很多当代艺术都这样，把很荒诞的事情肯定下来。

吴亮：有了这个命名，就能看出相反的意思来。具象背后的虚无，被肯定的否定，或者将被否定的肯定。

洪磊：你指物体还是指……

吴亮：都可以，无所谓。影像、图像、具象都可以。它是以具象出现的幻象，但也不能每一幅都那么露骨，能有那么几幅穿插着就够了。用这样一个角度来看你的丝绸画和照片，它是一种无限的相互拷贝，你依然可以把这些东西再拍成照片，或再画成画。绘画和照片都是幻象，在这两种手段当中两者永远都可以相互置换。而你的作品现场又会被拍成照片，那就是两面相互映照的镜子。手工是幻象，摄影也是幻象，无限的虚空……从物理上来说，这些东西都是易逝的，会消失融化。烟会消散，香水也会挥发，香水这东西很有意思，它除了视觉还有嗅觉，但是它总是会消散的。但它又那么浓烈。用一个嗅觉概念来做题目挺好，这个词很性感。

洪磊：很性感，很时髦，今天最大的收获就是这四个字。

吴亮：确实很适合你的情怀。你要把它落实在作品当中，而不是停留在抽象之上。在薄薄的脆弱当中，你的作品就是一块布，一张纸，一碰就会坏。你手绘的作品比照片更脆弱。

洪磊：手绘的更有魅力，它的魅力在于一种易碎性。照片从物理上来讲比丝绸更加脆弱，但是你看手绘的东西，感觉比照片要脆弱得多。

吴亮：照片还有一张底片，画就只有这一幅，这是独一性，画把摄影的复制性停滞了，但它自身又是一个复制品，这里面有多重性。对一个复制世界的反抗。我以前对手绘没有这种感觉，现在一说，有这种感觉了。

洪磊：我一直在找理论上的一个依靠，前阶段看苏珊·桑塔格的《论摄影》，找到一种方法，用摄影的观看来不断阐述，我只能用摄影的方式。在绘画上，我还需要更多地阐释。

吴亮：摄影发明出来以后，最早德加用照片来做，他的画，许多角度肯定来自摄影。后来利用照片来画画的大有人在，但是他们只是利用摄影，方便，最终目的是落实在一幅画上面。但是你的画，还是在探讨一个摄影的问题。

洪磊：而且我画的所有照片，都是我自己拍的。

吴亮：就讨论绘画与摄影的关系来说，这些作品又比你以前进了一步，你以前的作品也就是利用……杜尚的《泉》是一种用肯定的方式来做否定的事情，小便器不是艺术，他用肯定的方式把它变成艺术了。他实际上还是为了否定艺术，问题是后来的批评家和美术史家用肯定的方式接纳了杜尚……你近期的作品也可以用这种"肯定与否定"来解释。我之前谈到你的作品，没有任何外加的东西，一幅画很完整，比如"六个柿子"，什么都没变，很肯定。你同时在否定，你在画的表面又加了碎裂的玻璃，把完整破坏掉，在这两边来回走，庄生梦蝶还是蝶梦庄生，什么都不确定，现实感和虚无感，两边都有问题。

洪磊：其实我倒不怎么喜欢庄子。

吴亮：以前我们聊天，我们没有系统地谈中国传统文化，我兴趣不是太大，不会和你深入地讨论。我记忆里，你老说《金瓶梅》、纳兰性德、胡兰成、张爱玲，明清的疯子，僧画，你的品味是士大夫文化，你对边缘艺术的兴趣显然不是指向农民的——按毛泽东的说法中国历来只有地主阶级有文化。地主阶级是一个政治概念，实际上地主文化就是士绅文化，中国文化就是在士绅之中，在科举制度的体系里面，只有读书人才能享受文化、传承文化，他们是中国文化的主要支撑者，这个士绅文化的脉络和服务于皇权有关，但又不完全是一种工具式的官宦文化，它还包含中国文化中的其他因素，比如老庄。

洪磊：士绅文化还是独立于皇权之外的，有独立知识分子，在明朝有很多这样的人——考了几次科举没中，干脆就不考了，在山野隐居起来，他的名声反而会越来越大，朝廷也想去聘用他出来做官，他就不做，这样的人在明朝还是很多，属于乡绅，独立于官府之外。

吴亮：成了一种边缘人。

洪磊：对，个体是这样，但士绅群体还是跟皇权接近的。

吴亮：我们不一概而论，士绅文化落实到具体的人，就有不同种类。据我所知，你喜欢的这一路都不是很正宗的，边缘性的，这些人都特立独行，他们中的哪几个人，他们的什么作品在不同阶段影响过你？也许他们在艺术史上的地位可能被忽略，你的评价却很高。

洪磊：讲书法，一般都说王羲之父子，王羲之当然是《兰亭序》了，再就是唐朝的颜真卿，很多人会说晋代的书法很好，是王羲之和钟繇，有人说中国最好的帖是《兰亭序》，还有人说最好的帖是颜真卿的《祭侄帖》，纪念他打仗死去的侄子，很悲情，确实不错。但我反而更喜欢钟繇的帖《季直荐》，当时曹丕当政，战乱，钟繇这个人经历了很多事，忍辱负重，但是字里行间非常平稳，在那样一个乱世，他不像王羲之那样潇洒飘逸，而是继续在朝廷任职，在国家危难的时候，他举荐一个之前跟他关系不太好的人，一切为了朝廷的利益，当然有儒家一套东西，但是你会觉得他这样的人比别人更值得尊重。魏晋有很多潇洒的人，飘逸更容易，忍辱负重是最难的，所以我更喜欢他的东西。对书法来说，晋唐是建立法度的时代，钟繇的字很平稳，字里行间很缜密，很审慎，你会感到这个人做官是多么小心，可能随时会有灾难落到头上，看他的书法，会觉得有很多苦难在里面。后来的一些书法相对来说是为书法而书法，像董其昌这样，完全是为书法而书法,他的书法里有圆滑。

吴亮:传统中国山水中,你还喜欢谁?

洪磊:我特别喜欢董源,他有张《溪岸图》,原作藏在美国大都会博物馆,几次去没看到,那张画非常好,感觉人能进去。我看过等大的一张复制品,画的是山,山脚下有水,有一种山雨欲来的感觉,有个隐士在水边搭了一个茅屋,还有他老婆。隐士好像看着远处的雷声,山后面隐隐约约好像在雨中。路上有行人走过,有一种真能把你带到自然界的感觉。我从理性上来分析这是真正代表中国隐逸思想的最好的山水画,中国山水画的精神实际上都在这上面,这一张不管从技法上还是从精神层面上都达到了完美的结合。有意思的是,董源这个人画了很多画,画的风格都很不一样,董其昌收了他三张东西,这三张风格都不一样,一个是《夏山待渡》,一个是《潇湘图》,都说是董源的。历史上有关董源的文字记录不超过三百个字,这个人是不可考的,有没有真实的人都很难说,有可能是当时在后宫里面的一个园丁,各种说法都有,古人对他的描述也不一样,对他大部分的描述都关于他画的青绿山水,画得非常工整,我们现在所看到的都是他以墨为主的作品。所以这个人,最后有点像是被董其昌捏造出来的,地位很高。在董其昌的南北宗理论里,董源是一个巅峰,南派的祖宗。这就有意思了,好像变成一个谜了。

吴亮:中间还缺了好多环节,但你也没有证据说历史上没有董源这个人。

洪磊:对,这个人是无可考的。他不像达·芬奇,他的草图都能找到,董源就是来无踪去无影,就这么几张东西留在这。据说美国大都会那张《溪岸图》还引起争论——是不是他的?所以我也不能说我最喜欢董源,我只是喜欢《溪岸图》。

吴亮:你有没有在博物馆里看到哪些原作,虽然被艺术史评价很高，但你不以为然？

洪磊：有，宋徽宗，他被评价很高，但他的画让我非常失望，很差。很多史书上说宋徽宗有人代笔，他的最大问题是风格不一样，每一张风格都不一样。我当时最喜欢的一张是《瑞鹤图》，当时看印刷品觉得真棒，后来看到原作，画得真是极差。

吴亮：会不会是后世临摹的？

洪磊：不，印刷品的颜色被调好看了，原作很难看。

吴亮：原作会不会反而是假的？

洪磊：不可能，那张画就在辽宁博物馆。画册上说得很清楚，拍的是哪一张，这张画在哪里都说得很清楚。当时在上海美术馆展览的时候，去看了，很差，颜色不知道怎么会是那样。还有一些花鸟画，我倒确定确实是他画的，水平也很差。前两年拍卖过一张东西，徐邦达说是宋徽宗画的，一幅长卷，拍得价格挺高，画了很多折枝的花，那个画得不错……原作没看过，确实太久远了，很难说清楚。

吴亮：你有些作品是和宋徽宗有关系的。

洪磊：是的，但并不意味着我要很喜欢他的画，不过我倒是很迷恋他的美学构想。

我希望有一个梦想

申凡　吴亮

（申凡，艺术家，现居上海。对话时间：2010年9月27日）

吴亮：你工作室里面那个用霓虹灯管做的"山水——纪念黄宾虹"，就是我最早在美术馆双年展看到的那一件吧，当天现场很嘈杂，听不到音乐，今天第二次看到它，感觉又不同，空间不一样了，一件作品的两次出现。我刚刚还发现了一幅你学生时代自画像，我待会儿要把它拍下来……这自画像是哪一年画的，还记得吗？

申凡：自画像大概是八十年代初画的……我解释一下，这件霓虹装置是根据另一个展览的空间尺度做的。

吴亮：噢，不是同一件，对不起……八十年代初，你已经不在崇明了吧？

申凡：不在崇明了。

吴亮：九十年代初我认识你，南京西路老美术馆，看你当时与邱节的双人展，你那时已经在做抽象艺术了……以后越来越抽象，但这件作品不同，抽象的黄宾虹，一些短短的横向的曲线，中间拱起几个岛屿一样的形状，我突然发现它变得很具象，一种具象的幻觉。

申凡：这个，初看上去没有，要看到后来才变具象的。刚开始，那些霓虹灯管东一根线条，西一根线条，不知所云，到后来才出现了这个山和水，有点自然演化的意思。实际上无所谓，不是刻意的，也不是成心想好要抽象还是具象，它是一个比较自然的过程。

吴亮：我记得在九十年代末你去了一趟荷兰，在欧洲陶艺中心待了几个月，你带回来一些分别属于两种类型的作品，一个系列是黑白陶瓷作品，手掌那么大，着色形状各不相同，几十个或上百个，像花朵一样散在地上展览，也可以单独放在书桌上。据你事后说，你做这个作品的灵感源于你看到的荷兰奶牛，纯属偶然。

申凡：对，对。是花，来源是荷兰的奶牛和花。

吴亮：另一个是一组照片，你把它们放大，天空，荷兰的天空，后来又夹进去上海的天空，你把它们做成灯箱展出。

申凡：没错。其中有温哥华、伦敦、阿姆斯特丹、维也纳、柏林和日内瓦的天空，还有一片天空是上海的。

吴亮：每张照片看上去是一样的，天空全是一样的，晴空，没有云朵，碧蓝的天，我觉得都有点克莱因的味道，空的，透明的，就是说，已经化为无了……你有两个方向，一个方向是身边很偶然的一些平常东西触发了你；另一个就是化为无，因为确实，你在荷兰这个地方，你看到的这个天空是在荷兰，但是在我们感觉的眼睛里它们和任何地方的晴空之间是没有差别的，当然你可以说它们是有差别的。你当时所看到的镜头，你所站立和进行拍摄的地点，你可以有好多旁证来证明你的照片不是来自同一个地方，但是它们确确实实是一样的。

申凡：对的。

吴亮：这个不一样的一样，或一样的不一样很有意思。你能告诉我，你拍这个天空的动机与用意吗？

申凡：先说这个陶瓷作品……当时去荷兰呢，好像也没做什么，但感觉又好像做了不少东西。我到了那里以后，邀请方给了我一间工作室，我一看，这工作室怎么这么小啊，我问有没有大一点的，他们就给我换了光线最好面积最大的一间，整个艺术中心，给我的这一间最大……工作室有了,但我不知道我能做什么,连想做什么都不知道,当初,在申请的时候,他们说你要先提交一份计划,我说这个陶瓷,虽然源自中国,但我不是专业做陶瓷的,我怎么提供计划呢?我无法提供计划。他们说不要紧,你就来吧。

到了荷兰以后,还是不知道要做什么。我不想根据我原来的作品,再做一些陶瓷的翻版,这个没意思。工作中心在阿姆斯特丹边上的一个小镇上,到了那里的第二天我就到处转,转了大概一个星期,先小镇子上转,然后到郊区周边转。后来发现一家很专业的卖美术用品的商店,其中有一些塑料模具,有花,有镜框,各种各样的,主要是提供给家庭妇女玩的,或者让孩子用来自制工艺品的,在家里浇这个石膏模,再涂涂颜色,像我们的手工劳动一样……我想,这个日常的东西倒可以作为我第一件作品,碰上了,我就买了一大摞这个模具。回到中心,我就做了这一批作品,至于这些花的黑和白,荷兰人认为是中国的阴和阳,我说,不是阴阳,是你这里的奶牛,黑的白的。

天空作品呢,实际上没那么抽象。小时候我们常听到这样一句话:"天是一样的天,地是一样的地,为什么别人行,就你不行?"大概带有把两个人、两个地区或两个国家做比较的意思。实际上,天是不一样的,如果在飞机上往前面看,看到的那块天空也许就是荷兰的天空,九片天空看起来一样,其实是在不同的地方拍的天空。唯一的区别,就是照片上面留下了一个时间的编码,照相机原有的设置,表示这是在哪一天哪一时刻,像我们保留的那些车票或机票,它能够表示我哪一天在哪里。

吴亮:你保全了证据,可以证明你当时确实在这些地方。

申凡:对,就是这样。所以你问我,这件作品想说什么,要我介绍它们,没什么,就是一块块天空,但其中有一块是上海的天空。

吴亮:1996年我曾经和温普林来找过你,当时他和尹吉男在中央电视台做一个美术星空栏目,让我采访你,这个录像带子现在还在,如果拿出来一放,你的工作室经过这十多年……

申凡:早拆了,一切都不一样了。

吴亮:你当年的北新泾工作室,你能否找几张老照片出来。

申凡:应该能有几张吧。

吴亮:假如找不到,温普林那里还有图像资料。我记得你那天在二楼阳台上,面对夕阳下两只花盆里的葱,你用它来比喻上海,比喻上海的新高楼。

申凡:对的。

吴亮:那时候你也许还没有想到,我们谁都没有想到,之后会有更多更多的高楼冒出来。但是,当时你已经惊恐万状了,那天你的表情有点夸张,这些房子像葱一样长出来,你显然很不满,最起码,你没有欢欣鼓舞。上海十多年来的疯狂建设,我虽不能说你是一个得益者,可你至少是受惠者。

申凡:我是目击者。

吴亮:你现在的工作室,比你以前的工作室不知道好多少。我记得在北新泾你的工作室是农民的房子,简易的水泥楼房,我来过好几次,你的画都摞在一起,一张画上面覆盖一张高丽纸,或者铺一张薄薄的拷贝纸,你一张张揭,我一张张看,你弯着腰,一张张过,拿走一张,再拿过来一张,都是重复的,每一张都是重复的。

申凡:没错。

吴亮:你有仪式感,让我不得不很耐心地看,哪怕每一张都一样,地方小,画叠在一起,你必须一张一张地翻。现在不必了,这里,你把你所有的作品挂在墙上,我一下子就进入了你的申凡世界。

申凡:你当时的耐心确实不错的。

吴亮:很多人没有耐心吗?

申凡：肯定有人比较勉强了……我先说说那个葱的比喻，因为你刚才说的不完整，为什么我要说它像葱呢，小时候我们的外婆们在晒台上种的那个葱，做菜用的，如果要做一盘红烧河鲫鱼，外婆就会去剪，剪了它还会长，所以她剪的时候是不会心疼的。现在这么多高楼，你随便剪，没人会同情。造起来这些高楼，我睁眼望去不过就是一些葱，剪吧，没问题！葱的意思，大概就是这样。这么多葱竖起来，你站在葱的根旁边往上看，天空就变成碎片了，你没法看到完整的天空，人站在地上，顶着天，看不到天空，很难受的。

吴亮：可你的工作室越换越大，这是你的第几个工作室？

申凡：这是个毛病，和种葱差不多。这个是我第八个工作室了吧，因为垃圾越来越多嘛。你看，就是空间这么大，还是堆得差不多了，快满了。空间对我的其他影响，我说不上来，它就是一个备份。

吴亮：你前面说，你到荷兰你还不知道做什么，但你必须先有一个大空间。

申凡：哈哈，那次我有一个最大的空间……而一个德国艺术家，在原来给我那个小空间里做出了最大的作品，我却在那个大空间里做出了最小的作品。

吴亮：你对空间最美好的记忆，是崇明吗，你的童年在崇明？

申凡：我的青年时代在崇明，在崇明我倒是有自己的空间……崇明农场，房子都是兵营式的，一排排的房子，刚开始住的是草房，后来才盖了砖房，砖房前面一间呢，可以住几个人，四个人或者五个人；后面有一个小间，那里有一个后门。前门，后门，加一条通道，后面还有一条窄窄的，小小的通道，就是所谓的小间了。当初大家住得很挤，说实在的，大家都想有一个独立空间。

那么我呢，当时去崇明的时候，差不多就是年龄最小的一个，我是没有资格去挑了，但当时大家谦让。后面有一个小间，可能谁心里都想要这个,谁又都不好意思说,所以最后呢,我居然有了个小空间,从那里开始,我画素描,写书法。就是那一小块地方,放一张小床,一只小桌子。

吴亮:1996年有一个欧洲艺术评论家给你写了一篇评论,我最近在查你的相关资料时读到这篇文章了,他用了比较大的篇幅,讲到欧洲人对中国艺术的一个了解,其中使用了"东亚艺术"这个概念,一个东亚概念,就把中国划进去了。他们的大博物馆都有东亚部,大学则有东亚系,东亚系下面有汉学藏学,习惯这样的划分,在他们的一般视野里,先把中国放在东亚的地域概念之内来理解,按这个顺序,顺理成章地通过你的作品来了解东亚的艺术和历史文化,这个批评家的视野就是欧洲人的视野,是写给欧洲人读的。他当然也说了,欧洲抽象主义源于康定斯基,以及其他一些形式主义,情感表现。但是通过你的作品,通过其他一些东亚包括中国的一些艺术家,他看到了东亚艺术当中的精神状态,一种不一样的精神性,这个精神性和康定斯基那种很情感的表现,是有区别的,是完全不一样的。这当然不能算是新鲜的说法,我只是想问你,你对这个"不一样"有什么切身体会?你有多次在欧洲展览与短暂工作逗留的经验,我翻阅你的履历,二十年来,这种活动你经历了不少,你早已不再蜗居在崇明的小房间里了……你觉得,那种不同的立场,眼光,不同位置的理解,有没有经常发生在你与其他国家或地区的艺术家、批评家之间呢?

申凡:欧洲人的立场当然完全不一样,他们的眼光也完全不一样。1988年,我在德国有过一个小的个展,是一批抽象水彩,再带上几件书法,主要是水彩。他们一看,这个就是中国的了,而我的一些国内朋友,就觉得不是太中国,没怎么见过。很有趣,我的作品对德国人来说是中国的,对中国人来说反而不太像是中国的。那么究竟是不是中国的呢,当然是中国的,它是我做的嘛。

吴亮：双方面都有误读。

申凡：误读是肯定的。还有一种阅读很重要，从小的阅读……有次在法国，一个朋友陪我一块去看当地美术馆，这美术馆从古典的一直到当代的，包括非洲作品。我看见一帮小孩，每人手里一支笔一个小本子，有个年轻女教师带着他们边看边讲解，小孩在提问，记笔记。当我走过她们身边时，这个老师正在跟这些小朋友说高更的一件肖像画，说为什么高更要把这张脸画成绿色，孩子才这么大，那个阅读就开始了呀，画就在她们身边，孩子能阅读能辨别了，他们不一定知道这件作品背后的故事，也不一定知道高更的背景，但是经过这样的阅读，长期的阅读，就能知道这件作品是好还是不好，或者不管它这件作品好还是不好，但是他们至少可以表示喜欢还是不喜欢，就有这个辨别的能力。

吴亮：我们往来将近二十年了，上个世纪末，1996、1997年以后，我们的私人的来往更频繁，但我还是不知道我是不是了解你。从表面的感觉说，你似乎很乐观，你经常开玩笑，开自己玩笑，很夸张地哈哈大笑，但你的画非常安静，单纯，重复，和你性格正好相反。你在日常生活里给我的印象并不是乏味的——你画画的时候，你听音乐，古琴、管弦乐、爵士，很酷的土风音乐，你都听。绘画是你的工作，你也是乐此不疲，但你偏偏说工作是乏味的，说生活是没有意义的，甚至是无聊的。

申凡：工作的确是乏味的，因为生活是无聊的。你如果认识到了这个，生活本身是无聊的，你才有可能有聊……那个时候，七十年代，当时我已经从崇明回到了上海，在电动工具研究所工作，每天骑自行车上班，那个时候年轻，喜欢想点问题。一直在想人生问题，其实那时懂得很少，但就是老在想这个，有点严肃，想这个人生的真谛究竟是什么，想来想去想不通，想不出来，想不出来还是在想，照样每天要骑自行车上下班。就这样，有一天我骑着自行车回家的路上，脑子里突然冒出一个词，它叫"痛苦"。对呀！生活的真谛不就是痛苦吗？！但并不因为生活真谛是痛苦，你就只好痛苦；而是你必须先认识到生活首先就是痛苦，你才有可能走向反面。你要是认为生活就是幸福，那你就一直痛苦去吧。

吴亮：你的意思是，认识到工作是乏味的，工作就会有趣；认识到生活无聊，生活就可以不无聊。

申凡：也许吧，我那个话还没有说完，那一段时间大家都在读书，我也迎合潮流，也一块读。后来我发现"人生就是痛苦"这个问题，书本里早就谈了，佛经，叔本华——从此，我就不想这些个问题了，常常是随便拿本书，翻翻看看就可以了，不再费力气去想了。

吴亮：你在农场，在崇明的时候，你也是做田间劳动吧？

申凡：做啊，插秧、割稻、收麦子。

吴亮：你对这种辛苦的、很费体力的重复的工作，有什么感觉？

申凡：我喜欢，我喜欢这种重复的、乏味的劳动，重复乏味但是脚踏实地。我觉得我这么长时间过来，也就是在那段时间做了一点贡献，因为种出来的那些东西，我自己是吃不完的，是会有剩余的。

吴亮：你后来把这个态度，转移到了你的艺术，重复、乏味，能够一直重复这么做，你乐此不疲。

申凡：这个状态大概比较适合我吧。

吴亮：但在近几年，你发生了好多变化，作品开始不重复了。

申凡：其实变化是有的，当时你写评论我的这篇东西之后的一段时间，我对这个抽象绘画有一种新的思考，虽然我那时候没做什么，但在考虑了，你总得关注一点什么问题吧，而不只是仅仅在点、线、面之间徘徊。那我还能做什么呢，我为什么不回去看看呢？

吴亮：你做"山水——纪念黄宾虹"，用霓虹灯和音乐来组合这样一个装置音响作品，是不是可以看作是你对中国传统的一次迟到的回归？

申凡：你可以这么说吧，这个方案实际上是最后的一个方案。在之前有好几个方案，总觉得跟自己不是很贴切。翻来覆去想，直到不想。你不想它了，它自己突然跳出来，就成这样一件东西，没有一个很长的过程，突然呈现出来了，我觉得对了，就是这个了。一开始是一个形，后来出现音乐，古琴比较合适，事情就这样搞定了。

吴亮：百分之一的灵感，以百分之九十九的重复为铺垫……今天你的头发很长，平常你一直剃光头。

申凡：本来我昨天想去理发的，后来没时间。一般我理发，还是剃光头。

吴亮：你的穿着，非常长的长袖衣服，永远是一件黑色的T恤，下面总是一双明显比你的脚要大出很多的一双皮鞋，一条宽大的裤子，多少年不变这样一个形象，艺术家中有些人，一直保持一个永远不变的形象，像波伊斯，永远是这样一件背带裤。但也有的艺术家，随着时间的推移，年龄与阅历的影响，特别是生活条件的巨大变化，突然有钱了，他一下子变成另外一个人……在中国当代艺术界里，很多人的形象一夜之间就变了，而你始终不变。

申凡：始终不变嘛，一个是短发，洗头方便，对吧。穿得比较宽大嘛，适合我这个体型，要是我这个体型再穿得很紧身，会把人吓坏的。至于说鞋子穿得大，只因为不喜欢穿小鞋，那你给自己买鞋穿，总应该穿一双大鞋子了吧！其实，这也就是一个说法而已。

吴亮：我多次坐你的车，你那么多年就开这一部车，从来没换过，这部吉普车可能是上海滩年纪最老的吉普车了。你似乎从来没想过要换车，假如换的话，也许还是会换一部吉普车。

申凡：差不多吧。

吴亮：为什么？

申凡：不为什么，就是视野好，习惯了，你开车，从一个地方到另一个地方，这个车的功能都差不多，好的车，差的车，一流的车，其实没本质的差别，那么这辆吉普车呢，比较方正，看上去是个老车，就这么开着，能用就用吧。

吴亮：你说人生真谛就是痛苦，后来你发现这句话书本上已经有人说过了，你也就不说了，其实这无所谓的，人生痛苦没有什么专利权的，大家都可以有这样的感受，我们讲了一些以前发生的事，那么将来呢，想过这个吗，是否还是一成不变，穿同样的衣服，开同样的车。

申凡：差不多吧，将来还没来，我也不知道。

吴亮：你从来不计划将来？

申凡：我的计划都比较短，没有长期的。

吴亮：你最近的计划是什么？

申凡：最近，可能会搬工作室。

吴亮：为什么？

申凡：也没为什么。这个地方可能太舒服，有时候到这里，工作时间不是太长，上午过来待一会儿，哟，十点了，下去喝一杯，好，半天差不多就没了，这个太接近生活了，太舒适，晚上也许还要喝一杯什么的。

吴亮：那有什么不好？

申凡：也挺好，没什么不好，就是在这里待了几年，换换也没什么不可以。

吴亮：你在你的大学时代，有没有展望将来，离开农村进了大学，那个时候有过什么未来想象？

申凡：我一直没想象。

吴亮：从来？

申凡：我前年在英国做过一个采访活动，采访了当地一百多个人，我也会问他们有关梦想，或者是理想的问题……对我来说，我的梦想是想要有一个梦想，能够有个梦想，那就是我的梦想。

吴亮：你的梦想就是梦想。

申凡：我的梦想不是梦想，我希望有一个梦想，我的梦想是我想要有梦想，但是没有。

吴亮：你曾在华山美校当老师，多年前你亲口告诉我，说你对你的学生说，我都背得下来——请你们记住，只有两种人可以教你们，一种人是大师，一种人就是你自己，只有你自己才能教自己。然后你接着说你既不是大师，也不是你们自己，所以你教不了你的学生，你们要么向大师学，要么向自己学，是不是因为这样一个想法，使你无法再做一个称职的老师，最后你就辞去老师这份工作了。

申凡：决定不做老师，原因也是多种的，我最后考虑不再做，确实因为自己工作室的事太多了。你既然当了老师，你得对学生负责，你如果没有时间投入进去，那你还是应该辞职。

吴亮：那么你怎么解释你这几句话，你是不是幽默一下，实际上你对学生还是很负责。

申凡：看上去不负责，实际上是负责。如果不负责，这两句话我也不说了。当然听这两句话，我似乎可以偷偷懒，可以不教他们，但事实上学生也不需要教的，这个学生是个好学生，他就是好学生，你教不教都是没用的。

吴亮：艺术不用教？

申凡：应该这样。

吴亮：别的需要教吗？

申凡：技能需要教，但艺术不是技能。

吴亮：成人对孩子的教育是有必要的吗？

申凡：这个，我想还是有必要的。但是艺术，谁来教？

吴亮：艺术究竟有一些什么特点，和一般技能有什么不一样，所以不能教，也教不了？

申凡：艺术就是关乎你自己，从你自身出发，这个就决定了，你可以不干涉别人，也不用对谁负责，只要对你自己负责就可以了，这样就没有问题了，如果你在一个政府部门或一家公司里工作，你得对上级、同事和老板负责，你必须要服从、执行和协调一致，但你是一个艺术家，你需要服从谁，执行谁，又跟谁协调一致？也许你能教我……

迟早会有这一天

陈丹青　吴亮

（陈丹青，艺术家，现居北京。对话时间：2010年12月3日）

　　吴亮：在《多余的素材》中你描述过这样的场景——二十世纪七十年代初，你骑一部自行车在上海冷冷清清的马路上到处乱窜，其中你几次提到了一条叫新康里的弄堂，在淮海中路常熟路一带。

　　陈丹青：对，那里有颜文梁的家。

　　吴亮：我1983年冬天去过颜文梁的家，那时候你在哪里？

　　陈丹青：1983年我已离开了，去了美国。

　　吴亮：我总是慢一步，我很晚才看到你的那个《西藏组画》，还是印刷品，当时我在厂里做工人。陈丹青，一个陌生的名字。许多年之后王安忆从美国回来，问我有一个人你认识吗，他叫陈丹青。她说她和你通信，都好多年了。

　　陈丹青：对的，我跟安忆通信一直到九十年代。

　　吴亮：她说陈丹青很有自己的看法，后来你的一些信刊登在杂志上了。

　　陈丹青：好像只有一封吧，发表了。

　　吴亮：我们第一次见面，不知你是否还记得——1998年，你背一只书包跑到罗阳新村来找我，当时我就奇怪你怎么会有我的新地址，那儿地铁刚通，不好找。

陈丹青：我也忘记了，让我想想……噢，起因是，我看到你的文章，批评"政治波普"，你写得太精彩了。那时候我回来不久，很想了解国内正在发生什么，所以我到处问，有谁认识吴亮？我想去找他……后来就弄到了你的地址。

吴亮：那天见到你站在我家门口，特别惊讶。

陈丹青：我跑进来，你们中饭刚吃到一半，我也想和你们一起吃，但没好意思讲……那次我被他们叫回来代课，在中央美院和浙江美院，时间比较从容，所以我说我一定要想办法找到你。后来我听中央美院做史论的宋晓霞说起你，她也非常喜欢你的文章，那段时间我就经常跟她谈你，然后我就来看你了，算殷殷求友吧。

吴亮：2000年我在顶层画廊，你和王安忆、陆星儿一起过来玩。那天我正在口述一篇文章，我对你说，你的《纽约琐记》我看过好几篇了。

陈丹青：是一些零碎稿子，发在《艺术世界》，《今天》上也有，王瑞芸拿去了几篇。

吴亮：你这次回来给我一个印象——陈丹青，以写作者的身份出现了。

陈丹青：写作容易传播，容易被人知道。画好一幅画，不可能立刻拎出去展览。

吴亮：可是不久之后，上海美术馆有你一个回顾展，还记得吗？

陈丹青：那是清华给我操办的。

吴亮：那天很多观众排队，让你在那个画册上签名，我也混在签名队伍里。

陈丹青：那天并没有画册，是签《纽约琐记》吧，它刚出版。

吴亮：对，那就是这本书了……你给我签的时候，朝我看了一眼，好像不认识。

陈丹青：会吗？

吴亮：你头一抬，看一眼面前这个人，再机械地低头签一本，目光却是茫然的……那次展览上我没机会和你说话，一直想有个机会对你谈谈我当时的感觉——你当时画了一排毛泽东头像，表情都很古怪，甚至阴森森的，很诡异的表情，这些头像挂了一堵墙，大概有十来幅吧。

陈丹青：十五幅。

吴亮：十五幅……后来，可能过了两年还是三年，在上海我们又碰头了。我问过你画毛泽东头像这个事，但那天饭桌上人太多，我们没机会深入。我很注意你的行踪，留意你的言论，你总是使我产生好奇心，我很想当面问你，但一直错过。今天我们也许只有短短的一个小时，看上去你那么忙，心不定的样子，我不指望所有的问题我都能在今天搞个一清二楚。

陈丹青：你问吧。

吴亮：你画的，你说的，你写的，你做的，我都感兴趣。我觉得你骨子里并不像你所说的，是他们叫我写我就写，他们叫我弄我就弄，你其实都有自己的态度，自己的想法。你对鲁迅，对胡兰成，对木心，都有与众不同的看法……特别是对民国，民国气象，民国风范，对，你还画了一幅画，民国时期的"清华四君子"。

陈丹青：国学研究院，王国维、陈寅恪、梁启超、赵元任、吴宓，画了五个人。吴宓是加进去的。

吴亮：你怎么会画他们的呢？这些人你了解吗？

陈丹青：是他们叫我画的……我回国的第二年碰上了清华九十周年，正好清华又把中国工艺美院合并进去了，很多画家要分任务。这个命题是袁运甫先生给我的，他说当年国学研究院那几个人物你来画，我就画了。袁运甫是袁运生的哥哥，当时我们学校最权威的一个老师。

我无知到这个地步,虽然我也知道梁启超、王国维这些人,但我不知道清华有个国学研究院……最近,那个原来的国学研究院烧掉了。

吴亮:啊,真的?

陈丹青:11月13号,一把大火,就清华学堂那栋老的法式建筑,从前的国学研究院就在这个建筑里面。

吴亮:是人为事故吗?

陈丹青:还不知道,反正烧掉了,具体情况不了解。差不多烧空了,房架子还留着,救了三个多钟头才勉强扑灭。

吴亮:没见媒体有报道。

陈丹青:清华嘛!

吴亮:你哪一年正式离开清华的?

陈丹青:2006年。

吴亮:这个导师今后绝对不做了?

陈丹青:绝对不做了。

吴亮:据说他们对你的一个很大不满是,你主张一个英语不要考,一个政治不要考?

陈丹青:对,因为我招不到学生。许多学生都卡在这两个分数上,进不来,这叫什么教育?我是所谓的导师,可我却没有权力选择我的学生。

吴亮:在清华期间,你毕竟还是带了几个学生的。

陈丹青:没办法,凡是英文通得过就可以进来,就是这样规定的。

吴亮:在你的学生里,有没有你自己还满意的?

陈丹青:学生都蛮好的,我并不要求学生有多好,他们进来就是为了学习嘛,但是这种关卡设在那儿,完全是荒谬的……这个咱们今天不谈。

吴亮:换一个问题,毛的肖像,你为什么这么感兴趣……这个问题和我后来读你的文章有关，你有一篇文章写 1976 年，你听到毛去世的讣告，你说我们都在期待这一天，我周围几个朋友不相信，丹青当初会这么想吗？还是事后才这么想？

陈丹青：你这些朋友是什么年龄很重要，他如果跟我是同岁……

吴亮：和我们差不多同代人，都是五十年代出生的。

陈丹青：同岁的，那我就要看具体这个人，有这个疑惑的人是谁？反正我当时周围的人，其实都这么想，不敢说出来，我们都在等这一天，大家都在等，更不要说我们的长辈了，全都在等。

吴亮：你好像知道他肯定要死了。

陈丹青：对啊，因为新闻纪录片经常看，他的样子越看越老。

吴亮：已经不像样子了，肯定快要死了，我们都在期待这一天。我记得你好像是用了"期待"这样一个词？

陈丹青：绝对是在期待这一天，绝对是。问这个话的人非常奇怪，他如果跟我同代的话。当然我相信绝大部分的愚民可能觉得这是个罪恶的念头，那时候有点脑子的人都在等，国家太不像话了，就知道都是因为他的缘故……大家也不知道他死了以后国家会怎么样，但总想他死了以后情况可能会不一样。

吴亮：坦率跟你说，我没这么想过，我当时我有个错觉，觉得他好像不会死。

陈丹青：那你还是一个好孩子，那就是奏效了，你相信他就是这么一个超人。但是我想，我们年龄只差一点点，就是当时，有大量的人对整个这一切的怀疑，那些再比我大一点，真正的老三届那儿，也就是红卫兵那一代人，他们很早就知道"文革"里面是有阴谋的，主谋就是他。到后来，没有其他办法了，就只有等了，尤其林彪事件出来以后，这个可以做个调查，一定蛮有意思的。就是从 1971 年接班人出事到 1976 年他的死这五年的期间。当时大部分的成年人是怎么想的，哪怕是非常信仰这一套的人，他们是怎么想的？

吴亮：我在想我自己，我从来没有问过我自己这样的问题，可能因为我家里，在那个年代，我的祖父祖母都还活着，我还没有目击过一个老人在我身边死亡，可能有关系。

陈丹青：你这么说也有道理。

吴亮：不过这也不足以解释，我为什么没有将他和死联系在一起。在他以前，朱德死了，周恩来也死了，很多很多人都死了，刘少奇、林彪更不用说了，死了那么多人，是人都会死，但确实我没有你的那种念头，就是企盼他死。

陈丹青：对，至少我是这样。

吴亮：但我也没有企盼他一直活着，我完全没想过这个事。我比你小两岁，那一年我二十一岁，好像还没有思考这样一个人的生与死对中国的影响有多大。

陈丹青：我当初最惊讶的反应就是这个消息一来，我们互相不敢看，一看就要笑出来。

吴亮：真的？

陈丹青：嗯，一看就要笑出来。那段时间我正在西藏，我们三个男的，一个我老师，一个老红卫兵，都是画家，在帮西藏那边画画，说是下午四点钟有重要广播，我们就知道肯定是关于他的，当时大家都明白，就是迟早会有这一天的，我们知道会是什么形式，中央人民广播电台全部节目停下来，就肯定是这个消息了。但是这一天真的来了的时候，第一，这个笑绝不是快乐的笑，或幸灾乐祸地笑，而是非常不合时宜，不知道为什么忍不住就要笑，所以一直不敢互相看。第二，晚上开始做灵堂，又哭不出来，这是好难受的一件事情，你知道那时候不哭，是大不敬，是政治问题。

吴亮：那天我在厂里，集体停下工作听广播，没有人哭，大家都沉默了。

陈丹青：嗯，沉默……还有一个是恐惧，其实主要是恐惧，也不知道恐惧什么，就是最严重的一件事情发生了。可是这件事情发生对我会发生怎么样的影响，没有人会知道，此前的恐惧常常是毛又有新的指示，然后就有一两件事情或什么运动发生。我们年纪还小，知道这跟大人有关，不会跟我们有关——除了上山下乡。但是毛死了，大家还是会有一种恐惧，就是国家出大事了，不知道接下来会怎么样。

吴亮：回过去讲讲"文革"前后的事吧，你父亲也曾经是右派？

陈丹青：当然。

吴亮：他是哪一年摘帽子的呢？

陈丹青：他是到最后才摘的帽子，一直到1977年。没有，一直没有摘，一直到1977年才摘帽，1979年平反。我父亲是二类右派，工资从八十几块降到三十几块，三十几块拿了二十年。右派一共分六类，他是第二类，第一类右派只有十五块钱一个月，所以我父亲算是比较严重的，他是上海当时财政系统最大的一个右派。当时在天蟾舞台斗他，他说那个时候比"文革"批斗要文明，斗他，他居然迟到，还坐在那里，用不着站起来。批，就是大家批评他，骂他，但没有人身侵犯。

吴亮：你父亲没有被开除公职？

陈丹青：那时候右派开除公职的，大多是那些地方上的右派，大城市的还好，饭碗和工作都给你留着。到了"文革"，因为这个右派帽子他又被批斗了，隔离审查就不能回家了，关在普陀区税务局。嗯，刚才你看到他们拿走的一张就是我十五岁的自画像（指谈话之前，有两个某美术馆的工作人员借走的一幅画），我就放在书包里，骑自行车到他单位里去看他，我们找个地方躲起来，就拿出来给他，爸爸，我画了一张自画像。

吴亮：你这个画画是自学的吧，有老师吗？

陈丹青：对，当时我们有一帮人，上海的小青年，临摹，画写生。

吴亮：彼此画肖像写生？

陈丹青：到襄阳公园，复兴公园画风景，找个什么女孩，男孩，或者画自己爹妈，还有画自己。就是这样，一天到晚骑部自行车看来看去，从1967年开始，一直到我下乡插队。

吴亮：最近在浦东张江美术馆，有一个油雕院回顾展，你不是油雕院的人，是他们借了你的画吧，我看到了你当年画的两幅肖像，农民打扮。

陈丹青：那个是1977年画的，我在苏北插队。

吴亮：你不是在江西吗？

陈丹青：我先在江西，实在混不下去了，再流窜到江苏，后来我就到那边去插队了，你看到的那两张画，是在1977年，"文革"已经结束了，我打算考中央美院，所以画了一些农民。

吴亮：记得你那时候有一幅画，很主旋律。

陈丹青：我画过好多主旋律的。

吴亮：是吧，那时候你是为谁而画呢？

陈丹青：很简单，就是为全国美展画，各省、各市、县文化馆，当时集中了好多那种业余画家。

吴亮：但是你心里的政治倾向已经很清楚，在那个时候，可你还画主旋律。

陈丹青：我们那时都说两套话，全部说两套话。

吴亮：我理解，先不管它，那么你要参加全国美展，对你自己会带来一些什么好处呢？

陈丹青：离开农村，非常简单。你的画如果选上了，哪怕省美展，甚至县里的美展，你就可以不要在村里待着了。

吴亮：那就是说，你1977年还没有回城？

陈丹青：1977年我已经在县文化馆了，江苏，江浦县文化馆。

吴亮：那还是农村。

陈丹青：对，所以就想离开农村，能进入城市，如果再作非分之想，就是能够进入一个文艺单位。我当时的一个梦想是，有一度南京商业局需要装卸工，到我们那个县来招工，我的资格够了，我插队快七年了，是资深知青。当时邓小平主政，为了可以回城，情愿去当装卸工。我报了名，拼命想挤进去，最后体检都过了，大概二十几个人就要走了，我最后一分钟被刷了下来，就因为我是上海知青。多收一个上海知青名额，就挤掉一个南京知青的名额，被刷下来后我就发高烧，简直就完蛋了都。

吴亮：不就是装卸工吗？

陈丹青：机会没有了……你知道我为什么愿意去当装卸工吗，我知道我如果进了南京商业局，扛了几个月的包，马上就会被调到商业局去画橱窗。我当时的最高理想，一个是画橱窗，一个是在电影院画海报。那马上就有饭吃了，哪怕就是临时工大集体这类编制都没关系。

吴亮：毕竟画画你还是喜欢的。

陈丹青：不但喜欢，而且我已经出名了，我1976年画毛主席逝世，那个画已经在全国美展展出了。参加全国美展，按照后来的标准就可以直接进入美协了，你只要有一张画被选进了全国美展。当时作为知青我能够选入全国美展，我作为"文革"最后的一批画家之一已经出名了，可是并没有一个制度说，就可以把我从农村调出来，人事调动还没有恢复，我还在农村。到了1977年，听说第二年中央美院要去江苏招生，我就蠢蠢欲动。装卸工招工黄了以后，江浦县文化馆有几个美工早就认识我，他们说那你到我们这儿来吧，不知怎么就说服了县里面，让文化馆招收了我。我很高兴，起码我可以离开那个村子了，我在县文化馆搭个铺，晚上睡乒乓桌，白天就给他们画宣传画，其中就有你看到的那两张画，那是同一批画中的……第二年我考上了中央美院，一下子命运改变了。

吴亮：那我们再回到前面，你回忆1976年听到毛去世的消息，在一瞬间大家的心理反应，不管是几个人这么说，或者我怎么看，我觉得都有一个时间延迟的问题……也就是说，你用写作来回忆这件事发生在当下时间，然后再追溯三十多年前那一天你们的感觉。这里面分成两个部分，一部分是当时的感觉，你记住了；另一部分是写作与想象所赋予的，毕竟中间有一个很大的时间跨度。尤其对毛这样一个人，对"文革"，对于好多历史问题与秘密的披露，或者否定，都随着时间的推移我们的认识越来越深入，越来越刻骨，这些都是在1976年之后的几十年中逐渐发生的。当时我们很混沌，我们不知道很多事情，当时的判断和今天的判断有很大的区别，正是考虑到这些因素我才会惊奇，而你则为我的惊奇而觉得惊讶。

陈丹青：是有点。

吴亮：你而且说有那么多大人都在谈这件事情，在那个年头，都那样的意思，不能说仇恨吧，最起码是盼望他早死，因为一些灾难都是由他而来。

陈丹青：很简单，所有的人都怕他。只有他死了，这个恐惧的来源才会终结。

吴亮：然后你自己呢，一方面怀着复杂的感情，一种恨或一种恐惧，同时你又在画他，而你之所以画他也只不过为了，很简单，就是既然大家都在这么画，我也只有通过这个唯一的路途，离开农村，有一碗饭吃。

陈丹青：这个事情是这样——当时大家对毛的看法是一件事情，毛在所有的视觉文本上出现，又是一件事情，最后我再要去画他，再是一件事情。这分别是三件事情，但这三件事情有联系。第一，当时我们很难说是恨毛,因为你知道他太庞大了,他不是个一般的人,我可以说恨某个具体的人,恨那一个局长,或者那一个公社书记……庞大的恐惧真是非常不容易描绘,因为你被这个恐惧支配了,而这个恐惧最终来自他,而他又几乎是一个非人化的形象,这个很难描述,或许我们可以跟苏联人沟通,在他们的斯大林时期。这是第一个情况。第二个,他的视觉形象对我们来说太有支配性了,从我懂事开始,到处都看到毛主席像。

吴亮:学校教室黑板上面就是一幅。

陈丹青:对的,我上课的时候发呆我就看这张脸,还有一个渊源,我14岁进初中,就跟着我的老师画毛主席像,我最早的油画作品是毛主席像,最大可以大到什么程度呢?大到六米高的毛主席像,我15岁就画过了。6米高,那个脸就跟这张墙这么大,嘴就一米多长。我对他脸部的所有肌理,五官,等于整个下载了,以后就很难忘记。我甚至可以默写他的脸,不用看照片。

吴亮:现在还能这么做?

陈丹青:还能做到,小时候会的事情,现在就会,所以他的这个脸的下载储存是太久的一件事情,此外没有任何明星,连"文革"前的像赵丹、张瑞芳、田华这些明星,以前在电影院都有他们黑白照片的——他们都远远没法同他比。

吴亮:你的意思是,被你下载的除了他的脸没有别的脸。

陈丹青:到现在也没有,"文革"是我们记忆力密度最高的年代,整整十年,反复被下载储存的就是这张脸,它代替了所有一切流动图像和明星视觉效应,这是第二件事情。第三件事情,我为什么会画这个?你看到的那一组,是1993年的一件事,1993年是毛泽东……

吴亮:诞辰一百周年。

陈丹青:毛诞辰一百周年,世界范围纪念他,英国BBC,还有纽约的各种电视台推出一些纪录片。有的拍得很早，冷战时候就拍的，有新拍的，有的是组合。你想我在纽约，纽约的电视节目，忽然之间频繁遭遇毛的脸，转台，还是毛，然后周恩来这些。我忽然，那个时候你想，离1976年快三十年了，我已经，1993年我正好是四十岁，我十几岁画他的像，二三十年后，在另外一个国家，纽约，我忽然又遭遇了这个脸，他对我来说，是一个还没有过去的脸，我才知道，原来我把他储存了这么久，我下载了这个文件，它唤起我太多，我非常惊讶，我怎么会对这张脸记得这么清楚，这么对我有作用，我说不清是什么作用。它可以让我怀旧，我如果回想那个年代，好几个文件档案可以让我回想，其中一个很重要的档案就是毛的脸。好，那么，我忽然起念要再画毛主席，我是画毛主席起家的，现在我要画不一样的毛主席，同时你要知道，就是你被批评的那个"政治波普"，就是那个时候中国当代艺术开始出现毛，上海李山在画，还有其他几个政治波普画家都在画毛，但是他们每个人的风格不一样，有的是调侃，或画得很滑稽，叼一朵花，或者怎么样，还有把他卡通化。那我是一个写实的画家，我还是很在乎一张真实的脸，很真实的表情。于是我就去把那些录像带租来，关于毛的传记片录像带，我开始看，我发现在迅速的画面闪动当中，他有很多表情是我当年下载的文件里没有的，就是愤怒啊，那种滑稽的，或者说很冷酷的那种表情。我就用快照把他拍下来，拍了一两百张。因为纪录片画面太快了，拍得不好，一会儿倒回去再拍一次，就这样，在那些多少分之一秒的照片里面，寻找那些表情差异，最后选出了十五张，但十五张里，其实有一半是官方照片，就是我们通常被告知的那种正式的毛的照片。遵义会议，开国大典啊，等等这些。再加上一半左右我们以前没有见过，是毛瞬间的表情。但是我相信瞬间的表情最是那个人，我们每个人都有瞬间表情。画完后，我把那套画叫"毛润之"，我想把他和被我们集体下载的毛分开，或一个面相学上的毛。

吴亮：那是在纽约画的吧？

陈丹青：对，1994、1995年开始画，画到1996年。这套画后来我送给了我的画廊老板，一个女的香港人，一个老太太，她非常崇拜毛。她说她很想要这套画，我就给她了。

吴亮：以后呢，有没有再画过毛？

陈丹青：没有，再没有画过。

吴亮：你对他那张脸的印象还是那么深刻，为什么不再画呢？

陈丹青：就没有欲望了，奇怪。我有一个经验，不知道你有没有，就是一篇文章，一幅画，如果是你很早就想说的，想画的，一旦你写完了，画完了，你就卸掉了，等于这个文件被删除了。

吴亮：你的意思是说，这十五幅画已经完全把这个形象从你心里面排掉了？

陈丹青：排掉了。我回头看它们，觉得画得并不好，我如果现在画会比那个画得更好。但是一幅画要画得好，主要是靠你的激情，我现在没有这个激情了。

吴亮：激情没有了？

陈丹青：做过了这件事情，算了就。

吴亮：你后来画书，画画册，对印刷品的一个描绘，你画印刷品上面的画，照你的说法，这些画就是一个静物画？

陈丹青：静物画，对。

吴亮：你不认为这是一个临摹吗，当然这里面有临摹的意思。

陈丹青：是临摹，是临摹。

吴亮：是临摹，但是呢，你画的确实又是一个特殊静物，一本打开的画册，并不对画本身的一个临摹，这里面既有平面性，又有三维性……这批作品，好像你已经画了很长时间了？

陈丹青：对，那有十几年了，那个可以源源不断提供快感，因为画册是没有底的，有些画册在我的眼睛里非常入画。我每年都会买一些新的画册，我还特别喜欢买旧版画册，它很入画。后来只要有新的画册出来，我又会买，我曾经以为我大概没有热情再画这种题材了，但等到有新画册一来，我还是会想画。

吴亮：你不会仅仅把它们作为一个静物去画吗，肯定不那么简单。

陈丹青：是这样，当然它牵涉到一些观念，最核心的一个观念就是关于再现和复制之间的一个悖论，英文这两个词很接近，一个叫 reappear 就是再现，一个叫 copy 就是复制。我们正生活在一个复制的时代，而我手上画的油画呢，被假定为一个再现的时代，从古希腊一直到文艺复兴一直到印象派，它是再现。现在，这个再现和复制变成一个错位的事情，复制比你再现的好，这个完全是准确的。然后呢，我用手工再现的方式把这个机器复制的东西重新再现一遍，但其实它还是复制品，这里面就产生悖论了，而我们正生活在这个悖论当中，很少有人会注意到这件事情。所以这是个观念，但是呢，我又不喜欢太想让人看出来你的概念，那种概念的当代艺术，这样"书"就给了我一个最好的，最自然的借口，我们谁都看见书，它放在那儿，它真的像静物一样，跟一个杯子，一堆苹果，一束花在本质上是一样的，所以我就去画它了……再有一个，我特别喜欢临摹，就像你说的。

吴亮：真的吗？

陈丹青：就是，我特别喜欢临摹别人的东西。我从来不追求风格，我没有一个野心说，有一天我要树立一个属于我的风格，让人一看就知道是我，我好像从小就没有这样的野心，临摹满足了我，就是很私人的一种偏好。

吴亮：是不是你画画就是从临摹开始，而不是从涂鸦开始？

陈丹青：对啊，就是，就是。对。

吴亮：慢慢的临摹就变成了你很喜欢的一件事情？

陈丹青：对，当然，临摹在另一个立场看也是。

吴亮：你是不是把写生也看成是一种临摹呢？

陈丹青：差不多，临摹通常是指一个已经变成画的平面，一个现成品，你把它再现。写生嘛，当然它是一个活的对象，一个三维对象了。难也是写生难，临摹要方便得多。临摹，用中国话叫依样画葫芦，那要好一点。写生不一样，写生是一种寻找，你等于从头开始寻找到这张画。你临摹，是这张画已经在你跟前了，你把它再说一遍。两者还是有区别，但是从模仿这个词来说，写生和临摹可以说它没有太大差异，是一回事情，就是一个反射动作。

吴亮：所谓创作性的，有主题的那种画，你也就《西藏组画》算是一个系列？

陈丹青：不止，第一个是"文革"当中的主题画，现在看起来是很教条的；那第二个就是《西藏组画》，第三个就是〇〇系列，第四个才是我的静物。这些画严格说来可以算是我的创作，此外都是为了画这些创作的一种习作和游戏，没多大意思。但我不是经常有创作热情。你看我，回来的这十年，主要的热情都用于写作。他们就说你为什么不创作了。我就问我自己，其实最诚实的回答是，就是一件让我非常激动的事，一定要把它画出来的那样一种激动，目前还没有出现，我不知道还有没有。如果它有，它迟早有一天会到来，某件事情，某个图像，某一个想象，让我很难摆脱——这个时候，我可能就会进入新的创作；既然没有，我就一直在东画画，西画画，就这个样子。

吴亮：我另有个问题，也是一直想要问你的，你去美国以后写过很多随笔，包括通信，看了许许多多博物馆，画展，慕名已久的大师作品，你的眼界迅速扩张，宽容也滋长了。艺术家有必要这么宽容？你为什么没有偏见呢？

陈丹青：我是没有偏见的。

吴亮：……比起你在美国的一些国内朋友，比方说像蔡国强、徐冰这样的，与你走的路线完全不同，你都能做出很欣赏他们的样子。

陈丹青：我很佩服他们啊。

吴亮：在你的随笔、谈话和讲演中，你给予多种不同的艺术以理解，那些对立的艺术，你都找出各自的合理性，你接受一切材料、观念、风格，各种各样离奇古怪的艺术，你的开放态度不像是艺术家，而像一个美术馆馆长。所以你虽然坚持写实，坚持再现与临摹，但在写实性的再现绘画之外，那么宽广的现代艺术和后现代艺术领域当中，你的消化能力，你的理解幅度，都非常强大和宽广，但你恰恰完全不做这种当代的尝试。我们知道有很多艺术家以前也是画写实的，后来他们完全改变了，当然我不是要求你和他们一样……

陈丹青：我知道你的意思。

吴亮：是什么原因，使你的画总是那样一个面貌，你是一个非常有想象力的人，你能够理解当代一切新作品，并且耳熟能详，装置、行为、图片、拼贴，我想对你而言做起来也不会太难，你从来没有想去尝试？

陈丹青：没有……

吴亮：至少我们没有看见，为什么？你想过这个问题吗？

陈丹青：想过，想过，我被问起过。我想也是好几个层面的问题——第一，我本能地相信一个人最好做一件事情，类似像我正在画的这种写实油画，它几乎得花一生的时间去做还未必能够做好。我不是一个非常善于转移投资方向的人，而是既然我决定做这件事情，我就把它做好的一个人。再说画画这件事情是一种最古老的手工业，它砸的就是时间，就是生命。第二个呢，同时我又很本能地知道，尤其是到了美国以后，我就知道了这已经不再是一个绘画的世纪，这是一个影像的世纪，这是一个由当代艺术和现代艺术构成的文化。我想我有足够的好奇感，倒谈不上你说的理解，或者怎么样；我不过就是有足够的好奇感，同时这些作品也确实有足够的魅力，你一看就会喜欢，就像杜尚。或者你刚才所说的这些装置也好，观念、身体、行为也好，立刻就会吸引你，所以我说我不会有障碍，不能因为我是画传统写实油画的，就一定要说这些东西算什么。这对我没有问题，我也有点奇怪，我怎么会这样。因为我的很多同行都非常排斥这些东西，排斥这个，怨恨那个，连毕加索他们都看不懂。但是我也理解，人的天性里头有很多不一样的结构，像电脑设置一样，有些文件、文档、功能特别多，有些文件、功能就很少。这不能强求一律。那么最后一个问题就是我要不要做？我也有点奇怪，就是我画这一路画，好像有足够的定力，不会被我同时喜欢的别的事情带走。这是第一。第二，其实说起来也很简单，就是我心里蛮尊重那些做各种艺术的人，我相信他们跟我一样，他们做到今天这个地步，他付出过他的代价，就是他阅读，他的勇气，他作出了选择，同时他去找新的材料。上海的那位陈箴，去世了，他付出过他的勇气，他跟我一样到马路上去画像，要生存，他也有过挣扎，据说他在出国以前也画过西藏。所以，他已经付过那个代价。并不是说，我今天下午把画具收起来，明天我就开始做另一件事情，我就能做，当然它一定有快感，这个我相信。我觉得既然他们已经在做了，这个我为什么还要去做呢，我现在不必赶时髦了，我赶过"文革"的时髦，那是没办法。当时如果我不赶这个时髦，我离不开农村。

吴亮：为了生存嘛。

陈丹青："文革"后我可能给自己下了一个无形的决心，我再也不要赶时髦了，就是说，所谓大家着急要去做的事情，我不要做。而我后半生遇到的最大的时髦到今天还没有完，就是几乎所有画画的年轻人，都非常想要变成一个当代艺术家，我看得好累，他想爬过去，混到这个名分上。我不要这样,那么代价就是,自我边缘化,这个对我来说好像一点也没有问题,所以我就想为什么,可能这里面有个虚荣心的问题。我真的出名蛮早的,我大概刚过20岁,小圈子里就都知道我了;到我画西藏组画的时候,我还只是27岁,据说这就算出名了。我的虚荣心很快过了关,出名其实很简单,就是你看着你的名字印在上面。然后人家会来找你,问你是不是谁,他们已经知道你了。出名其实也就是这么一回事。我很早过了这一关,如果我今天,都快60岁了,还没有人知道我,我画了这么多画,那我可能会很不安,我不想装得很清高,一个艺术家绝对是要出名的,绝对是个虚荣家,张爱玲真厉害,她说出名要早,我不知道她怎么会这么早说出这么一句话来。

吴亮:因为她出名早。

陈丹青:可是我出名也不晚啊,我当时绝对没有想到这一句话。

吴亮:你和她出名时差不多年纪吧。她25岁,你27岁。

陈丹青:她比我要早……你现在去做当代艺术,和在"文革"中做革命艺术,其实它的驱动力是一样的,就是你想证明自己,证明这个方面我有才华。我能做这件事情,然后我被承认,被关注,这是每个艺术家一定会有的心理。你不要告诉我一个艺术家只是为自己画画。如果我今天还非常渴望被承认,或者渴望出名,我也许还会去争取。但这个冲动,这个资源,在我心里很早就没有了。

吴亮:我想是不是还有一个原因,就是你的写作,你把那些剩下的虚荣冲动,新的表达资源,大部分通过写作表达出来了?

陈丹青:写作在我还算是比较晚的事情,在我身边发生当代艺术非常早,差不多在我上清华的时候就已经发生,虽然那时候……

吴亮:你从来没有动过这个念头?从来没有?

陈丹青:没有,没有。我是,真的不太会,我一方面确实很好奇,接受很多事情;另一方面我很难被一些太兴奋的事情,轻易带出去,好像我从来就不太会。我蛮坐得住的，就是做我自己，就是这样。

吴亮：对，你坐得住，你写作就是。

陈丹青：后来我写作了，它给了我一大部分，就是我没有经历过的一种快感。它真的可以把我平常胡思乱想的很多东西，或者跟人聊的，它真的可以全部说出来，这是我之前没有想到的。人家是写作以后，慢慢去找经验说；我是有了好多经验没有想到要说，结果媒体找、找、找，我发现我可以把它说出来，就这样。

吴亮：实际上你的写作早就开始了，人们称它潜写作，你很早的时候，八十年代在纽约你就听木心讲课，你喜欢通过书信表达想法。

陈丹青：照木心的说法，你会写信就会写作，知青那一代基本上是靠信生活的，我们每个人都有一大堆信，没有什么了不起的内容，他们只是要说……木心还有一句很好的话，"信是写给别人的日记，日记是写给自己的信"，真的很实在。那我们，我的年轻时代，只有写日记，写信，那是一个没有媒体的社会，没有交际的社会。

吴亮：你在"文革"当中也写日记吗？

陈丹青：写啊，写日记。

吴亮：写些什么呢？写一些犯忌的内容？

陈丹青：倒也没有，没有，我现在看起来很难为情，就是很文艺的日记。看到的风景，感想什么，大多就是这种。

吴亮：到纽约以后呢？

陈丹青：你说日记啊？

吴亮：嗯，日记。

陈丹青：就中断了，好久了。

吴亮：写信是你一直保持的习惯？

陈丹青：现在发 e-mail，写得短了，年轻时候喜欢写长信，好几页纸。

中国当代艺术的若干问题

刘晶晶　吴亮

（吴亮对话《艺术世界》编辑刘晶晶，2008年8月6日）

中国当代艺术之一
北京和上海

刘晶晶：这次我们讲一个大的话题，就是北京与上海当代艺术圈的性格区别。我们提出这个话题源于王兴伟去北京了，他本来住在上海，大概有十年，但是十年后突然就去北京了。像雕塑家李占阳，他是从四川"川美"过去的。好多"川美"毕业的艺术家、四川艺术家，如果离开四川首先就会选北京，很少有人选上海，除了像邱暗熊这样的。大部分人，像钟飚等，都选择北京。现在，本来在上海的人也去北京。上海是不是缺什么？其实，上海一直是中国的文化中心。

吴亮：这个话题已经谈了很多年，从上个世纪九十年代……

刘晶晶：但是我们现在的当代艺术圈好像更有这个潮流。

吴亮：从生活利益出发，而不是从理念，从民族存亡出发，这是一般情况。当年上海的多样性，和民国时期那种……不清楚现在教科书上怎么说，或者怎么修改，但要承认这个事实，起码在当时法律形式上，有出版自由，有新闻自由，有居住自由。这保证并且吸引了很多人到上海谋生、投机、冒险，文人可以自己开书店，办书局，做出版。巴金有出版社，自己在那儿出书，还出许多朋友的书，不要谁审查，更不要向国家垄断的出版社买书号。这些条件，不用说，1949年以后就终结了。这是一个很重要的断裂。以前人才流动到上海来很正常，上海机会多嘛。近现代文化史上好多人在上海出名，但他们原籍并非上海。当然这不重要，就像今天的北京，北京的艺术家好多都不是北京人。

刘晶晶：那时候，演戏的想成明星一定要跑上海这个码头。

吴亮：对，一定要到上海来拜码头，那是当年的情况。说起来会有很多很多故事，现在研究近代史的，实际上已经提供了很多资料在谈这个。现在要出名，只有去北京。

为什么北京在上世纪九十年代以后，它的实验话剧、小剧场演出、诗歌、摇滚，一直都还相对比较活跃？哪怕当时社会的日常气氛还显得沉闷甚至压抑。包括电视剧，一半市民文化一半痞子文化，煽情加反讽，像王朔现象在上海是不可能出现的。还有就是当代艺术，北京的"圆明园现象"，艺术盲流，自由策展人。再往回走，可以追溯到"星星画会"，画家和诗人全是一伙的，七十年代末以及八十年代我们得另说……我觉得，根本的变化来自中间又出现一个断裂，"八九"断裂，一下陷入低谷。那时候头几年大家懵了，后来好不容易缓过劲来，这日子还得过，无聊加调侃就来了，或者悄悄干点什么，地下的，小圈子……这我就不多说了。九十年代以后，北京的一个结构性条件被利用了，即它的生存缝隙比较大，上海没这个缝隙。在北京有很多"北漂"，形成一种江湖现象，他们像散兵游勇，在农民那边租房子，郊区，城乡结合部，他们漂在北京，混在北京，活下去不难，还成为一种生活方式，江湖上还到处流传着他们的传说，这搁在上海难以想象。（刘晶晶：太严丝合缝）对，这是一个物质结构的条件，此外，还有一些特殊原因，比如管理缺陷——北京是多头管理,北京市政府管不了整个北京,那儿有中央政府,中央直属机关,北京还有这个部那个部,武警,总参,全有不小的来头,一般警察不好管,政出多门,权力机构交叉重叠。(刘晶晶:衙门特别多)所以管理上责任不容易明确,有空子可钻,"北漂"们可以通过各种关系杂居在那儿,混在那儿。当然,有关部门当初很注意他们的行踪,但也没太多办法,赶不走。从圆明园赶走,就到通县去;再赶,来不及了,国际上出名了,回"798"了,在中心安营扎寨了。

刘晶晶: 插一句,上海是国际化城市,这个定位你怎么看?

吴亮: 我马上要讲这个问题,但我们一定跳出这样一个主次的概念。人们一直说上海是国际化的,直到现在也是国际化的,可是问题恰恰在于,就因为上海的国际化使她失去了中国性。北京不是国际化的,盖再多摩天大楼还不是国际化的,北京很中国,因为很中国,它获得了国际关注。人们关注中国什么?关注中国很中国的那些方面,那些特殊性,那些具有当代变化的特殊性,不是关注你那些。(刘晶晶:copy 的版本)对,从生活设施、服务业、职业习惯、白领受的训练、市民文明程度来看,上海比较和国际接轨,它从来不代表中国。但是北京是,心理上,事实上,它就是代表中国,你只要比较一下北京和上海的电视节目主持人两种不一样的腔调与派头。在上海,人和人的模样差别不大;在北京,人和人区别大极了,混杂性,官本位,大腕儿,款儿爷,加上民间各种各样的生存状态,市民阶层,干部阶层,面貌有多样性,所以北京的市民剧、室内连续剧收视率高啊。但上海没有,上海是一个科层制社会,本国传统政治制度的遗产对它影响相对较小。

科层制,马克斯·韦伯的概念,这个等级不是讲传统官僚制度等级,而是技术官僚等级,一层一层很清楚。你职员就职员,我科长就科长,他局长就局长,大家很清楚,守规范。但是在北京,升迁还是调职，突然改行，动不动会冒出一个什么新上级。前面我说过了，这点很重要，当然，还可以作很多探讨。你不妨找一些专门的人来谈，我此刻说的一个情况就是——北京特别中国性，上海只是一个上海，哪怕北京比上海老土。在北京打政治波普牌，打这个牌那个牌，它就不仅仅是北京艺术，它代表中国当代艺术。上海艺术再怎么弄，你还是代表不了中国。你说艺术不必代表一个国家，这我同意，但是如果人家一定要从艺术里面看这个国家，你又有什么办法？今天全世界关注中国当代艺术也好，关注中国政治也好，他们首先关心在北京发生什么。假如外部世界的人们已经习惯把注意力投向北京的时候，中国艺术家为了被关注，因为聚光灯容易打到北京这个舞台，一些有才华的或想出人头地的艺术家就自然要跑到北京去。二十世纪九十年代，市场还没起来的时候，艺术家们已经那样干了。当时靠什么呢？靠在北京的国际媒体。那会儿国际媒体没有今天那么厉害，但在九十年代这个特殊的历史条件下，国际媒体对中国的关注，中国每一次的政治变化，高层人事调动，或者一个什么会议，对非官方艺术的反应，这些都是很重要的动态，风向标。驻北京的是大使馆，驻上海是领事馆。在上海的领事馆主要是干什么的？是做生意。外国驻北京大使馆，一些喜欢中国当代艺术的外交人员在自己家里，会搞些艺术活动，他们都难以避免地带有政治色彩，或因为总是被认为具有政治色彩而具有了政治色彩。上海呢？不外是一些商家，比如法国路易十三葡萄酒搞个活动，爱玛仕搞个活动，会举行派对、晚宴，弄些艺术品，请些艺术家，很高雅，商业性很强。大家在他们的私人住宅或五星级酒店里聚一下，完了。北京不同，一些国外的外交机构包括国外媒体和中国的当代艺术家发生关系，整个的关注点兴趣点，不管是有意还是无意，就是一个政治，或者说——哪怕是比较隐喻性、象征性的——都带有政治色彩。上海的大多数当代艺术都是抽象，注重形式感，有教养，手工讲究，好看。它透露出一种生活品质，一种优雅的趣味，一直是这样一种格调，没出名前是学术，出名之后是时髦。我想可能是因为在上海这个地点，以及北京这个地点，各自和国际发生关系的时候，它的内容是非常不一样的。

刘晶晶：当年上海人学艺术多半选择去留法。

吴亮：你要这么提醒的话，我觉得也可以印证这个问题。北京是徐悲鸿，写实主义；上海是林风眠，形式主义。当然不能简单这么两分，这只是一种象征性的说法，我们不以偏概全，但这两个代表性人物确实很清楚地表明，北京是政治化的，上海是生活化的，历来就这样，从五四前后就开始了。而上海开埠更早，英法租界，生活的现代性最快进入，文化艺术一直有浓重的商业味。

刘晶晶：陈丹青也喜欢留在北京。

吴亮：北京以我个人感觉……也是很多人的感觉，就是北京很乱，但充满活力。上海呢，不那么乱，但比较平稳，这是说得好听一点。说难听，格局不大，也就是说……不能说死水一潭，就是相对波澜不惊。当然你也可以批评北京假大空。

刘晶晶：上海艺术家也不喜欢互相来往，不像北京的艺术家。

吴亮：对，这是长期形成的。最近几年有些来自其他城市的艺术家在上海定居，至今没有形成规模。比较有影响的上海艺术家的基本职业构成差不多，没有跨领域跨学科的，都是美院的老师，有稳定的职业。现在上海有一些自由艺术家了，九十年代那时候没有，几乎没有。自由艺术家就是那种没有在体制意义上拥有个正当收入的艺术家，北京历来很多，圆明园那会儿就有了。

刘晶晶：您刚刚说到环境，我就想上海那个×××，就是在上海展览中心去年做过第一届。当时北京很多媒体都说是上海对北京的挑战。因为北京挺多，但上海还是做了一个很高端的东西，对北京是个挑战。您怎么看呢?

吴亮：上海的政府行为，就是艺博会，这个意识比北京早。北京代表中国，做的是奥运会；上海代表生活时尚，做的是世博会。上海官方搞双年展的理由虽然同样是政治，但不是旧意识形态，而是作为一种政绩，就是和国际接轨，树立城市文化形象，扩大交流与影响。你想，包括"双年展"，上海比北京早。曾经有段时间北京艺术家羡慕上海，他们喜欢到上海来，就从2000年那一届"双年展"开始的，包括参加"双年展"的外围展，涌到上海来。2000年上海"双年展"第一次把方力钧请过来，他曾经是有争议的，九十年代初处于一种地下半地下状态，官方并不鼓励。后来慢慢开始松动，但是淡化方力钧的政治色彩，把他作为在国际上成功的当代艺术明星邀请过来，在我看来是一种策略，是上海首先做这件事，就是那一届"双年展"。那个展览期间还有好多外围展，做了一些比较边缘的，或者说在当时的本地主流媒体看来比较出格的。于是北京艺术家们显然就觉得上海是一个好地方。另一方面，作为一个艺术创作群体，我现在不涉及个人的美学趣味或者对艺术的理解，这个一直有不同看法，这个无所谓，但我们不得不承认现实——在北京的艺术，作品的针对性，作品的力度，艺术家们的形象、行为、言论同中国之间的关联，的确要比上海强得多，紧密得多。是"在北京的艺术"，不是"北京艺术"，或者说"当代艺术在北京"。我觉得，上海的当代艺术，绝大部分还是现代艺术，或者这么定义，就讲抽象艺术，克莱夫·贝尔、弗赖所定义，格林伯格最后总结的，就是平面、表面、肌理、颜色、几何构成、点线面。到现在，许多人对上海的抽象艺术没有得到应该有的价值认可而耿耿于怀。我觉得这里面除了——我们不讲商业，不讲批评是不是失职，不讲这个，撇开学术上的争议不谈，假如我们承认现在整个世界的潮流艺术已经被美国艺术，被美国六十年代以来所确立的对当代艺术的学院阐释权和媒体话语权垄断的话，或者说我们还继续在美国艺术批评所理解的当代艺术的含义下来理解中国当代艺术，那么我只能说，不得不遗憾地说——北京当代艺术是当代艺术，而上海当代艺术不那么当代艺术。我是从字面上来讲这事，不否认在上海有一些非常出色的当代艺术家，我个人对他们的评价可能要远远超过北京的当红艺术大明星，但总的感觉，上海当代艺术的冲击力和它的观念性，它的刺激性，或者说它的乱来，胡搞，都显得弱，不够狠。

"乱来胡搞"这个概念，是法国人在上世纪九十年代反省他们现代艺术起源的时候提出来的，找到根源了，就是杜尚，是他开始乱搞的。这种检讨，这种反省，在西方是个传统。那么，假如我们接过这种方式说：行！对！你就是胡搞，胡搞就是当代艺术的重要特色，挑衅、蔑视、无政府主义，甚至价值虚无主义。所以，在北京很有意思，这些东西形成了一个非常壮观的文化奇观，你走近仔细看，假如还坚持用些一比较传统的标准说作品一定要美啊，用罗杰·弗赖或者克莱夫·贝尔的形式主义观点衡量，那对不起，这些东西大多在上海，北京就不玩这个了，北京的活这半个多世纪以来一直非常粗糙，它讲气魄、概念、大词。

刘晶晶：那您觉得周铁海呢？

吴亮：周铁海显然是个后现代艺术家，或者说是当代艺术家，他做观念艺术。当然，你要我涉及一个具体艺术家，去评价他的话，我可能还要单独的，认真地来面对。

刘晶晶：其实我们看艺术家从上海去北京的很少，策展人好像挺多的。像顾振清啊，挺多的。还有画廊老板，比如张明放啊，他们也去了北京。目前北京的机会肯定是比上海多。

吴亮：你换了个舞台上去说话，讲同样的话，效果是不一样的。它声量的传播面不一样，观众也不一样。虽然你还是这个段子，还是这个扮相，但那个剧场效果完全不一样。我们必须要假设这个剧场效果，这个剧场是个政治剧场。现在好多事情都泛政治化了，也可以说因为当代艺术的出现，艺术也泛化了，什么都可以是艺术。什么都可以是艺术，对北京来说非常有利。所以我们现在如果有话说就需要跑到北京去说——一直有这种说法——北京是个杂货摊，是个动物园，我得补充一句：北京还是个当代艺术的大剧场。

中国当代艺术之二
虚无主义与实用主义的由来

刘晶晶：您对当代艺术目前受到一些批评怎么看？

吴亮：现在针对当代艺术有不少批评，说它是泡沫，全是炒作出来的，这个批评很普遍，但缺乏理论分析，你不能用你的抵触你的不满来替代解释。我需要的是解释，解释什么呢？解释为什么恰恰是当代艺术被炒作，而不是其他艺术被炒作，你必须先告诉我们所谓的中国当代艺术究竟是个什么东西；你说它就是一个胡搞，那你也必须同时向我解释为什么有那么多画廊拍卖行，那么多策展人收藏家，那么多基金会美术馆都卷入其中？难道他们统统是傻子骗子瞎子，没看出它是胡搞它是皇帝的新衣服，就你清醒？没错，当代艺术的超级繁荣的另一面就是混乱，到底是好得很还是糟得很，反正各说各的，批评它混乱、劣质、模仿、胡来、幼稚、哗众取宠，甚至剽窃……什么说法都有，但在我看来，所有这一切贬低性的批评很准确地描述了当代艺术的一些外部特征，而骨子里，恰恰是当下中国的集体文化心理漂泊不定的，寻找不到方向的，带有无政府主义倾向的精神写照。在这样的状态当中，一方面是中国身份的缺失；另一方面，反过来，也有人要搞复古主义。这样一种惶恐的缺乏方向感的局面，彼此缺乏认同，七嘴八舌，看不到中心……我觉得，最能够表达中国目前文化状态以及集体心理状态的，恐怕就是当代艺术。里面所有的缺陷、问题，都是中国目前的文化症候。比如浮躁，急，急于成名，恐慌，浅薄，自大，前些年还妄自菲薄，现在又感觉好极了，泱泱大国，民族主义得很，动辄抵制西方，或向西方扔一只象征性的白手套，一个个都是表演大师！我可以用另外一个词来概括貌似活跃多样的当代艺术背后的那个一致的价值核心——实用主义，当代艺术再怎么说得天花乱坠，其实全是实用主义。当然，再放大来看，今天中国哪一方面不是实用主义？政治实用主义，外交实用主义，经济政策实用主义……有两个说法深入人心，白猫黑猫，摸石头过河，目标就是捉老鼠，就是大家一起过河。

中国式的实用主义和美国式的实用主义有非常大的区别，美国是个新教国家，还有天主教、犹太教，占人口百分之九十几，他们是要上教堂的，这个传统从美国建国以来一直没有断过。美国人一方面是实用主义、个人主义、个人英雄、美国神话，一方面有非常严格的一个保守主义的力量在里面，稳定着美国社会。中国有吗？有，辛亥革命以前有。辛亥革命以后打乱了，这是第一次打乱。

刘晶晶：辛亥革命之前的保守力量体现在哪里？

吴亮：就是儒家规范、王道霸道、皇帝、帝王权力、绝对威权。这个威权来自祖先，也来自传统文化，陈陈相因，整个一套包括民间的，我们所有的生活习惯。中国的信仰不是宗教信仰，它带有很大的世俗性，所以我接下来要说一个什么呢，就是中国是一个——现在还是这么说——全球人口最多的无神论国家。但不等于说中国没有宗教信仰，有，但是中国的宗教信仰都是外来的，佛教是外来的。

刘晶晶：道教呢？

吴亮：道教不算教。对不起，这个说法有争议，按宗教的严格定义来讲，道教不能归入宗教范畴，怪力乱神炼丹服散长生不老，基本是歪门邪道。甚至有人说儒教也是教，但儒教不是，它是一种世俗的礼仪，它是用礼来治国，讲究一个君臣父子的秩序，基本是个国家政治伦理，宗族家庭，修齐治平封妻荫子，都是世俗兴趣，从不关心彼岸。学术界不认为儒教是个宗教，尊孔不同于信神，孔教不是教。

刘晶晶：您刚才说辛亥革命打破了……

吴亮：对，辛亥革命前后，科举废除，推翻帝制，整个秩序统统打乱，重来……第二次打乱，大断裂，就是1949年了。1949年以后中国的课本完全改写了，古典的东西开始剔除，它是封建迷信，西洋的也剔除，两者加在一块就是半殖民地半封建，与社会主义新文化是对立的，后来又把老大哥苏联也算进去，统称"封资修"，一锅端。封建去除，帝国主义去除，其实就是消灭传统消灭外来影响。有人说它是五四的一个延续，这又是需要另外讨论的事情了，现在没有一致的看法，五四究竟是科学与民主，还是个性与自由，一直有不同的说法。

接下来一次更大的爆发，就是"文革"。中国本来就是个无神论国家，它以前也建立起一些民间规范，但这个规范逐渐地，后来是大规模地，自上而下地被打破了，连根挖，挖地三尺，挖祖坟"破四旧"。"破四旧"破什么呢，就是把日常当中的传统风俗习惯全打破了，日常生活私人生活统统被侵犯了。家里所有的东西，服装、发式、家具、字画、器皿、书籍，全都彻底破坏、砸、焚烧。还有一个，对中国语言的破坏，这种破坏很难说，比如说简体字，我不能说白话文运动是一个倒退，它有它的意义，使它容易学，大众化，但是你用白话文把古文废除掉，这个民族的时间记忆就被抹掉了。

所以我回过来再说这个问题：中国一向是个无神论国家，到了"文革"，又成了一个规范全部丧失的国家。1949年以后曾经建立起一个全能的国家意识形态文化，它代替一切，又是信仰，又是理想，它有新的伟大偶像和一句顶一万句的圣经……但是，这套东西1976年以后，通过这三十年的改革，世俗化，又统统没有了，一个巨大的空白出现了。九十年代以来一直有人说现在信仰真空，为此痛心疾首，其实人们什么时候有过信仰自由？意识形态曾经包办一切，现在意识形态不管用了，又不让人们有信仰自由，凭什么说信仰真空是人们只追求物质利益造成的？不是信仰空白，是记忆没有了，历史没有了。好多问题是我们至今都不能碰的，"文革"不能说，很多历史真相不能说，连近现代史的常识都不能说，都犯忌。所以，人们被迫活在一个没有记忆的当代之中。所以在中国，现在从精神上就产生了一种虚无主义，两极化，一个虚无主义一个实用主义，彻头彻尾的实用主义，从高层到底层，统统相信白猫黑猫。但是，我要反过来说，现在我绕了一大圈绕回来了，中国的当代艺术，不管有些人说它是美国化还是被殖民化，它都最生动、最详细地为中国式的无神论国家的实用主义和虚无主义留下一个现场见证。从这点来说，没有更好的比这更丰富的见证了，一份巨大的文件。因此呢，哪怕泡沫、阴谋、炒作、假大空、说谎，全都是活生生的见证。我总体上欣然接受它们，就像克莱因说的，下雨了，我欣然接受，刮风了，我欣然接受；啊，大自然，我照单全收……但是具体到作品，我可能会说这个很差，那谁谁谁，没什么创意，剽窃模仿，都可以评论，你不喜欢你讨厌，都没问题。在整个一个全球化的范围里面，中国当代艺术目前可能就命中注定要扮演这样的角色。

中国当代艺术之三
作为全球化背景下的中国当代艺术只能是一种符号生产

  吴亮：当代艺术既然如此庞杂，草率，粗鄙，又是时代见证又是鱼目混珠的，你会问，那些收藏家难道是出于收集证据的理由，就肯花几十几百万来买它们吗？当然不是。那么它为什么今天会引起那么大的国际影响呢？一个最重要的原因是：中国强大了，连续二十多年的经济持续增长是个奇迹，毫无疑问——总是有人在说，这是泡沫，破灭是迟早的事什么的，我先不说这个预言为什么一直未应验，因为总有一天会被它说中的，会有这么一天的，好比你预言某个人会死——中国的经济增长开始影响了世界经济秩序与格局。世界第一的制造业，惊人的出口贸易，数以万亿计的外汇储备，最庞大的廉价劳动力市场，高速度的疯狂建设，大规模城市化，同时又确确实实存在着潜在的危险——天文数字的劳动就业压力，能源短缺，污染，水资源匮乏，还有金融体系像玻璃巨人那样脆弱，你即便真是一个巨人，说不定哪天，说不定同时就是一只纸老虎。中国对国际合作越来越依赖，所以呢，当中国已经和全世界的经济连在一起的时候，你一动会影响全世界，牵一发而动全身。现在中国又是一个军事大国。在西方那些国家的眼睛里，你当然就是潜在的敌人，让它们不放心，猜疑，头疼，但又不得不合作。因为还有更不讲道理的对手在困扰西方大国，朝鲜核武器问题啊，以色列和巴勒斯坦，伊朗，都是火药桶，在国际谈判中都需要和中国合作，中国还是朝鲜的老娘舅呢。假如中国实力不够强大，人家不在乎你，你就不会成为一张重要的牌。这种强大使西方国家注意你，当它们注意你的时候，对你这个国家发生的一切慢慢感兴趣，当代文化艺术都开始被注意了，这搁以前是不被注意的。八十年代的中国现代艺术，我们在回顾的时候，发现它对西方完全没有影响，因为八十年代的中国政治经济对西方一直没有实质性影响。九十年代初，费大为在法国做"大地魔术师"，那里有些什么？其实就是些老古董，中国的神秘主义，中药，阴阳八卦，风水罗盘，象形文字……就这些东西，黄永砅、蔡国强、陈箴、徐冰，还是把中国定位为一个神秘的东方国家，马可·波罗式的，你那会儿的当代艺术就是假古董，你是活化石，你不具备当代性，你连言论自由都能没有，怎么可能有当代艺术？

刘晶晶：但他们比那年送去的那个剪纸要好多了。

吴亮：是，但西方人还是在看东洋镜……第四十四届威尼斯展以后，慢慢的，中国当代艺术有了一个新形象，很简单，方力钧的大头傻笑，王广义仿"文革"大批判，所谓政治波普，无聊，赖叽叽的脸，那种无所事事的打哈欠表情很符号化，一看就明白。西方人有他的误读，但我觉得都是一个必要的过程，必要的误读，就是把圆明园那么多艺术家里的一部分放大，集中，命名一个标签：政治波普。如果仅仅是波普的话，你这个波普就没有什么新意，美国是商业波普、媒体波普，真正的大众化；你没有，你只有政治，而且你的政治还是不自由的，你只能反讽，弄一点隐喻式的自嘲，把自己画得很丑。当然这个风气与当时的王朔小说、张艺谋电影有着血缘联系，这个西方人当然不清楚。另外，那个政治波普不仅学美国也学了苏联，戈尔巴乔夫时代就有苏联画家用伪古典主义画斯大林，既庄严又讽刺，还画列宁，画玛丽莲·梦露，画镰刀斧头，全有过，但苏联解体后，政治对抗突然消失，政治波普一点意思都没有了。九十年代初的中国还有诸多不便，画家不可能画当下的政治领导人。何况，作为政治领袖和一个时代的象征，没有谁比毛泽东更有资格更有影响力了，早在六十年代毛的形象就已经在西方广为流传，作为游击战鼻祖，还有继承人格瓦拉和武元甲，安迪·沃霍版的毛泽东表明了毛的形象在当时就已经越出了国界。我觉得，中国政治波普中的毛形象不见得就是一个怀念，或一个批判，或一个讽喻，它包含的内容相当复杂。尤为重要的是，在客观上，毛泽东就是一个关于现代中国和当代中国的标志、象征，不论你怎么解释这个标志，怎么解释这个象征。标志识别是人们认识陌生事物或陌生人的捷径，你没有理由一开始就希望别人像你自己那样了解自己，何况你虽然生活在中国，因为新闻管制和言论管制，你并不见得就比某些外国人更了解自己的国家，许多中国人至今还以为美国文化就是好莱坞麦当劳，你不就凭着那两个标志吗？好，先简单化，标签加误读，政治化解读，邀请出国展览，先让你作为一个艺术家被国际承认，然后商业化，又作为一个成功的文化品牌，政治性随之淡化，国内也顺水推舟，不再限制当代艺术活动，甚至政府出钱给予扶持。实用主义嘛，还把那些曾经让警察头疼的艺术盲流村落称之为"创意园区"，真有创意啊！反正整个过程非常非常有意思，谁会想象到这伙人这帮混混今天统统成了大牌明星，但事情就这样一步一步过来了。

走到今天这一步后，已经——我不说多元，我用一个好像不太好听的词：混乱。什么叫多元？多元，每一元的内涵与外延都很清晰，主张明确，风格明确。中国现在的当代艺术品类很多，但多半很模糊，边界模糊语言模糊，图像和意义都模糊，所以混乱。为什么？因为艺术家的思考是半途开始的，与时俱进，东张西望，三十年前的中国就是一个图像荒漠，你不能要求在这么一个条件下产生伟大的文艺复兴，何况禁区和禁锢依然存在。模糊、质量粗糙、趣味低劣，在我看来都包含社会与历史内容，政治后遗症，失败的教育，粗鄙和痞子精神，不是还记忆犹新吗？此外还有受现代艺术的影响，涂鸦，乱搞，材料，拼贴，也助长了中国当代艺术的草率作风。现在好多人都在批评当代艺术质量粗糙，其实这里面不仅仅是手艺差的原因，还有好多是由于艺术史转向带来的,这些倾向在西方同样存在,有过之而无不及。你看美国当代艺术,看作品,我是一个都没看上,在纽约大都会博物馆,最难看的部分就是美国当代艺术。

刘晶晶:那块大钢板你也看不上?

吴亮:听起来是蛮吓人的。

刘晶晶:看到那个体量你觉得怎样?

吴亮:反正他们都有一套阐释。

刘晶晶:那马修·班尼呢?

吴亮:长出两只耳朵那个人?就是做个系列图片,人像慢慢变异成猩猩什么的是吧,这个画家好像对李山影响很大。

刘晶晶:对很多人,包括我跟李山聊天的时候,他说他很喜欢马修·班尼,因为他有一个自己的世界。

吴亮:这个不是理由,许多艺术家都有一个自己的世界,他总不能全喜欢吧,他得告诉我这个世界里的什么东西让他着迷。

刘晶晶:这是题外话了。

吴亮:对,我觉得这些问题呢,应该由艺术家自己来谈,那我们就可以凭这些依据作个案分析。

刘晶晶:这个以后我们再聊,我觉得您说得很准确。

中国当代艺术之四
中心转移,几座城市和艺术的起源

吴亮:昨天视平线画廊有个讨论,我发言说了这样一个观点,现当代艺术中心怎样从欧洲走向美国,从巴黎到纽约,这里有非常深的背景,两根主线:一是"二战"后的犹太人作为看不见的手改变了全球文化艺术的格局，二是天主教欧洲的衰退和新教美国的崛起。当代艺术针对的是欧美世界内部的文化矛盾和艺术危机，苏联和东欧的社会主义意识形态由于它铁幕的不透明性和非交流性，根本就不可能是西方当代艺术所要关心的问题，事实上也从未关心过。中国在1949年以后，将近有三十年的时间里自外于世界，六十年代初又从苏联阵营里分离出来，完全自我封闭了。我不认为当代艺术的中心迁移是由于冷战带来的，更非肇始于美国中央情报局针对社会主义阵营的文化宣传，阴谋论故事不过是用中国指令性计划经济逻辑去猜测西方的文化艺术逻辑，用中国的权力可以搞定一切文化项目的官方思维去推断美国人也这样干预艺术家的创造活动，这叫以己度人……中国自外于世界，不仅宣扬无神论，还是意识形态国家，对它的当代艺术，有些西方标准对它并不适用，因为当代艺术是一个来自西方的概念。中国当代艺术有它的特殊性，它的虚无主义，中国式无政府主义，有一种不负责任的流氓特征，破坏性否定，乱来，破罐破摔，和俄罗斯十九世纪的无政府主义完全不同，和尼采式的虚无主义也完全不同。中国今天的虚无主义与无政府主义是意识形态谎言破产留下的遗产，它当然不具备西方自由主义传统下的虚无主义的高贵气质，也不会有俄罗斯无政府主义的人类理想，根本就是两回事！我说过中国当代艺术呈现了两种时代精神倾向，虚无主义，实用主义，其实它们的源头在中国，一个老庄，虚无，一个实用，一个就是孔子，孔子是实用主义，孔子好学，好学是为了学以致用。当然不能简单这么套，只是一象征性的说法，集体无意识，更多的是中国当下生活，中国这几十年的生活经验，权力更迭是非颠倒，让人们感觉一切都无所谓，没标准，没好坏，都是空的！剩下就是一个实用主义了，"无为而无不为"，可以解释为"既然一切没有准则，我就什么都可以干了"，实用主义，眼前利益，短视，从政治设计、制度安排、经济政策一直到民众的集体心理状态,高度不稳定,现在大家感觉危机四伏,生活前景不确定,那种恐慌,那种焦虑,与国人的盲目乐观妄自尊大其实是一体两面,近年股市一泻千里,你不妨去听听聚集在证券交易所门口和公园里的民间批评家们在说些什么,当代艺术拍卖也是,只要有流拍,消息传得就像谣言那么快,恐慌嘛,行情看涨的时候,画廊老板一个个红光满面的。

刘晶晶:您比较偏重于从政治和历史角度看当代艺术。

吴亮:对,我不能谈太多个人经验,这是话题决定的。谈个别艺术家可以谈个人印象,你属于哪个圈层,来历,你的生活方式和思考,很特别的趣味……具体说,近距离看,人和人不一样。你笼统说上海人很务实,可以,但我认识很多不务实的上海人,可我没必要用我的经验去反驳你,因为大致来说,你的结论没错。说上海人很精明,也有很多很笨的人啊,傻乎乎的上海人到处都是;说上海女人打扮入时,上海女人也很邋遢,还穿睡衣上街呢。只要你不用全称判断,不然一个反例就能推翻你。我们一般说印象,打印象分,做模糊判断。对,上海人比较精明,上海人比较守规矩,上海人通常不会胡来,比较节制,或者也可以说胆子小。比如艺术家做行为艺术,都不会做得很过分。上海1988年圣诞前做"最后的晚餐",张健君、李山、宋海冬、孙良、周长江,最后还把栗宪庭和我都拉了进去,讨论好几个月,作品完成得非常有仪式感,很有可看性,音乐,布景,服装,灯光,道具一样不缺,音乐都是自己录的,混进了人声、物体落地声,当时我们还不知道约翰·凯奇是谁。

刘晶晶:有个特例,就是张洹现在住在上海。

吴亮:张洹本来在北京东村搞行为艺术,后来去纽约,在纽约搞,再后来在全世界搞巡回表演,最后在上海落户,弄了一个巨大无比的工作室。

刘晶晶：这也挺奇怪。

吴亮：他好像已经很习惯在上海生活了。

刘晶晶：一部分是因为他太太是上海人吧？

吴亮：也许有这个原因，另外他好像觉得……你要问他自己。

刘晶晶：所以说这种趋势——上海人到北京，或者从别的地方到上海来，也不是特别能下定论的。不过就是有几个人去北京，他们说北京比上海好。

吴亮：很多人喜欢在上海生活，他们一直这么说：做艺术在北京好，过日子在上海好……我觉得有几个问题基本上是可以成立的——虽然有些反例——就是说，在北京更容易被关注，作为一种当代艺术被关注，或者说在北京成名机会多，这是事实。你表示遗憾，不满，但没办法。上海艺术家呢，个性化边缘化也好，不满也好，这种情绪都没用，你可以有自己的态度，但它有它的缘由，上海已经边缘化了。

刘晶晶：您就是说以后的发展也不会打破这个局面？

吴亮：应该不会了，在一个可以预见的将来。

刘晶晶：你有没有想过去北京？

吴亮：以前想过，我生活方式经常会有些变化。那些年，比如独来独往的时候，我曾经想过去北京。

刘晶晶：北京让你觉得特别好玩的就是……

吴亮：在北京我没有长期生活过，不知道会怎样。有好长一段时间里，日常生活内容在我的生活中占的比例不多。我喜欢和朋友在一起，那么在北京也许会更有意思，会有更多话题，会有更多事使人兴奋，哪怕这些人与事你都不认同，但它都会刺激你，不需要你认同。上海很悠闲，我有悠闲的一面，比如我突然会用许多时间看书，居家不出，写一些自己想写的东西。在那个状态下，我对外界不太关心，这样就比较适合在上海生活了。每天走固定的路线，坐车，步行，买些日常用品，逛书店，生活一成不变，我有过好几年生活就这样，现在还十分怀念。当然，北京也吸引我，它令我亢奋，但如果决定去北京，我得重新安营扎寨，要花好多时间。再说，会改变我的日常生活，我能习惯吗？因为犹豫，错过了几个机会。

刘晶晶：另外一个非常有意思的现象是，南京的艺术家似乎非常喜欢待在南京。

吴亮：现在他们中也有好多人去北京了，还是因为在北京容易被关注。

刘晶晶：总的来说，我觉得南京的艺术家相比上海的，有一种更野性的感觉。

吴亮：是的，但南京也有一些比较文雅的画家。

刘晶晶：您是说李小山他们吗？

吴亮：朱新建啦，汤国啦，周一清啦，还有徐累，喻慧，黄峻，靳卫红，杨志麟。

刘晶晶：南京艺术家同时又是诗人的很多吧？

吴亮：诗人是诗人，画家是画家，他们来往很多，比如韩东和毛焰。上海写诗的和画画的嘛……我不知道现在上海谁在写诗，我了解不多。至少我知道上海的当代艺术圈和文学写作的人没什么来往。

刘晶晶：在北京好像来往比较密切。

吴亮：密切吗？也不一定，可能稍微好一点……北京不断会有些活动，你在上海说一句话就不会有影响，在北京做一件事情就算一件事。

刘晶晶：我觉得还是希望看到你的文章。我去北京，他们也问到你，说你是不是比较少写稿……你给《艺术当代》写了篇什么？

吴亮：那篇文章是我和我朋友的聊天，录音了，后来整理时发现都是我在说，那么就干脆改成了我的一个独白，一看文字就比较口语化。那个题目是后加的,《当代艺术:一次返回非艺术的知识事件》,主要是讲,有点笼统,从盘古开天地开始,都是一些常识了,说艺术起源于巫术,其实当时就没"艺术"这一说,古人出于一种功能的需要,很功利性,相信一些符号,面具啊,图腾啊,相信巫师。巫师在有特定需要的时候得做些活,他就必须转换角色,平时,巫师就一常人,没神秘感,所以他现在需要套一个面具,或脸上涂个符咒,就可以上场了。他为了进入角色需要有幻觉,他就自我催眠,吃一些药,就是最早的迷幻剂,然后再加上舞蹈,平时都是日常劳动,舞蹈就让人晕了。古人生了什么疾病,不知道什么原因,不知道细菌,不知道卫生,他们病了死了是认为有另外一个世界的力量在支配他们的生命,所以就必须做些事,祈求它,驱赶它,恐吓它,都是用想象性的东西,来达到很实用的目的。遇到旱灾了,歉收,饥荒,怎么办?拜雨神啊,求雨,弄个祭坛,做成仪式,供牺牲,巫师才会产生与神灵沟通的能力。

刘晶晶:他也有他的阐释。

吴亮:是。他掌握的是神秘知识,这些神秘知识就产生最早的舞蹈什么的,后来还把舞蹈分化出来了。当然还有另一说,说舞蹈是为了游戏,精力过剩。最早的那些壁画,你想,按照当时的生产工具,在一个非常危险的地方,悬崖峭壁,伸手不见五指的山洞里,石器时代青铜时代,他花那么多工夫去画那些东西干吗?一点不实用,难道为了欣赏?不可能。原始人以狩猎为生,鼻子上耳朵上打环是为了表明他打死了多少动物,象征性的——他很性感、很勇士、很牛,还有文身,没有一个不实用的。身上弄些羽毛,那是求偶的需要,多性感,围在身上的兽皮,兽骨,牙齿。后来它才慢慢成为一种装饰,一种美,分工就应运而生了——哦,这个人手艺不错,专门让他做衣服,这个人画画……专业分离出来,产生画匠。在许多不同地域的考古学田野考察当中，包括现在——上个世纪做得比较多——对一些原始部落进行考察，像摩尔根的《古代社会》和米德的《萨摩亚人的成年》，这些书里面都记录了类似的活动，它是把全部生活混为一体的。但是理性知识开始出现以后，有些东西就逐渐消失了，因为没有作用了，但这仪式被保留下来，形式化的保留下来，它成了记忆的一部分，被记载，成为传说，故事，其中一部分成为固定的节日。一定要注意节日这个概念，节日是什么呢？节日是我们约定某个时间，大家一起把日常全部放在一边，进入仪式，狂欢。有本书叫《狂欢》，说所有的狂欢都与吃有关，世界性的现象，不是谁学谁的。人类生活有两件大事，食和性，只有性是隐秘的，所有民族都这样，回避和羞耻都是共通的。但是吃一定要共同分享，只有在吃的时候大家感情才融洽，中国人就特别看重这个，因为吃的时候彼此容易缩短距离，一喝酒就更不用说了，共同分享一样食物，多亲近的一件事。另外，食当中必有酒，一喝酒就晕眩。这种狂欢必然和酒，和大吃大喝有关。大吃大喝不只是中国人的特色，世界性的大吃大喝，狂醉，那时人们暂时地脱离了现实世界，而它往往是通过节日的形式——有一个理由，祭拜祖宗，先人死了，或者为了庆祝丰收，某个纪念日。每个民族都有自己的传统节日，这个节日形式现在被放大了，每一次派对，每一次庆典，每一次私人生日，都可以过节。

另外一个，作品，它所提供的享受空间还包括艺术，艺术也让人迷醉。演唱会、好莱坞电影、听音乐、酒吧……音乐进来以后，一有酒，就陶醉了。这里边是有它的历史渊源的，毒品啊，麻醉品啊，催眠啦……甚至包括医疗发达以后对疾病的认识，对疾病的研究，比如疯狂。疯狂和艺术的关系太大了，自从精神分析出来以后疯狂已经不再作为一个贬义词了。你看欧洲对精神病的一个理解过程——在中世纪的时候，精神病人被认为是先知，胡言乱语，能说些很奇怪的话，有如神启；慢慢的，经验知识多了以后，人们不那么相信胡说八道了。有段时间，精神病患者被认为是魔鬼，在欧洲有一段迫害精神病患者的不光彩历史，"把那个魔鬼绑起来"，用火烧死；再往后，到了文艺复兴的时候，精神病人被认为是不道德的，因为他乱来，裸体，犯错误，邋遢，完全是胡来，成为道德问题；直到十九世纪，精神病人才成为"病人"，要被尊重。它都有一个演变过程，同样是这件事，命名都不一样。那么，用这样一个事物以及名称的演变史来看，艺术同样如此，它在不同的阶段被不断地命名。到了形式主义以后，到了克莱夫·贝尔，他的"有意味的形式"从哲学上说来自康德，艺术是非功利的，无目的的，无目的的目的性，它非功利，纯粹的美感。康德本人是很缺乏艺术经验的，在他的《判断力批判》里没什么具体例子，但他这个命题对后世影响极大，影响到现在。一说形式主义，康德就是老祖宗，他就把审美和实用，把美和善分开来，他认为善是一种道德良知，一种内在的律令。

刘晶晶：真善美，一分为三了。

中国当代艺术之五
写实的终结，风格史和模仿

刘晶晶：我忽然想到中国最近有人研究了精神院的一些病人，让他们搞艺术创作，画画啊什么的，听说画得非常好。

吴亮：我知道这事，南京郭海平做的，我的朋友，他自己也有点疯疯癫癫的，一说艺术就亢奋，兴趣很广泛的一个人，挺逗。他在南京祖堂山精神病院住了三个月，特地为此做了一本书，叫《癫狂与艺术》，题目是从福柯《癫狂与文明》那儿来的。虽然书里有很多问题可以挑剔，但在中国做这本书我觉得应该鼓励，这方面中国还是空白。一定要做，说风凉话，挑毛病太容易了。

刘晶晶：因为很少有人说一些建设性的东西。

吴亮：就是破坏性的，你只要说明白了，也是建设。解构主义就是破坏，但它形成体系。

刘晶晶：我很想听听世界范围内应该怎么看中国当代艺术。

吴亮：我讲的世界范围，得撇开这些具体的人。另外呢，还不要非常强调中国视角，这很难……没法离开自己的国族身份谈一个似乎非常客观的问题，不过可以试一试。现在中国当代艺术明显受到欧美当代艺术的影响，作品中都能看到来源，包括观念也是外来的，到哪儿去寻找原汁原味的中国身份，原汁原味的中国经验啊！其实这种"无身份性"，或身份的混杂，暧昧，以及未被及时命名的杂种性，就是当代艺术为我们提供的一种特殊的变迁中的中国经验，我们要通过它重新确认自己今天的身份，被其他文化改变了的国族性，我们的传统从来不是一个固定的东西，在我们这个民族的记忆里，历史从来不是纯洁的。你要证明一个结论，就能找到证据，但并不是所有的证据都对你有利。比如说，意大利的超前卫再怎么样，它还是有希腊罗马的传统在里面；塞尚再怎么现代，他还对德罗克洛瓦佩服得一塌糊涂呢。你总能找到这种例子，但同样是法国人，你说杜尚的小便器有多少法国的传统在里面，凯奇的四分三十三秒和美国传统有什么关系，很难说，你还不如说杜尚的小便器和禅宗公案有点关系，凯奇的出怪招和中国的"此时无声胜有声"倒有点"天涯若比邻"的意思。一个人跨国界跨文化汲取他者的营养，或者巧合，英雄所见略同，那根本不稀罕。我觉得用一个个案说明不了什么……当然，一个中国的艺术家愿意思考他的身份，这是正当的，没问题，但我们为什么不可以换一种思维，甚至完全撇开，至少暂时转移这个话题的思考方向呢。

比方说，让我们想象有一个客观视点，暂时先同意这个客观视点就是倾向于西方的，西方人写的嘛……世界艺术史打开一看，从时间上追溯，最早是埃及艺术，它比你早，那你总要谈吧。然后两河流域，美索不达米亚，巴比伦，印度，爱琴海，亚平宁半岛，欧亚，这些地方的艺术依次出现，成熟，其中对后世影响比较大的就是希腊艺术了。希腊艺术直接启发了一千多年以后的欧洲文艺复兴，而上述其他地区的古代艺术都是后来被陆续发现的。文艺复兴是一个回潮，反中世纪，它很大的动力除了以前从文学性来讲的人文主义，人文精神，就是把宗教题材表现得比较人性化，这是一个流行说法，就是比较有个性。文艺复兴时期大量绘画内容是圣母圣子，耶稣受难，那些作品，以我们现在的眼睛看来不像文艺复兴以前的圣像那么表情呆板，那么冷峻，这是一个文学性的说法。还有种说法不太流行，完全是从技术表现出发的，比如说十六世纪的瓦萨里。瓦萨里在文艺复兴起来后，给那些他所看到的同时代的大建筑师、大画家和大雕塑家写了一部评传，瓦萨里是西方艺术史的开山鼻祖，他说"艺术史就是由风格史构成的"。我们三个人画同样一只苹果，都想画像它，把它画得像一个苹果，但结果还是不一样，这种不一样慢慢就形成一种模式，"这就是我们的风格"。你画成这样，他画成那样，每种不一样都会有特征，这特征就是风格。为什么会产生风格呢？起源找到了：是一开始我们都想准确地模仿它，画像它，结果带出了风格。

在准确模仿的过程中有许多步骤非常重要，比如透视的发明，发现并且掌握透视手段，透视手段就是表现深度。我们看原始壁画，没有看到任何一个民族壁画的手是这样的，没有，手都是那样的，在概念当中手是有长度的，两只手一样长短。但透视告诉你，手朝你伸过来的时候看上去是缩短了的。假如你在透视学没有被发现的时候这么画，人们看了会觉得很恐怖——这个人的手这么短！日常生活中我这么看你就没问题,画成画就不行。透视法出来以后,改变了人们的看法,它制造了一种范式,就是图式出来了。还有高光,现在画写实画一定要有明暗关系,明暗就是纵深度,有立体感,然后是高光,高光的作用也是被发现的。类似这些技术有很多,包括漫画。漫画图式对人看世界起很大作用,举个例子——我在说话,用线勾出来,就一个人在说话,你怎么知道我在说话呢?在纸上画几条线,叉叉叉,画在我嘴巴附近,你可以把它解释成我在嚎叫,或者打喷嚏。再比如画你这么坐着,旁边画几根曲线,表示你在发抖,或者说这凳子上有电。这种符号在现实中是不存在的,但它的暗示性人们就认同。以前中国人看西洋人画肖像脸上有明暗:"啊,我的脸怎么这么脏?"西方人习惯了人脸上有明暗,中国人却惊奇他的脸为什么这么脏。

刘晶晶:康熙不是对郎世宁的画也不满意吗?

吴亮:所以后来像郎世宁好多画都没画明暗,他为此把中国线描工笔学会了。郎世宁很快适应了中国,他是为宫廷服务的。

刘晶晶:清人不能接受他们脸上一半是黑乎乎的。

吴亮:中国人现在全接受了,因为照片的出现,看了黑白照片之后,知道这就是我。

刘晶晶:透视法传入中国也非常晚。

吴亮:是,中国没有这种透视概念,你看中国那个年画出现的时候,算中国自己的,从年画脱胎出来的月份牌,开始没有明暗……后来有一点明暗了。这里面中国的传统,它是线描,再填肤色,这个肤色没有明暗。但那时已经有近大远小的概念了,像《清明上河图》已经很清楚。这种图最早的出处是为建筑画一个草图,皇宫里要画一个皇帝狩猎,要个草图,从建筑图纸的需要出现这个作品,都有个缓慢的过程。照贡布里希后来的说法,写实的艺术无非是模仿一个东西,要把它画像,以前是作为一个符号来画,原始岩画里一个太阳一头牛一把剑，表明今天打猎能成功。古人去狩猎，知道打牛不那么好打，都是人上去肉搏，没把握怎么办？画一头牛在山洞里，画一把剑在旁边，它不是纪念一次狩猎，肯定没那么雅致，每次围猎之前都知道搞不好会有人死亡，所以就到画前来拜一拜，象征未来的胜利。这种画完全是指意性的，现在看觉得很好看，它画得很不像，很虚，或很变形什么的，也都成了某种原始风格。

贡布里希有本书叫《艺术与幻觉》，书里讲如何在平面当中让你看到三维深度，它产生某种幻觉，实际上并没有深度。我们说这幅画画得像真的一样，这就像《一千零一夜》里阿拉伯的魔毯，你上去之后这个魔毯飞起来，你就进入魔毯了。魔毯里是个城市，你进城以后就迷失了。画是平面的，但让你想象，让你产生一种错觉，幻觉，就是所谓的"像真的一样"，身临其境，你进入了。比如一棵树，后面有匹马，你不会认为这个被挡掉的部分马是断掉的，因为你想象树后面还有马，格式塔完型心理学就研究这个感觉。你看一个人的侧面像，你知道他还有半张脸，都是慢慢把你教会的。按照贡布里希的说法，这不是他的独创，他只是引用了这种说法——你要在技术当中画到这一步很难，但你的观看方式被改变是容易的。不太懂的人会说这幅画好或者坏，我们看都是差不多，但你要画就不那么容易了。技术当中有一些窍门被掌握以后，它就变容易了，美术学校会教你。为什么进学校和不进学校不一样，当然天才我们就不谈了，一般人，培养一个工匠，培养一个画画的人，教一教就不一样，有诀窍的。一幅画要先打轮廓，大体明暗定一定，位置一摆，有个过程，都有程序的，这就是方法。当方法找到以后，你就可以很快地达到那个技术。

一直到了近代，写实的艺术终结了，就是它没有什么问题要解决了，全解决了。但这时候，很不幸，也很巧，摄影出现了。摄影出现的时候就是安格尔时代之前一点点，一八三几年。这个时候巴黎有个写实画画得很好的人，历史上没什么名气，他一辈子就是要画得像，这个人叫保罗。达盖尔发明摄影后这个保罗哀叹"绘画终结了"。本来一辈子追求的无非就是把一个桌子画得像桌子，把人画得那么活生生的，他的皮肤，他的毛孔，他的睫毛，身上的珠子，每一个衣服的褶皱，皮革是皮革，丝绸是丝绸，全都画逼真了，摄影出现了。那时候摄影是很粗糙的，但保罗已经预感不对了。现在到了三维动画，你再逼真模仿现实不是不可能，但已没有意义了，写实的技术潜力已经穷尽，照相写实主义成了一种炫技的保留节目。除此之外，还有什么任务非要手绘的写实技巧来完成？

中国当代艺术之六
嗑药，灵晕，艺术的再巫术化

吴亮：这种所谓写实绘画的技术，把艺术作为幻觉的任务差不多全部解决以后，还不会直接产生出什么印象派、野兽派，还有好多其他原因。以前画家一直到户外画速写风景，草稿，然后带到家里来慢慢弄，在画室最终完成。后来外光派在森林中画，山上，海边，支起画架现场画，戴顶遮阳帽穿个工装裤，在现场画油画一定有个前提——油彩颜料能够随身携带。早先的蛋彩画，颜料要磨半天，再用鸡蛋搅和，后来用亚麻油调制，在野外不能操作，风一吹，掉片落叶，灰土扬起，昂贵的颜料就完蛋了。由于牙膏式的颜料发明，外光派应运而生。管装颜料有一个很大的优点，能随身携带，需要多少挤多少，用松节油去稀释，甚至挤出来就能用。这些小细节在历史上容易被忽略，它虽然不是决定性的，但它绝对是一个关键。六十年代为什么发生大面积的性解放？有思潮的原因，反叛，大麻，音乐，群居,但还有一个技术背景——避孕套被发明了。以前男人女人要在婚前或婚外做爱会有一个麻烦,可能会怀孕,人工堕胎在天主教国家很麻烦,对身体也会有伤害。用了这个廉价避孕套,不用担心怀孕,就没什么忌讳了。历史就是由这样一些小小的发明推动的,还有盘尼西林的发明,肺结核大量被治愈,其后果是浪漫主义开始衰退了,因为浪漫主义艺术家多半患有肺结核,而肺结核会使人产生狂躁和激愤。鲁迅在晚年写了那么多愤世嫉俗的文章,就是因为肺结核。很多人,浪漫主义者,神经质,奇思怪想,熬夜,咳嗽,一写作就滔滔不绝,肺结核是他们的灵感之母。现在的艺术家不再受肺结核的困扰,灵感也没有了,于是只好求助药物,流行嗑药了。

刘晶晶:模拟这个肺结核的亢奋状态。

吴亮:倒不是刻意模拟,这个毒品或致幻药物——这里又有一个它们自身的历史,有一本书叫《上瘾五百年》,写烟草、咖啡、酒、大麻、海洛因、可卡因……太多了。还有好多品种为什么没有普及,比如槟榔,因为体积大,不容易保存,运输就不方便,贸易有成本问题,槟榔还会变质。一些非常小的细节,都很有意思,我觉得这些小细节有时候真的足以影响我们对世界的看法,但它们太微不足道,被湮没了。还有一个细节是关于列宾的,列宾晚年为什么画得越来越蓝,人物的面孔越来越发青?原因十分简单:列宾的眼珠玻璃体发黄了,他怎么画都觉得颜色还不够绿,看起来怎么看都发黄,他就不断加青蓝色。

刘晶晶:那真是人老珠黄。

吴亮:人们就把这个现象视为列宾晚年风格的转变,美术史家把它作为风格的转变,一个蓝色时期出现了。这都是一些杂闻轶事,从各种角落看来的,我记得不一定很准确,你可以听着玩。思考问题我喜欢是两种极端,一种干脆很抽象,要么就特别注意那些小细节,这样能产生一种互补，产生一种很大的想象空间，不要把自己框死，那么绝对化，完全是概念；但也不要被许多琐碎的趣闻迷住，不然就只剩一堆好玩的零碎谈资了。好玩的事很多，但要有一种理性思维，细节和细节之间，小事和大历史之间，它们可能是有逻辑联系的。

刘晶晶：您刚才说艺术家嗑药……

吴亮：对，比如那些搞音乐的。搞音乐需要现场感，除了嗑药使人忘我，还会营造一种气氛，相互感染，现场一定要动起来。我自己不大去这种地方，有时候，偶尔朋友要去玩我也就一起去看看，其实那儿不是一个让你看的地方，那儿需要的是你的耳朵。九十年代初流行蹦迪，我们去一家大酒店的迪厅。蹦迪的时候音乐震耳欲聋，我觉得没法聊天了，耳膜心脏很难受；后来他们拉我一起去舞池蹦，奇怪，我的耳膜不疼了，心脏也不难受了，因为我动了，不再是局外人。你应该有类似体会，在旁边坐着，砰砰，砰砰，每一锤都砸在你心脏上，一点儿受不了，等你去蹦的时候，你发现耳朵不聋了，音乐弥漫在你体内，血液沸腾，痛快极了。所以你一定要参与，参与进去之后你就开始叫啊什么的，这是一种原始欲望，可能来自生物本能，也许是一种潜伏的遗传。好多经验都起因于一种化学反应，有的是直接的药物反应，酒精反应；有的就是一种声音，气氛，灯光，产生一种真真假假、虚幻的感觉，迷幻的暗示，它把日常隔离了，然后，你的本性你的下意识你的欲望你的动物性，全都释放出来。

摄影发明以后还仍然有人在画写实画，安格尔就是在摄影出现以后。也有一些艺术家利用了摄影，德加就是其中较早的一个。他画舞女的那些画，视野很偏，角度倾斜，中心人物常出于画面的边缘。这种动感作品如今天照相机抓拍一样，不可能是现场写生的，一个女人在跳舞在旋转，灯光这么照过来，德加显然在楼上包厢看到这一幕，不知道他是不是用照相机，我猜想他可能用铅笔速写下来，但我想他的视觉经验以及趣味肯定和摄影有关,因为照片提供了好多不同的视角。我们看印象派的那些风景画,基本上都有一个共同感觉——画家的视线在离地面一米多的距离。架子就这么放的,地平线在这个高度,你看得出的。肖像也是,被画的人跟画家在一个视平面,很少有楼上画楼下,没有便携式照相机,谁会有这样的取景意识呢?摄影,这是我的猜测,德加肯定看过一组俯拍的照片,觉得看人是可以这么俯瞰的。

刘晶晶:他们一定也在楼上包厢看过芭蕾舞剧。

吴亮:但是不会有这个意识,直到这个视角用摄影图片固定下来之后,才有这个意识。比如说我这样,你会觉得我的手很怪,但看照片就不怪,你相信照片的逼真,以后就认同这个视角了。

还有一些人,艺术史上有些人是不怀好意的,说塞尚画人体画不准啦,塞尚确实一直都很佩服德罗克洛瓦,这是大家都知道的,德罗克洛瓦画人体一定是比塞尚准确得多。你看塞尚画那些《几个洗澡的女人》,我在大都会看到这幅巨作,太难看了,几个女人很硕大很粗壮,就像干枯的树干,你不能用安格尔或雷诺阿的标准去欣赏它,你得先被它的气势镇住。假如我们的视觉习惯是安格尔式的,或者用雷诺阿那种眼光,那种很漂亮的,外光的,闪烁的……但塞尚那个女人体就是难看。塞尚画静物好,结实,硬邦邦的苹果,没关系,静物就不是女人嘛。女人,我们都太熟了。但后来等你看到毕加索画《哭泣的女人》之后,你就能认同塞尚的《大浴女》了。然后你再看德库宁,毕加索的女人又妩媚了,因为德库宁那些美国女人,像猪一样肥壮像牛一样凶悍,都是被教会的,你会改变自己,他们是大师啊。对,这里面还有一个大师灵晕的问题。本雅明有一个词用来形容古典艺术的终结——"灵晕消逝"。在当代,灵晕作品消失了,明星的灵晕出现了。这个变化很重要,作品的灵晕消失了,但艺术家的光环出现了。一个小便器是没有灵晕的，但是杜尚有灵晕，我们被吓坏了。在受洗仪式上一个主教拿碗水，朝你头顶洒一洒——别人洒没有用，别人洒，他还要骂你："你怎么把水洒在我头上？"——圣水，那个叫主教的人穿个主教衣袍，管风琴弥撒曲那么一响，神圣感把你笼罩了，还有圣水的点化。这个圣水怎么来的？是一套仪式给它的，就一个特殊场所仪式，一个人物一个动作，行了。这种宗教仪式的灵晕都靠一套仪式……同样的灵晕，这里是把艺术家变成偶像，变成明星，变成一个超凡人物，一件普通物品都是艺术品，一幅坏画都是杰作，因为什么？因为知识——历史、传奇、故事、教科书，杜尚！他是杜尚！

刘晶晶：据说杜尚的国际象棋下得很好。

吴亮：不好，不算太好。

刘晶晶：那么业余棋手里面他应该下得算很好，很多人这么捧他。

吴亮：那么说这话的人肯定是因为崇拜他。杜尚是国家队的，好像是一个比较次要的棋手，这个其实无所谓。

中国当代艺术之七
催眠，平面的观念，技术与手工

吴亮：艺术家的灵晕，这种神秘化的形成，建立距离感一直很重要。为什么偶像电影演员被崇拜，他在荧幕上出现，平常我们在生活中看不到他，所以大众喜欢媒体狗仔曝光明星私生活，看他做凡人的时候是什么样。一些明星偶像结婚了会有崇拜者自杀，死了会万人空巷为他送葬，他影响了你几十年，影响了一两代人，但你可能都没见过他，你看到的听到的只是他的影像与声音。他和你始终有着距离，又遥远又亲近。这种距离一直很重要，距离产生美，产生幻觉，提供了无限想象空间。现在好多事都通过影像来完成,你看不见原型。音乐呢,音乐需要一个氛围。前面说,营造一个节日气氛,做一个仪式,诸如此类的事情,这些本质上没什么变化,同属于催眠,一种规模大小不一的催眠。广场上一个阅兵仪式,集会,政治动员,全是集体催眠;心理医生对病人说话,也是催眠,一对一;谈情说爱是催眠,更私密;看书是催眠,传福音也是。我们先确认这个前提,再回到这个问题,当代艺术明明手工技术很差,观念假大空,制作粗糙,内行觉得它没什么东西,外行云里雾里,于是你怀疑,它是一个骗局吗?不是的。可能有个把骗子混在里头蒙事,不过你要这样说的话,巫术、气功、中医、思想政治教育都是骗局。巫术难道不是骗局吗?问题是那些认同者相信它们,你不在其中,他们不需要你来认可,这点很重要。有一批人被催眠了,你很清醒,你是局外人,但对不起,他们嗑药了你没嗑药,你的清醒对他们而言就是外行,就是搅局,就是异教徒,就是不懂中国文化之精髓,不懂西方当代艺术之奥秘,就是帝国主义亡我之心不死。他们嗑药了,你嗑了吗,什么药?就是一套仪式,一套知识,一套符号,一套黑话切口,他们被催眠了,他们认同这个。气功师发功,你没感觉,因为你抵制,你拒绝配合。但他认同了,一发功他就倒下去了。催眠需要双方配合,当代艺术也需要多方配合,它不是一个艺术家可以独立完成的。

刘晶晶:类似巫术。

吴亮:用现在的语言说,就是心理暗示。有些疑难疾病,气功师他说我给你发功,一发功就好了,他确实有成功治愈的病例,但也有无效的,你说他骗人吗?某个病人愿意相信他行,他就行了。当代艺术有点像中医、巫医,西医理论解释不通,信则灵,而且现在笃信者众,大势所趋。

刘晶晶:你刚说到被整套知识和体系所麻醉,这个体系是指什么体系呢?

吴亮：比如艺术体制，或者说你对这一路的东西你喜欢你接受了，周围大家都喜欢，也就一起接受了。这个世界上各种文化的想象，各种仪式的发明，千奇百怪。历史经验和现实经验告诉我们，喜欢什么接受什么，讨厌什么拒绝什么，这个事情从来就不是放之四海而皆准的。局外人看我们这么聊完全是瞎说嘛，这种太正常了；在西医看来，中医基本就是瞎说嘛；对佛教来说道教就是瞎说嘛；可能对孔子来说，柏拉图也根本就是瞎说。

刘晶晶：因为在他的哲学体系之外。

吴亮：对，这是大的一个范围。我这说法也比较极端，不是说他们之间一定不能沟通，人和人之间绝对不能沟通。脑子是可以转弯的，有时不一定需要理论教育，只要假以时日，潜移默化。比如你穿这衣服我觉得好看，但有人就觉得不好看，这些小对立时时刻刻在发生，比如刚成年的儿子理了个头发，很时髦，他老妈却说："哎呀，这头发理成这样子，剪掉剪掉！"听上去她实在受不了，简直心脏病都要犯了，但儿子还坚持己见，时间一长，他老妈也看惯了，变化就这么来的，之前脑子没转弯啊。很难说什么骗局不骗局，大家都维持着对某种事物的相信，他们愿意，就随它去吧。我觉得挺好，没有什么真的假的好的坏的。还有一个问题是，确实有许多言辞凿凿的理论为当代艺术做这件事，理论辩护，针对精英的洗脑教育，就像前面说的，格林伯格，贡布里希，还有我接着要说的约瑟·丹托。

刘晶晶：那天你说最纯粹的艺术是和世界无关的，就是格林伯格说的。

吴亮：最典型的就是他的平面理论，就是颜料在画布上流淌的痕迹，后来就变成一块颜色啊，一条线啊，没有造型，更没有对自然的模仿了，就告诉你它是个平面，波洛克，纽曼，罗斯科，最后就是封塔纳。在油画布上割一刀，告诉你那只是一层布，连平面都不存在了。极简主义玩到这里就没路了，结束了，真的走到一个死胡同：画布上戳一个洞。但这里面确实有逻辑发展，并不是说那么瞎来，他们全是有推理脑子的人。从艺术这个词的来源上去解释，艺术这个概念从来就不是一个自古以来的概念，以前根本就没这一说。古希腊神话里面的缪斯是九个女人，每人管一件事，里边还有园艺厨艺之类，开门七件事什么都有。大白话说，艺术无非手艺而已。如果按中国字来说，以前只有"术"与"艺"，两个字各表其意，并不搁一块使用。现在我们开口闭口艺术艺术的，"艺术"这个词的组合反而是一百年前从日本传过来的，但我们可以不管，这两个字是中国字啊——"术"是技术，方法；"艺"则是一种手工，技能，艺比术似乎要高级。

刘晶晶：那现在手工好像不重要了，观点和方法更重要。

吴亮：不，从广义看，现在手工依然存在。比如衣服、汽车、女人的鞋、珠宝，都越做越漂亮。设计更好了，手工绘的草图吧。以前有以前的漂亮，以前玉器用金刚砂打磨，衣服一针一线做的，铁棒磨成针；现在用不着了，没必要了。整个时代变了，摄影，一次成像，电脑合成，喷绘，柯罗版印刷，三维动画。我不就是要表现这个东西吗，我有这个新工具，为什么还要用那个老工具呢，人工太昂贵了。你说他偷懒，没错，一部人类技术发明的历史，就是一部不断满足偷懒的历史，我有了车何必还要走路，我可以乘飞机何必要坐火车？人类一直在追求速度，古往今来，先是骑马，帆船，然后内燃机，直到火箭……

刘晶晶：有很多装置艺术家同时也是工程师……好像这个趋势又回到古代了，身兼数职……你刚才说"艺"和"术"应该分开说。

吴亮：我是拆字说着玩啊，不作数的。

刘晶晶：我也想过这个问题，什么算术啊数术的。历史上很多艺术家同时也是工程师建筑师,米开朗基罗,就是建筑师。

吴亮:文艺复兴时期,他们都是全才,达·芬奇更是个全才,他是最早的方案艺术家,他留下一些笔记,里面有很多方案。还有装置呢,他设计的飞机没飞起来,就是一个装置嘛。

刘晶晶:现在有人说,达·芬奇当时画地图啊什么的,是受了中国的影响。我想知道中国当代艺术在世界当代艺术史上,会占到一个什么位置。

中国当代艺术之八
殖民文化与普世价值

吴亮:让我先离题说点别的,我们对一件事,一个国家的认识是怎么开始的……好多问题,需要重温一下历史,比如,我们这一代对越南的知识——我讲我的个人经验——是从抗美援越开始的,而不是小学地理课本。六十年代,"文革"前,有几本叫《南方来信》的书非常流行,越南南方寄到北方的信,从那儿知道了胡志明河内越共美帝和凝固汽油弹,美国人天天轰炸胡志明小道;七十年代事情反了过来,越南侵入柬埔寨,和中国翻脸了;到了八十年代中国又出兵越南,老山,叫中越自卫反击战。我虽然关心国际政治,但不知道这种朝秦暮楚的关系是怎么回事,几年后中越又和平了,双方可以做生意了,他们搞改革,旅游也开放了,别的我知道很少,我比较势利,不大会去关注这样一个小国家。最早一次吃所谓越南菜,不是在越南,是在巨鹿路,常熟路不到一点,过去是空四军林彪儿子林立果的据点,现在叫席家花园。当时有一家叫"欧越年代",现在好像关了,我记得1999年去过那儿,一尝,西餐味,也有春卷,饼,但它许多菜的做法都已经法国化了,奶酪,柠檬,香料,用法国烹调方式去做越南菜,放点葡萄酒啊什么的,原来是五十年代前越南被法国占领时期留下的"越南传统",当中那段历史就抹掉了。那么,如果把它作为一种意识,或者一种文化,这当然就是一段被殖民的历史遗产,它是不是越南历史的一部分——无论我们怎么排斥殖民文化,事实依然是,这段殖民历史就构成了越南的历史,一定要这么想。这些带着法国风味的,变异了的所谓"欧越风情"就成了越南传统的一部分,其实杜拉斯的那个小说讲的就是这样一个故事。中国也是如此,上海更不用说了。历史上中国北方文化从来不纯粹,匈奴突厥,夏辽金蒙满,都不是汉文化,好,现在时间太久,没有屈辱感了,统称中华文明,多民族大家庭,那1840年以后的中国历史文化算不算中华文明?上海,青岛,广州,这些比较发达的城市,一会儿是屈辱一会儿是骄傲……现在一谈中国文化动不动就琵琶旗袍的,琵琶不是西域传过来的吗?佛教难道不是西方过来的吗?西游记就是去西方取经嘛;旗袍是满洲人的服装,同盟会当年还"驱逐鞑虏,恢复中华"呢,现在都忘了,都把人家的衣服当自己的衣服了,这才是数典忘祖啊。这些祖宗的屈辱过了多少代以后你会觉得很荣耀,说,我们吸收了外来文化,哪是你吸收的,就是他们用武力塞给你的。你去西班牙,西班牙南部有大量清真寺,很多穆斯林,高迪的建筑作品都有伊斯兰味。这些东西从地域上说是阿拉伯文化,从宗教上说是就是伊斯兰。公元六世纪,伊斯兰阿拉伯兴起之后西征,一直打到西班牙,可以翻翻世界史,具体我记不太清楚了,反正谁强大谁就扩张,当时没有国家边界,所谓边界都是近代民族国家兴起之后才有的一个概念。秦汉时期,中国疆土并不辽阔,模糊;唐宋元明清,版图大了,北蛮南夷,南征北讨,强大欺负人,弱了被人欺;如不是因为人口压力,清政府也不会扩张到新疆去,新疆新疆,你的新疆土嘛!中国东海岸是没有疆界的，沿海一直有倭寇骚扰，十二海里领海，那时没这个概念；北方的荒漠，草原，游牧民族来来去去，客气时候做生意，不客气了就抢劫，所以要造长城，自己划地为界，不能把边境再往外了，推太远他没法弄了，他也想扩展，但后勤跟不上。西南方是山，高原，西藏，印度不会有人过来骚扰，不方便啊，都是地貌决定的。冷兵器时代，武力冲突不会发生在生存条件比较恶劣的地区。当时没有什么普世概念，就是弱肉强食，人的本性都是渴望扩张的，我人口多了我发达了我需要更多空间，要掠夺。掠夺成本最低！种庄稼太累了，那就掠夺，掠夺成了一种生存的常态。后来什么国际秩序、国界啊什么的，都是现代民族国家起来以后的事，也就这两三百年。所以你说西班牙现在有没有这个历史屈辱意识，说一千五百年前的文化遗存都不是我们的，不可能这么想，只有塔利班这么想，所以他们炸了巴米扬大佛。中国被殖民，算文化殖民吧，再过一百年以后全是中国自己的。现在上海外滩不是自己的吗，你认为它是英国的？不要搞得那么悲天悯人要死要活的样子。当然，不是说不可以谈这事，本土啊外来啊，梳理梳理，要有个自尊心什么的，但别太夸张，动辄文化殖民帝国主义，阴谋论，我觉得都有点妄想症了。文化商品扩张绝不是一个阴谋，好莱坞就想着卖它的电影，赚钱第一，它没有硬性搭配给你，没有强迫你看它的电影，是你抢着闹着要买它的片子。昨天我去看《功夫熊猫》，太好玩了。

刘晶晶：也有人说那是别有用心的。

吴亮：你是说赵半狄吧，瞎扯，吃饱了撑的。好莱坞才不管这事，生意。

刘晶晶：您前面说到中国当代艺术在世界艺术……

吴亮：对，世界范围我已经说了，世界艺术史一直是西方人在写，它从古希腊一直到欧洲，后来重心变成法国。

刘晶晶：中国的河清说，当代艺术就是美国艺术。

吴亮：昨天我碰到他了，当面向他讨教，他稍微有点修正。

刘晶晶：他现在不坚持这个了？

吴亮：还是坚持，但我提了很多相反的例子。

刘晶晶：您不认为？

吴亮：我觉得就是全球化，没有美国化这件事。我说虽然我有一个观点你们不会同意，但我还是要说。

刘晶晶：您觉得没有美国化，只有全球化。

吴亮：就是全球化，但是美国掌控了全球化的主导权。美国不是一个有着悠久的原发性历史文明的国家，它可考的历史不长，它西部原来是荒漠，没人，就东部沿海一些地方和南部靠近墨西哥那里有人在活动，其他全没人烟，中部、西部，都没有开发，所以美国才有开垦这一说，土地才这么便宜。拓荒者，淘金者，大家都知道，西海岸那些城市都是新造的，哪有洛杉矶旧金山啊，都是一两百年的时间里弄出来的。美国独立的时候只有十三个州，都在东部，波士顿、费城、纽约这一带，全部集中在那儿。

四百年前，快四百年了，"五月花"号，一百多个英国人，跑到弗吉尼亚，他们是被挤兑过来的，天主教徒，登上美国土地前，"我们立个约"，立约很简单，就几百个字，作为上帝的孩子，天主教教徒，我们一起到这里来，重新开始生活，我们要相互帮助，我们要守法……有个约定。后来再过了一百多年才发生美国的独立革命，这个约实际上就是后来美国宪法的雏形。就是说，有一群人，跑到陌生地方，我们都来自五湖四海，生活要重新开始了，没有什么历史记忆和负担，我们开始创造自己的生活，它是凭空的，所以我们必须说好游戏规则，而不必各自强调各自的祖宗是干嘛的，我相信这个你相信那个，大家别争，各信各的，那属于私人信仰，做生意，合作，我们必须有一个"普世"的立约。所以在美国，什么人过去，就在他们的地盘建他们自己的教堂，美国教堂都是各自的，乡村，小镇，城市，大学，到处有教堂。美国的历史是凭空出现的，非常特殊，它是新大陆，美国的历史不是我们所谓这种从盘古开天地或者从原始神话出现的，它是文明人讨论出来的。

刘晶晶：并不是各自带着各自的历史，是割断了？

吴亮：离开本土的人不一样，为什么中国人在中国挺好，但跑到美国去就得重新适应？因为你在自己这块土地上，会发现好多问题，像英国像法国都一样，它有一个很辉煌很了不起的遗产，同时又是包袱。美国没有，好比美国说我们一起淘金，事先讲清楚我们怎么分，讲清楚，别啰唆，你有你的上帝我有我的上帝，我们各人管各人，所以美国能最早变成一个契约国家。法国也有契约，《社会契约论》是卢梭弄出来的，但法国闹了多少年？一会儿复辟一会儿又革命……搞得一塌糊涂。英国也是，英国经过克伦威尔革命后，没多少年几乎就复辟了，斯图加特王朝又回来了。没办法，它是传统力量，王室总是更具有合法性。美国当时由英国总督管，它对英国国王效忠，独立革命后，我们自己管自己了，从英国殖民统治下脱离出来，但他们把那种宗教信仰带过去了。宗教信仰是人类概念。现在人们常常说基督教是西方价值，这不对，基督教的价值观是人类性的。中国文化不是，中国文化是地域性的，直到现在学术界还在谈什么"中西文化"和"中外之争"，潜意识里就是中国文化继续把自己置于世界之外。中国汉族基本是农耕民族，北方是游牧民族，这个地理位置，东边有海，北边南边都比较落后；中间两条河，长江、黄河，两河流域比较肥沃，靠它们灌溉，精耕细作；西部就是荒漠和山，这样一个地方，所以它比较凝固。加上中国又是一个旱灾水灾很频繁的国家，从大禹治水就开始有记载了，一个注重水利的国家容易变成独裁专制的帝国。另外，这个以农耕为主的自给自足的小农经济帝国，不需要发展航海业。而西方的近代历史是从航海开始的，它一开始就有了全球概念，再说了，所谓西方的文化，基督教其实来源于亚洲啊，为什么西方人没说他们被亚洲价值同化了呢？耶路撒冷在亚洲——按照现在的地理划分，就是亚洲，就是东方，你怎么说基督教是西方价值西方文化呢？后来罗马接受了基督教甚至把它尊为国教，他们是不是觉得罗马也耶路撒冷化了，被亚洲文化殖民了？

中国当代艺术之九
全球化的起源，"二战"以后，犹太人问题

吴亮：当年罗马人为什么没这么想？今天有些问题被夸张了，总认为人家不怀好意，臆想，丑化，这也是中国的一个传统：害怕外来文化，输给人家就自卑与怨恨；或反过来，自大排外，自己最伟大，扭曲他者，对陌生事物习惯于扭曲性理解……美国历史是后来形成的，它没有最早的一个历史来源。所谓的"蒙昧时代"，在美国并不存在，印第安土著的历史不能算在美国历史的账上。作为"美利坚合众国"，一开始就是一个现代国家。前面我说了，来自不同国家的一批批移民以及他们的后代，为谋生为谋利，自由最要紧，私人财产最要紧，人人为自己，有冲突怎么办，废话少说，我们弄个文明游戏规则吧，合同啊，当然另一面也有野蛮的丛林法则，西部牛仔，动不动拔枪，这个传统一直保留到现在，美国人几乎每家拥有枪支，这是他们保护个人自由和财产的最后保障。文明的游戏规则呢，产生最多的律师，《独立宣言》发表几年后，在费城大家开会，其中律师不少。开会开了几十天，多少人签名，讨论多少次，反反复复，最后奠定

了联邦宪法，这部宪法到现在基本上就没有动，美国宪法有好多个修正案，但联邦宪法没动过。世界上没有其他任何一个国家的宪法是这么稳定的，原则太清楚了，就是人人生而平等，我们有与生俱来的权利，生命权，自由权，追求幸福权，你说这有什么美国特色？都来自欧洲启蒙哲学，自然律，自决权，自然神论，我认为这些概念都是普世的。美国化，今天专指什么呢，一个超级大国，白人统治，富人统治，精英治国，又是大众社会，三权分立，两院制，两党制，新闻自由，陪审团制度……而不是好莱坞麦当劳。

刘晶晶：其实您就是说美国为什么掌握了全球化的主导权。

吴亮：这个还有好多历史原因，机遇，特别是"二战"。

刘晶晶：还有犹太人问题。

吴亮：对。犹太人在"二战"以前主要散居在北欧、东欧和俄罗斯，他们一直和天主教徒和东正教徒混居。"二战"前后，希特勒利用了欧洲的反犹倾向，包括他个人的复杂原因，迫害屠杀犹太人，使当时很多欧洲犹太人跑到美国去了。

刘晶晶：现在有种说法，把"二战"对犹太人的迫害当作上帝预言过的对犹太人的两次教训之一，那天你说过欧洲天主教支持希特勒的排犹政策。

吴亮：不是支持，是默认。

刘晶晶：好多《圣经》解释学家说《旧约》预言了多少年以后会有犹太人的灾难，预言希特勒就是……

吴亮：对。

刘晶晶：可能只是他们自圆其说。

吴亮：希特勒上台前，就有神秘主义爱好，他信天主教，当然欧洲天主教会不可能承认，但希特勒确实是天主教徒。骨子里是不是？肯定不是了，但形式上他是。希特勒除了对欧洲现状具有天才的嗅觉之外，对一些神秘事物也特别喜欢。他那个万字旗的寻找，是在北欧找到的，一个小宗教，找了这么个邪教符号。他还派过一支远征军找雅利安人的祖宗，找到了西藏，找到西藏的康巴人，说康巴人的头颅骨骼，骨相，希特勒相信骨相学，远征军认为康巴人的骨骼证明他们是雅利安人的一个分支。

刘晶晶：康巴人长得很漂亮。

吴亮：他们的面部轮廓就是欧罗巴人那种感觉……都是些历史小细节了。希特勒派出这支远征军的时候，已经是战争开始转入防御的时候，快不行了，他好像感觉这都与他无关似的，这是个做不成，就宁可毁灭的人，完全把政治和战争作为艺术来弄，他把政治艺术化了……"二战"期间，尤其"二战"后，犹太人大量进入美国，犹太知识分子犹太科学家，美国人在"二战"中欠了犹太人，"二战"刚开始，犹太人向国际社会呼救，美国一度反应冷漠。战后美国的犹太人纪念馆表达了这样一个意思：向犹太人致歉，无名墓碑——几百万被屠杀的犹太人连名字都没有留下，只有数字，忘了谁设计的，很著名，为悼念在集中营遇难的犹太人。出于这样的历史原因，历届美国政府战后对犹太人特别照顾，有点还债的意思。包括英国人，英国人是在一次大战后受国联委托，国联不是国际足联，是国际联盟，委托英国来管理巴勒斯坦，耶路撒冷。"一战"后犹太人回到耶路撒冷之后，当地穆斯林跟犹太人起了冲突，国际社会让英国去管这事，托管，托英国管。所以历史教科书上说这个地方当时属于英国，以色列复国以前，那块地方属于英国管辖，当年英国人就等于现在的联合国维和部队了。那时候很多阿拉伯国家都是英国殖民地，"二战"后，中东版图全都换牌子了，英国退出这个地区。"二战"结束之后英国真正衰落了，美国开始崛起，有美国支持，以色列复国了。当时曾经有个方案，在突尼斯划一块地方，建立以色列国，但犹太人不同意，那边和我们有什么关系啊，我们是有祖国的啊，我们有历史，有记忆，还有《旧约》，犹太人必将复国是《旧约》里预言过的。所以，他们觉得这是给犹太人的磨难，宿命，它在历史上被毁灭三次，第一次被巴比伦人，第二次被罗马人，第三次被希特勒。

刘晶晶：我前年去看新加坡第一次双年展，他们把印度，包括伊朗、伊拉克，很多东南亚的一些当代艺术放在一起。其实，你去看那个展览就会觉得中国当代艺术只是很小一部分，并不是说以我们目前陷在其中觉得有那么宏大那么重要。因为新加坡的地理位置决定他们除了中国之外，还会关注很多南亚的现状。你会觉得中国只是一个很小的部分。

吴亮：笔给我，我画个示意图。比如中国在这里，美国在这里，俄罗斯在这边，印度、新加坡、东南亚……对中国北京来讲，世界是什么意思呢？就是以我为中心，向四周这样辐射……对新加坡来说也是这样的，以它为中心，向四周这样……对它来说，中国只不过是这么一点而已，周边国家对它来说有往来，有贸易有旅游有客人。

刘晶晶：更加密切。

吴亮：美国不一样，它实力超强，全球都归它管了，和大小没关。一个不是很强大的国家，小国弱国，它的地理位置太重要了。我举个例子：对退休老人来说，邻居很重要；但是一个富有的生意人，他买张机票，满世界跑，他的客户在全世界，他和那位退休老人的世界概念完全不一样。那么，这个富有的生意人就是美国，那些穷国家就是退休老爷爷，平日串串门就行了，对他很重要的无非是周围几个邻居，这几位邻居就构成了他的世界。

刘晶晶：那对于美国来说，中国重要吗？

吴亮：当然现在很重要，它关系到美国利益和美国安全。

刘晶晶：但是对于当代艺术好像不那么重要。

吴亮：不会那么直接的，但是这种政治与外交战略关注，会间接产生影响。艺术家，画廊，不可能完全生活在艺术的桃花源里。不是说我们马上发生一个直接的挂钩关系，不能说布什一关注中国，纽约画廊也跟着关注中国当代艺术，那样想就太笨了，这两端之间有好多过程与环节，比如艺术机构，基金会、批评家和策展人的言论，活动，媒体报道，中国在各种形式中出现了，交流的增多，访学的汉学家，观光的旅行者，大公司在中国的调研，等等，慢慢形成多种关于中国的新说法。那些欧美策展人，如果有一个基金会，艺术机构需要做有关项目的时候，他恰恰对中国比较熟，他有知名度，就可能被选中，那么他就有了一个话语权，获得一个授权后，他这里边可以把他的一些想法付诸实现。每个人能力不一样，如果这位策展人认识的恰恰是中国比较重要的一些批评家，他们提供了线索、名单、作品，首先判断上还比较准确，深入，那么这些艺术家，他们的作品，在欧美日频频露面后，嗅觉灵敏的画廊就开始盯上他们了，都有这么一个具体的，对具体的艺术家十分偶然的过程。这里面每个点，每个环节都很重要，但你不能说每个点每个环节缺了某一个人也行，这很难说，张三李四王五赵六一起弄，然后扩张，扩张，许多偶然的、随机的机会出现了……总的趋势是，中国这块地方的经济总量扩张后，令世人瞩目。这很重要，但对当代艺术，它不是直接原因，是间接起作用的。西方媒体近年一直在调查他们自己国家的民众对中国正负态度，一直有不同评价。有的评价相当负面，说中国很危险，比如军费开支啦，有些从旅游角度考察，说不安全，脏乱差……现在中国人不得了，旅行团成了购物团，外国大专卖店里都有中国字了，为什么呢？中国人的钱包满了，跑进去一撸，这个我要，那个我要，再贵都买，大把的美金欧元，全是现金啊，还不带刷卡。好多国外的飞机场，大商店，都用中文了，为什么呢？中国旅游者越来越多，外国人要做生意，别以为他们开始尊重中国人了，也别以为他以前是不尊重中国人。中国人在海外，语言不通，说我觉得受侮辱了，你们为什么不用中文？人家过去和你没有生意做，用中文，有必要吗？现在他们也不是为别的，就因为有生意做了，你们都很有钱，好，我全换中文，让你们明白，然后掏钱。这很简单嘛，但总有人用自己的经验与感觉去看别人，想象别人。哎哟！你看不起我，或他们看不起我们。

刘晶晶：那你的结论就是说，中国当代艺术之所以在世界上受关注，间接原因还是经济实力的强大。

当代艺术之十
利润，金钱，现代艺术和犹太人

吴亮：一个穷国的艺术家，再伟大，生前的作品不可能卖一百万，市场永远是势利的。还有，我接着前面的说完，现在人们觉得中国当代艺术被关注，除了在一些国际著名的双年展上频频露面外，主要是拍卖行拍出的价格，还不是保利、加德这些本土拍卖行，而是苏富比、佳士得这两家全球老牌拍卖行在推中国当代艺术，纽约，伦敦，香港，一轮接一轮。拍卖价格一路上扬拉动了画廊业的蓬勃扩张，投机与冒险就来了，利益驱动，只要有利可图，资本的本性就是追逐利润。马克思说，有百分之五十的利润，资本就会兴奋；有百分之百的利润，六亲不认；如果利润有百分之四百，杀人都在所不惜，不怕上断头台。历史就是由恶来推动的。当代艺术造就了成千的百万富翁与千万富翁，做梦一样，直接的影响就是艺术家们的心态，他们纷纷涌向北京，比上访的人还多。政府也开始投入了，哪里有利可图，政府就出现在哪里。以前圆明园使北京的相关职能部门伤透脑筋，现在完全颠倒了，"798"成了一块北京文化招牌，政府也介入了，扔了几个亿，都是纳税人的钱，算是政府对文化的扶持，艺术家穷的时候，你们非但不扶持，还到处驱赶他们监视他们，现在艺术家们混出来了，有钱了，你还扶持个什么？去年法国总统萨科齐来北京，到"798"转了转，如今故宫长城都不安排老外去了，这已经不再是新闻。扯远了，再说钱的事，当代艺术价格屡创新高，这是以前谁都没有料到的新情况。

引起人们广泛关注当代艺术的主要焦点是它的价格。价格非常重要，不把它拎起来，或卖不掉，当代艺术不会形成今天这个规模，全国的艺术家不可能跑到北京去，也不可能一夜之间冒出那么多艺术家工作室。艺术品价格哪里来的呢？是啊，那还用说，是被钱推动的。钱又是哪里来的呢？打破沙锅问到底，首先，国际热钱，国际上永远有很多看不见的热钱在流动，我们知道几乎在所有的投机领域，前景都是不可预测，比如石油涨到这么个程度，既是人为操纵的，又不完全是人可以控制的；不讲全球范围，讲区域，经济衰退起起落落，比如上个世纪末日本经济泡沫破灭，东南亚经济泡沫破灭……由于经常有这种难以预料的事发生，所以大家对于手里的钱，是变现还是留股票，或者是置房产还是投资实业，在某些时刻一直搞不清楚，前景看不清。这时候投机就出现了，投机的前提不仅是贪婪，而且还有恐慌，怕手里钱贬值啊，所以总想保值增值，就是投机嘛。于是，那些暂时不用的闲钱，机构的和私人的，全球集中在一起数量大得惊人，盲目地流来流去，所谓热钱就是这个意思。有的人把钱投在一个地方，有人把钱抽进抽出，短线获利。总有人要兑现，假如大家都不兑现，就没有交易。为什么会有交易呢？就是有人觉得钱闲着他不放心。有人相反，要将实物或证券兑现，他怕实物贬值股票贬值。由于大家永远各想各的，交易投机就一直存在。大家如果判断一样，那是不会有交易的，所以对投资这件事情，总是买进的人以为可以赚，卖出的人以为他已经赚，或可以不赔，少赔，反正是出自有利于自己的考虑和预期，他们各自心里期待不一样，这种差异是绝对的。以保值增值的目的买进艺术品也是同样道理，当大家都在追捧这件作品的时候，假设我们排除有人为炒作的原因，抛的人觉得我已经获利，买进的人则觉得我还有上涨空间。但不管怎么说，这笔热钱必须要在市场上存在，集中在某个区域，某个行业，必须有很多人有很多钱涌入这个地盘，造成很大的声势。这个声势会带来人气带来信心，但同时又为以后的危机，甚至崩盘埋下伏笔，因为那笔巨大的热钱一旦无利可图，那是说走就走的。好，我们假定那笔热钱现在在中国，用它来买什么呢？那么又来了，地产，能源，物业，当然，还有中国艺术品。这个内容肯定不是我说的内容，而是……我说的内容其实要复杂得多，但收藏家不会讲那么多。收藏家，其实准确地说，是投机的炒家，他们看到有那么多人在买中国当代艺术，它在一个可以预期的将来必然还要涨价。不过，那么多人都来买中国当代艺术是怎么形成的呢？是因为中间的一些代表作价格越来越高吗？那些背后大买家又是谁？长话短说，是犹太人。

　　让我说远一点，从犹太人犹太教和天主教的历史冲突说起。《旧约》本是犹太教的圣典，三千年前就有了，那会儿还没有基督教呢，更不用说伊斯兰教。《旧约》不仅是犹太教圣典，还是《新约》和《古兰经》的源头。《旧约》第二章《出埃及纪》说摩西带了一批以色列人越过西奈半岛，耶和华显灵了，光芒四射，跟在摩西后面的人眼睛都睁不开了，摩西走进阳光，跟耶和华对话，然后向身后的以色列人传达上帝的消息。为什么称摩西先知？先知在这里不是说他预先知道未来的事情，而是说上帝先把消息告诉了摩西。摩西是拯救你的人，就是弥赛亚，弥赛亚脸上涂了油膏，他带着使命把我们从灾难中拯救出来，我们现在受灾受难，但我们相信总有一天弥赛亚，就是摩西——摩西以什么方式出现是无所谓的，因为他没有生命界限——来救我们，犹太教徒一直有这种信念。

　　刘晶晶：他们不承认耶稣是弥赛亚降临。

　　吴亮：对，耶稣虽然也是犹太人，但他们不承认他是弥赛亚，为什么呢？说刻薄一点，这个不能太公开讲，否则犹太人又要抗议了，犹太人在今天的世界上是不能碰的。说耶稣是犹太人，那不重要，他已经超越了，他是上帝的孩子，圣灵圣子，借圣母玛丽亚的肚子生出来的，是哪里人，这根本无所谓。说他是哪里人，那是历史考据的工作，宗教不这么认为。不过，怎么可以有两个弥赛亚呢？只有一个，就是摩西，我们是认摩西的。另外，按《新约》记载，犹大是犹太人，包括当时一起把耶稣上十字架钉死的，一个罗马人，另一个是犹太人。这是有史料记载的啊，《新约》里有好多史料。但那个时候冲突还没有那么严重，因为整个犹太教，基督教，包括耶稣开始传福音的时候，他们都是弱势的，后来等到犹太人分散出去，失去了家园，又整整过了四五百年，到了公元五百年前后，罗马才正式把基督教作为他们的国教。这个分化的细节我还不是很清楚，要去翻点资料。但是，犹太教和基督教之间虽不很融合，这问题在当时也不算很大，只是后来随着地理版图的分合，社会经济的发展，商业起来以后，犹太人家园没有了，他们开始分散到欧亚各个国家。然后呢，犹太人很有意思，犹太人和犹太教是个错和的合体，就是说犹太人不一定是犹太教，但是入犹太教的人基本上都是犹太人。它很严格，不像穆斯林说讨个老婆本来不是阿拉伯人，你只要皈依了真主也就是穆斯林了；犹太人不是，犹太人必须和犹太人通婚。有一部书一千多年里在犹太人生活当中很重要，一直听有人说起，那部书叫《塔木德》。《塔木德》现在山东还是什么出版社好像还出版了，我还没去买。据说有两百五十万字，可能不是翻成中文两百五十万字。它全是讲日常生活经验，是本非常智慧的书。它成书于公元两百年到公元五百年，就是说，花了三四百年时间，好多人编撰，修订，前后有一千多个拉比参与了这本书的讨论和写作，慢慢使它完善。交易，生孩子，做礼拜，教育，治病，弄饮食，婚丧嫁娶，包罗万象，真正的百科全书。这百科全书很实用，非常多的日常实践。举个例子说，一个穷人家里住得很挤，他十分伤心苦恼，又没有钱买房子，于是他就问拉比——拉比就是最有智慧的人——拉比说你把一头驴带到家里一起住就会觉得宽敞了。这个穷人就把一头驴带到家里了，他很相信啊，常识告诉他不可能的事情嘛，但他很相信。过了几天，穷人实在受不了了，又脏又臭啊，他就对拉比抱怨说我越来越挤了。拉比说挤吗，你把驴子牵走吧。驴一牵走，哦，穷人发现家里原来那么宽敞。这就是《塔木德》，你要比上不足比下有余，中国人的智慧里其实也有这个内容。还有一个例子，孩子三岁了，父亲说你从窗台往下跳，爸爸把你接住。接了三次，第四次跳下来，爸爸没接，儿子掉地上了。"爸爸你为什么不接我？""你怎么知道以后永远会有人接住你？"就是让你不要相信人，就是这种智慧。犹太人随身带的一个箱子里面，一本《旧约》，一部《塔木德》。犹太人是有记忆的，他们普遍智商高，两千年磨难下来的顽强生存欲望和能力，犹太人特别重视教育，刚才那个孩子跳下来摔地上的教育，类似的例子有很多，什么意思呢？就是我们说丑话说在前头，这个世界上的人不可相信，要靠自己。

  刘晶晶：其他民族就是从小讲童话，美好的事物。

  吴亮：它另外也有童话，但它在这里就是告诉你现实的黑暗面。犹太人精明会做生意，他们做善事也多，把钱捐掉也是犹太人……现在我回过来说现代艺术和犹太人收藏的事。到了一次大战前后，最早收藏、买卖、经营现代艺术的，几乎全是犹太人，最早的基金会也是犹太人，在美国的犹太人，像洛克菲勒、摩根、古根汉姆。他们有两重性——赚钱，拼命赚钱，非常斤斤计较，但他们也会把钱捐掉，送掉。形象地说，他们买画，做生意，操纵，抛售，唯利是图，那是靠《塔木德》；捐献、行善，那是因为《旧约》，所以犹太人有两重性。当然，关于犹太人怎么会强大得有好多书可以看，你要有兴趣不妨去找几本来看，我也复述不了那么多，我不是专家，无非知道些皮毛常识，这些对我都是常识而已，天主教的欧洲，东正教的俄罗斯，包括美国，特别是美国，美国是新教国家。新教和犹太教有个共同点，就是强调普世价值，要输出，就是人类性的东西，他们是上帝的选民啊，没有说我在哪里，哪里就是我的根，是我拥有的世界，扯远了。但犹太人为什么喜欢买现代艺术家的作品，它的共同文化背景是什么？他们在欧洲受到天主教的排挤，我前面讲到贡布里希说的，文艺复兴以后整个西方写实路子都是天主教艺术，理性的、准确的、清晰的、有秩序的，但犹太人是漂泊的、离散的，那些现代主义的艺术家，早期那批人，他们都是流浪汉，或者说他们都是精神漂泊者，他们同病相怜。我去买你的作品，为了帮你，同时他们可能也很精明。但是他们有那么精明吗？以后卖多少亿？那不可能，没那么有远见，那是违反常识的。

我现在再回过来，中国当代艺术虽然不是犹太教，但它当代艺术的特征是反权威、反体制的、无政府主义、虚无主义这些东西。

刘晶晶：即使不反也要做出反的姿态。

吴亮：不管你怎么反，误读是他们的事。一方面是商机，一方面他们能辨认，太清楚了，你这审美取向与我们犹太人不冲突。

刘晶晶：挺有意思的。有人觉得艺术是在音乐和文学之下的，他们觉得音乐有逻辑，文学有一个叙事的基准，艺术……

吴亮：当代艺术非常直接，里边内容非常丰富，它的信息量是扩散性的。音乐就是音乐，我不再那么简单地看，谈现代音乐假如我们不考虑迷幻药，不考虑剧场和机器音效，扯淡，不要跟我讲这些。

刘晶晶：瓦格纳的总体艺术是剧场。

吴亮：这我不知道，听你说。

刘晶晶：他设计了一个剧场，瓦格纳是最早提出总体艺术的，他那个剧场很奇特，我在媒体上看到的。一般古典音乐的乐手在前面一块，跟听众隔开。他把台子做成个斜角，像峭壁一样，底下有个空间，这样削过来，底下那个斜的空间里他放乐队。他有他的一套理论，有神秘主义，也有几何空间学，他认为所有的艺术门类，包括瑞士伏尔泰餐厅啊现代舞什么的，是一个总体的艺术，不管音乐舞蹈，就是你刚才说回到以前，音乐、建筑、结构，所有形式都是结合在一起的。

吴亮：音乐最早的时候一定产生在旷野里，后来才慢慢进入建筑物，后来又回到旷野，就是广场，像希特勒啊。

刘晶晶：希特勒蛮喜欢瓦格纳的。

吴亮：他是仪式化嘛。你知道希特勒随身带的是什么唱片？他最喜欢的，随时要听的，不是瓦格纳，一个贝多芬，一个莫扎特，两个俄罗斯人，其中一个穆索尔斯基，随身带。好像还有肖邦。三个钢琴曲，一个男声独唱。他个人趣味很奇怪，他喜欢《漂泊的荷兰人》，你可以查一查谁写的，很怪异。他在广场上要弄那个宏大场面，那是政治需要，他就自我陶醉在里面，他需要一个背景，需要一个帝国大厦，还需要一个广场，他自己设计了很多东西。

刘晶晶：纳粹的那个制服也很漂亮。

吴亮：奇漂亮，到现在为止都没看到过比德军的制服更漂亮的军装了。

刘晶晶：美国有个军服评比嘛，到现在每年拿第一的还是党卫军的制服。

吴亮：工兵的衣服都那么好看。

刘晶晶：还有装备。

吴亮：枪套、皮套、靴子、衬衫……全好看，绝了。

刘晶晶：他也挺总体艺术的。

吴亮：对。你刚才说到那个瓦格纳剧场，有一件事情我们一定不要忽略，就是录音的发明。为什么这么说呢？以前，比方我们听说有室内乐，巴赫的一些小作品，午餐音乐嘛，邀请两个乐师过来演奏一下。但没有卧室音乐，为什么？因为不方便请人到卧室里来拉小提琴。自从发明录音以后，你就无论在什么地方全可以听到音乐了，商店——商店以前是没有音乐的，太奢侈了——商店有背景音乐了，饭店有音乐，甚至厕所里也周而复始地播放轻音乐。所以，在哪里听音乐感觉是完全不一样的，现在有许多迷幻音乐只能在卧室里听，这在以前是不可能的事。现在有些人说他喜欢听音乐——我喜欢在家听音乐，但我很少去音乐厅听现场。你可以说我不懂，我不对，我听的不是原声，但对不起，我的这种经验已经成为普遍经验了，就用这种镭射盘。据说，音响设备越来越高级，在家里听的效果更逼真，你在现场是听不到的，是录音让你听到了你在现场永远听不到的声音。

刘晶晶：而且听的状态也不一样。

吴亮：完全不一样，你可以说它是异化，但是对不起，异化已成为一个历史经验，你再回过头去已经没有意义了。就好比说现在有了摄影，有了电影，有了DV，你再讲为什么不写毛笔字就没有意义了，因为工具变了，符号也跟着变了。所以我觉得更应该研究的是，它为什么会变成现在这样一个状况，造成了什么样的后果，产生了什么新的现象，这才是有意思的，一味感慨今不如昔就是没出息。

我以后要搞的这个杂志，有件事必须做，就是要慢慢地偷梁换柱,就是把虚构文学放到跨越所有边界的叙事文学中去,文学将变成无所不在……实际上它已经变了,我们必须要确认它,从理论上确认它,别以为文学只有小说,正如别以为艺术只有绘画。

当代艺术也一样。昨天我就对他们说,你们认为是一堆垃圾,我认为全是——也不是宝贝啊,我也不会把垃圾当宝贝——都是可以感受的,都是可以谈论的,而且都是有价值的。死亡是很糟糕的事情吧,死了还得了?但是关于死亡的哲学讨论和艺术表达古往今来实在太多太多了,为什么?死亡的价值何在?

昨天会上有人抱怨,现在的艺术不美啊,买个画挂家里起码应该有个审美的功用吧。我问——什么叫审美的功能?你的眼睛被愉悦?但是,所有人的眼睛究竟如何被愉悦,都不是天生的,而是被教会的。当然视觉经验中有先天因素,看到有些颜色愉悦一些,有的不愉悦一些,问题在于,当你处在某一种文明状态下的时候,你的感觉、趣味、欣赏能力都是后天赋予的。比如萨奇,他收藏赫斯特的作品,或者以前收藏奎因的作品,用自己的血浆做的头像雕塑,这你们都知道,好看吗?他储存在冰箱里,平时没法看,在常温下这个血液雕塑会融化的。但这件事情显示出萨奇本人对艺术和艺术收藏理解上的一种特殊性,这种特殊性使他得到了一种极大的虚荣心满足以及我们常人难以理解的疯狂快感。我就买这个,我有钱,不仅仅显示我有钱,有钱也可以捐图书馆或建学校,我偏买一个怪异的作品,有争议的,惊悚的,血淋淋的,我特立独行,我就那么牛。萨奇的艺术收藏主题很清楚,死亡、暴力、血腥,就这三大主题。这三大主题通常我们都认为是负面的,实际上在欧洲传统里面,特别是日本,死亡一直是被赞美的。你看三岛由纪夫是怎么死的,剖腹,最后让朋友把头砍掉,精心设计一个仪式,把死弄成暴烈辉煌的仪式。但是在我们中国,历来讲重生主义,把死看成最糟糕最可怕的事,贪生怕死,死很丑陋,一点都不美。但是另一种人另一种文化却把死看得很灿烂，这价值观完全不同……我们当然可以说这是日本传统，它是后天制造的，从生物本性来说人都是害怕死亡的，毫无疑问，对吧？但是我们是文化中的人，文化能够改变一切，通过仪式化，人获得了这种极端快感，完成这样一个终极的行为艺术，对三岛由纪夫是有快感的，那种迷狂，献身的陶醉，他甚至都有幸福感呢！你贪生怕死，你当然就不能了解他。赫斯特又没叫你买他的作品，萨奇要买是他的事情，这为什么就不是美感呢？简直太美太快感了。你把一幅画挂在客厅里是小快感，萨奇将那些动物尸体藏在冰窖里是大快感。别把审美狭隘化了，审美可是自由意志的领域啊。我的外甥说我舅舅家里的画我都不要看，我想我的快感你体验不到，我的快感就是拥有这些很有来历的画。

刘晶晶：有人说判断艺术必须有几条标准，就是我们公认这是美的，这样大家才不会感到恐慌，会觉得更安心。

吴亮：真是没有办法和他们说，因为要详细说的话，我就要做无数注解，而这种注解他们都不会同意的。作为一个作家，对现代媒介有顾忌有抵触或许有好处，这样他才能安心写小说，不然就会自我怀疑，我还能写吗？不能写，当代艺术把脑子搞乱了，一定要排斥某些他觉得陌生的事物……我是有很好承受力的人。

刘晶晶：你有很好的过滤系统，不会受他们影响。

吴亮：我照单全收，我知道我最后底线，我很清楚。

艺术的背后

——在民生当代美术馆的一次演讲

（吴亮在民生美术馆讲座，2009年9月）

谢谢大家，非常高兴这次讲座的组织者为我安排了一把舒服的椅子，但这样，我就看不到大家了……我强调一下我抽烟的事，我今天的主题跟抽烟有关……我为什么抽烟呢？我拿出香烟，他们给了我一只烟灰缸，里面装有咖啡渣。我告诉大家，这两个，一个香烟一个咖啡，应该算是准毒品。烟大家都知道，含有尼古丁、烟碱、焦油；咖啡里面含有咖啡因。等会儿你们给我弄一杯茶，茶里含有茶多酚，它是营养物质，但茶里也含有咖啡因，含量仅次于咖啡，只要用10克茶叶、80毫升酒精以及生石灰，你就可以提炼出1毫克的咖啡因。

人们为什么需要这两个东西？现在它们的危害已经被夸大了。现在，全世界都在非常虚伪地禁止抽烟，烟盒上面写了"抽烟就等于死亡"，诅咒自己的产品，没有任何一种东西会这么说自己的广告，只有香烟敢于这么做。在这个烟盒的图片上面，有一个健康的肺，还有一个抽烟导致的坏肺。我去年去检查身体，肺的纹理还是非常好，我跟医生说我抽了四十年的烟，医生说他不相信。他们说，文明的人不抽烟，有教养的人不抽烟，只有劳动人民在抽烟。在欧洲，房间里面没有人抽烟，但公司雇员都站在外面抽烟。

现在进入主题，"艺术的背后"是指什么呢？内幕，秘密，艺术家的花絮，阴谋，不是这些。我今天讲的是另一些常识，那一些常识跟我刚刚的开场白有关——我们先从毒品说起。

世界上的毒品有三大类，都来自于植物：大麻、古柯、罂粟。罂粟大家都非常熟悉，鸦片就是从罂粟里面提取出来的，再进一步提炼之后，就是吗啡了。最后就变成海洛因。古柯，就是可卡因的原料，著名的兴奋剂。大麻既不是兴奋剂，也不同于吗啡，它是什么，我等会儿告诉大家。"可口可乐"里最初据说含微量的可卡因，现在他们说那被禁止了。现在使用的原料里顶多是一点点失效的古柯叶，所以我们喝了可口可乐以后，会有那么一点兴奋感。玛莉莲·梦露是美国的形象，可口可乐也是美国的形象。可口可乐是一个生物学的技术，我确信，一样东西越来越受到人们的喜爱，上瘾，必有独到之处，咖啡也是一种……刚刚有一个女孩给我巧克力吃，巧克力的成分是可可，过度就可能会成为毒品。为什么咖啡永远没有办法禁止呢？因为它没有使人产生异常兴奋。我喝咖啡是会过敏的，有些人对咖啡会有好的反应，我是坏的反应。中国是茶叶大国，其实里面是一点点咖啡因在起作用。可口可乐征服全世界，秘密就在于那么一点点的可卡因，或者疑似可卡因，口味的相似度。

回过头来，六十年代的美国发生了什么，大家都知道，我不一一细说了，大家没有经历那个年代，但大家会重新听那个年代的音乐，比如滚石乐队，披头士，诸如此类。在他们当中，那些主唱歌手没有一个不服用迷幻药的，LSD，它的来源既不是大麻，也不是古柯，更不是罂粟，而是来源于欧洲的一种黑麦。在中世纪，人们发现有人误食了霉变的黑麦，然后导致了迷幻，人们就这样偶然地发现了黑麦素，后来经过提取出了麦角酸，大家给它取了一个很好听的名字叫做"安东尼之火"。1977年在美国曾经开了一个大会纪念LSD，这个东西当时在美国已经被封杀，当时那个大会，有两个人出来说话，一个是金斯堡，垮掉派诗人，他是迷幻剂的爱好者，一个非常有天赋和思想的诗人。这个会当时有非常多的人参加，1968年运动才过去十年，当年的嬉皮士大多成为了中年人。金斯堡对他们说，LSD这个东西没有中央情报局的支持很难做下去，他把一个老头介绍给大会，那个老头叫做霍夫曼，霍夫曼上台说我不是迷幻剂之父，我只是一个化学家——化学，我今天讲的重点之一，就是强调艺术和化学的关系——霍夫曼说在1937年，他发现了LSD，到今天1977年，整整四十年过去了。当年他在欧洲，他是瑞士人，他在欧洲用了三年时间，通过提取黑麦中的成分，前后做了二十五次的实验，当时他在给一些医生试验新的止痛药，做到第二十五次就停了下来，因为经费不够了。几个月以后他又看到这个样本，化学家是把什么都记录下来的，他在无意中，他的手指去碰了碰它，很快就产生幻觉了，他猜想这个幻觉可能就是这个东西造成的。几天后，霍夫曼就把这情况跟他的同事说了，他说他要做一个试验，微量服用一点点LSD，你们看我有什么变化，就帮我记录下来。当时他服用了20微克，以为很少，但事实上他已经服过量了。服用以后呢，他毕竟是一个理性的人，他尽量控制自己，他要努力记住自己的感觉，他记得两只脚被钉在地上，所有东西都发出声音，他可以听到空气的声音，所有东西的颜色都变了……事实上发生了什么呢？据他的同事们事后说：你服了药以后，飞快地骑自行车往家里狂奔，我们就跟在你的后面，怕你出现问题。也就是说，霍夫曼的感觉完全是他的身体体验，是幻觉……后来他的同事也来参与服药实验，证明这个东西的确有效。于是，LSD，迷幻剂，就这样很偶然地被发现了。

后来六十年代的摇滚乐风靡一时，其中有好几次乐队都讲到过这个试验，他们还专门创作了一首歌，歌名就叫什么"自行车之旅"……这个药物试验做完后，发现镇痛的效果不明显，却有一种极度的快感，于是他们干脆在自己圈子内部享受这个东西。当时没有人继续投资这项目，这项技术小成果就在一个小范围内秘密传播，过节或休假的时候，拿一点点出来，大家共同享受一下。

这个消息最后走漏出去了，当时的美国战略情报局，就是美国中央情报局的前身，当时他们为了"二战"，打间谍与反间谍战，他们需要研制两种药物，一个是让敌方间谍俘虏说老实话，叫做诚实药；还有一个叫做抗审讯药，比如我们的间谍被敌人抓住了，服用以后就能够对付审讯不说真话。他们派来了一个情报局的官员，让他吃了这个LSD，然后问了他很多问题，最后他醒过来之后，什么都不记得了，他胡说八道了很多，真假难辨，这就需要甄别，这样就太麻烦了。另外一个麻烦是，要看每个人的身体状况，有人能扛得住，有人扛不住。由于临床反应的一些问题没有解决，就没投入生产使用，开始是因为国家为了战争的需要由情报局出钱研发LSD，结果战争已经结束，它又没有派上用场，这个计划就搁置了。到了五十年代，古巴和美国对抗，美国中央情报局想起了这个LSD，他们认为，既然它这个药物的效果不稳定，吃了它以后人会走样，会失态，所以他们想设计给古巴的卡斯特罗服用。因为卡斯特罗口才好，当时他经常到处作演讲，中央情报局准备找机会给他下药，让卡斯特罗当众出丑。但后来这事没成，美国人还是有点制约，这个方案被美国总统否决了，认为这样不道德。于是这个LSD就沉默了，没有再被中央情报局考虑使用，就这样，这个神奇的东西从欧洲的医生那里被发现，传到美国，成为一小撮人节日或假日用来助兴的东西了，比如在圣诞派对大家一起吃这个LSD……此后，通过几个人的手，中央情报局外围，生意人，这个东西被流了出去，最后流到一个哈佛大学的心理学教授手里，他叫利里，他是反体制的。他服用了LSD以后写文章说，我们现在再也不要想象新世界了，只要吃了这个东西，我们就立马解放了，你要升天，你要幸福，你就来服用 LSD……这个迷幻药马上被演艺圈接受了，波及许多圈子……你们现在来看凯鲁亚克的《在路上》原稿，从头到尾就是一整条好几十米长的打字纸，现在有人两百万美金收藏了他的原稿，从头到尾没有分段的文章，不服药恐怕写不出来。在座都是成年人，十八岁以上了，你们自己可以判断这件事情，兄弟我不可能在这里宣传这个迷幻药的好处，我只是澄清一个事实，在国内对毒品的严格管制我就不多说了。LSD 一度没有被归入毒品的范围，毒品基本是大麻、古柯和罂粟三大类。

六十年代的一些技术革命影响了时代，其中之一，就是避孕药的发明。十九世纪末，有一对美国夫妇，母亲已经生了十一个孩子，在她五十岁再次怀孕的时候死了。她的一个女儿说，是她的父亲自己杀死了她的母亲。她发誓要为母亲反复怀孕致死这件事为女人解除痛苦而工作，美国不允许堕胎和打胎，怀孕只能把孩子生下来，这个女人毕生的工作就是推动避孕药的发明与生产，并推广到普通家庭使用。到了六十年代初发明了避孕药，当时只允许已婚妇女使用，但既然这个东西被生产和销售，肯定也不会仅限于已婚妇女使用了。美国性解放运动，如没有避孕药的帮助，就会导致很多未婚妈妈，如果你要成为一个未婚妈妈，肯定会承担很大的生活压力与责任压力，幸亏当时避孕药出来了，为性解放扫除了一个障碍。

今天讲的主题还是"艺术的背后"。通常的艺术解释没有新意，我并不反对解释，比如对形式史、风格变化、政治制度、社会变迁、宗教与艺术的关系，等等，诸如此类的解释很多，但有非常多的其他因素往往被忽略了。现在大家看到的艺术史，一般说艺术起源于巫术，也就是说，当年的艺术家就是大巫师，通过考古学的发现，对于近代保留的原始生活和遗留下来的物证，可以证明当年的大巫师就是艺术家，他们跳一些奇怪的舞蹈，做一些奇怪的动作。巫其实是一种非常具有实用目的的仪式，远古的时候，人对自然界的控制，对人自己的控制，受生产力水平非常低的影响，所以他们以为世界上的很多东西都是被神秘力量控制着。当他们发生瘟疫、饥荒、自然灾害的时候，他们就和神沟通，和祖先说话，那个时候就需要巫师出来了，巫师是一个非常有权威的人，他本来是一个正常人，正常人不神秘，所以在需要他来做仪式之前，他必须要把脸化一下妆，使他不再是原来的那个人，让另外一个人灵魂附体。现在有的时候，我们还模仿古代，我们会点一个篝火围着篝火跳舞。现在非洲还这样，非洲非常炎热，但他们还是点篝火跳舞。在南美，玛雅人就用古柯叶、大麻点篝火，燃烧了这些东西以后，那种烟雾和香味就会给跳舞者集体催眠，仪式开始以后所有的人与巫师一起，就和一个神秘世界沟通了。原始人的艺术具有神秘性，不管是巫术还是艺术，不过名称不同，都是一种想象，同时我们也一定要想象，这跟我们现在在学校里面教学生想象是不一样的，想象的本质不一样。你现在要看过很多东西才可以想象，而那个时代就完全靠大巫师带领，靠药物催眠，其实这些习俗的痕迹到现在还是保留着。平时大家在生活当中都非常的寻常，但是当我们去不同场合的时候，我们会按照规则，不管是婚礼还是葬礼，我们都会按照这个不同情况的礼仪来做，不同的礼仪会产生不同的氛围，但都已经形式化了，比较表面，因为没有迷幻剂来催眠了。

个性与天才。以前我们怎么看天才与个性，个性就是与众不同的行为方式和他们的不同趣味，如今书写的能力人们普遍都有了，十八、十九世纪以来，艺术家和作家的关系非常密切，所以有很多资料保留下来，再加上有了摄影，生前的照片也留下来了。另外，曾经是个人秘密的、个人隐私，但是现在因为解禁了，比如同性恋，现在不再说同性恋是一个道德的问题了。讲个性，跟外表生活的方式不一样，在所有的描绘当中，个性基本是文学性的描述，故事的描述，而不是真正的艺术。天才，最早使用天才这个词是康德，他认为艺术必须是有一个规则的，但是他没有办法解释这个规则，康德说，谁给规则立法，谁就是天才；谁能打破规则重新立法的还是天才，天才就是衡量艺术高低的标准……现在我们看到另外的标准出来了，市场，拍卖行，标准不一样了……天才，是本来就不正常的那些人，这个不正常现在因为药物、生物技术发展以后被治愈，天才就没有了。

举个例子，鲁迅三十年代写了很多骂人的文章，有人说他肺结核，这是一个进攻型的肺结核。另一个是受气包的肺结核，就是林黛玉，这两个人有一点相似：敏感，疑心病重。当然还有很多肺结核患者，像《茶花女》里的马格丽特，聪明、犹豫、咳嗽、失眠，都是肺结核症状。后来我查资料，这一百多年来，十八至十九世纪，二十世纪初，所谓的浪漫主义诗人、作家，大部分都是肺结核患者，肺结核的表现就是变得极度敏感，猜疑，晚上睡不着觉，维多利亚时代这样的病人有很多了，就是肺结核。1945年之后链霉素被发明了，肺结核可以治好了，而且很便宜。青霉素是在三十年代发明的，弗莱明从霉菌里面发现了青霉素，它可以治愈炎症。链霉素的发明可以治疗肺结核。还有霍乱，鼠疫，大家知道《霍乱时期的爱情》这部小说，自从链霉素出来以后，再以霍乱和鼠疫为主题的小说就越来越少，马尔克斯的小说看来是霍乱的绝唱。

艺术天才曾经是一个神秘的世界，尼采仅仅认一个神，就是狄俄尼索斯，酒神，一个癫狂的非理性的人，这是一家之言，但这种思想影响了很多人，我本人也赞同这个观点。我是一个俗人，所以我向往那种世界，它就是越轨的，造反的，它就是异常的，比如你站在弱者当中，我不说你是英雄，你引起我的情感共鸣。一个所有的人都喜欢的人，艺术当中是没有的。艺术就是越轨，就是不正常，一个有非常高的智商和能力的人，他还有异常。什么都正常，家庭和睦，理想，文明礼貌，他应该是一个管理者，一个技术人员，他们都生活在理性世界，他们不能狂想，狂想就会把他们应该做好的事情搞翻了，一个国家只有平稳才会有规矩，有制约，才不会打破这个规矩。

在中国艺术当代之中我们看到了什么？你乘坐飞机翱翔在天空，一个小时以后，你在家中拿着牙刷刷牙，拿着毛巾擦脸，其实艺术就是一把牙刷，一条毛巾。

内啡肽、多巴胺、苯丙胺、肾上腺、类固醇，一开始我说到了咖啡、巧克力、香烟，巧克力是甜食，在座很多人都喜欢吃。我告诉大家，甜食里面含有内啡肽，内啡肽被科学家认为是快乐荷尔蒙，它有助于爱情，恋爱的时候，我们大脑里面会大量地分泌内啡肽，这是它的好处，带来愉快。但是我还得告诉你们，当大脑大量分泌内啡肽的时候，你的智商会下降，所以一般愿意吃甜食的人都傻乎乎的，但是他们很快乐，肯定是这样的。内啡肽是内生性的，就是说它是可以自己生出来的，当然也可以通过食物或药物进行补充。现在中国忧郁症患者有八千万人，它超过了高血压、心血管疾病，已经排在第一名，很多患忧郁症的人绝望自杀。除了内啡肽，还有苯丙胺的被发现。苯丙胺使人兴奋，安非他命是抗忧郁症的，它就是苯丙胺药物，吃了这个药以后，假如你内心是一个很绝望很阴暗的人，吃了这个药就可以缓解；但是如果你本来很健康，吃了这个药就不得了了，你就会变成一个自大狂。"二战"的时候，日本的神风突击队员驾着飞机自杀以前都吃了这个安非他命，现在的恐怖袭击，人体炸弹出发前都是吃这个药。

类固醇属于另外一类，它是运动员禁止用的，这个药吃了以后可以减少你的脂肪，身体全部吸收，爆发力强。同时，这个药被稀释以后可以减肥，全世界的模特没有不吃这个的，一身肌肉，皮肤非常的有弹性和紧实，这个东西也是身体自身可以产生的，也可以通过药物补充。肾上腺正好和类固醇相反，动不动有一些人突然之间爆发了，泰森之所以老打架，就是肾上腺分泌过多，有些运动员内分泌紊乱以后，他就要服用这些药物。多巴胺它存在于我们的大脑里面，用显微镜看，我们的大脑皮层有很多皮层突触，放大来看就像是这样，多巴胺就是这个被传递的介质，从这边传递到那边。我前面讲过，凡·高、尼采这样一些人，他们是癫狂的人，中国有一个词叫做癫痫，癫就是破坏性，痫就是头痛难过，傻乎乎的呆子。凡·高、尼采这些人就是癫，癫爆发的时候，脑子突触之间会有一百多次的生物放电频率，平常人十次左右，显然，癫狂的人效率更高，所以他会有灵感，正常人达不到他们那种脑电波的速度。我们平时听一些摇滚乐，听得很疯狂，就是因为多巴胺的作用，它就像是电波一样，究竟它是波还是能量粒子现在还不太清楚。所以在癫的领域，艺术的狂热，疯狂的一面展示出来，但前提是必须要有才华与天赋，就像尼采，他的阅读面非常的广，如果他没有这个准备他也写不出那么好的文章。凡·高也是这样，他一笔画下去，又接着第二笔，你没有办法揣摩他，他脑子速度飞快，他感觉到的世界和人家就是不一样，凡·高的不可模仿性就在这里。现在南京也有一个老兄在做精神病人的画，这里面有他的意义，精神病人也有他的世界，先不论他是艺术世界还是精神病世界。我们现在所看到的中国当代艺术，不管是四大天王，还是二十八星宿，没有不正常的，全部都是正常的人，我为他们的健康高兴。但是他们既然就是一个正常人，难道你作为正常人，你想会有多少痛苦多少煎熬吗，顶多就是一种清醒之下的佯狂，表演性的，出自内心已经不太可能了……据说一次比较连贯的演说，也会分泌内啡肽，所以我就忘记喝茶了。

  我刚刚讲的都是故事，谢谢大家。

当代艺术：返回非艺术的知识事件

（吴亮口述，2008年4月20日）

艺术源自非艺术，当人们试图解释什么是艺术的时候，恰恰是用一系列非艺术概念从外部去定义它的，换言之，正是非艺术的历史内容界定了不同时期的艺术。

艺术史在谈论艺术起源的时候总是说它和巫术有关，和人类历史传说及神话记载有关，或者说和人的祭祀活动、日常仪式有关。但这是文明人追加在古代人身上的。把那些活动中的某种形式抽象出来冠以艺术的名称，都是后来的知识事件。起先人类在做这种活动的时候，并没有艺术的概念，而只是说，这些活动具有现在称之为艺术的形式，它们一开始仅仅出于一种实用的目的，巫术是实用的，日常仪式也是。

人类原初没有为艺术而艺术，他们画画或雕刻是出于一系列实用功能的考虑，后来人们才硬说它起源于非艺术。那么好，艺术起源于非艺术，然后人们又将其形式构成与元素分离出来称之为艺术，可以说是一种以形式压倒目的和功能的歪曲，一种非常实用性的放大，并把它浪漫化了。把艺术从日常实用当中单列出来，给它以神秘的解释，或给它一种象征性换喻，最终把它变成了一种高级的精神活动。

既然艺术的起源是非艺术，那么从哪一天开始它就变成纯艺术了呢？它以前是非艺术，又是通过一种什么样的原因，在什么时候，慢慢地变为了纯艺术，成为一种专门职能或者说成为一种专门技艺了呢？比方说造房子、画画，又或者跳舞，因为分工的原因，专门有人去做。我们称之为工匠、驾驭者、演员或主持人，都是一种实用性很强的工作，包括祭祀啊，主持啊，或者是一些仪式里面的司仪啊，用现代的话说无非是导演或者策划人。在古老的社会生活里面，群体生活中经常有一些拥有类似技能的成员扮演今天的艺术策展人这样的角色。他们把那些敲锣打鼓，能歌善舞的人凑在一起完成一个仪式，完成一个节目。平时过一个节日，做点娱乐活动，进行社交，或服务于某种政治与商业目的，都需要他们。这些具有特殊技艺的人，通过一些师傅的传授，在最早的学校或者一些行业、作坊里面，表演的团队里面，形成一种师承的风格——一种剧种啊或者说是一种器物类型。在一些近代的乡村调查或田野调查中有很多类似的承袭，它集戏剧、面具、唱歌、巫术于一体。但是在一些慢慢进入近代文明的地方，这种形态就被另一种新异事物所取代。

现在我们称之为艺术院校的地方，是近代以后发展起来的，今天绝大多数艺术家都来自于艺术院校，极个别自发的，自学的，有特殊禀赋的民间天才，这种人不是没有，只是越来越少了。当艺术作为一种技能被传授的时候，其实它已经和非艺术脱离了。掌握了这门技艺之后，从院校毕业，你可以为政治服务，可以为商业服务，也可以为画廊和收藏家服务。所以它在进入院校以前，目的和技术是完全分离的，根本不用考虑最终目的是干嘛的，最开始就是一门单纯的技术。现在情况好像有点往另一个方向走，试图使这种技术回到非艺术当中去。也就是说，撇开一般服务于商业、工业或者包装设计这些日常需要的实用美术，我们通常称之为当代艺术的所谓艺术，似乎都在尽自己可能地回到非艺术中去。

这些被称为当代艺术的艺术已经不再具有以前我们所说的传统艺术所需要的高超技巧、天赋、技能。也就是说，手艺在当代艺术中变得不重要了。而它的非艺术性，又重新得到了一种放大，或者说被非常过分地放大。现在我们判断当代艺术的一个主要理由并不是技艺和才华所达到的程度，说他的手艺是无与伦比的，是一个不可企及的高峰，如同我们所说的古典大师们所达到的高度，当代艺术家中几乎没有人可以抵达。

当代艺术作品中混杂有大量的非艺术成分，它们需要解释，解释是艺术的一部分。这就是人们为什么给予它们复杂评价的原因。所以说观念很重要，解释很重要，由于意识形态等各种各样当代生活中所出现的许多复杂问题都呈现在当代艺术当中，可以说没有一样东西不在当代艺术中得到表现和反映，哪怕这种表现和反映是误置的甚至是颠倒的。

把当代艺术的价值拔高，这个拔高为什么总是能够得逞？那是因为，比方说某一个艺术家的作品，它折射了现代生活中某一个现象某一个问题，也许是几个现象几个问题，表现了一个特殊国家一个特殊时代，或者一个时代的特殊精神现象。关于这个时代，关于这个国家，关于这个地区，或者关于这个时代的精神现象，实际上已经有了一些理论探讨和专题研究，但因这些学术论文有它的专业性，因它的深度，而使一般人无法阅读。但是当代艺术通过图像或者是因为它具有一个艺术外形的特征，还因为它具有一定的新闻性和一定的表演性，容易被人用一种直观的方式所获得。此外，那类理论一般很少有学者愿意通俗化地去解释它们，比较起劲去解释它们的往往是一些批评家和媒体记者。我们知道一般的批评家和媒体记者的解释都比较肤浅通俗，这是由他们的工作特点所造成的，因为他们的读者不是行家，他们的读者都是外行，他们的读者外行就决定了他们没必要很内行。他们很内行的话，写出来的东西读者就不爱看。

所以批评家和媒体记者就会把那些实际上比较肤浅的当代艺术，或者说那些意图竭力表明为揭示这个时代的某些特征、某些精神面貌、某种时代心理……诸如此类吧，这些似乎具有深度内容的一些作品，实际上他们理解得很浅，或者说似是而非。但就是这种浅显性，一目了然，望文生义，批评家和媒体记者觉得有点大惊小怪，都感到不得了了。

因此，可能当代艺术家在今日社会中正好扮演了这样的角色，他们把那些专家们所讨论和研究的问题通俗化，同时也把它肤浅化，甚至娱乐化。我们可以举例说某某时代某某作品，把那些当代非常活跃的有名艺术家的名字填进去，所有把这些作为重点去拔高的言论，如果除掉这些解释的话整个作品就坍塌了。什么意思呢？里面没有技术含量啊，更不要说神来之笔了。比如说就专门画一种笑，一种表情，张大嘴巴痴呆的表情，千人一面的，一种模式化的风格，无须改变的僵化的自我复制，这一幅和那一幅完全没有区别的内部繁殖，这些产品的自我拷贝除了这些标志性的文化解释，还剩下什么？技术，天赋，无可企及，难以模仿，都不存在。没有难度，独创性有吗？现在中国的独创性就变成一种商标注册，就是把一个图像先注册了。我以前在很多场合一再谈到注册形象这个问题。现在注册的不是商标是形象。就像画一个人，你也可以画，他也可以画，谁都可以画。但是因为某某人已经注册了，所以你不能再画。没有人学伦勃朗，没有人学达·芬奇，你学得了吗？你敢这么说吗？你说我是学凡·高的，我说我是学米开朗基罗的，那么好学吗？不好学。你做不到，给你一千年，你也做不到。这就是今天我们所面临的一个问题。

可能人类艺术的创作高峰已经过去了，那些大师们，那些封闭的，关在房间里潜心画画的与世隔绝者，这样一种创作状态已经不存在了。现在画家工作室必须放在北京，上海，不会有人把它放在新疆或者是甘肃。它必须放在一个能够被别人看到的地方，放在某一个十字路口。人们一直在批评的浮躁啊，急于成名啊，连批评者的批评都那么浮躁，现在的人太知道自己生命短暂了，总想在有生之年有点作为。以前人们还在学大师，学艺术史上的那些大师，高山仰止。但现代人开始和邻居比，你也成了，为什么我不成？他不见得比我好嘛。所以大家都觉得谁也不比谁好，所以都急于成名，而且出名的容易或者是出名的偶然常常带有撞大运的感觉。大家都会觉得他没有什么了不起，我比他要更好一些。现在没有人说，他比我好，而是传来传去说某人碰见好买家了，某人碰到著名画廊作品被某个重要拍卖行拿去拍卖了。很少有人离开这些新闻八卦去揣摩这张画，去体会它，在这幅画前站半天，看半天。没有，不可能有，没有什么人会从心里真正佩服另一个艺术家。去美术馆，从那经过，眼睛一抬便知道是谁的画。啊，这是某某人的画，我们太熟悉了，不会激动，不会看到一幅作品，就站在面前看很久，感动很久，不会有这种事了。

当代艺术重新回到原始社会中所出现的这种非艺术之中，因为当时没有艺术这一说嘛，产生出艺术这种形式，一种传承，作为一种手艺它会传承，绘画成为一个行业，逐渐出现很多组织或者个人来做这件事情。于是学校出现了，一些大师或者是一些学徒，前赴后继。到近代慢慢变成一种单纯的手艺，到了当代艺术又重新回到了非艺术当中去了，和政治、文化，和知识分子批判结盟了。

经过这样一个往回走，经过这样一个否定之否定，当代艺术就以一种粗鄙的形式，以一种模式化的状态回到了当初的这种非艺术状态。但是远古时代那种淳朴性，直接性，简单性，神秘性消失了。现在是生产化，复制化，符号化，批量制作，加上新闻媒体和资本的强势推广，而不是通过它本身的感性魅力。

利用当代媒介网络手段，使一个名字一个图像不断重复，以加深你对它的印象。当然这种生产也不是一无是处，我不会对这类问题一概否定，这可能和当代社会的生活基础有关，比如工业化，全球媒介的传播，人们已经不可能有远古的那些生活状态了。神秘知识已经被科学所取代。为什么当时的东西让我们感动，因为有一套神秘知识，巫术，还有冥界，神灵之界，鬼魂。当代艺术当中，很少有鬼魂出现。当代艺术家没有一个不相信科学的，科学技术，没有不相信的。不管他懂不懂，懂多少，都无所谓。都有一种科学崇拜。比如多媒体的掌握啊，各种新材料的应用，经济活动，社交常识，他们全明白。他们生活在一个理性的世界里，神秘事物，天赋，直觉，人的混沌状态都没有了。

当代作品就这么一目了然，苍白，或者说它的图像非常贫困，没有东西可玩味。对一个作品反复玩味，是不可能了，扫一眼足矣。一个人拥有某个画家的作品，就好比你拥有了某个品牌的汽车，拥有永远是人们贪婪的一个派生物。当代艺术到了今天这一步以后，许多人都想知道它在世界范围里究竟还有多大意义。现在看一些当代艺术作品的图录，照片，包括国外的一些展览的画册海报，基本都这样，小聪明，小技巧，煞有介事的自白，吓唬人的并不复杂的大制作，加上一些似是而非的理论阐释。

讽刺的是，很少有理论家介入当代艺术这个领域，当代艺术是各种各样皮毛理论的综合体，当代艺术家有个很好的托辞："别和我讨论学术，我是艺术家。"这样他就得到了一个免被追问的特权。人家不会追问他，假如是政府官员，或者是新闻发言人，或者说他是一个学者，在作政治演讲或学术答辩的时候，他必须要认真回答人们的提问，不能含糊、回避和玩外交辞令。但艺术家可以，这是他的特权，因为他可以说，我做的是艺术，我只是提出一个问题，答案我不知道,你们去琢磨,艺术家采取了一个很形象的表现,他能够一点不尴尬,成功逃避这些追问。

当代艺术家是万事通,去年关心环境问题,明年关心移民问题,他什么问题都可以关心一下,但是什么问题他都讲不清楚。他的支撑点虽然是某个时髦的问题,却常常经不起追问。我们看到讨论信仰,讨论移民,讨论贫困和讨论生态危机这样一些问题的文献里,几乎找不到一篇艺术家的论文。但恰恰是这些知识成为一些当代艺术家创作的支撑点。艺术家也许就在当代艺术中扮演润滑剂这个角色,通过他们的一些图像,经由两种三种这样的知识转换,使得一些概念被大众所知道,在一个充满速朽信息的空间里被有效传播。我们现在可以看见这么一些情况,当代艺术家和演员很类似。一个演员,他去年演的是秦始皇,今年演的是罗密欧,但他既不是秦始皇,也不是罗密欧。做演员的人就是一辈子在做别人的人,他不知道自己是谁,他一直在想象自己是另外一个人。

这个艺术很奇怪,中间这个阶段,早期的艺术从非艺术中分离出来成为一门技术,这门技术到了古典时期,到了古近代,特别到了手工业阶段被机器工业取代之后,高峰就过去了。为什么中国最好的手工都在宋和明,到了清末之后就一代不如一代了,就是这个道理。广义来讲,欧洲的手工最好的时候是中世纪之后的建筑,雕刻,家具或者是玻璃制品,包括蛋彩画油画,都是那个时代,手工时代最光辉的时候。近代工业革命以后,手工肯定衰退了,这个是大背景,没办法。不管怎么说,这种手的劳动在手工业最繁荣的时候它的技术含量以及达到的成就是最高的,适当的辅助工具也是那个时期不断涌现的,比如颜料的革新,新工具新材料的发明,透视学,解剖学,胶,纺织,纸张,它们都达到相当高度的时候,手工绘画的最高峰就出现了。

最高峰过去之后,实际上都成了一个机器流水线,通过一个图纸就能解决，或者是通过一个电脑。比如我的眼睛角膜开刀，只要掌握机器就可以动手术了。现在手工就太稀罕了，手工开刀的技术前提是要做两千个病例才能造就权威。现在激光机器成为主角，我们不能为了保证你的手艺可以传下去，就替你配备两千个病人给你实验，不可能，做不到。在这个背景下，只有少数人还有机会在做手术。在他们的行业内部比较是有高低的，但他们要和前辈比，那就差太多了。

以前中国人写毛笔字，但凡能识字的人都会用毛笔，因为那时只有用毛笔写。到近代使用硬笔以后就不行了，现在人们全在用电脑就更不用说了。你用毛笔做什么？你用毛笔只有一个目的，就是你想成为书法家。谁说颜真卿是书法家？颜真卿就是做官的人。古时候做官的人书法都好，因为他们从小就开始写字，毛笔在他们手里就是心手一体。现在没有，现在写毛笔字就像弹钢琴一样，它成为职业的了。那么平时他也上上网啊或者用圆珠笔写字，古人是在"采菊东篱下，悠然见南山"这种氛围下写字，和你在一个闹市中心的写字楼里写字不是一个感觉。日本东方传统保存得那么好，其实他们的书法完全是在玩笔墨，不是为了日常书写，而是一种表面看起来像俱乐部式的游戏。在当今中国的一些书法展上，依然有很多人在写什么唐诗，但是他们不是唐诗专家。他们大部分时间只是在写"月落乌啼霜满天"这类东西，写一百遍两百遍，和世界完全脱离了。

当代艺术走到今天这个状态，是有它的必然性的，你想不出第二种结果。所谓好不好都是相比较而言。我们现在看电视里面的一些现场比赛，做家具做厨师，厨房表演，用微波炉煮食物以分钟计时间，还讲什么火候？以前打鸡蛋是用手打，后来用打蛋器打，手艺肯定就不行了。当有技术可以取代手工的时候，手就不会用了。所有东西都有机器加工的时候，你本来那种掌握工具的手感就衰退了。比如说木匠，木匠现在要是想把一条直线锯得很直就很难，因为他没必要再学了，用手工锯木头的话效率和时间都划不来，为什么不用机器呢？用机器切割非常轻松非常齐。凡是可以用机器代替的就不要用手工，因为这都是有成本计算的，所以手工把一条线锯得直或者把一个孔凿准，都不会了。这种手工的做法，绝对不会继续了。裁缝也是，中国以前很多老字号著名裁缝，比如宁波裁缝啊，现在还有几个？剪刀都是用用就坏了，没关系啊，便宜啊，再去买嘛，可以同时买好几把剪刀。当代艺术一个很大的构成要素是观念，手工的成分越来越低，比如文艺复兴时期的画全是手工，现代艺术作品猛地一看也是手工，丝网印刷也是手工，但是这个手工里面有多少非手工成分在里面？机器技术，还有解释，现在解释特别重要，以前的作品都是不用解释的，你干吗解释呢？手工的高峰期已经过去了，而且可能永远不再回来了。

另外一个，当代艺术既然有很多非艺术性在里面，但这种回归，我想是背向古代的一种回归性解放，它越来越放射到艺术之外的各种领域，它不再避俗，甚至实用至上。艺术在最高峰的时期是被形式主义放大的，就是所谓的手工啊，天赋啊，这是古近代用天才概念用浪漫主义去解释艺术的时期，强调才华，灵感，想象，个人风格。过去在艺术史上提到的大师，除了一般提到的时代背景之类，都把文章做在艺术家的个人生平上面，所以也造成一种情况，就是艺术家本人都是传奇性的。也许他有传奇的经历，或者是有一种有意思的无意识在里面。但是超凡的手艺，这点在古近代手工大师的评价系统里非常非常重要。

而当代艺术家的社会观点，他在什么背景下，什么风格脉络，是什么国家什么倾向或潮流的代表人物，体现这某个时代状况和思考比手艺更重要，脱离他们的语言背景，无法说他们作品的意义在什么地方。但是在古典时期的作品，虽然也有它的一个观点，一个时代背景,但是看手工大师的作品,你会被他作品本身的手艺和难度所征服。但是当代艺术不会。你会为波依斯的一堆油脂感动吗?你会为安迪·沃霍尔拷贝的一个玛丽莲·梦露感动吗?你会为杜尚的小便器感动吗?假如没有它的语境,它就是一个小便器。当然即便我们已经误入语境,它仍然是个小便器。

这就是宿命,已经从原来的混沌状态、崇拜神灵走到今天这个知识反知识阶段,不能掉头了,因为人的很多能力被很多其他东西所替代。有些人的能力是与生俱来,就像以前弹钢琴是用十个手指,但是以后不知道会不会用机器来弹琴。十个手指必须是人控制的,你不能用机器手。但是有些技能,或者说有非常多本来由人徒手做的事情,现在全是由机器去完成。现在画画还是要用手去做,有太多东西都由机器做了以后,光是在画画的领域保持用手工就会存在问题。那么随着手工衰退,观念的变化就显得很重要,这就是当代艺术的特点吧,观念窃据了灵魂的位置。

我想说的是,当代艺术即使讲观念,其实也谈不到什么有多么了不起的观念,你没法把当代艺术作为一种观念的一手材料去写一本思想史。从达达艺术开始,讲观念,反艺术吧。观念就是从反艺术开始的。我觉得反艺术就是非艺术,就是自从当代艺术形成,把观念置入艺术以后,我想艺术家对非艺术的回归就开始了。它向社会问题回归,向一些概念和古怪趣味的回归,反趣味反技术反文化反文明,有太多题目可做。这个过程很有意思,现在仍然有不少人在重提手工的回归技术的回归,但没用,机器时代,手工毕竟东流去。

而手工,依然和某个过去了的时代的各种状态有关。比如说古代庙宇或欧洲教堂,人家一造就会搭上一百年两百年,它过程的漫长可能是资金的原因,比方说建造这个教堂是教会掏的钱,现在教会没钱了就放在那了,也不敢随便动;前面的某个建筑师死了,别人也不敢接着弄；这个财产是教会的财产，没法动它。并不是人家刻意慢，但是从另一个方面讲，就是大家都不着急，而且当时社会的技术不像现在这么突飞猛进。现在三年五年就一次技术革命材料革命。那个时代十分稳定，可能三百年五百年整个社会的风尚啊趣味啊都没什么太大变化。这种稳定对手工的长期存在是有好处的，就是不浮躁。现在很难不浮躁，因为诱惑太多，你要有意识地去抵抗。当时没有太多诱惑，没有一个眼花缭乱的世界。

很多东西都是历史地生产出来的，当时你的生活范围不大，信息不灵通，行动不便，米开朗基罗一直待在佛罗伦萨，也没周游意大利。凡·高去过哪些国家？老待在阿尔这个地方，还关在精神病院呢。哪像现在，艺术家满世界跑，东西比那时候的画差很多，看是什么都看过了。你说凡·高看过什么博物馆，但是他的作品进博物馆了。现在人都是见多识广，都是眼高手低嘛。所以这种生活相对凝固，别看他们都很短寿，他们的时间是很充足的。现在的人满世界跑，他们难得休息，什么都要看一看，这肯定不行，所以他们的手工能力必然要衰退。还有古时候手工匠人的生活氛围，它在乡村里面，有个庙或者有个祠堂，或者有个大家族在当地赫赫有名，每次盖房子都要做一次祭祀活动，点香，拜土地爷，一个画画的人他画的东西都是很神圣的，画一个菩萨或者什么钟馗灶王爷。他有这样一个庄重氛围，或者说一个传统禁忌。这种氛围给手工艺术一种宁静，一种投入，一种专注，现在都没有了。今天为一家公司做个项目，明天为市政府做个项目，甲方乙方，全和艺术家风马牛不相及。甲方有什么要求，艺术家根据要求做，什么风格都来，或跟着策展人的题目走，全迷茫了。今天这个观念明天那个趣味，它的生存状态不对，你希望我们不要浮躁已经不可能，怎么可能不浮躁呢？

现在人人都要抓机会，这个机会古人也要的，但古人要的机会不是这样得到的啊！可能今天的机会还来自身边，明天的机会就可能从美国过来，全球化就这么出现的。你的活动范围比以前迅速扩大，你以前的旅行距离是几百公里之内，现在是几万公里之外，美洲，欧洲，世界每个角落，你说去度假就像邻居家串门似的。要是没有资本和经济的过度发展，没有新技术的推动，没有媒介和资本的扩张需求，当代艺术不会有影响，它必须依靠重复出现，依靠强化刺激你的记忆之后才会产生影响。弄一些大展览，大投资，大策展人，大画廊炒作。那么假如没有这些东西的推动，它会有意思吗？我想也许没多大意思，因为你根本不知道它们的存在。但我们不能摒除它，我们所处的世界已经这样了，已经有了这个条件，又何必拒绝呢。你不能想象当代艺术脱离国际资本和现代媒介会怎么样，因为这样一来，它也就失去了当代性。你不是个人艺，你也不是个人写日记，既然称之为当代艺术就必须有当代性。当代性就是全球化，后工业化，媒介化，图像化，符号化，象征化，这就是当代性。它必须有这么几股力量来推波助澜，来合成这么一个当代艺术的神话，或者这么一个奇观。它由多种力量来推到这么一个高度，而这一切成果不是凭它的天赋和个人能力就能达到的。

以前这种天赋同样需要贵族支持，教会支持。中国也有类似情况，像皇帝，庙宇，或者是大豪绅大地主。比如一个人写字非常有学养，当时就有人欣赏、收藏，慢慢地经过一个漫长的积累传播过程，经过历代筛选，一些好东西就得以保存起来，传世了。

当代艺术能传世吗？不知道。当代艺术的依赖性很强，只要全球资本和艺术投资一直保持这种良好的状态，一直没有大的危机，还保持着非常好的势头与信心，媒介依然起到一个推波助澜的作用，只要这些东西始终运转正常，当代艺术肯定还会不断折腾，但这怎么可能呢？当代艺术越来越成为跨国资本和现代媒介的寄生物，两种力量，资本和媒介，没有这两种力量就没有当代艺术。当代艺术成为媒介炒作的一个重大题材，同时当代艺术又成为另外一种货币资本转化的形式，它是一种象征性的货币形式。就像我们说黄金就是货币，货币就是黄金，它就是转换形式了。

当代艺术的热潮就像历史上所有的热潮一样，迟早都会过去的。那么在退潮以后，在退了潮的沙滩上面人们将发现什么？二十世纪末二十一世纪初膨胀发酵的中国政治和中国文化的双重历史变迁，它被普遍误读了，它是个传闻，它是谎言的产物又是对谎言的反讽，它那么富有喜剧色彩，那么拙劣粗糙却又意味深远，它曾是个不可能的现实。

我似乎对当代艺术的非艺术性，用观念支撑，媒介资本的推动，特别是商业的成功有所批评。但商业的成功恰恰掩盖了当代艺术的文化价值和历史价值，很多人没有时间没有兴趣去关注这些作品所包含的深刻内容。我个人对此始终抱有辩证态度。当我说现在的作品不如古代的时候，是说今天的背景变了，生产方式变了，工具变了。因为这种生产方式变了或工具变了，我们的世界观与艺术观也随之今非昔比，对事物态度的转变，对手艺的轻视和对概念的依赖都宿命性地不可逆转。我在为当代艺术作历史辩护，而这种辩护是建立在当代艺术已经变成一种非艺术知识事件的基础之上的。

也许一切都很天然

——在毛焰"意犹未尽"个人画展上的发言

（吴亮说艺术家毛焰，2010年12月）

我和毛焰的关系，肯定不像你们之间那么密切……我南京的朋友很多，闭上眼睛，就有一个群像在那边浮现……每次我到南京来，首先是喝茶。我在那儿有几十个画家朋友，碰到谁都行，我就想来散散心，干吗也不知道，见谁都高兴。这种私人关系已经变成没有目的的来往了，每个人在做什么都不重要，相见已忘言啊……但我想，今天不能谈太多的私人问题，今天这个场面我觉得比较严肃。每次到毛焰的画室去，我会先在里面兜一圈，看看有什么新的画……毛焰呢，总会拿出各式各样的威士忌和茶来招待我，给我看他最近从国外带回来的金属制品，发着光，银光闪闪的。有一次居然还推荐一本书给我看，顾随写的，我至今还没来得及看。这些东西都不重要。怎么来谈毛焰？就是说，我从另外一个视角，或从另外一个高度来看中国当代艺术。我现在不想再批评当代艺术，它是一个非常复杂的现象。现在的当代艺术有这样一大堆赫赫有名的人物，四大天王、八大元帅，或者二十八星宿，可能连一百零八将都容纳不下他们了。但毛焰没法和他们任何一个放在一起，毛焰不属于他们队列里的一员……大家都说当代艺术不等于当下所有的艺术，这是个定论吗？肯定不能这么说……怎么定义毛焰，为什么一定要被指认为是当代艺术才有价值，我认为是一个未经证明的问题。如果一定要说什么时代精神的表现，我觉得顶多在毛焰早期的朋友肖像作品当中。

在毛焰的托马斯系列里面，我们可以看出一些远离时代甚至不注重地域身份的表情和状态。那种恍惚的眼神，一个无背景的人，就像尼采说的，他不属于某个时代……我记不得原话了。一种脆弱的、敏感的、局外的、非历史性的人，他的精神状态，类似这样的一些东西，带一些精神性疏离或者说遗世独立的情怀，而不再重视周围现实，甚至摆脱了现实。毛焰希望人们看到的是他的画，而不是他的画所描绘的现实。如果你们总在一幅画里寻找一些你们所感兴趣的现实，或现实中的某一部分，那就别看毛焰。确实，毛焰这样做，有点和当今的艺术方向背道而驰，当代艺术，据说一定要有针对性，怎么定义"针对性"这个词？政治，还是形式？形式主义据说已经落伍了，但"政治"一词难道不是更陈旧吗？而且，据说当今的一切都可以被解释为政治，这正是我今天要涉及的问题，即阐释对艺术的全面"入侵"……从一般艺术的进展来说，如今流行这样一种说法，现代主义到格林伯格终结了，波普艺术打开了通往后现代主义的大门，中国当代艺术终于挤上了这班列车……支持这一论点的，背后还有一个黑格尔的艺术终结论：音乐是艺术的最高阶段；精神从物质当中解放出来；一部艺术史，就是一部精神从物质中解放出来的历史；从雕塑或者建筑，象征主义古典主义经过绘画然后变成音乐；浪漫主义第三阶段；最后哲学家取而代之，哲学解释艺术并赋予某件物品以艺术名义。在丹托的理论里面，他也有这样一个意思在，即当代艺术的突破，在于阐释学，也就是哲学的入侵……为什么安迪·沃霍就是艺术家呢？安迪·沃霍随便拿一个普通盒子就能成艺术品，都不再是普通物品了。这之前的杜尚，一个小便池已经变过一次艺术品。也因为别人的阐释，当时惊世骇俗，但尚未成为潮流。半个多世纪后，由于后工业时代和大众媒介的崛起，语言取代形象的潮流终于全面登上历史舞台，彻底改变了艺术史的版图与方向。

　　有的人喜欢用谁更是最新艺术，而不是所有艺术都是某种特殊艺术，来划分艺术。那么，从这点出发来说，20世纪，特别是20世纪下半叶以来，阐释学、阐释知识的过量增长，实现了一个强势的方式，以它来进行预判；在哲学上，只要通过一种进化论的阐释学，从低级走向高级……当然，黑格尔的逻辑在欧洲一直有影响力，马克思就更不用说了。我最近和一些朋友私下里聊，但没有时间谈得很深。简单地讲，当艺术被假定了从一个发展阶段迈向另一个发展阶段，或者说从一个初级的、原始的、象征的状态慢慢进入一个自由的纯粹的境地，不管是康德还是黑格尔，他们都有一个发展历程……但问题在于，为什么今天所谓的阐释学占了绝对上风，观念性、新的复杂性，已能够上升到一种支配性的话语……由他们说了算，什么是艺术，什么不是艺术，什么是好艺术。在这种情况下，人们还是会对毛焰这个作品，以及很多相类似的艺术家的作品，仍然有所感动、触动，或者喜爱、赞美，或是用其他什么好词，比如——天才。

　　新发现与这些东西无关……艺术不断在发展，已经不再能够掌握趋势……我觉得这里还有个很大的问题。虽然人类还在不断地发展，但是问题在于，人的生存并没有进化……我们并没有完全生活在阐释学中，我们依然在感受，用视觉、听觉、嗅觉，所有的感受器官，所有对这些东西的感受依然存在……被这种阐释学阐释的当代艺术，占据了显赫地位的时候，在很多地方仍然有这种古典主义者。这样的一种艺术家，只要你能够达到一定的程度，你仍然会触动人，在阐释意外的其他东西之外，视觉神经系统，依然在起作用。这时候，复杂阐释就没有必要了，但这并不是说，毛焰的作品仅仅是所谓的天才之作……你的这三幅画，我昨天看到了原作。你画的是韩东、小山、孙新宇,还有好多张我都没见到。我对你的作品是特别喜欢,为什么呢?这些人,我后来也认识了,成了朋友,而且那个年代……我九十年代刚认识毛焰,当时他还很年轻,从画室里走出来的,从画后面钻出来。那个画室很凌乱,没有什么完整的画,都已不在这个画室里面了。这个九十年代,对我们这些人来说都很特殊,特别是1989年以后。今天再看这些作品的时候,我们会引起对那个时代的回忆。这是我的个人感觉,一种茫然,一种紧张的、焦虑的、不知所措的感觉。从美术史上来说,毛焰也有他的一个脉络与连接,有些别人的影响,一种神经质。这方面你自己最清楚,但这并不是简单学习学来的,毛焰骨子里必须有这个东西,一种脆弱;这些东西在托马斯身上不见得就有,长沙回上海,我还和他同路一起坐飞机聊天,他是个很简单很健康的人……但在毛焰的作品中,托马斯处在一个迷幻状态当中,昏睡到醒,一个高潮以后,或者说一个完全的酒醉状态,很High的状态;或者说是濒临死亡的状态,生与死之间的状态。

  凡·高画的肖像,就是,或者画自己,研究这个人,这个就这个。但是你毛焰,观念就是抓不住,要进去;到托马斯以后,就像苹果对于塞尚,他画谁不重要,但是,塞尚的苹果和你的托马斯有相反的内容:塞尚是把一只容易腐烂的苹果画成一个坚实的存在,像岩石一样坚实,你把活生生的人画成了梦幻。托马斯完全被你情绪化了,他完全漂移在一个虚无中。另外,我觉得你画画没有给出什么理由,好像无意识。就是说,你不想在他身上去表现一个现实,特定身份。因为你认为,他们很多人画脸,就是一张中国人的脸,而中国脸很容易被政治化解读。东方新解读,然后又专制社会啦,可以无数次地重复。但是外国人,一个任何国家的人,好像你通过你的图像,表达的内容和这个时代没关系。我们以后看这个画时,只能说:很奇怪,在这个时期南京有个画家,他画了一幅画,画了一个外国人……但是为什么要有关系呢？在毛焰的图像里面，你看不出任何与中国有关的东西——它是不是在变化，是不是有冲突，都没有，这种所谓的精神状态，我认为绝不是生物性的。和这个世界没关系，即便他很痛苦，也未必要把痛苦作为绘画的重点，这有什么关系呢？就是没关系啊。

　　画画也是高处不胜寒。毛焰很生活化。我觉得，好多东西在你身上是自然生成的，生成的过程，生长的生，成功的成，你总在不断生成作品，你有这种能力，不断生成。这是一种能量。在这里面，我不是简单地作为一个画家，担心我是不是停滞了。不要急于下判断，我不急于下判断。可能还有另外一个解说面，这个对于艺术家来讲，每一个阶段，你不能说这个阶段好，那个阶段不好。九十年代就是九十年代，它不是其他年代。有好多社会原因，环境的变化，对毛焰，我觉得意犹未尽。对你的这个事情，我觉得，也许一切都很天然。

不要把艺术家放到同一个秩序当中

（吴亮口述，2008年6月5日）

艺术家并不总是站在前沿的革命家，倒是相反，他们是躲在后方的逍遥家。当然艺术家也并不总是由天才组成，尽管如此，我们仍然愿意把他们看作值得尊敬的人——因为天才向来是少数，艺术家中的多数人仅仅是愿意过一种躲避在后方梦想成为天才的艰难生活，而生活的价值也绝不是为了后人追认和凭吊，它每时每刻在日常中被消耗掉。穷困潦倒或功成名就，虽然是艺术家生活的两极，但一点不影响艺术家之所以成为艺术家的那个根本理由，即艺术家和普通人的不同之处不在于生活状况的外部特征，而在于他们所从事的工作在常人看来与现实完全无涉。这也就是为什么人们常常说艺术家性情古怪、不合常理、特立独行、乖张、恍惚、整天做着白日梦的原因。即使那些站在时代和现实前沿的艺术家，我们也并不认为他们就是真正的介入者或战斗者。时代和现实之所以引发他们的冲动和灵感，那最初的原因和众人关心时代与现实完全相异。所以，艺术家如果试图站在众人之中，做他们的先知或吹鼓手，迟早会失望，破灭，随之掉队，被抛弃，除非个别艺术家居然成为领袖，但这时他已经成为政治人物，而不复是艺术家了——艺术家的本性，原来即是和众人脱节，和时代脱节，只有在这种情形下，艺术家才能源源不断地沉溺在杂想里，并向世界提供永远不会成为真理和现实的梦中之乡。

艺术家是不是天才,由上帝说了算,但一个人想不想成为艺术家则由他自己说了算。天才是可遇不可求的,艺术家则是一种可以选择的生活方式。由于艺术家由人脱胎而来,他对生活的态度必然带有许多普通人的特征,然而艺术家作为被选择的另一半总是竭力和身上原有的那些人的特征发生冲突,我们由此可以推论神经质、自我分裂、出尔反尔、坏脾气、自私、刚愎自用并非是天才的自然特征,而是相反,它们乃是想成为艺术家的那个人的人格自相矛盾及自我冲突的特征。艺术家似乎是一种诱惑,它引导想成为艺术家的人成为"非人",问题是这种"非人"状态是由于对正常人状态的不满而发生的,这就产生一个最奇妙的悖论:对正常生活的不满导致了不正常生活状态的诞生,而不正常的生活又成为全部生活的一部分,有时候不正常的生活更值得某些人冒着极大的风险去全力追求。由于艺术家的追求完全是一种个人行为,一种局限在个人行为范畴之内的绝对自由状态,以及企图否定现实生活,谋求另一种不可能的生活,因此要切记:艺术家对众人而言永远不应成为一个可以仿效的榜样,这是值得庆幸的。如果我们看到艺术家正在慢慢变成一个政治领袖时,灾难就要发生了;同样,如果我们看到艺术家正在成为公众的楷模,歪曲和误读就临头了。

有一些生性热衷于关注外部世界的艺术家甚至比普通人更关注外部世界所发生的一切重大事故,他们有敏感的触觉,对时代的缺陷总是一语道破。但是真正能对世界给予致命一击的从来不是艺术家,当需要对世界进行摧毁性改变的时候,本来站在政治前沿的艺术家就开始退缩,这时他们才发现原来存在于想象中的那个前方并不存在,于是他们开始逃回后方。说艺术家常常是革命的同路人是有道理的,同时人们却忽略了另外一点:艺术家从来和众人同路不同心,只是当他们还和众人混杂在一起的时候，人们来不及辨别罢了。艺术家不仅是正常生活的叛逆，也是革命的叛逆，被生活同化和被革命同化在本质是一回事，这恰恰是群体的特征：艺术家不是群体中的一分子，他只是混在群体中的"单个人"，提倡革命的常常是艺术家，当革命一旦兴起，最早反对革命的也往往是艺术家，这一点不奇怪。——艺术家在本性上反的是群体，革命之前沉睡的群体令艺术家同情；革命之后狂热的群体令艺术家恐惧。

生逢不再革命的年代，艺术家又能干些什么呢？他在等待下一次革命吗？他在缅怀过去的革命历史吗？他在密谋一次个人的革命吗？他在画布上革命还是在文字上革命呢？他希望他的这种微小的革命影响多少人？他在他的个人工作室里掀起的革命风暴能波及窗外的世界吗？或许他只是想把这种无害的个人革命、微型的反抗、优雅的捣乱、神秘的预告像占星术一样神秘兮兮地向某个小圈子传播故作深奥的信息？还是这一切仅仅是手段，他的目的只是引人注意，出售它，然后功成名就？我的回答是否定的，我并不认为一个政客和商人的功成名就和艺术家的功成名就仅仅是殊途同归，我认为结果相似并不重要，重要的是起点不同。绵羊、狐狸和狮子没有区别，艺术家的功成名就绝不是我认同艺术家的原因，我认同艺术家的原因是，艺术家毕生在和现实作无望的对抗，不管他在前沿还是在后方。

认同艺术家却绝对不要相信艺术家，这就是我的结论。艺术家的本性就是叛逆，而叛逆者注定了不需要信从者。艺术家反对偶像，所以我们不必把艺术家奉为偶像。当艺术家站在时代前沿的时候，我们会被他蛊惑，并为之心跳加速，但是我们绝对不要相信他。艺术家是真理的破坏者，所以他们从来不占用真理；艺术家是秩序的破坏者，所以我们绝对不要把许多艺术家放在同一个秩序当中。艺术家只是个体，许多艺术家的活动加在一起并不构成所谓艺术史，艺术史所做的事情不过是把那些已死的艺术家的名字排列在一起罢了。如果艺术史中的那些艺术家们能从他们的名字中复活，他们将争先恐后地逃出艺术史。可惜的是他们做不到这一点，他们的名字只好永远被后来的那些渊博而平庸的史学家关闭在历史的囚笼中了。

也不要相信始终躲在后方的艺术家，他们的心灵深处是我们无法进入的。他至多告诉你，你也有这样一个后方，要逃你就逃回自己的心里去吧！如果你被这样的艺术家所打动，你就会发现除了你自己的后方，你无处可去。孤独的艺术家指出了孤独是人的最后真相，它并不因为两个孤独者的相互倾诉而消失。敏感、脆弱、无助、随风而逝、不堪一击，所有这一切只能由你自己去体验。你在艺术家那里获得了类似的描述而产生共鸣，但共鸣绝不意味着你置身在一个新的群体之中。反群体，才是艺术家和他们的作品之所以存在，之所以继续要存在的唯一理由。艺术家毕生在努力实现一个近乎不可能的目标：把自己变成另一个人，这必然使他离开群体；而当最终他的自我塑造迷惑了群体时，他和他的形象就构成了一个现实中的新谎言。

由此看来，穷困潦倒是因为群体抛弃了艺术家，功成名就则是因为群体误解了艺术家。但是很少有艺术家拒绝功成名就的，为什么会这样？因为在功成名就的一刻，艺术家身上潜伏的人性弱点苏醒了，他终于变回了一个普通人。

赞美它就是批判它,反之亦然

——在"薛松1988—2011年回顾展"的发言

(吴亮说艺术家薛松,2011年10月26日)

  回顾薛松也就是回顾自己。我与薛松相识于20世纪90年代初,在常熟路歌剧院,破旧的走道尽头就是他的画室,与歌剧院的道具室相邻。我今天只是用一种叙事的方式来描绘对薛松的印象,对他各个时期的作品的印象。也许,艺术家最后留下来的是他的作品和他的故事,而不是一堆过时的评论……我第一次去薛松的画室,是一个下午。阳光照进破落的房间,里面很凌乱——当时艺术家的工作室都很凌乱,那是一个非常时期,压抑、贫困、没有机会展示作品,只有几个朋友来往,互相取暖。薛松那时也没有什么活动,他的画室房间不仅漏风漏光,而且不隔音,一点隐私都没有。

  当时薛松给我的印象是,他好像是一个经常走神的人,一个没有方向的人,薛松比我小10岁,那个时候,大家都非常迷惘,情绪低迷,不知道中国以后怎么发展,更不知道当代艺术能否做下去。现在回头看薛松这样一个大规模的展览,觉得他似乎很有计划,一个系列接着一个系列,野心勃勃——他过去不这样,他本来是一个散漫的人。或许这就是命运,老天给了他机会,他就抓住了,而且不再放手。确实有很多偶然性。薛松遇到了两次"恰到好处"的火灾,不大不小的火灾。如果那把火有胶州路那么大,薛松的故事就会是另一个版本了，所以他实在是幸运的，因为他是一个艺术家。当然，艺术家遭遇火灾的也不乏其人，但能从灰烬中发现一个新世界的，却只有薛松。牛顿看到一只苹果掉下来于是发现了万有引力；如果掉下的不是苹果，而是一只铅球呢？所以，一切都很偶然，火灾也必须要适度。这个机会让薛松碰上了。

薛松以后变得很执著，闷头做。他的性格似乎有多面性，他到现在还是没有时间概念。你如果约他，千万不要约在上午，因为他中午之前肯定还在睡觉。但就是这样一个人，做出了非常有野心的作品系列。那种连续不断的规模具有扩张性，有点像当年成吉思汗的蒙古铁骑闯入了欧亚大陆，在那片广阔的异国他乡的土地上插满了薛松的旗帜。但他的作品并不只是同一个图式，虽然它们都像一面旗帜一般容易辨认。薛松是注意细节的，为此他买了大量的书籍。我与薛松有一个共同的爱好——买书。我买书是为了读，薛松买书是用来烧。薛松的细心表现在他对不同题材的处理时，对所用图片的精心选择常常达到了接近考据学的刻意程度。除了前景的主要形象，薛松在处理作品背景方面，所花费的时间和材料密度往往大大超过了前者——无论是作为衬托还是作为对比，有时候是从属于主体的；有时候却完全是陌生的，彼此不相干的，以此产生时空与意义的错位，以及隐喻的多义性和模糊性。看来薛松的思考很缜密，我得承认我低估了他理性的一面。

因为他做这个作品需要烧书，烧书之前需要选择书，于是他还必须读书，哪怕是浏览书。这样一来，薛松就涉猎了大量的历史知识——他以前是不在乎知识的，现在他不同了。薛松的方法是百科全书式的，他几乎可以把全部信息都拿进他的作品，一个图像，一个符号，把世界全囊括了。在这个回顾展上，我特别注意到薛松早期的几件作品，当年都看到过，我还有印象，现在好像都修补过了，也许是从收藏家那里借来的……当时他的这些作品明显透露出一个丧失了方向的年轻人的焦虑和焦灼——一种无方向性，不知道应该干吗，那种内心的烦躁、紧张、力度，统统都在里面。现在不同了，他开始走出个人，进入时间，越来越有志于引入多个知识领域。薛松好像期望成为教授艺术家，确实，在他的作品内部可以建一个历史博物馆，或一个图书馆。也许是巧合，薛松的作品很适合在图书馆展出，而上海美术馆的前身就是上海图书馆。我感谢薛松，当年我在他的画室里度过了很多美妙的时光；现在，20年过去了，我为他版图的扩张感到高兴。虽然他现在似乎已经无所不能——轻易将一切收入囊中，使他的作品色彩斑斓，而不再像过去那样沉重和充斥着号叫。我想起那个已经过去了的时代，我们将它留在了身后，同时留下了对那个时代的记录。但今天的时代全变了，我们依然常常觉得迷惘、混乱和不知所措。也许，薛松的态度正隐藏在他色彩斑斓的新作品背后——我们对历史和现实依然无能为力；我们赞美它，也许就意味着批判它，反之亦然。

昏暗时刻突然出现的幽灵

——关于王燮达作品的一次谈话

（吴亮说雕塑家王燮达）

我把燮达纸上的作品看成是阴性的，铜的作品看成是阳性的，把这两种作品一起放在脑子里，一开始，这种材质的轻盈似乎是漂浮的，而从最终的结果来看，可以说是一个原型，一个草图，直到最后成型为一件坚硬的作品。

把它们放在一起的时候，这边是它的起点，它是容易损毁的，它是一个不稳定的幻影，然后慢慢地加上去，有好多偶然性，它容易碰坏，容易消逝。但是当它变成铸铜作品的时候，它的边际就特别清楚了。作品和空间之间的边界，稳定性，坚固性，就开始出现了。我把你的作品分成两个部分，和你的本意没什么关系，在你的作品中我引出一些话题。在我看来，似乎你所有作品都出现过两次，如果你从早期的那些纸头、纸浆、石膏等等白色作品或者通过影像方式做出另外的作品，会非常有意思。

历来我对艺术作品的看法当中，同时有几种类似平行的方式。比如文学研究，一种是传记性的，作家怎么生活怎么写作，他的童年，他的成长过程，这里边会附有许多访谈，批评家需要对他进行了解，这方法现在很流行，追溯作家怎么会产生这些东西。另外就更专业一点，不讲生平故事尽讲专业，特别像搞建筑的，搞设计的，搞雕塑的，用什么材料，用什么新技术，交换心得。行内人有兴趣，收藏家也跟着有兴趣。他会感到很神秘，产生敬重感，还会长知识和学问，但这里的许多技术细节只有你们同行才有体会，工厂加工、助手、哪里生产的铜、配方，这些都非常细非常具体，这是一种纯技术层面或行业层面。另外一个稍微超越一点的，讲究文化概念，你所赋予的意念，灵感的来源，还有你阅读的书，你受谁的影响，这也是一个研究路数，但不管怎么说，决定权在画家手里。我们看到作品，然后通过访谈，一个文字介绍来回溯这件事情的过程，你怎么走到今天的？或说，你还没出名的时候，人家当然不知道，出名了，人家会来了解。两百年后你都死了，人们还会了解，从作品到人，会有人来挖你的材料。罗曼·罗兰两百年后写贝多芬、米开朗基罗就是这个道理！

另外一种完全从阅读角度，从阐释学角度来读。就是说，作者是谁可能都不知道，或者在他感受的范围里边是不被过分考虑的。有些东西我们已经不知道原作者是谁了，比如说断臂维纳斯是谁做的都不知道，我们只可以推论说它属于某种风格，某个时期，但是详情已经不知道了，那么这个作品给了后人什么影响？后人就是诗人，文人，旅行者，或者说是考古学家，游手好闲的业余爱好者，他写个游记，感动啊，浪漫主义想象，完全跟原作的本意没关系，充满误读，但文章写得很漂亮，作家型的感受，诸如此类，这是一种。它已经把重点转移到感受这个方面了。就是你这东西已经脱离了生产者，已经穿越了时空进入到了不同地方，它非常偶然地和很多人相逢。这个雕像一直在海底，后来被打捞出来了，或者一个出土的墓葬，一大堆青铜器被挖出来，考古学是一种说法，人物传记就是考古学，无非是生前做还是身后做。我们说身后做就是考古学，生前做就是访谈。

那么，我现在犹豫在什么地方呢？王燮达说了解也很了解，说不了解也很不了解，为什么呢？你还活着呀！你以后还会做什么谁知道?大概你也不知道!你只能知道你大体的意向是定了,但会有许多偶然的,突发的,甚至包括不是你的意念,生理的原因,以后你做不了了,或者如何如何了,都有可能,充满了不可预测性。这也是我作为朋友和同代人倍感兴趣的地方。另外就是感受性,纯感受,但我不能够想象我不认识你,做不到。假装这东西是从墓里挖出来的,我假装这是殉葬品,我也做不到。这误读有什么好处呢?使观者不要完全用你王燮达是怎么想的这个角度单一地来理解你。在一个开放空间里边,这东西出现在当代艺术的语境中,你已经自行边缘化了,好像和当代无关,好像对当代也没兴趣。你拒绝,这就是你通过作品所表达的一种当代态度,对当代文化的态度。而这种对待当代文化态度本身就是当代的:就是拒绝。

现在的当代艺术,大家都已经清楚了。经济的,政治的,社会的,新闻的,或者说有种尖锐批判的,包括它的风格也是,是什么呢?狂欢式的,反讽的,或者说游戏的,胡闹的,这都是,太多了,泼皮的,涂鸦的,乱来,开玩笑,恶作剧,离不开这些东西。你就不是。你的东西看不到后现代时髦风格的混杂性,就是单纯,那种肃穆。在你的作品当中,我觉得,特别是你的铜雕作品有点温克尔曼的精神。

再说说你的白色作品。我把它感觉为一种纸头捏成的,你后来出现了纸上作品,这个白色的东西,它肯定是个轻质材料,它轻盈,脆弱,这都是我的模糊阅读,一种感觉。这里的阐释空间很大,我想写一篇有趣的文字,会写成什么样我现在还不知道。

现在后现代文化的语境里面的艺术,除了政治——直接和世界的对话,然后是一种态度,哪怕是很无意义,它的那种概念,都是非常简单化的,直截了当,一点不复杂。它还有一个特征,我觉得也是当代艺术中比较有意思的地方,就是含糊性,它们都不具备一种品质,就是我说的崇高静穆。它们都没有神秘感。现代已经是科学统治世界了，完全没有神秘的东西。在你的作品中我看到一种神秘，我不怕别人说它是你吴亮赋予它的，那我就看到这一点，在这里作点讨论。

在当代文化所谓一切都已经被知识理性或者被科学技术分得很清楚的时候，我觉得更大的神秘，更大的迷惑是要诞生的，但好像大家都无所谓。说起宗教，大家都非常不屑一顾，现在的文化容易沟通，容易娱乐化，容易学来学去，文化很容易做贸易，马上拿过来使用，没有任何障碍，没有任何忌讳；有些图像原先是有忌讳的，但今天你觉得好看，行，就买回家，就是一个旅游纪念，一个异国风情拿过来，和西藏完全不搭边的人，他家里放张唐卡，或者放个十字架，或者供奉个菩萨，这完全不讲道理，它没有出现在它应该出现的地方。当你搬进一个词汇的时候，你没有把语境给搬过来，但这个没办法，不是说这是个共同的错误，原因太复杂了，贸易，信息，市场，所有东西变得浅表化了，它本是一个专门学问，文化学、人类学、考古学，现在谁都能出来妄谈，谁都能把它变成标签。

"误读"这个词也可以讨论，现在误读成风。误读前文本有个正解，然后呢，有人把它误读了。语言可以有多义性，把文本的本义封闭化、绝对化，这还是一种正面说法。艺术作品，特别是像你这样的雕塑，必须和周围空间发生关系，它不是一幅画，封闭在一个框子里，这幅画无论放在什么地方，蒙娜丽莎永远是蒙娜丽莎，一个苹果永远是一个苹果，可能画得很脏扔在垃圾桶里边，但它还是个苹果。你的雕塑边界则是它的面，它在空中弯曲复杂的面，当它不断地和不同的空间发生关系的时候，呈现的状态和我们对它的感受是完全不一样的。所以无论在你的老家，新家，在南汇，在明亮的工作室，在原野，在沙漠中，在海边，它们都会不一样。单独放一件，还是放一组，也都会大不一样。这个音键敲响的一刻，在海滩上和在房间里是截然不同的，你的叙事，你的语义，以及它的音符，它的强弱，它的意境，全部在移动当中，统统是不确定的。

我那天看你的个展，特别喜欢展厅建筑，又高又空旷。一束灯光打下来，光线不是太好，但很集中地垂直打下来，一件如权杖般的作品站立着，灯光打在它顶端，下边有个投影是一个小点，如果技术更好的话，可以做到没有影子。当时我觉得特别让人遐想。有一部关于玛雅文化的电视片，有个长镜头，模仿一个酋长仰望星空，茂密的树叶当中有一个太阳，阳光垂直，还有点云，"唰"地射下来，酋长手里握着这样一个神秘的东西，我说了个词，就像一根权杖。周围都很黑暗，有很多灯光打在不同的雕塑上，眼睛不仔细看的话你就看不见了，远远的雕塑就像篝火，可以想象这情境的肃穆。那天感觉很好，整个展厅就我一个人在游荡。所以你的作品放在什么地方绝对是很重要的。我建议你，以后有条件的话，把它放在近水的地方，有树林的地方，在雨中让它锈掉，让你的作品与不同的环境融为一体，延续各自的命运。

每个作品都跟你的孩子一样，某个细节多了一点少了一点，毁掉了，全记在你自己的脑子里，就像你家里养了多少只猫多少只兔子，我们看了都一样，它们的差别只有你自己知道。你的作品是从柔软的、湿润的触摸当中形成的，你看着它们怎样长出来，就像农民看庄稼的成长。你是农庄主，我们是参观者，肯定感觉不一样。但是你要说某些环节很重要，那么我们愿意倾听并想象一个艺术家和他的作品之间有一种什么样的关联。一些非常生动的过程与细节，我们会知道这作品一件一件如何从你的手中诞生，从最初状态到成型状态，经历怎样一个过程，有时它非常漫长，有时它只要非常短的一瞬，灵感的过程，很快，几分钟就出现了，就那么简单。

小说写作也发生过这种事情，凯鲁亚克写那个《在路上》，一卷纸头没有换过，从头到尾两个礼拜一气呵成，一卷打字纸，打完拉倒。相反,《红楼梦》怎么写出来的？写了十年,呕心沥血才写了八十回,曹雪芹还死了,这都不一样。我指的是,我不能改变我的局外人身份,以了解你自居,否则别人会说你们算是朋友,你不过是知道一些故事。我想这个故事也不是我的,以后记者采访,那么你以后干脆多搞几个版本。实际上迟早会搞出许多版本来,因为你每次讲这些事情时会不一样的,因为这个记忆会有出入,你谈某件事都是当下在想,你会赋予它们一些不同的意义,曾经看重的这件事情以后也许会忽略,这种情况一直有的。有些人为什么要修改自己的作品,修改不是说愧于少作不好意思,而是他觉得这个不重要了,他就删掉了。一直有版本学,对比不同之处,改来改去他不是篡改事实,是修改一种态度,一种评价,某件事情他觉得不再重要了,拿出去已经没有意思。当时可能出于一种什么原因,一定要记录下来。

我对你的作品也经历一个不算短的了解过程,第一次看你作品我什么都没有说,我说不出来。我说什么？一开始就看了你几件作品,还有石膏的,那个时候我茫无头绪地去想它,它跟谁比较接近,它像什么,我们总会下意识把它和先前看到过的其他作品形象进行比对。但是慢慢了解你以后它就成为你自身的一套东西了,也就进入你的世界,我们谈话那么多,了解到这个作品的背后故事,你的经历,日常生活和习惯,包括对各种事物的判断,偏爱什么反感什么,这些点点滴滴都是有用的,就是你的日常态度,通过这些切入点就能看到一个艺术家的价值观。现在我基本可以判断你在什么地方,在什么高度,离我有多远。我说不出定论,我心中有数。你说离我一米远还是五米远,我量不出来。但我知道,你在一个离我不太远的地方,我能够看到一点,但有些地方我看不到,比如你总爱讲中医,我没兴趣,再学,也来不及了。我不能因为艺术家偏爱什么,就立即去补那门课。不同的艺术家涉及不同的知识领域,我不必成为万事通。神秘知识博大精深，它起源于古人的猜想和捏造，这是一种。另一种在实践当中使用了，巫术就是使用，巫术可不是空谈，就是以为这个东西真的起作用。本来是瞎讲的，是不及物的乱说，到时候就做了，巫师没有退路，硬上，跳大神，河伯娶媳妇，念念有词，只要一套程序正确，把人做死都没问题，那叫天命。只要有信念什么都能干，死都不怕。实际上就是相信冥冥之中有一种神秘力量在控制我们，通过活人传递一种信息。看你的作品，或类似作品的时候，比如把它误读为一种符号，一种文字，它身上含有某种神秘信息，它曾经在什么地方存在或湮没，可以把它感受成史前的遗物，或基于这样的遗存再加上想象，一个艺术家重新把它制作出来，它唤起、招回一种幽灵，它是当代的一个新的制作。但这个制作本身包括了一种形式，以及它的一种展示效果，它有一种独特的形状和符号。它显然会让我想起一种远古神秘符号，一种隐喻，一种神话，一种召唤，但是这种召唤没有任何注解，这些意义链是被切断的，它曾经代表或传递过某种信息，但现在永远地留下了一个谜。这种神秘性处在一个不可知当中。它可能当时参与一种仪式，可能是一个符咒，或者说是什么祭祀，它肯定是个人为造型，这很清楚，它绝不是个自然生成物。你不只模仿自然，你不只模仿一棵树，你仿佛在模仿似乎有过的某种文明，某种失落的文明的残骸，或者说一种遗物，一种残片。整个的时代完全消失以后，它就孤零零地出现在我们面前，这时候你的想象非常活跃，失去了依托。所以昨天我说它有五千年的历史，不是十年的历史。你的作品当中不乏这些最基本的内质，吸引我的还是那些飘逸出去让人遐想的部分，用罗兰·巴特的说法是"逸出"。

　　看你的作品，要有知识准备，非常理性，这是一种。另外一条途径是，忘记所有的知识，突然进入，突然面对，完全失忆，陷入无意识，但是这一时刻作品一定放在一个非常奇怪的空间，灯光昏暗，突然出现这些幽灵一般的东西，脑子里一片空白……

受到影响的特殊性

——在"K11贵阳艺术村城市零件工作室"十人油画作品展的发言
(吴亮在《K11贵阳艺术村城市零件工作室》十人展的谈话)

郁达讲到20世纪90年代初你们那个四人展时,我印象还是很深的。1990年我第一次来贵州,当时是去安顺参加一个傩戏研讨会,之后就去贵阳看了董重、蒲菱等几位年轻艺术家。那个时候,我没有像王林他们那样,对全国当代艺术有一种宏观的战略视野。这有点像我到上海时去孙良或宋海冬的画室。进入他们的画室,我的视野中都是画,哪个地方有画家,我就去哪儿。那时候在贵阳看到董重,他才二十来岁,我记得我们连续见了好几次面。不管彼此年纪有多大距离,就一起喝酒,像兄弟一样没有年龄的隔阂。

有些事情我印象不是特别深了……但贵阳我只去过这么一次,所以那些我基本都记得。不过,在上海发生的事我可能会忘记。董重他们后来老是来上海,他们老来,我就记不清哪一次是哪一次了,搞混了。董重年纪轻,记性比我还好一点。我以后要去写回忆录,我要靠你提醒了,要来核实细节。1990年那次来贵阳,我也没有太多余暇去了解这个城市,它的艺术又是什么状况,真的很不清楚。对这个城市有一点印象,现在回想起来也比较模糊了,当时照相机就用来拍拍黄果树瀑布,没想到要拍一些街景、房子、院校之类。他们作品的照片,后来也是他们寄给我的。

看到这本画册，才知道有一个"城市零件"，已经存在不少年了。你们这帮年轻人使用这样两个词来作这个工作小组的名称，是非常不荒野的，也不是野地的，说明时代的确变了，当然也不能说这就时髦。

我在展厅里转了一圈，仅仅从这样几十件作品，就来判断贵州发生了什么，贵阳发生了什么，这个城市的文化艺术的变迁，那是不可能的……我只是获得了第一印象而已，我不能作深度评判，我不能说我已经从作品里面看到了什么东西。

郁达刚才提到北京的艺术在 90 年代初对贵州来说非常陌生，但是对上海并不是这样。上海对北京的艺术不陌生，这里面有什么原因？不在于北京的政治影响力，或者因为资讯的便捷，北京对上海有辐射性影响；而在于上海这个城市本身的政治化程度，或者处在上海对这样一些政治符号的感受，实际上都处在一个相同的水平，包括上海艺术家对欧美艺术和现代艺术的了解，画册只是他们这个生态的一部分……从这个角度说，不管是受美国影响，受西方影响，还是受北京影响，当代艺术的辐射，这种等级性、地理优先位置，确实影响了一个地区，甚至影响了世界。全球性的当代艺术已经有了自己的一个分布，我们可以说它是一个不平等的分布，但这就是现实。那些所谓的西方国家，也有重点，比如说像美国东海岸，或者说北欧，或者巴黎、北京、上海，它们都是在地球上占有大量资源的，交通、资讯、金钱、权力，都比较集中。这个地点所发生的艺术，这个地方所推出的艺术，很容易引人瞩目，加上它能够得到不断的再现、重现和重复，所以当代艺术在那些地点就会不断冒出来。

谎言重复一千遍就是真理，我们不能简单说当代艺术也是谎言。但是确实，一个图像你只要重复五十遍，肯定就会被叫做艺术了，人家就被强迫记住这个图像了。如果不生活在这样一个重要城市，居住在一个相对比较闭塞的地区或城市，交通不是很方便，而这个城市对其他地方也不具备辐射力,那么,在今天这样一个全球性的当代艺术流行潮流当中,它会不会处于一种劣势?答案是肯定的。但是问题来了……我和孙良最近一直在考虑这个问题:我们做艺术,究竟是为自己,还是为世界?

我和孙良去年底作了一个对话。中间,孙良有一句话,后来我把它作为题目——"走向内心,而不是走向世界"。现在,到处都在讲"走向世界",官方讲,老百姓也讲,教育孩子就以哈佛女孩为例,中国以前被世界拒绝,现在什么都要进入世界。要被世界知道,去戛纳拿奖牌,去奥林匹克拿奖牌,和国际接轨走向世界舞台从张艺谋就开始了,先走向世界舞台,再回过来得到官方的认可,张艺谋、谭盾、蔡国强都是这么干的。得到权力的许可,得到话语强势的认可,一直是中国人长期被压抑而积累起来的弱国心态所产生的梦想——假如你来自一个强国,你就不会有这种心态。为什么对于美国,对于西方,批判得最尖锐的人恰恰是美国人,恰恰是西方人,而不可能是中国人呢?因为他们对自己已经有了的东西,恰恰就是抱着无所谓的态度的。

无论是贵州的画家还是云南的画家,包括生活在任何一个地点的艺术家,有一些东西我们是不可避免的。我们必须要去做,我们不能排除这些因素,不然我们就成了井底蛙,我们一定要去跟随世界潮流,但是同时我们一定要有自己的情境。这就是两重性,这就是我们被辐射的地区所特有的形态。要承认我们是被辐射的,我们是受到影响的,在这样的两重性当中,我觉得这个地点的艺术就会产生出一种特殊性。这种特殊艺术很重要,它和世界政治不一样。在联合国当中,为什么联合国没有效率?因为美国是一票,一个非洲小国家也是一票,这一票和那一票背后的力量完全不同,但在表决时它们却是效力相等的,所以美国人经常会甩开联合国自己干。当代艺术,假如撇开拍卖行,撇开大博物馆,其他空间还是有可能出现的。当代艺术一直存在着新的可能性和另外的方式，也就是说，并非你有金钱就能够阻止当代艺术在其他地点发生，也并非你有政治权力能够阻止或垄断所有的艺术。艺术史不是由金钱与权力书写的，虽然我们也会补充说，书写艺术史的前提还是那些拥有话语权的人，那当然是肯定的。但是，完全依赖一时的政治权力和一时的金钱赞助来书写艺术史，被遗忘和被重写也是必然的。

还算幸运，你们从事这样一个工作……但是，我的匆匆一瞥还是不足以对这个群展作一个批评，哪怕是说一个印象。我不能说，我只看一眼马上就说你是什么派的，你是什么主义、什么风格，马上就给出一个判断、一个定位一个态度，我没有这个能力。但我会有耐心等待，就像我在20年前偶然地认识了董重，一晃董重都过40岁了，而在1990年我才35岁。所以，时间可以说很缓慢，也可以说很快，我们有的是时间。希望两年以后，10年以后，15年甚至20年以后，我能继续看到各位，郁达和你们各位，以后有更多的机会来上海。有什么新的作品，希望你们像董重那样，给我寄一些邮件，给我寄一些请柬。你们知道，我不一定会来，但我知道了你们一直在画画。

在这样一个国度里，不管在北京还是在边陲，每个人的价值都是相同的。人的尊严都是相同的；人的每一种努力，在上帝面前都是同等的，而人与人的沟通就特别的温暖。假如说，你们中间有些人，个别人，能出大名能发大财，我愿意鼓掌；但是假如你们一辈子没有赚到大钱，我更愿意向你们表示深深的敬意。

艺术是一种物与人的关系

——在"单体飞行"画展后与艺术家们的谈话

（吴亮在《单体飞行》画展后与艺术家们的谈话，2011年1月9日）

吴亮：……艾柯说过，一幅和帝国一样大的地图，能把每根草都放在里面的。这完全是误区，而且中国以前艺术从来不是这样的，都是小中见大；还有手卷，看一点展一点，都是这样来的。

李牧：过去中国人最早的言语讲究大，比如长城……

吴亮：秦始皇的长城不是艺术啊，它是一个政治的、国家疆土的概念。金字塔什么时候是艺术？它不是。它是法老在里面要永生、要轮回的概念。现在你看木乃伊这么多，全部堆在大英博物馆里，一看就像超市一样，太恐怖了；一具具尸体摆在里面，太可怕了。大的东西必然是空洞的，是绝对的；只要大到一定程度，绝对会空，一点意思都没有。

李牧：吴老师，你面临2011年这一年的时间……你会怎么规划？

吴亮：为什么想这个问题？我很少想这个问题。这一年，每天都是个开始，都是个结束，我无所谓，今天是以往生活的最后一天，同时又是未来生活的第一天。永远在这个点上面，就好比说你看落日，在这边下去了，在那边又起来了。你改变一个位置，就感觉完全不存在。而且，我觉得时间是永远在循环的。作为个体来讲，因为你有一个衰老的过程，生命有限，所以我们爱衡量生命，我们的生命在消逝，慢慢在消失，在成长中消失。对时间，对任何生命的不同的点来说，有些人是迎面走来的，有些人是倒退过去的，我们现在所有想法都决定于我们自己的那一个点，由"我"来说话。时间哪有什么进展，时间永远是此刻，此刻永远在，你即使虚度它，也是无所谓的。假如你的本性当中有动力，你想做，就像一棵草，它没有什么意愿要去长，但它就在长。然后寒风一起，它就枯掉了，不是它愿意不愿意，就这样过去了。人就是会想这种事情，都是想出来的。实际上，生命就是意志，有个意志在里面，一棵树，有阳光了它就会朝着走，人和其他高级动物有思维的，才会控制自己。

　　李牧：这代表着一种时间概念？

　　吴亮：为了我们的生活能够持续，我们要有交往，我们要和社会发展相联系，我们当然要有时间概念了。但是，你要把这个问题单独拎出来问我，我就不知道什么意思了，要看这个问题在什么位置上说。假如说我是某企业的负责人，我会有规划；或者我是个行政官员，我要述职，我会有时间概念；或者我是个学生，我要毕业了，我也会思考这个问题。现在你突然提这个时间问题，我只能说我没有。

　　李牧：为什么我会问这个问题呢？因为我觉得自控能力很差，如果平时没有一个计划的话，因为我还年轻……

　　吴亮：我在八十年代——说一个经验，二十年前我要比你们年轻吧，你现在几岁啦？

　　李牧：我三十二岁。

　　吴亮：当时，我还是只有三十来岁，很多国外的一些东西传播进来。有一个美国企业家他也忙得很，他就告诉我怎样使你的工作更有效率：每天临睡前你要想出明天我要干的事情。当你只写出两样的时候他说不行，要尽可能写出六样，比如明天我把电费付了，给某人写封信，或者给妈妈打个电话都算。你很可能有一两件没法做，但总会做几件的，然后你再补齐六件事，他说会使你效率提高。我就尝试这么做了，之后有一天我突然发觉，这些事情我是干不完的。后来我就不玩这个了，自己给自己添烦恼。效率确实会提高，但是你会发现一个问题，你觉得你就是一个做事情的机器，你每天在为这些事情服务，成了一个强迫症。

何意达：到后来你会发现其实挺有意思的，会写下诸如此类，到角落里去买一些橘子……所以我觉得很搞笑，后来我就……

吴亮：你也试过？

何意达：我到现在还这样，我看我以前记的，明天要到角落的便利店去买……我要吐了。

殷漪：你为虚度而焦虑，总好过被虚度。

吴亮：不要怕被虚度。

何意达：你发现你虚度了，下回就不会了呀。

吴亮：你这些问题，其实都是假问题。什么叫艺术？什么叫生活？你要定义。比如说我们讲，生活就是超市，艺术就是美术馆，超市比美术馆重要吗？显然我们不能这么回答。一个家庭妇女是很生活化的，一个艺术家是很艺术化的，是不是家庭妇女就比艺术家更有价值呢？我们也不能反过来说，艺术家一定比家庭妇女更有价值。毫无疑问，我们肯定不会认为家庭妇女比艺术家更有价值。

何意达：肯定家庭妇女比艺术家更有价值，家庭妇女养活艺术家啊。

吴亮：假如我家里需要一个保姆，那我会这么认为；家里不需要有艺术家，那么我肯定这么来判断。问题都是具体的，我们没法单独拎出来进行比较，那是不可以的。

殷漪：我们刚才说了生活—艺术，不只是说生活与艺术的问题，而是说以一种生活的态度来看待这个艺术，还是一种相对来说超越生活的一种态度，艺术化一点的态度——

吴亮：你觉得是个艺术问题还是个生活问题？我怎么听起来像是个艺术问题？

殷漪：肯定是艺术问题。

吴亮：那么好了，你还是艺术高于生活。你不觉得你这种谈论是很艺术的谈论吗？生活家会这么谈吗？我妈妈会这么谈问题吗？

殷漪：或者我这样表述可以吧，我认为生活是一种过程，艺术化的生活也是种过程，日常化的生活也是种过程。但是我刚才说的是，一种思维方式的生活，我觉得艺术化的一种生活方式要比我们日常的……

吴亮：我觉得这两个结论都能成立。

殷漪：这是一个态度的问题。

吴亮：就跟我刚才说的，这边看是落日，那边看是初升的太阳，它都有各自的观测点。谁在提出这个问题？在什么条件下提这个问题？你想解决什么问题？比方说，一个人饭都没吃，凡·高这么做，你觉得很了不起；你也这样做，你爸爸肯定容忍不了你。你说你爸爸对，还是你对？

殷漪：但是我觉得有一个问题，不一定说吃饱饭不吃饱饭的问题，是说你现在是真诚的问题还是生活的问题，真诚和生活是两回事。

陶轶：你提这个问题就很奢侈了。

殷漪：我们在全聚德，我们当然可以谈得奢侈了，哈哈哈，你要谈艺术已经很奢侈了。但是我觉得艺术本身又不是洪水猛兽，完全可以谈的。

吴亮：我们具体讲，正因为艺术在转换当中，你画幅画是艺术，当你把它放在美术馆，人们去看这个展览时，这就是一个生活问题、生活内容了；那么有一个老板买下这幅画，他肯定认为这是我生活当中的内容，挂进我的房间，我参加一个拍卖活动，那是我的生活内容。我今天买了幅画，和我买件衣服、买件珠宝、买个古董是一样的，就是投资。像一种投机行为，你的艺术并不是作为一个精神符号被他买去的，而是作为一个可兑换的实物，一个有价的象征符号，被他买走了。就像一个股票，你的艺术在他人看来就是投资项目，它跟黄金是一样的。

何意达：说的是两件事情。

吴亮：怎么能是两件事情呢？

何意达：一种是艺术创作，一种是供在画廊里，是两个东西。

吴亮：为什么是两个东西呢？它的载体还是同一个，就是所有权转移了，你不能够僵化地、固定地认为艺术永远是艺术。

何意达：不是，你创作和你创作的过程、你创作的手段，就像你是一个生产商一样。你把东西弄出去以后，在画廊里，画廊是作为国民生产的一个产业，这是作为像股票一样的东西在流通，它是两个属性。

殷漪：他买走的可能是人在这个艺术观念艺术精神的一个载体，并不等于他买走了之后这种精神就不存在了。

吴亮：你那个神秘的精神在哪里？在画以外，还是在画以内？

殷漪：当然在画以内。

吴亮：在物质里面还是在哪里？

殷漪：在，在，在……

吴亮：你说你的思想在你的脑子里面，那么颜料里面有精神？

殷漪：我觉得应该有的，为什么一个艺术家他总是用这样的颜料去画这样的东西？

吴亮：不不不，不存在。它存在于一种关系当中，什么关系呢，就是一定要有人活着，他看到一个物质的时候，是否是艺术的判断产生在关系当中。假如没有思维，没有精神在看它，在谈论它，在信仰它，在记忆它，没有这个文化体系在尊重它，它就没有任何意思。艺术是一个文化体系，一个文明制度的结果。它是一个关系，是一个物和人的关系，它是历史形成的。人类以前留下的，我们看到的所有博物馆里面的那些东西，以前都没有艺术这一说；有艺术这一说，也就是几百年的样子。

殷漪：吴老师，如果买家把画拿回去之后，他关起门来不让任何人看到，那么这件东西就不是艺术了？

吴亮：你这个问题是不存在的，最起码你想象它在，必须要有思维。

何意达：比如你是个作家，你写了一本书，但是你不出版，那这本书是存在的吗？不存在的啊。它一定要有社会的不断承认才可以被认为是作品，因为它被见到了。

殷漪：我觉得他如果不出版的话，他这个东西不一定是一个艺术作品，但是他的行为一定是个艺术行为。他没有出版的话，就不能成为一个艺术作品，因为它没有进入公共领域。

何意达：我再讲一个不知道是否恰当的例子。如果一个野人从来没有见过人类社会，你能够定义它为一个人类吗？他没有受过教育，没有人知道他存在，它能是一个人吗？

陶轶：他肯定是他妈的儿子，哈哈哈。

殷漪：这也没错，哈哈。

吴亮：讨论一定要具体。这个问题我们还是要讨论，你说艺术和生活哪个更重要，我们把它们带入到某些具体语境里面。比如说，一个孩子不顾大人的反对，不顾老师的反对，他一定要去搞艺术，产生了矛盾，然后说你建议："你首先要独立，然后才能搞艺术。"生活困境，那是一个问题，我们不作结论，因为这里很复杂。另外一个例子，一个人是搞艺术的，他家里的孩子生病了，他没去管，坚持在做他的艺术。事后他虽然对孩子有歉疚，但作品搞成了，他成功以后，对他的孩子表示歉意，说我对不起你，欠你的太多了。我们觉得他有点做作，但是反过来说，他当初要是什么都管，家务也管，他可能就做不了这件艺术了。还有一个例子,一个人在单位里混得很不好,就是和人不合作,同事都反对他;他拼命搞艺术,结果就搞成了。那么,他就是一个"正确"的范例,我没有向你们屈服,他就成功了。相反,还有一个人他没什么才能,他也扬言去做艺术,最近什么也没干成。人们就很笑话他,生活胜利了,艺术失败了,一切都很具体……你把所有的关系都撇开,只把这两个拿出来比,那么我们没有结论,没法谈这个事情。在座的肯定都是艺术第一了?

李牧:我不是。

何意达:我也不是的。

赵峥嵘:我们现在都吃饱了,坐在这里谈艺术了;如果没吃饱,还谈什么艺术?赶快吃饱了再说。

吴亮:说到底,不管是生活,还是艺术,都是人的事情,人有欲望;你对哪个产生欲望,哪个就重要。所以离开人的主体,一个有意志有欲望的主体,就没法谈了。没什么客观的生活,也没什么客观的艺术,不存在,都是一个命名,只有这个欲望是存在的。所以艺术和生活,说到底就是人的问题。动物没什么生活不生活,它就存在着。我这几年关注年轻人,你们这代人和我们这代人有很大的区别,我们之间有一个断裂层,就是以毛泽东去世为分界线。这以前我们所经历的环境是信息封闭的,我们发现外部世界以后,承接了一个转换。所以那个时候,到国外进口很多书,获得很多图片,很多影像也进来了。我们有个洗脑的过程,我们经历了前半段是封闭的、后半段才开放这样一个过程。你们这一代有一点和我们这一代完全不同,你们和电视同时长大,从你们出生,到你们七八岁开始懂事,不再有中国、外国严格的区隔。比如你们到国外去,一切都很自在,你们没有两个世界的极端对立感。但在我们这代人里面,八十年代初,我们现在回忆八十年代文艺,"八五新潮"啊,有一个什么情况呢,就是中国的艺术变化了，政治社会要改革，整个对外开放，一个大家的历史任务——你要有一个影响力，我要战胜你，我要获得我的生存空间，是个很大的任务。这批人都有政治诉求，都有这样的目标，直到现在，他还是要做大，要引起大家注意。但是你们这代人，这个意识变得比较淡薄了。首先，这个结构里面没有你们的位置。另外，你们在做艺术的时候，不是通过艺术来表达一些政治诉求，而是你们喜欢这个艺术。在这种情况下，反过来有一个好处，就是向艺术的回归，你们做些私人的活动也是艺术，大家几个人聊聊天也是艺术，一切都变得很正常，回到了个人性，回到了小圈子性，回到了一定的地域，而不是动不动就全球化，要有世界影响，要走向世界高峰。道理很简单，一个皈依佛教的人或者皈依基督的人，他的目的并不是就要做一个红衣主教，甚至要做一个教皇，他没有这个野心——我为什么要信这个？我就是奉献，信仰是我内心需要；我每天就吃素，这本身就是一个享受；我每天念经，也是在享受。但我们那个年代的人不是，他敲钟，一定要敲到全世界都听到，要让世界知道。他们有这个任务在里面，这是毛泽东时代造成的一个文化现象，它产生一种改天换地的力量。我不会否认我们这代人，我只是说有区别，不是简单说它不好。它有坏的地方，就是前面所说的，都想成为一个变革世界的人，都有野心，都想把事情做得很大，希望全世界人都看到他。所以人，包括艺术，应该是一个相互取暖的过程，这比较符合人类本性。比如人类在原始穴居时代，我们就这样生活着，世界有多大我们不知道，我们不必知道那么多。但现在不是了，全都知道了，这就要往回走，就是还是回到自己的小圈子里面去，大家都无所谓了，大家都是如此。所以看到国外的艺术家现在也都无所谓了，现在没有人说我要做一个很牛逼的人，因为要做一个很牛逼的人只能是反艺术，只有野心家政治家才会如此，要统治世界。哪有艺术家要统治世界的，这不是扯淡吗？

为了个人自由，艺术就是自由。现在的中国艺术家，还要有一个宏大的叙事，到国外去他就觉得他代表了中国——我是中国身份，我代表东方，我来自亚洲，我来自五千年文明的中国。不知道其实只有他一个人，不仅像张艺谋、蔡国强、谭盾这样的人，甚至连范曾这类人，都在打中国牌，都有问题啊……你是一个个体，这点最重要，而不是你身后有多少历史，这五千年关你屁事。但是在你们这代人身上可能这方面的意识就很淡薄，我觉得这是一种很自然的现象。

殷漪：有可能——不管是文化还是艺术还处于启蒙状态。

吴亮：你这个问题比较严峻，可能我给出的回答和我前面的说法不一样。因为首先它涉及了政治，我前面讲的是艺术，当然艺术问题和政治问题没法完全割开；你讲的启蒙问题，很多年了一直在讨论，现在很多学术界一直在讨论，像李泽厚啊，他们在海外一直在说在讨论告别革命的说法——八十年代末的一个民主的挫败，作出自己的反应。但是无论如何，不管中国经济如何增长，当然也伴随着很多社会问题，但是国家政治——这仍然是最大的问题，所以从这点来说，启蒙远远没有做好，而且现在启蒙还被压制。现在是什么呢？完全讲欲望了，欲望、无耻、不择手段、权力，一点掩饰都不要了；以前还有个神圣性的东西，现在神圣性没有了……你们出这样的东西有各方面的限制吗？没有，你们还是纯艺术啊。

以前：我们是"微"。我们不设限。

吴亮：这样的东西越多越好，越做越好。我现在讲的是两个问题，一个问题是自由本身的问题，一个是如何争取自由的问题。什么是自由本身的问题？比如你们诸位搞艺术的，实际上你们的空间已经很大了，我们当年是完全不能比的，现在写作啊，画画啊，互联网传播啊，发表啊，出国啊，途径太多了，这要是我们那个年代，在铁桶似的年代是不可能的……

废墟就是崇高

马原 刘晶晶 吴亮

（吴亮对话作家马原，2008年11月3日）

马原：从前在西藏的时候没事就出去写生，现在写生的话我估计去海南还行，在上海这么嘈杂的状态里写生，我觉得是件挺困难的事。

吴亮：你就在家里画，就画你的窗子、你的房间、你的沙发，每天画，这都是很有意思的。还有画你回忆当中的西藏，哪怕参照一些照片，你看到的肯定跟我们看到的不一样，你的一些经验会被唤起。

马原：我很少有照片。

吴亮：没照片也没关系。

马原：我在西藏时不怎么拍照，现在开始画画了，倒是随时需要用到照相机，过去好像对记录没有兴趣。这一辈子都没记过日记、笔记、札记，我从来没记过。

吴亮：你的画我虽然只看了几幅，你也就画了这几幅，我感觉还是和你的小说是一样的。你的小说第一句就是："我就是那个叫马原的汉人。"现在是"我就是那个画画的叫马原的人"，自恋得一塌糊涂。我那个时候就知道你自恋。我手里还有一张马原给我的照片，你当时问我："漂亮不漂亮？"我说："漂亮。"你说："送给你。"记得你那张照片到处都在用，穿件红衣服。

马原：《小说界》上最早用到的一张。

吴亮：这次我搬家整理东西的时候，找出了你的照片。

马原：可能是因为性格关系，我做事总愿意做完，像你说的，大画小画总是愿意把它完成。好像这一辈子不大做那种做差不多了就停手的事。但是我知道绘画这事情跟别的不一样，你看所有的画家都有很多速写稿、素描稿、半成品，随性的东西特别多。

吴亮：你也可以试试嘛。刚才刘晶晶问你——你是想好了画，还是边画边想？

马原：跟写小说一样。

吴亮：有一个构思？

马原：没有构思，我写小说不构思。我就是先想画了，然后再想画什么，找一个对象。

一开始画动物，我说这儿以后可能要开动物园，所有的画都要画动物。也许将来动物画多了，不画人，这个可能也有。

吴亮：你所有的画好像都是自然风景，没有室内风景。

马原：除了那个算是有景，其他都没景嘛。

吴亮：也算是有景，树啊，天空啊。有种原始主义的，高更的影子。

马原：接着肯定要画房子里边，不管怎么说我肯定会相对具象，不大会抽象，抽象的东西我好像一直没心得。上午跟孙良聊天，我说——当代艺术里边，对抽象一路我挺抵触的，我觉得太简陋了。

吴亮：（笑）简陋？

马原：看不明白嘛，不知道这个画家有什么……画又不是一个去讲的东西，它是你有感觉就有感觉了，没感觉就没感觉。

现在不愁吃不愁穿，画点画修身养性，感觉特别舒服。

吴亮：你画画累不累？或者很轻松？

马原：不累。其实也累。我工作时间特别长，一般都十几个小时，离开画的时候头昏眼花。比如从画上离开了，想退两步看看，就头昏眼花，长时间在极小的距离里面盯着一个局部。

吴亮：太投入。

马原：耗神，因为一直要盯着。在盯着的过程里面也没有思考，就是注意力高度集中，怎么样才能让这一块离想法近。

吴亮：现在不大看书？

马原：书还是看，还是看小说。现在不大看没看过的，大部分是看过的重新看，就是想哪本书又有些年没看了，就再拿过来重新看。前一段总看英国作家，开课就讲讲英国作家。最近因为自己开始画画，我也琢磨了一些事，比如你一直很专注的当代艺术。我喜欢了一辈子画，我走到哪儿唯一的兴趣就是看画，但是对当代艺术我怎么就没有感觉呢？

吴亮：你问问刘晶晶，她最近一直在报道当代艺术，知道的情况比我多得多。

马原：比如双年展我也会看一看，可每一次我都特别沮丧。

吴亮：我觉得有一个问题，很奇怪，中国的作家们对当代艺术都特别隔膜。你不喜欢是完全没问题的，但隔膜和不喜欢不一样。我可以说有相当多的当代艺术我不喜欢，可是我觉得我不隔膜。

马原：我隔膜。我实际很反感。你看，孙良的画我喜欢，我知道他的画也是当代艺术重量级的一分子。今天我跟孙良聊的时候就说起，当代艺术里一个是抽象一个是简陋，这两件事叫我不堪忍受，走到哪儿都能看到，当代艺术现在泛滥得不得了，在北京在哪儿……包括早年我去圆明园，后来在"798"啊，莫干山路啊，这些地方，反正我莫名其妙地就……你看我这么一个从心里喜欢艺术喜欢美术的人，却完全隔膜。

吴亮：这个问题让刘晶晶回答。马老师说现在开始画画了，也开始考虑当代艺术的问题了，但是就觉得当代艺术没有一点儿意思。听听你的意见。

刘晶晶：我觉得当代艺术无法超越古典艺术，所以另辟蹊径。

马原：超越不超越没关系，我要解决的是：人类有绘画这件事，到底是怎么回事？是人类需要找心情？也就是说实际上还是审美，说到底一定得审美。

刘晶晶：人类最初有绘画，比如说史前人类的岩画，实际上就是地图，是为了实用，后来渐渐地变成美术。最早的绘画是地图。

马原：不是。人类最初的绘画都是地头田间……我当知青的时候知道，老百姓都在地上画画，就在土上；所有人在海边都在沙子上画画。人类是需要绘画的，这是百分之百的；他们需要绘画是需要什么？我主要是从这个心理上考虑。我觉得当代艺术里边太多的是思想，思想这东西做当代艺术的人可能需要，受众不太需要。就像听歌，我有时候就愿意听有旋律的。我跟瞿小松挺谈得来的，他最早那个1985年的音乐会，中央乐团做的那个，我就觉得很隔膜，就跟我看当代艺术感觉一样。

刘晶晶：它不直观，是吗？

马原：是完全没感觉。我看画是有冲动的，我宁可花钱去看画，但是当代艺术——我说的是那些抽象的、简陋的——反过来给我钱也肯定请不动我，说："给你一万块钱出场费，你去一趟。"我肯定不去，这是百分之百的。

我解决的是——我为什么需要绘画？人类为什么需要绘画？我是解决这个。我觉得当代艺术跟这件事没关系。刚才你说当代艺术是反叛啊什么的，这些意思我明白，但是我觉得人类、受众不需要这个。这个革命是不是画家们需要啊？好像画家们也不太需要似的。我脑子挺乱。

刘晶晶：我们脑子也挺乱……

马原：思想方面的解释我不太需要。

刘晶晶：当代艺术大部分是需要阐释的，包括艺术家自己对他作品的阐释。

马原：我觉得我需要画画，我画画心情就特别好、特别开心。画画有点像写诗。

刘晶晶：兴致所至。

马原：对，心情会特别好。

刘晶晶：有一种说法，抽象画是美术界的诗，就是说这两样同样在金字塔顶端。诗已经把语言纯粹化、抽象化了。有这个说法。

马原：我一听就知道你是喜欢理论的。但是……我听不懂，你的描述太抽象了。

吴亮：当初马老师的小说大家抱怨看不懂，现在轮到他看不懂人家的东西了。

马原：这个是真话。这些年我就不是特别明白，为什么有那么多人……

吴亮：我把问题还给你。你当时写《冈底斯的诱惑》的时候，一般的阅读者都觉得没法看出你说的是个什么故事，那么人家对你就有要求：小说是干吗的？不就是讲故事吗？你搞了半天到底是什么故事？我就跟他们解释。他们就说："你还不是搞理论的？"你的故事说不明白，你能够三言两语说清楚《冈底斯的诱惑》是个什么故事？我还开一个玩笑，马原这篇小说就算掉了一两页也是可以接着往下看的，看不出来掉了。所以这个情况现在完全可以还给你，你现在变得单纯了。为什么当初你写的小说我们都很喜欢，因为我们已经进入到这个话语系统，我们都读了相当多的小说，小说史、小说的演变、叙事的演变、思想阐释、结构或者意识流，我们都有所知道，这都是知识性的范畴，它们都来自经验。晶晶讲的这个问题，看上去很理论，但都是有很多经验作铺垫的，有一个经验的过程。你现在讲的当代艺术，是指国际范围的还是指中国的？

马原：中国的。

吴亮：西方的每一个阶段都特别清晰，平面绘画、摄影、装置、材料，包括工业革命，都是西方先来的，所以他们优先。中国不一样，中国所有的绘画的改变都是一百年里的事情。一开始什么西画油画都没有传进来，最早传进来是郎世宁那些人，用油画材料画中国画。后来有一些人去欧洲学油画技术，像刘海粟、徐悲鸿这样一批人，他们把这东西带进来了。但这个进程很快就被中国内部的战争打乱了，没能充分发挥。不像欧洲有几百年的稳定，可以慢慢发展。到了共产党在大陆取胜之后，把版画、宣传画继承了过来，加上延安的东西、土的东西、苏式的东西。但苏联油画只是西方油画中的一小部分，也就列宾那些人，别的都不大谈起，印象派都不太被谈起的。这种写实，加上中国年画的传统，就成了宣传画，然后就变成了"文化大革命"的一个模式，工农兵的模式，是这么过来的。到了七十年代末八十年代初，中国开始兴起新潮美术，它是通过印刷品来刺激中国的一批人来画的，很快就模仿过来了，自己是没有一个传承的，就完全是横向去学。一直有种说法，说中国十年八年就学了西方一百年，在小说界里也有这个说法。这东西和在一个传统里面慢慢成长是不一样的。到九十年代以后，中国马上就跨入后现代，这除了图像本身的原因以外，还有一个信息的交流，就是在他人的图像和文化影响下，产生出中国的当代艺术。这是从图像或者造型的来源上来说。另外一个就是中国本身的社会生活的国际化，相当程度的国际化造成的。有许多地方就面临共同的问题，比如说政治跟人家不一样，生活方式、传统跟人家不一样，但媒介都是一样的。分享这个世界的图像，复制、摄影，或者说各种现代材料的使用，很快就和国际接轨了。我们小时候是不大玩照相机的，但是我们儿子这一辈人，从小就是看着电视机长大的，从五六岁就能玩照相机，十来岁就能玩摄像机，摆弄电脑已经很熟很熟了。八十年代出生的人，我们这个传统对于他们来说是不存在的，他们很快就进入国际化的图像世界里。所以在这个情况里，再谈当代艺术，你必须要考虑到，在他们这批人的视野里，图像构成是怎么样的，符号是怎么起作用的，他们所能够掌握的材料、媒介、手段，他们使用什么，是不可能有我们这种感觉的。至于画得像、愉悦、漂亮，有很多东西来满足他们——卡通、动画、电影、生活方式……愉悦的东西太多了，家里都布置得很漂亮，我挂幅画干吗呢？我可能家里挂幅不太好看的画更有意思。为什么要愉悦呢？窗帘都很漂亮，我的衣服都很漂亮，漂亮的东西太多了，美女太多了，电影好看的东西也太多了，一切奢侈的东西都太漂亮了，还有什么好漂亮的？所以当代艺术的任务根本不是为了漂亮，它在说什么，它越来越变成一种精英的说话方式，是一种言说的方式，无非是呈现的方式是个图像，在美术馆，或者在博物馆。至于有些收藏家要买，他不是买回来漂亮，他是买回一个符号。一幅画漂亮是不会值几百万上千万的。你会花几百万上千万买一幅漂亮的画吗？要它重要，它很牛，它是某大师的作品，它是编了号的，它是上了图录的，它是什么什么大画廊在操作的，我就放在这儿，表明我的身价。就这么简单。

马原：你还是没回答我的那个疑问。我说的是……是谁规定的会有某些画家或艺术家要承担一些什么责任？我觉得没有这件事啊，这件事是虚拟出来的，哪里有这种事啊？你看，很多知识分子，包括很多小说家，都是有阅读能力的，但都不能阅读这些东西。究竟是谁赋予艺术家这些使命或者任务，这没有意义，因为压根儿没有这回事。比如说，我没委托方力均说：你去解决绘画的符号问题。没有这件事。

好多事情是演变而来的，我也不是完全不能接受抽象的东西。从塞尚他们开始，走到克利，走到杜飞，走到这个层面的时候，就是有部分的抽象，从人类的直接经验里面能够找到通道，而且也能引起愉悦。我觉得这个才是需求。你刚才说的那些需求，我觉得不是人类的需求，是他们自己的需求。他们自己就是"天降大任于斯"。比如我看方力均那些画，我觉得脸都一样，有什么意思？而且都丑陋不堪。我知道是有国际热钱在炒，有什么画廊选几个人来炒，这些事在咨询方面不是问题；问题在于，谁需要这个东西？是，你刚才说的挺好的，首先他们自己需要，他们要出名，要当大师，他们很需要。还有就是策展人需要。

我觉得艺术有临界，比如我看孙良的画，我是真打心眼里喜欢，从当年在你那儿认识他以后，我跟朋友一聊起来，我就说现在中国画家的画有少数几个我特别喜欢，其中就有上海孙良的画，真的确实喜欢。又比如张晓刚，我曾经挺喜欢的，但是现在他越画越烂，全是那种千人一面，又简陋，又不含多少劳动时间因素，我就觉得究竟谁需要？我以为是画家们需要，画家们需要偶像，需要旗手——我画家朋友挺多的，我跟他们接触，发现他们每个人都瞧不起所有人，尤其是那些今天没卖上大价钱的，只能希望卖到几十万，喊几十万，但是成交时人家能给五万就算不少了，也画了二三十年——我以为他们需要方力均，需要张晓刚，结果他们说："他们也不过就是运气好呗！另外他们会操作。"原来他们也不需要。

我这一辈子从来没离开过画，我家里画家朋友们的画有若干幅，另有高人的书法、国画真迹，我特别知道一个需要美、需要美术、需要绘画的人的心理是怎样的。我走全世界我只关心那些博物馆、旧货店，我去世界各地就是去旧货店、博物馆、教堂。所以我说，就像我这么一个人，一辈子都在努力地阅读艺术和艺术品，我怎么会对以艺术品艺术家方式存在的中国当代艺术这么一个整体这么反感?

吴亮：我没有能力让你喜欢，但我要为你解释为什么会有这种情况出现。

你刚才混淆了很多问题，你把它放到一起说了。比方说，你刚才说到几个大师的作品，一开始还是有愉悦性的，像康定斯基、克利这些人。他们就是抽象出某些东西来，然后他们也有理论，也有作品。这种唯美的路线一直没有停止过，现在都还有，要画得漂亮，画得好看。但是有另外一些路数出现，这个另说，你完全可以不喜欢，我也不喜欢。你不喜欢，和你理解它，是两个问题。一种是我理解了，我还是不喜欢；一种是你压根儿就不想理解它，你也可以拒绝。你作为一个个人，面对这么混乱的大千世界，当然要关闭好多窗口，拒绝某些信息，对你是没问题的，你要是看了太多现在的画，可能你自己就不想画了："他们这都算画，那我还是画吗？"要么就是"你不是画，我这是画。"就是说，非此即彼的态度，我觉得我是可以同意的。但是我觉得不足以解释它们为什么会存在。

说起来话就很长了，我现在不可能说一个美术史的过程，简单来讲，刚才说到人类最早的画，晶晶说是路标、地图，她有考古学依据在里面。你说的那种每时每刻在所有没文化的人当中会产生类似娱乐的活动，唱歌、跳舞、模仿，确实是一直有的。有一种说法，人本来天生就有一种艺术倾向。房龙在他的书里面就讲，艺术是不要学的，每个地方都有一样东西相同，就是艺术，别的东西都不一样，但艺术都差不多。但也有一种说法，说艺术来源于巫术，巫术就是最早的造型。比如中国在明清以后，有了些民间画家，以前的画家都被请到宫廷里去了，或者当地有名的，为有钱人画画，因为这是门手艺，只有有钱人、官家能请得起这样的手艺人，才能供养他们。

马原：实际上过去没有画家，只有画师。

吴亮：对。到了近代，所谓的市民社会、资产阶级社会起来之后，有些画已经不是人家的订货了，是自己要开始愉悦自我，要自我表现了。哪怕在订货当中，也要夹带私活，也要画点自己的东西。我们讲现代主义的兴起，有技术的原因，有思潮的原因，有心理学的原因，有战争的原因，然后就产生了欧洲最早的一批波希米亚人、流浪者、漂泊的人，他们饥饿、贫困。这样的画家在以前是不可能有的，以前的画家都有饭吃，都有订货。这批画家，有发疯的，有饿死的，跟那些行吟诗人、革命家，都是一个范畴里的，都是游离分子。但这种情况在二次世界大战之后就结束了，世界重新有序化，建立了很多机构来吸纳这些人。就是个性、差异、不一样、造反，都能被接纳，然后有机构来炒作他们，这是一个。另外一个是经济，整个经济在发达国家起来以后，会有很多多余精力专门来操作这件事情，开始有双年展了，开始有策展人了，有很多艺术机构，有很多艺术杂志。而且这时候艺术杂志和艺术报刊的写作者已经不像十九世纪的写作者了，十九世纪骂印象派的那些人都是凭感觉，没有太多的评论含金量。你现在回头看波德莱尔和阿波利奈尔的艺术评论，实际上都写得很一般，当时他们的方法不多，很简单，就是好看不好看，有没有新意，没有什么太多别的东西。复杂的艺术理论是上个世纪的产物，你可以说它是个异化，我也同意，它有异化倾向，就是完全语言化了，给出一个非常复杂的解释，但是这个解释就是二十世纪的艺术现状。很多书都在讨论一个问题——什么时候现代艺术变成当代艺术，就是你非常不以为然的"垃圾"，什么现成品啊，复制品啊，波普艺术啊，没什么时间含量的。它是经济社会中产生的一个艺术神话，就是明星化、证券化、标签化了，有非常庞大的机构在支撑它。这种支持也不是一个阴谋，而是你刚才用到的词——慢慢"演变"而来的，它不是阴谋，也不是谁赋予的，谁也没有赋予他们。那么回到中国来讲，

1979年、1980年的时候出现了"星星画会",他们是为了展示自己,后来被取缔了。但是从那个时候开始,中国开始有了画家自发的美术展,全国美术展一直是画画的人出名的一个机会,就好像演员能够上春晚,已经变成体制内的了。但是有些人注定是不可能进去的,怎么办?当时浙美的一些人,像黄永砯、谷文达什么的,他们就是故意搞得不一样,就是只有通过这种方式……

刘晶晶:就是他们在找更多的可能性。我们当然都习惯于一种或两种可能性,比如说愉悦的,或者说特别有意境的。而他们那些可能性,如果一定按大众口味来分的话,有高级的愉悦的,也有很肤浅的不堪入目的,也有很多你看了之后觉得并没有很高智商、不值得你思索的东西。它就是让当时的人觉得:我们还可以有这样的玩法,这样的可能性。其实他们也很单纯,不是说有什么责任去干什么。

马原:比如你的画家朋友,比如毛焰的画,我好几个朋友都很喜欢,还有孙良的画,他们也都是当代艺术家。所以我觉得……很多年前我写过一篇很短的东西叫《说大限》,我觉得凡事都有限,越了大限就不行了。比如做小说实验,还是小说;但是实验小说不是小说。别人说你马原的小说是实验小说的时候,我不接受,因为我做的是小说实验,就是在小说的度、小说的大限之内。我就是这么定义的,所有东西都有度,一旦走到另外一边去了,越界了,就不行。

今天跟孙良聊天,他说起向京。我就说:我看向京,她那所有的东西都一样,这种东西找个工厂就生产了,她自己是不是也雇人做,我估计十有八九都雇。这特别像我们小说家看金庸的东西,金庸的东西也打着小说的名,但跟我们完全不是一回事。我认为当代艺术只要是脱了大限,越过了临界,就是所谓原子的外壳——我们知道原子的结构里面,电子是相对自由的,但这种自由不能脱离外壳;就像地球的引力,也有个大限——那些脱离了大限的,他们还打艺术的旗号说事，但是其实已经跟艺术没什么关系了。咱们刚才说的艺术，还是一个没任何强迫、主动去接受的、寻找愉悦、寻找激动、寻找震颤的存在，是主动去寻找的。

你的话解决了我另一个疑问：原来实际上现在在艺术这件事情里边，形成了一个文化产业。就是说有那么大的机构，去操作一群在做这件事的人，国际上也有资金来运作这个。在这个过程里，有人能出名，有人能赚钱，能找到兴奋点，有事好做，忙忙碌碌诞生了一大批艺术家、策展人。

按照我的理解，艺术是不需要解释的，但是你刚才说了，当代艺术需要非常复杂的解释，不是一般的人能解释的。吴亮你这二十几年就在当代艺术的阐释里面，阅读量那么大，然后一直在从事这个事，对你来说不是问题；但是作为我们这些同时代的老朋友，对我来说这个太……艺术居然完全靠解释来安身立命……

吴亮：我举个例子，比如我母亲只觉得琼瑶小说才是小说，她看不懂你马原的，然后我跟她说你是最好的小说家，但是她说你是看了二十几年了才觉得马原写得好，她自己仍然觉得琼瑶好，怎么办？

马原：我跟你说老实话，我不为我年轻时候做的事情脸红，但我确实觉得我那时候做的事情意义价值都很有限，就是那个时代我写的小说。

吴亮：你现在这么客气？

马原：意义价值都有限，那个还是服务于少数人的。我个人真的是特别看重另外一些在你看来可能不太重要的作家，比如说毛姆、克里斯蒂、大仲马、雨果，我觉得在小说辉煌的两百年里面，他们的贡献无与伦比。如果说这棵大树上真的结了些奇珍异果，他们几个肯定就是，绝不是乔伊斯、普鲁斯特，我觉得他们都是些匆匆过客，我也不说他们的东西没有价值，但他们的东西是完全要靠阐释才能立足的，我确实觉得非常非常有限。

吴亮：那你是不是觉得牛顿的物理学比爱因斯坦更有价值？

马原：对，那当然。但是爱因斯坦肯定是我的偶像，爱因斯坦的方法论和我的特别像，就是我自己摸索出一套方法论，后来我发现跟爱因斯坦很像。

吴亮：我觉得你现在是站在一个初中生的水平来看，就是普及面越大越好，我就没法反驳你了，因为以数量取胜，影响了多少人，牛顿影响了无数初中生。但是你不能以此来反对……

马原：我不反对爱因斯坦。

吴亮：你也不应该反对普鲁斯特和乔伊斯。

马原：不反对。

吴亮：尤其你反对，我觉得很惊讶。我觉得你到了这个年纪再反省，有点像尤涅斯库，他到了晚年说：我觉得我的东西都不值一提。

马原：你可能不是很理解，尤涅斯库反省、金斯伯格反省，他们都觉得自己早年实际上做了不值一提的事。我也不是那样，我肯定不会否定自己，因为我认认真真地在我那个年龄想那个年龄的事情，而且我一生都特别努力。但是回过头来，比如画画的时候，我首先想的是，我为什么需要画画，人类为什么需要画。

吴亮：这不可能有统一的回答。

马原：对你这样一个有深入思考的人，你不一定理解老百姓想什么，你离老百姓的需求有点远。比如陈逸飞的行画我个人不喜欢，但是我知道他的行画特别有道理，那是非常精致的行画，老百姓喜欢一定是有道理的。

昨天聊起金庸的时候我就想，他做的事情和我们一点都不一样，他那东西严格地说不是小说，还是脱胎于过去的话本，是故事，关于这个中国有很多方式，有评书什么的，金庸基本上是承袭那个路子。

那个东西跟我喜欢的东西不太一样，我喜欢的是十九世纪二十世纪这两百年里面的东西，像托尔斯泰、海明威，我喜欢的是这些，往前一点说可能说到大仲马、艾米莉·勃朗特、简·奥斯丁，可能这么说过来。可回过头来我发现，叙事这个事情和艺术一样，是人类的本能选择，谁都有艺术。你们是在艺术史上找到说最早的绘画源于地图，但是我不关心艺术史，我更愿意说普通老百姓，乡间那些农民跟一万年以前的原始人对艺术的需求是一模一样的。就像我在拉萨的时候没事就喜欢看他们在石头上刻经文刻图案，他们说这些东西也不是文物也没有什么价值，我说不对，他们这个审美、技艺的传承，跟一千年以前是没有差别的，他们就是一些工匠，他们的技艺完全是一脉相承的。对我来说，他们的需求就是我要找的需求，就是人类最基本的需求。所以我说所有的人，尤其是孩子，一到海滩上，蹚水、互相撩水、叫，这是一个需求；还有一个需求就是在沙子上画画，没有不画的，所有人都在画。农民在田间地头上画，工人闲着没事一边说一边随手勾画，有一部分是有功能的，有些是没有功能的，另外，它的所谓功能是跟描述联系在一起的，因为画比语言和文字直观。

刘晶晶：可能游戏的成分更多。

马原：对。我也就是从这儿出发，说谁需要当代艺术。我估计艺术家本身需要，还有你刚才说到的，它变成一个行当，这个行当里面有一系列从业人员需要这个，如果说处在金字塔顶端的是风投，下边就是各种策展人……可能是这么一个格局。

但是我还是这么想，如果文学也好，艺术也好，走到了需要阐释才能观瞻的程度的时候，它已经没有意思了。它是艺术品，但是没有艺术意义了，艺术性已经丧失了。印象派、点彩、立方主义，等等，都是接着的，走到那儿的时候已经到临界了。比如毕加索，我特别喜欢，我第一次去巴黎只有六天时间，我都不舍得进卢浮宫，我觉得进去两三天也看不过来,后来我就选择了毕加索博物馆,另一个是中世纪的博物馆,我就去了这两个。我看毕加索真是非常非常喜欢,但是基本上在我这儿就走到这里了,我觉得他就是走到了大限,再往前走就得解释了,不是能让我震颤、让我激动、让我痉挛的了。靠解释就不行了。

刘晶晶:刚才你说你喜欢小说是一两百年里的东西,小说这东西也是西方的。

马原:小说是舶来品。

刘晶晶:对,这跟当代艺术一样,当代艺术就是美国艺术,其实大家都在做舶来品艺术。刚才您说起金庸,其实金庸的东西我们读起来也愉悦,比如在读大学的时候;而格非和您的小说都很难懂,对于我们来说为什么读,因为很时髦,因为我们在看马原的小说。

吴亮:你就是当时的当代艺术家。

刘晶晶:对。其实对我们来说崇拜的都是一样的。当时我们去听您的讲座,其实您的小说我们不是很理解。

吴亮:我是坚决推崇马原八十年代的小说,你再否定我也要推崇。

马原:不是否定,只是觉得那时候想的事情跟现在不太一样。

吴亮:刚才你一再说,老百姓都在画画什么的。我想跟你说,我们没法把今天的农民和一千年前的农民作比较,因为他们是不一样的,他们也在沙地上画画,但是他们获得图像的来源可能是电视,来源于他们所看到的图片,而一千年前他们是看周围的人画的画,这些东西都有暗示的,不是说一个孩子天生就会画画。因此一个人不管原本的初衷是什么,他已经在一个图像世界里了。所谓的复杂解释是对你来说很复杂,对我吴亮来说并不复杂,因为我在这个系统里面已经相对比较熟悉,但是我也不是全都知道,总有自己不知道的事情。这都是一样的,为什么你可以在同济大学给学生们讲小说,因为你有解释系统，你是权威，你有很多阅读经验，这就构成你个人的一个解说体系。我们可以直接读大仲马，为什么要听你讲呢？因为你已经在一个复杂的解说系统里了，我们要听你说。另外一个，比如图像的发展，特别是现代，摄影啊什么的，都出来以后，已经使他们耳濡目染，他们会马上认为这就是艺术。很多收藏家书看得不多，但是作品看得多，他们什么地方都去，他们都觉得这就是艺术，因为人人都说这就是艺术，这就是一个指鹿为马的世界，实际上一开始就指鹿为马了，只要大家都能集体认同，这就是个认同机制。

马原：你在这个圈子里，所以你认为大家都这么看，其实不是，其实就你们几个人这么看，就你们看的几个人这么看。比如你的朋友们，很多小说家都看不懂，都不认为这是艺术，都认为这是垃圾。你们这些人，要去莫干山路的，要去"798"的，就你们懂，别人一点都不懂。

刘晶晶：我也觉得大部分是垃圾，而且你要说它是垃圾，他们一点都不会生气。就像德国那个艺术家，他做体量特别大的装置，他在巴黎大皇宫做一堆废墟，你进去就是看到一堆垃圾。

马原：但是这个又不一样了。我小时候就知道希特勒的建设部长好像是个特别有艺术品位的人，他有个"废墟理论"，他说建筑物一定要大，大了以后就算是废墟也是美的。为什么我对这件事印象特别深，因为我在西藏的时候，那里第二大的寺庙甘丹寺在山顶上，"文革"的时候被烧了，那一片废墟之壮观，远比它当年是恢宏的大寺庙群的时候壮观。它曾经是能容纳5500个僧侣的大寺庙群，等于是一个5500人的城市，被烧成灰烬，留下断壁残垣；关键是它在一座山上，鸟瞰雅鲁藏布江，从沿江公路一过来，那样一片废墟，从下面看都是壮观得不得了。所以你刚才说那个德国人做的事，这是有渊源的嘛。就像我觉得明孝陵特别美，明孝陵就是一个大体量的建筑物，中国皇帝那些陵墓大部分我都去过，明孝陵不是一个很出名的。

吴亮：在德国古典美学里面这是两个范畴，一个是崇高，一个是美，大的就崇高，山啊，海啊，都是崇高。花就是美。你说的那个废墟实际上就是崇高。

马原：这么说我理解，就是把崇高作为美的一个范畴。

刘晶晶：一个体量一个时间，你可以看到时间在里面。

马原：对。这种咱们讨论起来就没疑问。但是我们具体地拿两个例证来说，就说张晓刚和方力均，这是两个卖钱卖得很高的，当代艺术的旗帜性人物。你个人可能对他们评价也不高，但是大家一说起当代艺术，首先要提及的几个人当中肯定有他们俩。这两个人的东西，包括向京的，我看就觉得这么简陋的东西，就是一个想法，任何人都做得出来，你给它们什么解释都增不了值。但是我们也知道，有国际热钱在炒，有机构在操作，就变成了神话，什么八千万几千万的。凡·高的画上千万那件事我知道，是资本找的替代物，最初都不是收藏家买的，再有钱的收藏家也不会花那么多钱买他那画，都是保险公司买的，保险公司买了以后评估入库，是作为一个资本的替代符号。原来美术品市场从来没突破过一千万美元，现在弗洛伊德、克里姆特都有过亿的。

吴亮：还有波洛克，很多了。

马原：波洛克那东西是有来源的，他和毕加索那个时期实际上已经接上了，他那来源看得很清楚。但是中国当代艺术，方力均和张晓刚……

吴亮：你说的这个事情又要分两方面讲了。你说你个人不喜欢，它重复什么的……

马原：它没有想象力也没有创造力。

吴亮：但是它被炒起来有两方面原因，一方面是他们的题材、图像本身的特征。比如王广义，用"文革"的一些图像，对西方来说这个风格也是有点熟悉的，就是用到波普的东西。另外像方力均什么的都是一张笑脸、无聊的脸，不断去参加展览的，中国当代艺术的地位也越来越往上走，这也是一个原因，和国家的经济、国力上升有关。它比较简单地指出了中国在那个时代的一种普遍的心理现象，一种时代的表情，无聊的笑啊什么的，表现中国人完全没有个性，有多种读解。另外，张晓刚的东西的解释是记忆的创伤，这个解释是非常符号化、简单化的，但是制作中还是不错的，有一种忧郁感，这种忧郁感是比较好的一种质地。画面不见得多复杂，但是有这种忧郁感，比别的东西还是要好一点的。

马原：刚才不是说了吗，张晓刚早年我挺喜欢的。

吴亮：他的东西有点诗意，有一种知识分子的忧郁特征。这是一个题材。然后他屡次参加展览后名声就大起来了，大起来之后就被炒作，产生了一个题材。

然后就是钱的问题了，谁在炒作这些东西？是国际热钱。国际热钱一个很大的原因是全世界金钱的流动——这段时间都在讨论经济危机，现在这个经济危机跟1929年的区别是什么呢？现在是纸本位，不是金本位；当时是黄金本位，就是说你发行多少英镑或者美金，是以你国家银行里有多少黄金为依据的。但是现在不是，现在美国政府发行的钞票是没有黄金依据的，就是美元本位。他能无限地发行美金，他向全世界买东西，比如中国东西出口到美国，换的是美金，中国的美金储备量在贬值以前已经达到两万多亿，这个两万多亿怎么办？一个就是在本国投资，但是根本没那么多投资需求来吸收；另外就是买美国债券。但是美国一破产，手里债券马上就缩水。现在已经吃到苦头了。美国用美金来买中国的产品以后，又卖出一个虚拟产品——债券，把美金又收回了，然后通过美联储不断地和中国的汇率调整、贬值，现在变相把钱又拿回去了。但是不管怎么说，这种金钱的游戏，很多钱都用不出去，于是用来投机，就用来炒虚拟产品，炒期货，炒不存在的东西，当代艺术就是其中一个项目，有很多钱挤在里面炒。

马原：其实有很多钱也是假的。现在的钱是这么一个概念——钱是能虚拟化的，股票、证券、金融产品，都是虚拟化的；一次虚拟化没问题，比如在股市里，中国最初原始股都是一块钱，这个一块钱经过一次虚拟化变成三十块，这个没有那么可怕；最可怕的是拿这三十块钱其中的一块钱又进行一次虚拟化，又变成三十块钱，这就一共成了九百块钱；这是阶梯虚拟，每一级次虚拟都是以几何级数膨胀。所以这世界本来没有那么多钱，但是这些年金融里的衍生产品已经多到没有任何一个搞金融的人搞得清楚，因为另外一个金融机构每天都在生产新的虚拟产品、衍生产品。这个结果就是一块钱被多次虚拟，变得不计其数。所以老百姓都以为现在有钱了，股市一跌才发现有个屁钱，弄不好资不抵债。本来以为买了两处房子，还着贷款，挺好，结果……前几年香港不就这样吗？没买房子的都赚了，买了房子的全负资产，买了一处房子，还了七八年贷款，最后一算这个房子还不值你欠银行的钱呢，现在重新买个新的更便宜。所以这个金融游戏搞得大家以为这个热钱是真钱，其实热钱不是钱，热钱是一个在多次多重虚拟之后大家以为的数字。就是因为这个，当代艺术在卖五万十万的基础上，几年里突然变成了上千万、数千万，甚至近亿。这种信息俯拾皆是。哪有这种道理啊？正常来说，这个人艺术品升值了，今年卖大概是两万，过了两年到两万八了，这个是正常的，就是比别的事情增值得稍微快一点，一年增值百分之三十以内，这是在大家可理解的范围里。百分之三十已经是超高额的利润增长了。现在不是了。

我1993年的时候在海南赶上房子狂潮，我一个朋友在海南买了六套房,我去了住他一处房,去的时候三千七,每天都有人敲门问价,第二天叫四千三,二十天功夫涨到七千多。我亲眼目睹我住的房子在二十天时间里涨了一倍,卖到七千多。

当代艺术也是这样,每天涨。哪有这样的?五万块翻成五千万,翻了一千倍,用了不到两年时间,这是开国际玩笑嘛。我的一部分反感可能也跟这个事情有关系。当代艺术品都不是那种精细刻画的,叫价过千万的时候,等于一个笔触都要过万。一幅画八千个笔触,卖八千万,就是拿笔在画布上点一个点就一万块钱啊,开玩笑!我估计你肯定是支持的,因为前段时间我在电视里看到叶永青说中国是要出几个过千万的大师。

吴亮:他不这么说就没法吃饭了。

马原:比较实在的人就说:我的画在外面也叫价过百万了,但是我才拿几个钱啊?完全是机构在炒,那个成交的价钱跟我一点关系没有。而且也没有成交,那些成交都是假的,没有一例是真的,就是超高价的。全都是给拍卖行几十万佣金,那个方法大家都知道。

吴亮:这是公开的秘密。

马原:但是他们就等着拍卖价到几千万了之后,真有哪个傻瓜脑子一热,别人跟他说:"别看他的画叫价上千万,我给你一百二十万拿一个?"这傻瓜钱赚得太容易了,就真一百二十万拿一个,于是中介这小子就自个儿赚八十万到一百万,不知道多少。

说心里话,别从投资角度说,跟投资没关系,你会花五十万买一幅方力均吗?

吴亮:假如我能八十万卖掉,我就买。

马原:对啊,这是非常可笑的事,这个行当变成了股票,我估计我能低买高卖我就买。它全部意义只在这儿,这还哪里是艺术品嘛。

到这儿的时候,我最初那个问题就来了——它们实际上是挂着艺术品牌子的商品,不是艺术品。商品是卖钱的,跟艺术没关系。人类对艺术的需求还是要愉悦,我挂幅画在家里要看着愉快,我要是弄幅方力均挂家里,你说我腻味不腻味?当然,投资买的那个人不腻味,他想:"哎呀,我把八百万挂墙上了,八百万要弄成黄金打成匾估计能有这么厚,我这等于是一块大金牌挂这儿呢。"

刘晶晶:有人把杜尚的马桶带回家,他是怎么想的?

马原:杜尚这种人一辈子也就得个名,谁欣赏他?你说得特别直接,你肯定不会把杜尚的马桶摆家里。也许你会,因为你懂当代艺术,我反正是绝不会把杜尚的马桶复制一个放家里的,因为他的马桶跟我们平时在公共厕所里见到的是一模一样的。

吴亮:要我说,杜尚的价值在书里面,不在美术馆里面。

马原:所以你们重要。当代艺术里面,最重要的是阐释,阐释重要。也不是评论家,"家"是另外一回事,阐释本身重要。如果离开阐释,当代艺术非常非常可怜。实际上真正产生价值的是你们这些阐释者,他们自身不产生价值。

吴亮:现在什么都需要阐释,签个合同什么的,解释一大堆。

马原:你让我拿任何一幅自己的画去换方力均最贵的画,门儿都没有。我要方力均干吗?我拿去卖?还是跟人吹牛说我马原有一幅方力均的?方力均在我心里什么都不是。

当然,你们可能会说你马原能跟方力均比?你那是幼儿园水平。你们可能这么看。但是我的画肯定比方力均画得好,因为它愉悦我。我们不从市场层面去讨论。我的画放在我家里,我一定心情很好,我愿意它们环绕着我。我绝不肯拿一幅方力均的挂家里。我一个哥们手里有四幅还是六幅方力均的,我看到就说:"什么垃圾也往墙上挂,赶紧摘掉,一看就是附庸风雅。"我问他是不是喜欢,他说:"喜欢个鸟。"他们直接就是厌恶他,之所以买,就是我刚才说到的,拿它当金牌挂着，就是挂钱。跟装修一样。

我估计他们自己也知道，那些真正喜欢艺术的人不可能喜欢他们的东西，但是吴亮刚才说了，这个产业就是要造明星，他们被造成明星，心里应该还是很高兴的。当明星的感觉比当画家好。

刘晶晶：其实方力均也很痛苦，他也在思考。

马原：思考不重要，我不关心思考。思考对吴亮来说重要，因为他是职业思考家。

吴亮：我这就是误导人家。

马原：正导误导不是太重要，你把它职业化了。你给自己的定位就是做阐释，对世界、对文学、对艺术进行阐释，这是对的，每个人给自己进行职业定型。

我一下想起来了，为什么好的作家都不喜欢当代艺术？因为他们不肯向这些垃圾妥协。而你呢？你是把垃圾变成黄金，化腐朽为神奇，然后你自己在里面得到了自己该有的东西。这个是根本。而我们为什么要……我说得骄傲一点，为什么我要屈尊去向这些狗屎艺术妥协？

吴亮：你们都不屈尊，那只好我去屈尊了。

马原：你不是屈尊，你是玩他们于股掌之间，你是最舒服的，能化腐朽为神奇，而且你是乐此不疲的。你在为大家做阐释的时候，对你而言的全部意义就呈现了。

吴亮：你在说我没有原则。

马原：不是，这就是原则啊。你是律师，是可以为被告方辩护啊。

吴亮：你是陪审团，你说"NO"就一票否决了。

马原：因为最近画画嘛，所以想的比较多。我还是想知道艺术究竟可以到哪儿，我觉得我可能还是能接受到人类、公众能接受的那个程度，就是你刚才说的，说得特别对，就是中学生程度。因为公众、地球人基本上是中学生嘛。所以我任何东西我都愿意替我妈想一下：

"这个东西我妈看了会怎么想？"

吴亮：我也会。

马原：你也这么想啊？

吴亮：对啊。

马原：那你说的那些话，你妈能听懂吗？你这不是难为你妈吗？

所以这么说的时候，我就发现白居易早就给我们做出榜样了，这位先贤做得就很好，他应该是我们的榜样。

刘晶晶：其实我也喜欢古典艺术，但不妨碍我看当代艺术，有时候也会激动。

吴亮：别一说起当代艺术就是方力均。

马原：现在卖钱的那些画都确实太烂了。记得早年我跟韩东都特别喜欢张晓刚，那是八十年代，他们那拨儿才刚出道，我就特别喜欢他的东西，超过贺东，那个时候比他名气大。但是现在他卖钱的那些画都太烂了。也有的挺好，像你那个画鱼的朋友。

吴亮：李山。

马原：对，我觉得我看他的挺有感觉，他可能在我的限度之内。

吴亮：跟马原说话，我不是要看他说得对还是不对，我只是要看他怎么说，借这个机会来看看他。

马原：我倒是认真的，这些日子开始往梦里走了，开始画画了。

吴亮：我这么说吧，当代艺术就是没有标准的，什么都可以的，什么都成的，什么都可以做成大师的，就这么回事。

马原：这是对你们来说？

吴亮：不是我们，是他们。我只是知道这样一个情况。也不那么简单，大概是这样。

刘晶晶：也不是什么都可以吧？

吴亮：都可以。

马原：实际是什么都可以。我能理解你（指刘晶晶），你是有主意的，我们也都是从这个年龄过来的，所以你认真、有激情。吴亮跟你不同，你别以为他是当代艺术的忠实拥趸，吴亮是个特别透彻的人，如果做律师一定是个特别好的律师，是可以给两方做律师的，是可以为双方辩护的。大律师谁敢小看？吴亮就是个大律师。

吴亮：我因为写了你的文章，现在程德培他们老说，是一本文学史必然提到马原，提到马原必然要提吴亮，好像我八十年代只写过这一篇。

马原：确实那篇文章影响太大了，没办法。

那时候我在上海，住建国路，吴亮老提一大袋子易拉罐，过去聊天，我们俩一聊就聊好多个小时。特别开心。

吴亮：他那时在写长篇，那是个家庭式的租住房，我们可以叫一点菜，喝点啤酒。

马原：这一辈子，我是个手艺人，总一个人干活。而你是要关照大局的，你要归纳现象，要评论。我性格挺自闭的。

吴亮：看你画的画就知道，很自闭。马原，我要是再找个人写你的评论，重新评论马原，你有兴趣吗？

马原：你忘了？实际上早年我们有一次聊起来，你就说那篇文章还是从形式上讨论，再有时间要从内容上去讨论。当年你就说了。所以你要做，那就做，听你的。我这些年跟文学离得远，作协任何活动我都不参加。

吴亮：你已经挂在那儿，怎么也抹不掉了。

先锋文学是历史上的一座座坟墓

木叶　吴亮

（吴亮对话《上海电视》记者木叶，2008年7月28日）

木叶：吴亮先生还记得，最早认识的先锋作家是谁吗？

吴亮：你讲的是中国作家吧……1988年到1989年初，我有一连串文章谈先锋文学，把这个概念提出来，但在这个名字下面，没有指名道姓，谁是谁不是，一种布告式的，或者说宣言式的，把这个先锋文学人格化地来鼓吹来倡导。被认为是先锋作家是后来的事，但当时好像不这么提，说是文学探索啦，或者说是一种实验……究竟怎么命名我不太清楚，比如说我最早评马原……

木叶：在《马原的叙述圈套》之前评过吗？

吴亮：我想想……这时间我不是想得特别清楚，我当时比较频繁地为一些作家鼓吹，通过专栏，一些作家作品评论，特别是通过一种言论的方式，就是理论加鼓吹的方式，虽不是理论文章，但有理论色彩，那在1987、1988年写得比较多。

木叶：1987年、1988年？

吴亮：对，是1987年、1988年。再往前，1985、1986年的时候我曾经和程德培在《文汇读书周报》有一个专栏，从1985年的夏天，好像从那年7月份一直做到了1987年年底，前后两年半。两年半大概两个人总共写了超过一百篇文章。那时候，这专栏兼顾了不同风格，考虑到要呈现出当代文学的多样性，当然也不断有人会提出意见，我们要适当考虑平衡。虽没有明显的分工，相对来讲，在语言叙述方面或者在比较传统的作家里面，被德培评论得比较多一点。好像当时普遍叫新潮小说，但也不是所有人一致认可的，后来有个什么纯文学的讨论，我都记不太清楚它发生在哪个时间段，什么叫纯文学我也不太清楚。另外一个，先锋文学起来，我最早在1986年在《中国青年报》发表过一篇题为《谁是先锋作家》的短文，现在很多人都在做这个研究，我记不清楚当年还有谁这么提，我没有工夫做研究去确定这个概念发生的时间。

木叶：现在很难说写的第一篇先锋小说评论是哪一篇了？

吴亮：很难说，对我来说，这个一点都不重要……我觉得我可能还是在写那种布告式的文章，就是宣言。

木叶：就是古代那种点评式的？

吴亮：不是。我什么都写，短评、报纸专栏、作家点评，然后是作家评论，或者是一种现象描述或展望，什么都来一点。

木叶：大家一提到当时的"先锋文学"，往往就想到《马原的叙述圈套》，但它可能遮蔽了很多先锋评论，甚至是吴亮先生您自己的先锋评论。能否举几篇评论，可能在八十年代很重要，但今天被淡化甚至被遗忘的？

吴亮：从自己的写作经验来讲，我觉得这个很难总结，因为我关心的问题太多太杂，而且中间隔了一个使我脑子松懈的比较充满惰性的九十年代，对我来说非常致命，这十年非常致命。假如你还记得我在网上发的《八十年代琐记》，尽写一些鸡毛蒜皮的小事，这个我才觉得比较有意思，不大会忘记，对生活本身我就不大会忘记。

木叶：所以我一开始就问，最早见到马原、余华是什么场景什么场合：一起吃饭、书店邂逅，还是会议上？我觉得这个蛮有意思的。

吴亮：当时我和程德培在作协理论研究室时，几乎每天都有人来访，或者经过上海，或者在上海写作，他们去《收获》肯定会到我们办公室来坐一下，或者到作协来办事，肯定都要见见我，聊一聊。太多了，这种事情太多了，我当时没有记日记的习惯。

木叶：别人可能会说起传奇性的一个细节。

吴亮：没有。我不会编故事。你一下子问……

木叶：那您最早关注到马原的人，还是马原的小说？

吴亮：马原是我的好朋友，但问题是有非常多的选本都选择了我这篇文章，再谈没有什么意思了。好像我在八十年代就写了这篇文章，是一个错觉。但是我想我这篇文章是比较特别的，这可能是很多人选我这篇文章的原因。而且我把马原作为一个叙事学的角度来谈论，那个时候也没有太多的叙事学方面的理论让我参考，可以说我是没有什么理论凭据地在写马原。

木叶：可不可以这样讲，先锋最大的优势就是叙述，或者说是形式，等于是用最好的理论在谈。

吴亮：好像是1993年，有一个大陆作家代表团去台湾，参加《联合报》搞的一个叫"海峡两岸文学"的会议。假如我没记错的话，可能是第一次内地比较庞大的团队到台湾去。带队的是王蒙，王蒙当时已经不做文化部长了，还有刘恒，海外过去的有李陀、黄子平、阿城，上海有李子云、程德培和我，好像还有一些其他什么人。当时我为这个会议准备了一篇论文，《回顾先锋文学》。回顾式的，副标题还写了一句"兼论八十年代的写作环境和文革记忆"。这个文章后来《作家》发表了，是1994、1995年吧，做了一些删节，删得不多，但是比较关键——1989年的一个变化造成的一个情况。

木叶：这是1994年的事，那么往前推呢？

吴亮：在这以前，没有大的文章来谈"先锋文学"。我只是用理论的语言来鼓吹这个"先锋文学",就像一个人在什么地方叫阵,隐隐中感到"先锋文学"面临着好多误解与歪曲,还面对好多批评,说这类文学脱离人民脱离时代,读者抱怨看不懂,诸如此类。这个你可以翻翻《文学角》的合订本。至于具体作家评论,除了我和程德培那个《文汇读书周报》的专栏"文坛掠影",还有一个专栏是在1988年给天津《文学自由谈》写的"微型作家论",其中有一组写的都是先锋作家,孙甘露、余华、莫言、残雪……当然也写过一些我熟悉的作家,王蒙、张贤亮、刘心武、王安忆啊。

木叶:区别于李陀、程永新这些人,我觉得没有一个先锋作家是吴亮先生把他推出来的。

吴亮:是期刊在推作家,不可能批评家推作家,批评家肯定得等作品出来再评。李陀是文学活动家,兄弟我不是,我不是文学活动家。

木叶:那时李陀在文学青年当中,就是在先锋探索的作家心目中,要比您还厉害一点儿?

吴亮:他出道也比我早。八十年代初的时候,他们几个人搞了一个现代派讨论,"三只风筝",他那个时候已经在风口浪尖了。李陀那时在《北京文学》,好像是副主编,我记不太清楚。据说他在《北京文学》的时候经常有一些稿子最后落在他手里。上海嘛,一般来说比较规矩,作者都是把文章邮寄给杂志社,主要是《收获》和《上海文学》。

木叶:这些都是从批评家的角度切入,我想知道外来因子对于先锋文学的影响。高行健1981年就出版了《现代小说技巧初探》,很早。

吴亮:这本书我到现在也没有看过,我只是知道这件事情引起他们讨论,他们几个人是冯骥才和李陀,还有刘心武,被北京《文艺报》称之为"三只风筝",好像是。那个时候我才刚刚开始给《上海文学》写评论。

木叶：对，写的还是评《乔厂长上任记》的《变革者面临的新任务》什么的。

吴亮：那是我第一篇评论，1980年写的（《上海文学》1981年第2期）。

木叶：如果吴亮先生受外国理论的影响，我不想讲那些传统的，比如说受马克思或苏俄的影响很明显，真正比较新锐的，或者用先锋这个词来说，是哪些理论呢？

吴亮：我说不上来，因为我总是在看别人受谁的影响，很少有时间看自己受谁的影响。假如以后我要给自己写一个自传，我会想这个事情。

木叶：博尔赫斯看过没有？

吴亮：翻过，当时翻译进来的书很杂，都翻。

木叶：作家突然看到某一部小说，哎，原来小说可以这么写，那么批评家是否会说，理论文章原来能这么写，有没有这种震动？

吴亮：没有，对我来说一切都很轻松。我觉得用比较西方的表达方式来写很好，也不难，我在七十年代读了几本西方著作。

木叶：七十年代？

吴亮：对。

木叶：比如说哪些？

吴亮：反正是能看到的我都会看，我是一个胃口很好食欲旺盛的人。

木叶：具体篇目呢？

吴亮：嗯，马克思，毫无疑问。嗯，黑格尔，《精神现象学》《美学》《哲学史讲演录》《小逻辑》，都看好几遍，特别喜欢他的《精神现象学》。康德看的则是片断，我记得当时在上海图书馆借一本合订本，是"德国古典哲学"，商务印书馆的，里面有费希特啊，谢林啊，费尔巴哈啊。当时主要看马克思,后来也看列宁的书,"马克思主义的三个来源和三个组成部分",根据这个线索就去读德国古典哲学,英国古典经济学和社会主义理论看得不多,亚当·斯密还算通俗,经济学实在太晦涩,沉闷,好看的还是一些涉及历史和政论方面的,马克思的《法兰西内战》《路易·波拿巴的雾月十八日》,逻辑和文采都是一流。就文体与逻辑而言,马克思对我影响很大,后来看多了,我发现这不是马克思的问题,实际是德国哲学思维的问题,思辨哲学的问题。那个时候我还断断续续看过一些别的书,俄罗斯文学,看俄国文学肯定会涉及别林斯基、杜波罗留波夫、车尔尼雪夫斯基或者赫尔岑这些人的评论。假如你喜欢看《约翰·克利斯朵夫》,巴尔扎克什么的,那你肯定也会看其他一些贝多芬传,甚至狄德罗与伏尔泰。

木叶:是七十年代?

吴亮:对,七十年代。对于文章的表述来说,这些西方先人对我的影响一定是潜移默化的。后来再看西方哲学,我特别容易进入,整个思维方式,十五六岁时过脑子的语言就是这种语言,除了这些理论作品,还有诗,消遣的小说,爱情小说,科幻小说,普希金,《基督山恩仇记》,屠格涅夫,凡尔纳,我们也都看,传来传去的,谁有好书,大家都会相互借阅。

木叶:我比较早读您写的书是《城市漫游者》,好像是讲酒吧,讲街道。

吴亮:这不是我最早的,我最早的是1985年的《城市笔记》。

木叶:我感觉有点儿像本雅明的某种状态,我不知道猜测得怎么样?

吴亮:本雅明,对。

木叶:他对于城市的批评是非常有名的,讲波德莱尔,讲现代。其实,还有一个人,罗兰·巴特。

吴亮：你所说的这些人实际上我都浏览过，我只能说浏览。对我来讲，我自己的东西就是自己的问题，假如硬让我分析自己的话，在精神发育的时候，比如说语言习惯和整个思维方向什么的，我和社会之间是有隔离的。我在工厂里面就是一个工人，但当时这个社会是险恶的，政治险恶文化封闭。我1971年进了一家工厂，那时父亲因为历史政治的问题还没有解决，这种情况使你和这个时期的现实产生距离。我逃避任何组织性的生活，比如入党、入团之类。

木叶：插问一下，现在是党员吗？

吴亮：不是。怎么可能呢？在那个时候与其说我介入生活，不如说我逃避生活。因为家里面的原因，因为政治险恶，也因为有一些朋友，大家都会讨论周围发生了什么事情，有一些共同话题。作为私人的精神生活，或者说为了逃避生活，也尝试写作。

木叶：有一点儿接近孙甘露，他当初是邮递员。

吴亮：他有他的情况，可能有一些地方有一点类似，但我和他在气质方面还是有很大的区别，他那种游离的、幻想的东西比我更多，我思考的问题还是很现实的，只是我的姿态我的行为从不介入现实。

木叶：就是说有及物和不及物两种身份？

吴亮：我是一种与社会保持距离的及物思考，他是不及物的……这样说也不太准确。不必要去把我和孙甘露进行比较，但是我想，我们这代人当时有这个状态的可能很多。

木叶：我检索上海图书馆，最早以"先锋小说"命名的书是朱伟的《中国先锋小说》，1990年，花城出版社。再往下就是1993年，陈晓明的《无边的挑战——中国先锋文学的后现代性》。我的意思是说这些离1986、1987年已经好几年了。马原有一个说法，他认为中国"先锋小说"有两个人吹响了号角，一个是阿城，《棋王》，一个是他自己，《冈底斯的诱惑》，这些更早。如果让吴亮先生追溯先锋小说源头的话，应该是哪一个矗立在那里？

吴亮：这个问题我没有办法回答你，谁是第一篇，我觉得这个问题不是很重要，不符合我判断问题的方式。

木叶：这完全可以。那最触动自己的"先锋小说"呢？

吴亮：我只是觉得一种亢奋，我只是觉得这种情况出现了，很多人的写作和官方倡导的主旋律以及现实主义背道而驰——反映时代的精神，反映时代的本质，但是什么是时代精神什么是时代本质，最终解释权都在官方手里——所以当时这些小说的多样性，形式探索，现在看起来，实际上就是单一的主流写作的异质化。

木叶：异质化？

吴亮：异质化写作，那时可能就只能从形式上来突破：话是可以这么说的，小说是可以这么写的，无主题、无人物、无情节，三无主义，当时都是贬义词，因此你很茫然……但是一种不一样的言说方式出现了，或者说一种新的中文写作出现了。虽然现在很多人喜欢批评说当时那些写作是模仿西方翻译作品，我觉得都无所谓，我认为翻译成中文的西方文学就是中国文学的一部分，它不再是拼音文学，它已经是方块字汉语文学了。嗯，我一直坚持这样的观点。至于"先锋"这个词嘛，我比较频繁地使用这个词是1988年，比如说《向先锋派致敬》《真正的先锋一如既往》《为先锋文学辩护》。

木叶：对。苏童特别喜欢"真正的先锋一如既往"这个说法。如果要让您描述一下先锋，会是什么呢？有一种说法是"先锋到死"。

吴亮：马原肯定是先锋派吧，阿城有人说不是，有人说是，他算"寻根派"领袖，完全用中国语言写作。"先锋派"小说刚出来的时候，有很多不同的议论，批评还有来自年轻人内部的，意见更尖锐。

木叶：伪现代派？

吴亮：对，伪先锋，说他们是方法主题横移，比方讲现代派好多小说当中描写人的处境，在中国当时根本没有出现，孤独感，苦闷，绝望，都是我们这里所没有的。确实有模仿，但我认为这是表象，全是表象。就是说有这么一群年轻人不愿意像以前那样写了，他就这样写。他想摆脱那样的阴影，他就进入这样的阴影。用雷蒙·阿隆的话来说，从一个神圣家族走向另一个神圣家族，当然可能两个家族都是谬误。我觉得这些统统不重要，先锋文学起的作用就是写作方式、叙述方式、思维方式的解放：中文写作、说话、思考是可以这样进行的。

木叶：换个角度来问，如果八十年代把"先锋派"抽掉，会不会出现巨大的空虚？

吴亮：这个假设我不能想象，毫无必要。

木叶：先锋文学在八十年代是非常重要的一种创作方式。1986年到1988年的时候，现代派、伪现代派的争论出现了。您也有好几个以先锋命名的标题文章为他们辩护。至今二十年了，觉得自己的观点没有任何变化吗？

吴亮：所有的问题都要放在历史当中来考虑。当时就是这么发生的，当时我也确实为它辩护，不管你辩护有效没效，已经载入史册了。当然后来人们可以站在各自的制高点上回看它，以致得出不同的结论，这个都无所谓的。

木叶：查建英采访阿城时，阿城提到先锋派小说是另开了一桌，没有真正影响中国当下日常生活的语言，而相反是王朔真正影响到了，对这个问题有什么想法？

吴亮：具体的对日常生活的影响我想肯定是很深远的，它不那么直接，我们一个一个讲。被称为"先锋派"文学的代表人物之一，像余华，他后来采取了另外的写作方式，格非也变了。当然有一些依然写作的人，风格基本还延续原有方式，莫言，他有点变化，但没有根本性的转型。残雪也没有变，还是那个套路。也有一些人被称为"先锋派"的，主要特征倒不是叙述角度，可能有一些现代观念，或一种精神状态，比如张承志、韩少功，他们写作没有停顿……张辛欣不写了，刘索拉不写了，徐星不写了，都隐退了，干别的去了，还有洪峰，后来也不怎么写了。每一个单独去看，都不一样，所以你要把他们捏在一起，这是很难说的，他们首先不是群体，一开始就是各写各的，他们是被一个共同氛围凑在一起的，大家基于不同的原因在写自己的东西，就是用这种方式写。当然毫无疑问，西方翻译作品对他们影响非常之大。在我看来，中国传统影响下的作家和西方翻译影响下的作家没有本质区别。没有说什么受中国传统的影响就一定高级，或者说受西方翻译的影响更高级，人就是一个处在一切影响之下的"精神生成物"。

木叶：李锐说，九十年代中期，法国人找了中国先锋作家的书去看，他们想编一个中国先锋小说集，但他们看完之后的结果是——他们是两方面的人，一方面是编辑，一方面是小说家——说这个都是咱们玩儿过的。李锐说这个对他触动很大。

吴亮：假如你把阿城的东西拿给一百年以前的人看，一百年前的人说，这个都是我们玩儿过的，你会觉得触动很大吗？西方人看中国的先锋小说，要把它再翻译成法语或者英语，当然会感觉语言上没什么新意，但是在中文里它就是一个新的东西，他们应该把这种中国先锋派小说和以前的传统中国话本小说进行比较，而且必须在汉语语境里比较。

木叶：但问题是，我们不能期待欧洲人或美国人这么细地读咱们的文本。他整体一看觉得跟自己相似，这已是很可怕的一件事。

吴亮：什么意思？

木叶：就是你不能期待他拿"先锋小说"和七十年代、四十年代、二十年代的小说或是和明清话本去纵向进行比较。他直接一看，哦，这个是我们玩儿过的，不新鲜。你又不可能给他上一堂中国文学史的课！

吴亮：把中国小说翻译成法文给他们看，这本来就是错。

木叶：但其实，包括一些汉学家看完之后也并不认为怎样。

吴亮：汉学家他们是喜欢汉字，所以凡是翻成外文的东西，他们完全是以另外一个眼光来看。明白我的意思吗？

木叶：是这种眼光！

吴亮：他们首先就是崇敬中国汉字的这样一批人，喜欢中国汉字。假如对中国文字都没有崇敬和喜欢，没有这样的欣赏能力，他们就不会搞汉学，要不然就是搞政治了。汉学家，你看他们出身，研究唐诗的或者翻译过什么《易经》，太多这些人，当然他们喜欢中国的文化，是喜欢这个，而不是喜欢中国的白话文。

木叶：研究唐诗的宇文所安，就是斯蒂芬·欧文，说北岛那些诗不是很新鲜了，跟西方的现代诗相比。如果对称地来看小说的话，也有一定意味。李锐也说马原的小说和博尔赫斯有相似性，是博尔赫斯的一种摹本。

吴亮：嗯，你究竟想和我讨论在全球范围的先锋还是中国范围的先锋？

木叶：我想知道咱们的先锋在中国是怎么命名的，拿到真正的世界文学版图中又是怎样的？

吴亮：首先它是以中文的形式出现在中国的，一开始根本就不是写给外国人看的，外国人要了解这个必须要回到中国历程当中，他才能够理解这件事情，当然翻译过去了，他们看到很多西方影响的痕迹，一些修辞、风格、语态和时态表达，这些东西他们都有，都玩过，没错。但他们应该明白，由于中国传统与政治制度的原因，长期以来这些东西是被忽视的，不一样的，空白的，受压抑的，后来中国受到外来文化影响,这一切发生了改变,西方翻译在中国汉语当中产生了改良作用,甚至革命性的作用,这一切都成为中国近代以来文化历史的重要部分。现在他们没有把中国八十年代的语境搬过去一起讨论,单独把这个文体叙述部分拿出来作一对一的比对,肯定会作出类似模仿的负面评价。

木叶:再往前追溯一下"先锋",鲁迅的《故事新编》,我觉得那种解构在全世界范围也是领先的。而咱们八十年代的这些小说跟世界相比的话,它是滞后的,这个怎么看?

吴亮:我不同意这样的比较,鲁迅只能把他放在他那个时代去比较。我也不同意把鲁迅作为一个标准,作为一个典范,不同意。

木叶:这个我们先不管。我采访韩东的时候,他说仅仅先锋还是远远不够的,他有一个重要的说法是什么呢?就是说好比你练拳是要打人的,他说那时候先锋小说是打不到人。其实也就是前面提到的一个词,"不及物",先锋怎么和这个时代、这个国度、这个民族、"这个人"发生关系?

吴亮:这个问题我要花一点时间跟你说。我认为实际上是打到人了。

木叶:打到谁了?

吴亮:打到了必须把文字和现实结合起来的及物派,就是中国的意识形态,就是文以载道。

木叶:哦。这个是打到了。

吴亮:就是打到了,所以他们才那么愤怒。就是说,我就是自外于这个时代,也许我在模仿,可能我真是在模仿,但是当这个时代非常模糊、腐朽、僵化、顽固的时候……你想那个时候开始拨乱反正,口口声声要反映现实生活,但是现实主义根本不彻底。"文革"写一点点,反右不能正面写,只能说母亲错打了孩子,还有好多禁区不能涉及，一开始受批判的是谁？白桦、戴厚英，人道主义，资产阶级人性论，就是说，整个小说写法没有变化，典型人物、命运、生活、遭遇，全都是及物的。虽然及物，但没有现实主义，不可能现实主义。及物，照样打不到人……但是在另外一些年轻人当中，因为他们生活角度不同，他们可能生活经历也很坎坷，比如说韩少功，他写了"文革"，也有尖锐的批判，都有，不是说没有。也许好多作品不能出来，或者被封杀，都不是没有可能……不管怎么说，当时文学是很多年轻人，也就是我们这些人的一个目标和方向，怎么能够发表我们的作品？怎么能显示我们的存在？我们怎么能够被认可？我可以这么说，哪怕它很实用主义，学现代派，看不懂，是一种时髦，这个时髦不是官方所喜欢的，大众读者也不喜欢。但是历史机会是，当时中国有很多期刊，期刊就是我们的阵地，或者是我们成名的途径，是我们的谋生渠道，我们就是为了改变我们的生活方式，所以要写作。这就是一种时髦，没错，就是时髦，就是模仿。而且那个时候外国现代派小说翻译进来，啊，小说还能这么写，为什么我不能这么写，甚至不排除局部的抄袭，我觉得这是无所谓的。以前抄马克思，抄苏联小说，抄民间故事，民歌民谣，抄抄抄，抄越多越渊博。认为抄《红楼梦》抄明清笔记抄高尔基就是好的，抄博尔赫斯就丢脸，不可思议。所以在这样的情况下，他们这些小说出来，当现实主义最大的一扇门被关闭的时候，还能写什么？我干脆就不及物了！再说西方现代派文学进来以后，确实也改变了他们的一些对小说叙事的再认识，豁然开朗，这绝非模仿，而是启发，启发就是启蒙啊。原来人都不是全知的，马原好多视角是他个人的，这不是在模仿，是唤醒他一种看事物的角度，这种角度他本来就有。你说孙甘露是学西方的，很明显受西方翻译文学影响很大，但是有几个孙甘露，为什么你们不学啊？最终他成了他自己。好多人因为这个原因那个原因不写，各有各的原因，我们不要用一个原因来解释，每个人的情况都不同。

木叶：还说"打人"的问题，你刚才回答主要说在八十年代打人了，在九十年代，在二十一世纪初的这个几年又够不着人了。可能余华很早就感觉到这一点了，所以他慢慢地变化，比如说什么《许三观卖血记》《在细雨中呼喊》。

吴亮：九十年代以后有很多情况。九十年代以后你有没有发现，大家都回到历史当中去了？比如说莫言很明显，他一开始就写历史作品，是吧？他当时《欢乐》大概写的现实生活，写过几篇，但是大部分都写历史作品，像《红高粱》。

木叶：这是八十年代的。

吴亮：我只是说莫言。

木叶：其实就是说，其实可以说转型有一个重要的点，就是1989年。另外，马原不是1989年之后不写小说的，1988年之后就基本断了，我觉得这个现象其实没有很好探讨过。（我发现陈晓明也指出1989年初"先锋文学"便"多少有些令人失望"，他以《人民文学》同年3月号为例认为：格非《风琴》、余华《鲜血梅花》、苏童《仪式的完成》误入历史歧途，"仪式的完成"更是具有象征意味）我的意思是说，从"先锋文学"自身发展来看，先锋作家也会寻求突破，这几个作家可能都意识到这一点了。九十年代，余华刚开始写"新"长篇的时候，有人认为他背叛了先锋文学，苏童也有过类似情境，你怎么看这个问题？背叛，来自内部的背叛。

吴亮：这个你去问余华就行了。

木叶：我想听你的看法？

吴亮：我不知道，九十年代以后的小说我真的看得很少。

木叶：九十年代？

吴亮：对，我只是知道他们在变化，《活着》《许三观卖血记》都是发在《收获》上,我还要翻一下,我发现他变化很大。包括格非变化也很大。但几个人的变化不足以得出一个必然性的结论,比如说你怎么解释残雪这个例外。

木叶:残雪可能是唯一的一个。

吴亮:是啊,为什么时代对她没有影响呢?只要有一只乌鸦是白的,你就不能说所有乌鸦都是黑的。

木叶:但是我也看到程永新还是谁,就是认为她这种没有变化是有问题的,就是没有突破自己。

吴亮:为什么一定要突破呢?有几个老是突破自己?这都是人编造出来的要求。

木叶:但我们看外国的一些作家,这一辈子的确是不断往前这么转着走,不断超越自己。这些词可能比较难听,突破、超越、转型,但是他们的一生真是不一样。

吴亮:也有不超越的,倒退的,这个很复杂,我没有时间回答你。我觉得任何一种匆忙做结论的方法,都是不可取的。

木叶:但其实已经过去二十年了?

吴亮:嗯,我没有深入研究这个问题以前,我没有办法回答你这个问题。

木叶:那么就是说小说家在暂时停和转的过程当中,先锋文学的批评家有变化吗?比如说,李陀基本上自己不写小说也不批评了;朱伟改当了一个时尚、文化杂志的主编;您……

吴亮:我倒没有变,我认为我进入当代艺术圈以后更先锋了。九十年代以后中国当代文化最重要的就是当代艺术,而不是文学。这个观点我在北京已经跟李陀讲过了。

木叶:我觉得这个很有道理,而且现已看出效果了。

吴亮:纪录片,九十年代还有一些小剧场戏剧,但不是很有影响,包括一些小制作电影,作家电影。我们不讲什么国际影响力,它们对生活的切入面,已经是很多样很复杂的了,有非常尖锐的成分在里面。这个尖锐性在八十年代是没有的。八十年代,桎梏比九十年代大得多。九十年代是什么?知识分子体制化了,就是关系的改变。当时,文学期刊还是有好多桎梏的,你只能玩些文字游戏,玩形式主义。但是,中国很多矛盾在九十年代以后变得多样性起来,而且社会的民间缝隙开始出现。现在一方面还是一个铁桶,但中间漏洞特别多,中国当代艺术能够存活下来,独立电影人能够存活下来,就因为有这个条件,慢慢从国内受批受压,在国外出名,再迂回过来被官方接纳。很多人都走过这个道路,张艺谋现在最牛,当时他什么处境呀,《菊豆》不能放,我们都是内部看的。还有陈凯歌、张元、贾樟柯,太多了。

木叶:还有田壮壮的《蓝风筝》等。

吴亮:我们不讲他们自己怎么转型,怎么被官方招安或者怎么样,这个我们不谈,谈这个要谈很多很多。

木叶:刚才说没有关注先锋文学,有没有遗憾?当然可以说,这个先锋艺术现在是显学。

吴亮:我每天关心每天的问题。

木叶:再往回说,李陀当初对"先锋文学",别看他是鼓吹者,其实他是有保留的,比如对于马原这样的作家。而您好像是无保留的。

吴亮:是啊,直到现在都是这样,好像比那个时候更顽固一些。我不以成败论英雄,我也不以他们没有传人就觉得他们很悲观,我都不作这个结论。当时让我最亢奋的就是这些人,别的现实主义我都不放眼里……你们是不彻底的现实主义,是犬儒主义写作,我不要看。而且我对寻根派评价也不高,我当初写《城市笔记》就是针对"寻根派"的。

木叶：刚才说当初先锋最让自己亢奋兴奋，今天这批先锋作家还让您最兴奋吗？

吴亮：一谈起他们，我兴致很高，但是这批人今天写什么我就不知道了。

木叶：是说无所谓了？

吴亮：无所谓了，我也不大看了。我现在做杂志是希望别人来谈论，我只是提供一个场地，希望大家来探讨，我不会发表很多言论。

木叶：八十年代主要是这些人，其实后面还有一些也被归为先锋，像毕飞宇，这个有关注吗？

吴亮：可能吧，我不清楚，可能在九十年代以后，先锋文学一般的叙述技巧已经普及化了，大家不觉得那么扎眼，叙事人称转换啊，或是人物性格的平面性，象征性，或者寓言的写法，荒诞，已经熔化在很多叙述方式里面，风格都成混合型的了。我敢说，现在你打开一本编得比较好的时尚杂志，稍微有一点叙述的话，它们会在里面塞许多现代派的内容，真的。这个很多，现在连广告词都比较现代派。

木叶：对。甚至后现代。

吴亮：所以它已经被日常吸收了，被消化了，或者说已经流行了。

木叶：这能不能换一个说法来讲，是否证明先锋起到了它真正的效果（或者说先锋被通俗化了）？

吴亮：我不能说它直接起什么作用，但它肯定是起作用的，它最早。

木叶：好像是谁说过，所谓那些经典的人物或作品无非成为后人的养料。

吴亮：中国很多广告，地产广告，都是诗人写的。我们不讲这个诗人多有名，但诗人肯定是学西方语言学得最快的。

木叶：我觉得还有一点就是先锋和影视的勾连非常紧密，很奇怪，比如这几部真正好的电影，原著都是先锋小说家，余华、苏童、莫言，这是最重要的，加上后面的……

吴亮：还有刘恒，也算是先锋性的。

木叶：还有北村、毕飞宇等。有没有想过可能是什么原因？那么早，像莫言《红高粱》就和张艺谋合作，当时导演和先锋作家都不太为人所知，此后都开始引领风骚。

吴亮：所以这个我觉得可以反过来回答你前面的一个问题，当你说及物不及物的时候，我们假如仅仅是以马原为例子，马原在叙述方面是极端的一个例子……像残雪，残雪表面上学卡夫卡，很明显，但是她对于中国社会人和人之间的一种内耗、压抑和被监视的描写入木三分，我认为她是一个非常好的寓言作家，虽然她是以卡夫卡的方式，但是经验是现代中国的，也是她个人记忆与想象的。她有一本长篇叫《突围表演》，我不喜欢这部小说，但里面的语言全是"文革"语言，就是思想汇报的语言，群众之间相互揭发的语言，密集得要把人看疯掉。它完全是中国"文革"政治语言，因为它太晦涩，不可能有很多读者，所以它的破坏性不大，所以就让它漏网出来了，假如它采取张贤亮刘心武的现实主义写法，马上就会被查封。写"文革"的回忆录容易被查封，就因为叙事没有什么讲究，就是大白话，那就不行，因为那些文化审查官员全看得懂，老百姓也能看懂，这就要惹麻烦。残雪仿荒诞派，叙事一复杂，看两页就晕了……但是你如果耐心看进去，就是讲中国"文革"。另外，像莫言、格非或者余华，余华也玩叙事，但里面有他的敏锐度，有他的尖锐性。余华一开始像《1986》《现实一种》，好几个作品，还有写很多死亡方式什么的，对血性惨烈他采取一种比较晦涩比较复杂的方式来描述，一般人不大会看。这种力量或者说这种尖锐性，包括莫言也都有，莫言小说里有很多嗜血的场面，《红高粱》里面充满了暴力。这种暴力因素，或者说这种尖锐的部分，实际也就是后来被改成电影最有冲击力的部分。包括刘恒，写饥饿，写性。关于性、关于暴力、关于虐待，越轨的、超出常规的行为表现，先锋派是最领先的。这些因素后来在影视当中得到了放大，使这些作品充满了张力。刘恒的作品也是一样的，虽然你很难说他是现代派，但他作品里面有一种现代的力量，他写《菊豆》《狗日的粮食》，写人的饥饿、欲望，非常挣扎的感觉。但是好像除了这些作家以外，写实的作家真是没什么建树，就是这样，你说有谁——写人性的深度，有尖锐性，有自我分裂，有人性的冲突？

木叶：王朔呢？

吴亮：王朔完全是游戏化，充满了嘲讽。王朔的东西里面最好的是他充满了嘲讽，他把神圣解构了，把它游戏化。这个游戏化是符合九十年代的文化趋势的，是不犯忌的。

木叶：对，我印象深的关于王朔有两句话，一句是程永新说的，他说王朔的小说可能还谈不上经典，但是优秀。另外一句就是您说的，您说想在王朔作品里找到独特性，别做这种打算。今天还这么看？

吴亮：我仍然是这样看。他是群体文化的代表，就是北京的一种……嗯，类似于郭德纲，北京的相声，胡同串子啦，北京的一些笑话……王朔的很多都是民间大家都在说着玩儿的。

木叶：当初张艺谋一句话，好几部《武则天》便出来了，作者包括先锋小说家，如苏童，如北村，最后拍摄计划却流了产，我就是在此之后日益听到对作家投靠影视的严厉批评的。其实，先锋作家去搞连续剧不成功的例子也不少，好在近来，似乎作家把小说创作和影视改编分得清朗多了。除去个人兴趣，这里面还包含着名利的诱惑、对话语权的向往，等等，吴亮先生怎么看待这种纠缠呢？

吴亮：我不知道这个事。

木叶：沿着这个影像说，马原就一直想拍电影，但是好像不成功。

别人也没有改编他的小说，我觉得这是很奇怪的一件事，有想过吗？

吴亮：我不知道。我看过他一部电影，嗯，不是太成功。

木叶：《死亡的诗意》吧？

吴亮：可能是，在陈村家里看的。可能是他的小说给我的印象太好了。还有，为什么马原最好的小说都是写西藏？比如说他也写过几个不是在西藏的故事，唯一的长篇《上下都很平坦》，写的不是西藏，写的是知青生活。对于汉语阅读来讲，他的叙述方式受西方翻译文本的影响，他从来不掩饰，他看过那么多的翻译小说。你现在回过头来看他读经典的时候，那个时候他就读那么多书了，他那时就在我面前吹，没有一个人像他看这么多小说的，翻译小说……我虽然看得不那么多，但还是觉得马原非常有他的风格。不是用博尔赫斯就可以把他覆盖掉的，两码事。另外，他写的西藏是汉人在西藏，有一种距离感。他在里面玩什么呢？玩一个不全知的角度，玩得非常好。他本来就在西藏生活，这是从大的方面来讲，汉族文化和西藏文化与他的距离。另外，他总是偶尔闯入一个生活情境，或是他附近突然发生一个什么事情，他作为目击者，就进入故事了。他绝大部分的小说，几乎可以说全部，都是用第一人称。今天重新来看马原的时候，可能人家觉得影响不是很大，或者说没有留下很大的遗产，可能就因为他写的是西藏，他基本没有涉及汉语区的生活。

木叶：但是马原很重要的一个贡献，就是说他把"神"引入到汉语的文本之中。对于神，中国的作家写得比较少，集中地写更加少，而马原不大一样，比如说刚才提到西藏。我发现程永新就是这么认为的。

吴亮：我觉得他基本上是有神论加泛神论者，他信仰不确定，他信神秘主义，我在《马原的叙述圈套》专门有一章讲这个。

木叶：如果没有这个的话，这个小说味道就差很多了。

吴亮：不可知嘛，他的作品中不可知的因素太多了。

木叶：孙甘露的小说跟前面几个不太一样的地方是什么呢？他可能是自己有意想用另一个方式来讲故事，但也有批评家，像谢有顺就说他不会讲故事。

吴亮：不是他不会讲故事，也许他讲得不错，但他无意讲故事。

木叶：无意讲，这个说法有意思。

吴亮：当然也可以说他不会。一个抽象画家不会画具象，你去贬低他吗？那是两码事情。我觉得这么说好像故事更高一层。他很大的贡献，并不是告诉你新的写故事的方式。

木叶：我觉得对"先锋派"的作家还有一个批评，是什么呢？认为短篇、小制作还是可以的。小制作问题不容易表现出来，但是一放大，漏洞就出来了。比如说马原的《上下都很平坦》，很少有人提了；格非的长篇写得好的也少，近年《人面桃花》是得好评的，但到《山河入梦》议论声又多了，苏童的好评的长篇也不多，这个问题有没有想过？

吴亮：中国的好的长篇是不大有的（笑），最好的长篇都没有写完，《红楼梦》都没有写完，中国其他的长篇都写得很差。

木叶：《金瓶梅》也写得很好的。

吴亮：《金瓶梅》是我最不要看的中国小说（笑）。

木叶：长篇没写好，是否也暴露了"先锋小说"创作的某种问题？

吴亮：中国是话本，不是小说。就是一章一章往下讲，主要是讲的是什么，《西游记》呀，《三国演义》呀，《水浒传》呀，我都不要看。现在所有的中国古典文学我都不要看（笑）。奇怪的是，我以后还要做杂志（《新批评》）呢，所以我一定要打破这个格局：文学主要是小说，小说现在可能变得越来越不重要了。我还是喜欢一个词：叙事。

木叶：那咱们就说"先锋小说"的叙事。

吴亮：孙甘露是能叙事的，但他不会说故事。两个概念。他的叙事很有他的特殊性。

木叶：《呼吸》其实是长中篇，也不是真正的长篇。可能写长篇就跟写长诗一样，跟写短篇的东西是完全不一样的操作方式，就像建一个小房子和一座大建筑，工作模式都变了。

吴亮：我们这么讲吧，假如说故事是素描、结构性很强的素描的话，叙事完全是色彩构成的，一片色彩可以构成叙事，孙甘露属于这个类型。马原的叙事是若有若无的，但有时会很结实，会几个对话写出来一个人的形象，虽然你现在很难说马原创造了什么典型人物，不用这个词——典型人物，但是有时候他经常会，啪，一个场景出来，一个场景、一个反应或者说一个气氛出来了，哦，一个紧张，一个悬念，你会觉得要看下去。他的《冈底斯的诱惑》是一个特别难解的小说，走得比较远。后来，他有的小说非常有可读性，《大师》《错误》《虚构》呀，非常有可读性。

木叶：《冈底斯的诱惑》是几段式的嘛。

吴亮：中间删掉一段，你都不知道的。这么说，掉了一页都没有什么问题（笑）。

木叶：马原，我觉得和博尔赫斯有很大的一个不同，当然形式上有一些接近，这毫无疑问。不同是什么呢？博尔赫斯其实是很文人很学者化的作家，他的文笔也是书面语性质，而马原完全是一种生活语言，口语化的，这是他跟博尔赫斯非常不同的。

吴亮：对。

木叶：我想讲一讲另一种先锋，或者说未被划到先锋小说这一阵营的先锋，我讲一个离我们很近的，陈村。我大学前后读《一天》，觉得非常好，但是很少有人讲陈村的先锋性。

吴亮：他也是一个面目很难认清楚的作家，他什么都写，特别是这些年来弄网络，什么都写。

木叶：在他半退隐江湖之前，1997年《鲜花和》之前，也很少有人把他往先锋阵营那个方向描述。《一天》1985年的时候就已经写出来了。

吴亮：《一天》，写一个人从早上到晚上，一生就结束了。

木叶：他这样的小说不止一篇，你们批评家怎么想的？

吴亮：陈村我跟他太熟了，他也是在写作方面不大安分的一个人，很难把他归类在什么作家里面。

木叶：他写过一个《死》，也是很有先锋意义的。

吴亮：这个作品有点像随笔。

木叶：那么孙甘露小说也这么写的，有时跟随笔一样。

吴亮：所以我觉得还是不要在先锋这个名字下再命名，把这些人归为先锋，那些人不是先锋。当时有很多人在做尝试，王蒙那个时候还写过《春之声》《蝴蝶》，"意识流"这样的小说他写过好几篇，很聪明，也很啰唆嘛，他的啰唆在意识流里面到处流，（笑）他不是意识流，他是啰唆，直到现在，你看他的回忆录三大本，有多啰唆。

木叶：这是他的特色。

吴亮：他是泥沙俱下，一连串的句子，刹不住车，拖拖拉拉一大串就出来了，当然毫无疑问他是很聪明的人，但语言当中的杂质特别多。他自己有一篇小说叫《杂色》，那就没办法说了，他已经说自己是杂色了，你还说什么？

木叶：再往下奇怪的就是王小波，其实他很早就具有很强的先锋性。

吴亮：其实先锋文学这个题目我最不愿意谈。我现在讲的都欠思考。头绪太多了，你提问的角度在我的脑子里面出现这个观点……相互矛盾的……我都不能给出一个准确的回答。

木叶：没有关系，将来再把自己的思绪校正过来。

吴亮：我给出一个模糊和不真实的想法也是一个真实状态。

木叶：我就是说，最早关注到王小波是什么时候？

吴亮：没怎么注意，我很少，他死了以后我都看得不多。

木叶：我觉得这一点很奇怪的，他的叙事，那种解构，反讽……

吴亮：他当时还没有死吧，有一本小册子，我觉得不错，他杂文写得好。

木叶：他可能先在港台那边火了，影响再返回到大陆。这也是没有被好好研究过的一个人。没有写过专门文章吧？

吴亮：谁？

木叶：你。

吴亮：没有。

木叶：成名是九十年代初，1991年在台湾《联合报》获奖。这个人不是很关注？

吴亮：对。

木叶：我很想说贾平凹的小说也有一点儿先锋性。我们今天回首来看《废都》，依然有很强的冲击力，1993年就出版了。我想谈谈在先锋阵营之外的先锋性，比较关注的是哪些？

吴亮：贾平凹你要问程德培去，他专门研究贾平凹，对贾平凹的东西我基本没感觉。

木叶：那如果您列一个名单，说先锋作家的，有可能列哪些人呢？

吴亮：八十年代的？

木叶：就是今天来看的。

吴亮：那肯定是八十年代的，九十年代就停下来了。马原，孙甘露，余华，残雪，我不能举太多。有些人有些作品我曾经归在先锋派里面，但是我觉得他们写作路数比较复杂，有多面性。

木叶：莫言，苏童呢？

吴亮：都不能算，因为他们东西太多，都冲淡了我这个印象，他们具有多样性。

木叶：还有名声不是很大，但是也一直被提到的北村呢？

吴亮：北村算。

木叶：比他稍微晚一点儿的毕飞宇？

吴亮：看得不多。

木叶：能列入您的名单吗？

吴亮：他是九十年代写的吧。我跟他很熟，但是他的几本书我都没看。（笑）仅限于八十年代，就是说这几个人是毫无疑问的。

木叶：就列了四个人，加上北村的话也不过是五个人，还把很著名的苏童和莫言拎出去了。

吴亮：那么你再开一个名单，就是有些作品是有代表性的。我觉得北岛都算，他的《波动》，早期的。还有那个《无主题变奏》。还有刘索拉的几部作品。还有带有一种先锋派味道但不完全是寻根的，混杂的，韩少功《爸爸爸》《女女女》都算。它们有非常明显的象征的东西，有些东西是很宽泛的感觉，不仅仅是叙事。一个寓言，一个什么。张承志有几篇小说也算，有一篇叫《胡涂乱抹》，浪漫，激愤，哐哐哐，语言喷射而出，宣泄嚎叫的感觉，至今有非常深的印象。

木叶：这是有先锋性的小说。

吴亮：有先锋意味，或者说有一种力量。当然不是说别的作品没力量，而是先锋的力量，写实也可以有力量。

木叶：会把王朔列到先锋的行列吗？

吴亮：不会。他九十年代写的小说特别重要，他在八十年代写的小说都是很抒情的。《一半是海水，一半是火焰》基本上都是浪漫主义加情景小说这种。（笑）

木叶：刚才提到刘恒……

吴亮：刘恒也算，他特别好的是《逍遥游》，非常震撼，1989年出来的。

木叶：阿城呢？

吴亮：不能。他的作品仍然有革命意义，但这个意义不是先锋的意义。

木叶：何立伟呢？

吴亮：何立伟的什么？是他的语言还是叙事？他是写诗歌的，好多意象在当中。他的语言特别讲究，早期的《一夕三逝》，文字特别讲究，不好说，不能说先锋，他也做一些文体实验。

木叶：朱伟所编《中国先锋小说》选了叶兆言的《枣树的故事》，陈晓明《无边的挑战》一书也谈及叶兆言。有趣的是，近年渐少有人把叶兆言归入先锋之列，对此怎么看？

吴亮：来不及有看法，我把叶兆言归入我的好朋友之列。

木叶：在《中国先锋小说》后记里，朱伟还指出史铁生《一个谜语的几种简单的猜法》的先锋性。我也觉得，可能正是因了身体之局限，史铁生的写作反而呈现一种冥想意味，长篇《我的丁一之旅》的形式探索很不俗，也很有力度，想听听您对这一特殊作家的看法。

吴亮：其实史铁生后来的作品倒是越来越无意讲故事，我很喜欢他的《我的丁一之旅》，可能因为他为人非常温和与谦和，大家不太会把他列为先锋作家，这根本不重要，重要的是，无论你如何归类，史铁生都是最好的作家。

木叶：女作家就只列了刘索拉和残雪。是不是女作家在先锋创作上比较欠缺？

吴亮：我不考虑性别因素。

木叶：我知道，我的意思是说从现实来看，可能这样特别勇敢地往前走不易。其实我个人觉得棉棉的小说……

吴亮：那是很多年之后的事。

木叶：是，不能往里面放。但是往前说，比如说有林白，有陈染，有迟子建，也有一大批。

吴亮：我看得不多，可能有遗漏，我只能说我比较熟悉的。

木叶：还有一个人，很有意思的，就是高行健。他1981年就引进现代、先锋。

吴亮：高行健我对他的评价不高。（笑）《灵山》我觉得太一般了。

木叶：我说一下我个人的观点，高行健有一点可能是当下很多作家很匮乏的，什么呢？当代作家少有关注神和禅的，这一点可能是蛮有意思的。

吴亮：这个不重要，这不是一个文学性的评论。

木叶：但我觉得他其实有一种中国元素性的东西，而他的手法有一定的现代性。

吴亮：现在你问我的是不是"先锋派"，你用神和宗教来讲，这肯定不是一个必要条件。

木叶：不觉得他的小说有多么先锋性？

吴亮：我看不出。他的戏剧有一点，他的小说没有。

木叶：一种说法认为，他的获奖使很多人觉得新奇，或有异议，或认为有政治的因素。另外一些人吃醋了，或者是嫉妒。

吴亮：我肯定不会吃他醋，我和他的关系蛮好。（笑）他很早就出国了，他主要写戏剧。还有两个作家没有算，后来跑到国外去了，一个马建，还有一个徐晓鹤。

木叶：有的作家不是站在队列最前面的先锋，但是她有一种集大成的意味，就是上海的王安忆。

吴亮：她能够与时俱进了，（笑）我们的主席。这个说法是一个中性的意思。每一个文学潮流她都能写，知青文学的时候可以写一些,《本次列车终点》;到了生活相对稳定以后,她写了《流逝》;然后大家都在谈性的时候,写过《三恋》;寻根的时候写过《小鲍庄》,《大刘庄》;1990年以后,写过《伤心太平洋》,写她父亲,又写了陈映真,《乌托邦诗篇》,还有一个叫《叔叔的故事》。当时特殊的环境下面,她抒发一种情怀。后来大家都在写上海,她也写了《长恨歌》……不一定要和人家比,她有一点较劲的意思。她的小说都写得不错,没有明显很弱的东西,也没有巅峰之作。她是一个创作持久力、耐力特别好的作家。

木叶:能跑马拉松的那种作家。

吴亮:对,她算是一个真正的职业作家。不像好多人可以写可以不写,马原就不写了,太多人不写了。

木叶:迟子建讲过,现在先锋好像是销声匿迹了,或者说暂时不重要了,但是说不定什么时候马原或者是谁又写出一种非常棒的先锋性作品。

吴亮:是。

木叶:你有所期待吗?还是说压根儿就不关注先锋了?

吴亮:我虽然不期待,但我常常会在期待之外有一些意外,我不惊讶。突然之间有一个很好的小说出来,就是不出来我也没办法。

木叶:九十年代以来,作为一个派别的先锋写作告一段落,但还是有很多先锋作者或先锋因素存在。新的先锋也在不断出现,譬如蓝棣之曾主编《中国先锋小说20家》,具体不去说了,先锋一直在场,我特别想提的是朱文和棉棉,对于这些新的先锋真的看得很少吗?新的先锋要想获得八十年代的实绩与影响,是否有了更大更多的困难?

吴亮:当然。

木叶:外国的先锋小说家,去年新小说的作者罗伯·格里耶去世了,好像很多人都以为余华曾经模仿过他,但是余华说没受过他的影响。如果今天让您回首,能够现在让您感动的先锋小说家有哪些?

吴亮:我每次回忆都会有不同的名单。

木叶:我喜欢这种说法,其实事情就是这样的,就好比谈爱过的人一样。

吴亮:八十年代,比如说像罗伯·格里耶,《嫉妒》;加缪,《局外人》。我对马尔克斯的评价一般,或者说喜欢度不强。福克纳我也不太喜欢。虽然我从来没有完整看过,《尤利西斯》,我极喜欢,哪怕说是翻译里面有很多问题,有批评,和我无关,我管他翻得对不对。它打开任何一页都可以看,天书这种,他的语言就给我无限的想象力,我完全可以采取一种德里达式的,因为他一个词会把你带得很远,这是一个。嗯,纳博科夫。无所谓,你怎么评论好不好,无所谓。加缪,我始终喜欢,他的随笔、哲学我都喜欢看。他和萨特的通信,四卷。我家里有四本他的全集,哪一天我突然想看了,我只要一打开就会站着看,就会放不下。是属于这种。我认为不管是小说还是哲学,打开任何一页都能看的东西都是好东西。或者说看了以后,再回头去看。前面在说什么,我越看越爽。这种书不是太多。

木叶:这是小说家,如果是批评家或者理论家呢?

吴亮:理论家太多了。所有有奇思怪想的、有风格化、讲一些惊世骇俗观点的理论家的书,我都爱看。

木叶:罗兰·巴特不是很喜欢?

吴亮:不是全部,但是我很喜欢。有一段时间我看得太多了,就不大看了,可能自以为对他太熟了,就不看了。

木叶:如果让您给先锋勉为其难下一个定义的话,想怎么说呢?可以想一下再说。

吴亮:哎呀,说先锋,按照我们今天的说法,不可能很孤立地来看这个事,总要考虑在什么情况下谈这个事。我觉得今天在我看来,先锋就是一座座历史上的坟墓。

木叶：此话怎讲？

吴亮：不是他们终结了吗？这个坟墓上偶尔会有一朵后来者放上的鲜花。

木叶：不相信先锋到死的说法吗？

吴亮：因人而异，那是每个人自己的事情。

木叶：延伸问一下，如果说中国当代的先锋小说家，您最欣赏的，或者说觉得哪些被高估，哪些被低估了，便于说就说。

吴亮：我觉得，我前面提到的这些人，没有一个是被高估的，他们只能被低估了。

木叶：这些先锋作家没有一个被高估的？

吴亮：对。因为那些低估他们的人，写的东西没有他们好。（笑）管他哪里过来的，什么抄人家，无所谓。

木叶：你别说那个什么先锋作家是翻译体，是学某人，模仿某人。其实在书法绘画领域，如果您是一个宋代书画家的话，后人必须要临摹他的，不临摹不行啊。写小说您也不可能像石头里面蹦出来一样，肯定要学一些人。但是可能会遇到很多问题，中国元素、中国性还有中国经验，这些东西也挺吓人的，就是说先锋小说可能被指摘得比较多。

吴亮：我要用纸笔来给你示范一下……假如中国的语言就是这么一样东西（画了个圈）的话，我觉得先锋这些东西都是一个个箭头，射向中国现有的这样一个语言规范、描述方式、想象方式，但这个东西原来在哪里根本不重要，箭打进来以后它就变了，首先使这个东西产生变化，你不要说这个东西本身有多大，是谁射出来的，根本不重要，承认也好不承认也好，根本无所谓！

木叶：问题是，这是一种实用主义的想法。

吴亮：不是，我现在给你做的一个图解描述是一个历史描述，不管什么原因，在历史上发生这种情况以后，翻译进来了，中国语言是怎么样的语言，中国的小说是怎么样的观念，不管是官方还是学院，或者是批评家脑子里面是什么，一切都混杂了，一切吸收也因人而异，只是你学得多一点，他学得少一点，你故意要排斥它，也很好，这无所谓。

木叶：今天我们太敏感了，或者说我们的国家太弱了，比如说我们讲唐代，王维，好多诗人，他们诗歌里面佛教的因素极强，我们不会去说印度如何如何。就认为这是唐代诗歌的境界，就是说那个时候很自信，我谁都可以拿过来用。

吴亮：我们现在随便看一些时尚杂志，什么杂志，我们可以圈出很多的描述方式，抒情方式，表情达意的方式，都是现代派的，这一点一定要写的，很重要。啊，这个我前面好像已经讲过了。

木叶：其实刚才也提到影像的时代是一个"显学"，马原讲过，小说已死，小说死了。我听来听去，吴亮先生八十年代末、九十年代初就不读当代小说了。那么对"小说已死"怎么看？

吴亮：某种意义上我同意马原的说法……首先故事没死，故事在什么地方，在电影当中。最好的故事在电影里面。小说没有办法和电影比故事，那么，好，故事没死。小说作为一种叙事，讲故事的一种非常高的东西，现在已经旁落，花落旁家，被电影拿去了。还有一个就是叙事，我们在这里宽泛一点，就讲叙事，小说里面叙事很重要，一个是虚构，一个是历史，非虚构，就是这两类，但是现在叙事已经被泛化，到处都充满了叙事，政治、新闻、广告、日常，所以小说后退不是叙事，叙事也被多种泛化的写作所分化，所以现在小说还剩什么？你看我们最近几年的小说，得诺贝尔奖的，我们不举别的例子，因为我们读的也不太多，第一个，小说哲学化了，都是学问了，或者说小说越来越知识化和异国情调化，哗哗哗各种元素，小说特别渊博，或者装得非常渊博。

木叶：帕慕克？

吴亮：太多了。不管是奈保尔还是埃科，全是一肚子的学问，像纳博科夫这些人已经比不了他们。博尔赫斯学问再怎么博，都不如他们会编故事。就是满肚子的学问，家里的藏书都是几万本，饱学之士。另外一种是问题小说，写女性，写黑人，写一个族群，哲学化或者是知识化了，但是作为故事和叙事，都没有长项了。这种叙事和故事，故事已经完全被好莱坞拿去了，但是叙事已经被叙事学得过度发达，所有尝试都尝试了，所以你不要说中国小说，法国也没有新东西。到新小说之后还有什么新东西？

木叶：但是很多时候，往往一直说这个东西已经死了的时候，到达一定程度的时候，还会出现一个大师级的人物，另铸新辞。

吴亮：对，综合性的会有一些人，你说在某一点上有所突破，人称，叙事，什么的，没什么好玩的。哲学也没什么好玩的，当代艺术也没什么好玩的。这不是小说本身单独的一个事情，全球范围你看看，哪一个小说家因为小说写得全世界看得不得了，没有，没有这种事情，好莱坞电影是可能的，而且好莱坞电影很平庸！《侏罗纪公园》什么的，还有一个《灭顶之灾》，印度的导演，他拍一个惊悚片，他讲什么呢？好像讲一个对人类造成威胁的无非就是说恐怖分子、外星球、生物变异。他讲什么？植物变异，怎么变异不知道，就是一种花有一种毒素。然后怎么样？就是死亡，中了这个毒素以后会自杀，没地方逃。大家只有一个办法，只有逆风而行，就不会中毒了，这个一点都没有意思，但是我看故事梗概，现在已经有碟片，有盗版片了，这是个很平庸的故事，但是它通过画面……小说能写吗？写不出来。你现在中国市场上什么玄幻，很可笑的，我们现在看看这些东西很可笑的，但就是要看。在你这种意义上的经典小说家，有独创、原创，不大可能。

木叶：但是我是觉得，其实余华是蛮敏锐的一个人。刚才说最早的先锋转身的是他，然后写长篇写的比较好的也是他，然后就是前年那个《兄弟》。

吴亮：写得太烂，简直不能看。（笑）

木叶：但是也有人认为他写得非常好。

吴亮：是。

木叶：程永新就很推崇他，马原也这么说。

吴亮：马原也这么说，我很意外。（笑）

木叶：但是余华意识到一点是什么呢？以前的小说，可能很重要的一点，先锋和读者的问题，余华准备来解决。以前的小说就是，你读者，我不带你玩儿。

吴亮：什么东西给我看，我喜欢的肯定不会畅销的，所以我是畅销毒药。马原也没畅销过，孙甘露也没有畅销过。

木叶：苏童还是畅销的。

吴亮：我一般。

木叶：但是现在《兄弟》就是这样畅销起来了。

吴亮：畅销不如看电影。全球轰动的电影都是好电影，但全球轰动的小说肯定不是好小说。（大笑）

中国人的道德水平一点都不低

梁捷　吴亮

（吴亮对话梁捷复旦大学经济学博士，2008年2月17日）

吴亮：我有个毛病，也可以说是优点，比如我以前对一个作家所作的评论，过段时间常常会想不起我究竟说了些什么。当然，总的倾向与轮廓，印象还是有的，但当时的批评角度和表达方式则忘记了。这大概跟我不讲课不编书有关。八十年代我评论过的一些作家，马原、高晓声、王蒙、张承志、韩少功、残雪，我先收集他们的作品来读，在杂志上做眉批，然后写进文章，我的评论从未形成系统的方法和固定模式，它们取决于作品本身向我展示的特征，我现在对画家的评论也是如此。

梁捷：也就是说，您的评论更多是"创造性"的，而不是"系统性"的，有大量灵光一现的表达。您谈到讲课，其实讲课风格也是如此。有些人喜欢用大量实在的文本做讲稿，有些人更喜欢即兴发挥；有些人多年来的讲稿从来不变，至少基本框架是不变的，有些人则从来不讲重复的内容。可能，文学读者多半讨厌体系。

吴亮：春节期间我看于丹在"百家讲坛"上讲孔子，政治辅导员式的古为今用，大学生辩手式的曲解，专家们去纠错其实不必，她夸夸其谈的表达方式让我厌恶之极，她居然借解释孔子的名义，把那些最肤浅的世故道理颠来倒去地反复说，乐此不疲，没完没了。

梁捷：很多人讨厌于丹，但出于不同的理由，有的出于知识，有的出于腔调，有的出于观念，您是讨厌她的平庸。

吴亮：对，她是"乘虚而入"，只有平庸的时代才会给这种人以机会。

梁捷：我突然联想到《当代作家评论》，这本杂志八十年代创刊，当年应该还是比较红火的，您以前也经常在上面发表文章。现在我有时会翻一下，发现里面被评论的主要对象和八十年代的情况区别不大，还是贾平凹之类的作家唱主角，新作家很少，也许正好印证了您说的平庸的时代。

吴亮：其实他们也有固定的推荐新作家的栏目。我想你说的情况应该和林建法的个人取向有关，毕竟他本人是八十年代过来人，对那个时代有感情。现在这本杂志每期都有一个作家专题，今天我不大看了，除非所评论的作家是我很熟悉的，我会翻几页。

梁捷：这份杂志的存在很奇怪，有些错位。准确地说，是"批评"这项职能在当代已经变得很奇怪。你们八十年代做的文学批评工作，早已全面地被大学中文系所接管。现在的图书评论、艺术评论，往往被认为更接近广告（事实常常确实如此），是我这样的年轻人用来混稿费的手段，文本的地位和社会的承认度远低于"学术研究"。现在如果我要试图创作小说，会有很多可供选择的媒体，包括各种形式的网络传播方式。可是《当代作家评论》还在用传统方式进行着"文学批评"，研究作家的生平和作品。它同时是体制内的"核心期刊"，被中文系推崇，而我认为"文学评论"和"学术评论"的标准和范畴本来是毫不相关的。

吴亮：这是由文学的特殊性造成的，文学家的创作和他生活经历紧密相关，这一点很重要。但对于经济学家或者其他社会科学家，个人生活的这种相关性也许就没那么重要，至少不是直接相关。其他学科的表述有各自的范式局限，文学却没有，因为文学就是生活嘛，生活又有什么范式。如今也有一些杂志介绍和讨论各种学者的生平，比如南方的《随笔》《南方人物周刊》或者一些报纸的副刊。

梁捷：我很好奇还有谁在看《当代作家评论》，作家、读者还是文学研究者？它的合法性与学术上的文学研究的合法性的关系是怎样的？评论的标准是相对客观（比如审美、技巧、意向、文字）还是需要主观探索？

吴亮：应该包含了各种读者吧。它不仅在评论作家，也在评论作家和社会的关系。我一直在思考的一个问题是，这里顺便问你：为什么作家容易左倾？

梁捷：其实不光是作家，还包括精英知识分子群体，如大学教授，都会倾向于左倾。但公司、媒体、司法、行政等领域的知识分子就不会那么左倾。经济学家中有相当一部分会右倾，这点有些特殊。经济学可以严格地从理论上证明，自由竞争市场会导致社会最优，这是那么多经济学家右倾的根本原因。他们相信科学的逻辑，但他们忘记考虑人们对这套科学逻辑的反应。这一点则是波兰尼在《大转型》中做出的重要贡献。他指出社会中存在相反方向的双重运动。经济学家推广自由市场，民众则自发组织工会等进行抵制。经济学家一直认为这只是智识上的问题，一旦把这些道理清楚地向民众解释，告诉他们开放市场会引致的长期收益，民众就会接受开放市场的政策。没想到民众就是对抗这一点。太多经济学家一厢情愿，自由市场的模型里就没有把这些反对意见考虑在内，否则就不会简单得出开放自由市场的立场。而且波兰尼认为，这两种反向运动的力量会长期存在。

吴亮：我必须打断一下。您论述波兰尼的"双重运动"理论，前提条件必须是宪政民主的社会，存在可以抗衡开放市场的力量。极权国家并不满足这种条件。因为极权国家是左派专制，剥夺所有人，根本不可能让"右翼"的自由开放思想发出声音。我认为极权体制下的左右区分和自由宪政国家下的情况完全不同，使得波兰尼的批评失去效果。

梁捷：谈到作家创作和个人体验之间的关系，我承认这两者之间存在微妙联系。当然绝大多数情况下，这两者的关系不是像"伤痕文学"与"文革经历"那么直接的方式体现出来。高压和不幸，也有可能使得作者文风变得幽默、反讽、魔幻，等等。典型如昆德拉，他经历过"布拉格之春"这样的亡国事件，造成终身的伤痕。他一辈子为此而反抗极权，虽然他的写作可能很轻盈。转到中国的情况，九十年代以后社会确实变得更复杂，目标更多元。不仅再是反思"文革"带来的创伤，还会有现代性问题、民族问题、城乡差异问题、文化自主性问题，等等。比如张承志就高举精神生活的大旗，这种极"左"的思想，出发点是很特殊的。

吴亮：我说说我的想法吧。尽管左派思想很强大，看起来很壮观，但是从来没有阻止市场经济的进程。左派思想是革命口号，右派思想是实际需要。经济上，穷人和富人对等互惠；但在权力结构上，在超越个人空间的范畴里，左派思想又被表达为代表大多数人的利益，无产阶级的，民族的，底层的。左派思想家常用的自我麻醉的宣传是，最美好的东西总在穷人身上，被压迫者的权力，它是不可剥夺的，虽然他们也许是最大的剥夺者，如果历史给他们以机会。这一类经验通常是扭曲的，但因为人是符号动物，需要制造这些符号来自我安慰。大量这类左派精神产品其实都是幻象，是另一种精神鸦片。每个由残酷生存竞争组成的社会，必定有数量不少于成功者的失败者和底层阶级，他们需要这样的安慰。至于于丹的通俗言论则是"右翼"政客喜欢的麻醉剂，它就这样被传播，什么平安是福、知足常乐、宽以待人等等陈词滥调，都属于不抵抗一类的奴性概念。另外一部分左派作家通过制造抵抗幻象来满足民众的需要，问题是，这些幻象和错觉又被赋予了调和社会尖锐矛盾冲突的功能。

梁捷：这也是现代性现象，作家都要变成公共知识分子，中文系都要转型成文化研究系，作家王安忆都要变成教授博导。其实公共知识分子这个概念是近百年来才有的，以德雷福斯事件为开端。它必须和媒体有机地结合，才能体现出能量。作家一开始就是公共知识分子的一部分，但前面我们讨论过，作家的表达和思考往往和个人经历相关。萨特曾经说过，真正的马克思主义者家里应该没有窗帘，应该以实际行动捍卫自己的理念。我们都知道很多作家的经历和背景，比如萨特、加缪，他们的观念、看法和自身经历密不可分。中国作家也不例外。中国多数作家都经历过"文革"，或者从农村走出来，这给他们的作品带来高尚的标签。年轻一代作家正是缺少这种标签，这是他们进入所谓文坛的最大障碍。新左派在九十年代兴起，排除人品问题，那么我觉得与目标多元化和经历差异化分不开。

吴亮：我觉得还是要避免仅仅谈个人经历，而要对准大环境。八十年代以后，整个舆论环境很不利于批评，很多问题被搁置，绝大多数人都把目光转向经济。很多关键问题如同黑洞一样存在，扭曲了这个环境。"左派"对执政党目前的很多做法不同意，但他们的思想和共产主义的原教旨不冲突，不存在对抗，共同点还特别多。"左派"可以随便批评社会现状，言论受到最大程度的保护。而右派呢，其实是支持目前政府多数改革做法，但他们在原教旨或者纲领的层面上无法接受共产主义的基本定义，这就形成一种根本性的冲突。所以现在一切对左派批评意见的批评其实都无伤大雅，因为他们在精神上为自己找到正确而美好的标签，在政治和行动上又依附于执政党的原教旨，从而不会有什么危险。

梁捷：我对这点判断非常赞同。

吴亮：所以我认为重要的是指出学者发言时的语境，而不必要再探求他们的背景。比如兰德，她就没有任何背景可言。人的贪欲，对生存空间的争夺总是一种普遍的情形。我观察到，作家多半都有左倾倾向，经济学家和法学家则会右倾。我猜想主要原因是，经济学主要是在操作层面，只谈资源配置；法学家主要直接讨论权力，也是一种配置，都很真实，和虚幻的美德都没有直接关系。个人而言，我个人对于极权主义全能政府的反省，最终倾向于哈维尔和哈耶克。

梁捷：嗯，那么你又怎么看待《万象》和在《万象》上发文章的一些人，很多都是遗老遗少，有较强的保守主义倾向。

吴亮：如果单纯是炫耀，那就毫无意义可言。您上午提到，严搏非一再强调，当前我们对中国现状缺乏统一性的描述，前两种统一的描述分别是对毛的描述和邓的描述，我不认为这是恰当的。毫无疑问，毛和邓的描述都不能算正确地体现中国实际情况，而是以强力为基础的政治纲领。马克思最初提出这套思想，即给出一个整体性的描述，还只是一个理论的构想，最终却在列宁和毛的手里变成严酷现实。老严为何如此渴望这种思想，有什么必要吗？我认为中国目前最需要的并不是这种统一的庞大的思想描述。要有这种能描述和解释现状的思想或者理论，必须先要有各种自由，如言论自由，宗教自由，独立大学，等等。也就是说，必须要有一个宪政的背景。如果没有的话，则必须冒着毛所说的"五不怕"而行动，不怕死、不怕开除党籍、不怕坐牢，这就很可怕，很少有人能做到。当然也不是没有，如马寅初，顾准，林昭，张志新。太野蛮了，你不能因为喜欢伽利略、哥白尼就希望回到中世纪。我觉得，我们现在根本不需要这种描述，而是需要一种自由的背景，可以提供各种即使是错误和片面描述的空间。更何况，再大的描述错误，也不能和执政者几十年来连续犯下的错误相比拟。

梁捷：我觉得应该从两方面来看这个问题。毛的思想当然不能正确描述当时情况，但是他非常有效地建立起他的统治。他的思想虽然不贴近现实，但与统治作用有关。我这一代人要学习历史或者作客观研究，就必须进入当时语境，通过看报纸、看资料等手段来体会猜测，整个语境都离不开毛的思想。毛的思想对我的思想不重要，但对我的研究对象很重要。这种情况非常复杂，是一种动态的、交互的过程。

吴亮：一个被宣布为绝对正确、没有人监督的领袖思想的影响是毫无疑问的，无可反对，不用讨论。他不是描述这个时代，而是在创作这个时代。他的思想不是描述性的、客观性的，而是命令性的，说穿了就是领袖意志。试图要描述历史，学者必须超越政治之外。

梁捷：如何超越政治来追求客观呢？我们现在反过来研究五六十年代的情况。我们在思想上固然不会再坚持毛的理论，但无论我们对毛什么感情，面对的语境就是那样的。想起最近听到金观涛举的例子，"文革"时候的学生打老师，动手最狠的都是学习最好的学生。现在有学者用性压抑、青春期叛逆来研究"文革"，但如果你不能进入这种语境，就不能感受当时的氛围，完全不能理解意识形态对人的操纵。

吴亮：我是过来人。当时大家都拿着毛的语录，林彪写的前言，毛是绝对权威，一句顶一万句。诸如革命是暴动，是一个阶级推翻另一个阶级的暴烈的行动，百分之九十五和一小撮，一不怕苦二不怕死；革命不是请客吃饭，国家是一个阶级压迫另一个阶级的工具；革命是流血的政治，无产阶级专政下的继续革命，我至今倒背如流。正是这些概念为当时青年人的暴力行为提供了思想基础。红卫兵的抄家、批斗、游街等等践踏人权的暴力行为，背后都有一个神圣的支撑物，使它得以逾越法律。挂牌子游街，这些过去都只是被用于对待死刑犯的，"文革"中成了每天的节目，伴随着"打入十八层地狱"、"砸烂狗头"之类的暴力语言。他们反对权威，因为权威是资产阶级，是封资修，当然应该打倒。存在一个神圣的名义，就是保卫毛主席，保卫无产阶级专政。这种社会动乱，或者说革命，必然带有社会失控的特点，同时又有被统一的崇高理念煽动起来的集体无意识，革命使人大胆妄为，很多女学生平时连鸡也不敢杀，这时却敢杀人了，敢于牺牲，杀人或牺牲都变成一种神圣的革命行动或献身行动。我们现在很清楚了，毛的描述只是一种描述，但它造就了历史。就当时而言，现在我们知道还有其他描述，如梁漱溟五十年代的描述即"九地之下九天之上"的描述，马寅初、孙冶方、顾准的描述，即使党内也还有彭德怀的描述，刘少奇的描述。而最高领袖的描述是"一种特殊的权力意志"的描述。你说毛的描述是无法绕开的描述，我不同意。这不足以作为凭据。我们现在说的描述必须是要在交锋和竞争的环境下，可能出现相对有说服力的描述。真的出现这些竞争条件的时候，结果怎样的描述能胜出，我不能确定。客观条件没有产生的时候，垄断性的描述就没有意义。不只是史学界，连文学圈也在感叹，没有第二个鲁迅产生，没有像鲁迅一样配得上整个时代的大师。这是当然的，没有竞争的条件，怎么可能有第二个鲁迅产生？如果产生，那就是闹剧。当然黑暗时代也有可能出现大师，如俄罗斯就出现过，这里背景很复杂，涉及宗教等很多问题。中国则不大可能有。

梁捷：很多人、很多学者只能关心占统治性的社会思想。

吴亮：如果中国只剩下毛的思想，邓的思想，那就毫无意义。至于这个社会或者学界是否能够提供一种相对客观的描述？我认为，完全不可能。一切描述只能在某些领域内做到相对真实。实际上从全球范围来看，那些大师的论述都有各自的问题，充满争议。所以我们需要一个竞争性的环境。其实为什么要解释世界？按照马克思的话说，解释世界是为了改造世界。既然改造了世界，为什么还要解释世界。目前情况就是先出现领导话语，然后对此进行解释，那又怎能做到客观公正和自我反思。中国也没有产生任何一个思想家能够描述世界。鲁迅也没有，鲁迅只是通过杂文把中国黑暗的一面暴露出来。

梁捷：我想起一个很有意思的观点。1949年的时候，很多受过很好英美教育的学者都去了台湾，或者美国，他们都看得很准确。而一些对传统有很深认识的学者反倒留在了国内。比如马一浮、陈寅恪等，他们初始时都对共产党政权并不反感。

吴亮：他们的学术特殊性似乎使得他们对政治这一领域完全没有感知力。当然另一些知识分子后来感觉到了，章伯钧、罗隆基之流。

梁捷：一个朋友告诉我，他研究1949年前后的历史细节，这些国学大师的日记或者在诗歌书信里，都会不自觉地表露出对新政权充满期待的情感。他们觉得，一个新纪元已经来到了，跟过去一百多年的历史完全不处于一个阶段。

吴亮：我不完全相信这一点。即使在延安时期，都有王实味、丁玲这些受到内部伤害的人，会做出有反思的批评。即使这些人觉得欢欣雀跃，也只是因为没有了解新政权的实际情况而已。陈寅恪后来不是说过吗，希望毛公批准，不读马列，不搞政治学习，他借故不去北京任职。他必定是看到共产党内部的问题后才有这种类型的言论。

梁捷：中国传统中一直需要圣王，需要"受命于天"的合法性。

吴亮：这种解释性的言论被多次重复，似乎就被大家接受了，其实很荒唐。中国传统中对皇帝或者权力的崇拜是被迫的，服从是不得已，背后充满了告密和严酷刑罚。我们不说五十年代被处决的那些人吧，即使那些内战牺牲品，所谓国民党反动派，其实也都是民族主义者，抗战英雄。这些人不算，还有那么多人被打压下去，不胜枚举。你们说五十年代人人欢欣鼓舞，或者很多人会那样，我就不相信。即使像冰心那种人，五十年代写那样的文章也完全不能看啊，都是在讲违心的话，阿谀的话，不仅郭沫若写"大跃进"诗，老舍还西望长安呢。现在大家说冰心单纯,我不信,经历过那么多运动的人不可能还那么单纯,我不相信你说的那种心态。今天去看北京画院上海画院五十年回顾展,感触很深。比如说林风眠,老婆女婿1949年后都到巴西定居,林风眠自己觉得还能留下来。结果他在1968年关进去了,1972年才放出来。在关进去之前他有预感,于是先把画都烧掉。后来他觉得还不保险,把所有画泡在浴缸里,踩烂,放进马桶里用水抽掉。不难想象林风眠在五十年代后就噤若寒蝉,怎么可能开心。大家把很多历史忘记了,认为迫害都是从1966年开始的,其实六十年代之前就有了一系列悲剧。毛如果没有在三十年代、四十年代通过谋略掌握党内最高权力,如果没有抗战与国民党发动内战中的机会把握,可以说就没有后来的故事。毛如果没有五十年代与苏联的恩怨关系,也不可能有后来的"反修"与"文革"。当然从"成败论英雄"的角度看,他确实影响了中国,但不是用思想和理论描述中国,而是制造了一个"新的中国"。

梁捷:我们现在的很多信息披露出来,当年的陈寅恪马一浮不一定会知道,历史之中的人只能有大致的感受。中国衰弱太久,缺乏民族自信心。中国人需要精神上的认同和追求。中国人认为毛战胜了蒋,自然会有"受命于天"的情感。当然对现代的很多分期,如"五四"之类的,都是后来追封的。但1949年新中国成立不同。很多人对此确实是有一个不同的时代感受,这是当时就能感受到的。马、陈这些受传统影响极深的会觉得进入一个新的纪元。孔子对中国人的影响也是不可估量的,不仅是思想的影响,也包括对历史的看法。从过去的中国历史来看,比如王莽篡位以后,首先想到的就是要收买扬雄等知识分子,帮助自己建立合法性。历史轮回观是一种朴素而又神秘的历史观,影响极大,对传统了解越深的人越是相信这一点。

吴亮:你说的那些只是一小部分发表的东西,我不太相信它们。

你不能忽视更多公认的、被大量文献记录的其他人群的命运和情感。比如要和共产党分享权力的民主党派的感受呢，比如胡适就没有很好地表述过中国吗？1957年历史被打断以后，很多东西都被压抑和埋葬了。再说这个两院展览，其中有一个阶段，起名为"火红的年代"最有意思。其中既有"文革"前也有那之后的艺术，可相互参照。有些画家不脱本色，还是画花鸟画；有些画人物画，风格变化比较大，开始画工农兵；还有画家画风景画，景色依旧，只是下面再补一排烟囱。"文革"时要"打倒资产阶级权威"，之前还是养了一批人，只是希望他们做驯服工具不要瞎说，否则就被流放遭迫害。可怜，人就是趋利避害的动物。袁雪芬、孙道临这些人本来就有"左翼"倾向，容易看到光明的一面，所以会显得比较活跃。而我们已经知道，这些人的内心也有迷惑，也有被压抑的一面。我们不能光看被披露的表面的一些东西，更多东西不能说。还有那么多档案没有公布，如果公布，不知会产生多大震动。逃到台湾去的那些人，当然不能说他们的历史他们的人性没有阴暗面，这是政治，没有选择。看看蒋的传记和对他的研究，他如何把共产党养大，一会儿姑息，一会儿剿共，朝三暮四。共产党试图把自己合法化，蒋拒绝共产党拥有军队，所以和平谈判必然要破裂。毛在这背景下，借助苏联影响，各种因缘际会，偶然中的必然加上必然中的偶然，他最后夺取了权力，胜利了。所以，毛的错误根本不是描述性的错误，而是权力实践的错误。直到现在，我们所处的环境，还有很多方面仍然被毛遗产的巨大影子所笼罩。

梁捷：你的态度很清晰。把很多宏观的描述都解构，拆散。严格来说，现在靠得住的描述就是细节性的描述，如杨奎松、沈志华的描述，我们看到的都是很粗糙、很宏观的猜测。我有时也会想，毛的一些话语和决策都是一时冲动，过去以后就很难讨论，甚至都无法准确记忆。现在用各种理论生硬地套上去，可信程度太低，但缺乏一致性理论历史研究就会成为一堆碎片。

吴亮：我只是觉得汪晖、甘阳的描述误差太大，和我的私人感受没有任何一致的地方。

梁捷：你的感受也只有私人性或特殊性。

吴亮：可是我并不认为为了追求统一性就应该放弃特殊性。就从认识论来看，你要认识这个时代，要两个条件。第一，你要掌握足够多资料。艾柯写过一篇文章，讨论能否制造出一幅和帝国土地一样大的地图？不可能，也没有必要，我们只要在真实世界里四处走，就是踩在地图上了，再看历史研究，无论甘阳还是谁，他的知识和体验可以涵盖整个中国吗？不可能吧；第二个条件，如果你描述得和现实一样，谁要来看。和真实一样，那就是我们每个人都经历过的生活。作为学者，你必须要有选择，选择一部分的事实，用理论贯穿起来。我觉得，如果我只需要一个常识就可以颠覆你的话，你的理论就大有问题了。举卢卡奇为例，他本来反对卡夫卡，认为他的写作颓废没落，可有一次他被抓起来，情况顿时完全不一样了。他被关在苏军的囚车里，一种荒诞感改变了他，有了现实经历以后，觉得卡夫卡简直是一个天才，再现实主义不过。你看，他只要被关押一下，所有经验就都被颠覆。一件亲身经历的事情，真实性就要远远超过他几十年来东跑西看所感受到的一切表面现象。同样，汪晖甘阳堆垒了那么多材料，并不就拥有足够的真实性，其实他们拼凑出来的理论很脆弱。

梁捷：汪晖话语背后有一套逻辑，用了日本学者的研究，用很多标准来判断，认为中国从宋代开始，就具备了帝国特征，逻辑可以一直贯穿到现在。可你这样解构、颠覆以后，现代社会科学就成为碎片，不具备内在逻辑了。

吴亮：这并不表示我没有宏观看法，无论晚清问题还是亚洲问题，我也有看法，只是不像有些人叙述得那么简单罢了。其实很多人早就讨论过这类问题,范文澜,费正清,都曾经从各种角度来讨论过,涉及废除科举、派遣留洋,都很关键。又比如袁世凯,当时他的幕僚们已经高度国际化;再有中国与日本的关系;中国与英美的关系,参加协约国,怎么造成山东问题,国民党怎么取得统治地位;共产党则是靠和苏联的关系一步步崛起。初始时,共产党和国民党的性质都非常清晰,一度同路,合作联手,只是根本纲领和背景不同,互有不信,乃至为权力争夺而室内操戈罢了。这个过程还不清楚吗?共产党和苏联之间的很多交易,我们过去不清楚,但大致的脉络还是清楚的。1949年以后,中国封闭起来,再到邓小平的开放,这个过程不清楚吗?当然有的历史细节至今还不清楚,因为他们档案不开放。

现在的一些社会问题,都可以由基本的社会学经济学理论来解释,不需要什么统一的理论。至于文化的问题,关键就是话语自由。我们目前是由宣传部管理新闻出版,这是一个最奇怪的安排。一个全能的意识形态部门,可以指导监管新闻出版。在目前格局下,有这样一批人,认为自己是左派,对现状不满,用西方学院里的思想来评判中国现实,却完全不能触及最基本的现实问题。前面我已经说过,左派在原教旨上与共产党一致,这是他们最大的优势。

梁捷:你把整个历史重述了一遍,也就是一连串的偶然性。每一个细节都能用很多材料来佐证,很丰满,但却不能为未来的发展提供什么参考。

吴亮:如果要讨论必然性,我也会觉得很不满足。如果历史发展已经是必然了,还有什么可讨论的。比如说两次大战的爆发,当然有许多偶然性。希特勒、拿破仑也有那么多偶然性。

梁捷:甘阳论证前三十年经验的一个重要依据,来自最近一位美国官员学者的论述。她认为,最近三十年经济发展的根本动力来自于地方之间的竞争,表现为乡镇企业的崛起。而这背后的机制,是和中国前三十年造成的条块分割局面分不开的。中国的计划经济和苏联完全不同，按照秦晖的看法，中国从来就没有过彻底的计划经济，而地方团结又是从毛的人民公社开始的，无论毛的初衷是什么。

吴亮：我还是从自己的经历来切入，我虽然没有在农村待过，但也去过不少地方，有一定的了解。虽然中国乡村人才经常会流动，但是中国人一直有强烈的乡土观念。这种格局在毛时代则被一律化了，如大修水利，这是只有在高度集权体制下，无偿征用大量劳动力才可能大规模进行。还有农业学大寨，也是一样。毛当时的政策，使得地方差异一律化，都是以粮为纲，没有任何自发的动力可言。邓以后，第一步的解放就是从农村开始。毛时代的团结机制，区分核心力量、可以依靠或利用的能人、群众、被管制的坏人以及新生的阶级敌人等几种类型，彻底改变了农村的原有格局，后来的中国乡村治理一直是这样的。可中国现代经济的发展必须要和邓的放权联系起来，农业搞活是乡村经济的第一桶金，这才有了以后一步步的经济发展。乡村经济的活力本来是自身就有的，关键是制度保障，而不是自下而上的摧毁。现在最好的土地变成了开发区，上海的土地就是最昂贵的土地，这是经济规律决定的。外国人也不是特别跑来污染中国环境，追求利润是资本的本性，降低成本是增加利润的主要手段，这在经济学上都是很清楚的问题吧，哪里需要那么曲折的解释。

梁捷：你对目前大家批评中国人道德丧失如何看待？

吴亮：我认为现在中国人的道德水平一点都不低。比起"文革"时的相互出卖和揭发，现在的道德已是进步了。不知为什么，人们对过去道德低水平的历史经验总是忘记得一干二净。现在人们普遍唯利是图，丛林法则，自私而充满欲望，这也许正是建立契约社会乃至走向宪政政治的必要前提，没有契约和宪政，道德教化必定无效，德政也只是谎言而已。

你认为的重要事实对我无足轻重

梁捷　吴亮

（吴亮对话梁捷复旦大学经济学博士，2008年3月7日）

梁捷：弗里德曼认为，我们应该用经济模型的解释能力或者对现实社会的贴近程度来批判模型的优劣。解释能力越强的模型，就越是进步，逐渐淘汰那些解释能力不强的模型。

吴亮：但科学并不是这样。物理学定理一定是在一定条件下可以重复验证的，非常严密。现在的经济学完全做不到这点。我也认为经济具有一定的规律性，一定的逻辑性，但是它能否完全包含科学的特征，这并不见得，经济学中的必然性没那么强。其实法律、道德、心理学和经济学一样，都不具有严格的科学性。

梁捷：是的，我也不认为经济学是一门严格意义上的科学，甚至一些哲学家已经证明经济学不可能是科学，即狭义上的科学。我反对把经济学搞得过分精密。即使像物理学那么精确的科学，也被许多哲学家认为包含了不可测不确定的因素，要使用概率等研究工具。

吴亮：但物理学至少在宏观层面很严格，如几大定律之类不容怀疑。至于马克思理论是否科学，这就有很多争议了，我觉得关键在于如何定义"科学"这个概念。

梁捷：我觉得经济学应该介于科学和艺术之间，可这一观点就不为主流经济学所接受，主流经济学是高度科学化的。

吴亮：博弈论就是这样的理论吧，具有科学以外的意义，弹性很大。

梁捷：我的专业研究方向之一就是博弈论，我认为博弈论虽然是个很有力的工具，但它和现实生活距离还很远。许多经济学家都看不起社会学和政治学，因为社会学和政治学中常常也运用一些数学模型，但一般都不如经济学那么精密。所以一些人认为社会学、政治学不如经济学"科学"。可我恰恰认为那些不精密的地方，才是社会学、政治学"科学"的地方。比如社会学研究时尚这个主题，研究穿衣打扮风格的传播速度。我们当然可以用一些统计模型来大致推测，模型可以很复杂，包含很多因素，但是毕竟有太多不能确定的东西，不可能做到完全地精确。

吴亮：证券市场更是如此。

梁捷：我对证券市场缺少实践经验，就我阅读的一些书来看，我认为股票最核心的问题就是人的心理，而且人的心理会直接影响股票的价格。如果绝大多数人认为股票会涨，它几乎真的会涨。反过来，如果绝大多数人认为它会跌，它就会跌。这是一种自我实现的过程，它的实际演变路径和人们的认知相关，这正是证券市场里面最奥妙的地方。

吴亮：这就必然涉及人性的复杂性。

梁捷：你再怎么研究，都没法把人性研究透。早上我们谈到赌博，"飞苍蝇"是一种很高明的赌博技巧。在股市里，我们现在可以通过买基金来间接地投资，分散风险。我们毕竟都不是证券专家，把研究股票的精力转为研究基金经理，从买股票转变为买基金，这往往更符合我们的知识背景和比较优势。我们还谈到拍卖古董的那位收藏家，他也采用类似的策略，把研究古董的过程转换为研究收藏家，强拍最优秀、最有眼光的收藏家准备拍的藏品，最终他的收益可能超过所有精于古董的收藏家。从实践来看,绝大多数经济学家的理财能力非常差,唯有凯恩斯的成绩最好。大家都很奇怪,凯恩斯那么忙怎么还能做好股票。凯恩斯说,他每天早上起床前,花个十几分钟来猜测大众的判断,大众会怎么想一些股票的走势,他就怎么操作。凯恩斯用"选美博弈"来解释他的思想。在选美时,你参与选择时绝不能根据自己的偏好来选,而是要根据大众的偏好来选。每个人都在这样猜测,结果是很难琢磨的。买股票也是如此。一切的投资选择,如果竞争足够充分,我认为最终都必然落实到人性的竞争上面。

吴亮:管理学和经济学有所不同,虽然理论目标很接近,但实践层面不同,它对人性的认识可能更为深刻。

梁捷:在我看来,管理学中存在两种不同倾向。一派认为管理学是一种科学,另一派认为管理学是一门艺术。所谓科学,即是针对事的管理,这由二十世纪初的泰勒制兴起为标志,这也是工业化大生产所要求的结果。当时泰勒寻找到最优秀的工人,把他的劳动流程作为标准而规范化其他工人。通过把人标准化、物化,提高了劳动生产率。而另一种管理思想则认为管理学是艺术的人,主要指的是管理人。办公室里许多人在一起,会产生各种问题,办公室政治,貌合神离,钩心斗角等都会出现。作为领导既要激励下属,又要使得他们服从,还要把不同的人团结起来,相互促进而不是相互影响,这里面需要很多文化或者软的知识。

吴亮:管理没有统一的标准。对有些人很严厉,能管理得很好;对于有的人则不能管得过于严厉,要和颜悦色,像教育孩子一样,但有的孩子软硬不吃。

梁捷:经济学研究到最后,必须要面对人性问题,必须涉及所有人的内心思想。

吴亮:自然科学和人文科学,前者可以做实验,后者有人的参与，科学就不能成立。物理学不分国界，但是经济学涉及人的参与，不能完全用科学来理解。人的经历很难绝对说好坏，挫折是否能促进一个人的努力，不知道。挫折有可能使一个人振作，也可能使一个人消沉。因此，存在那么多对立情况的学问，不能称之为科学。科学内部不允许相互对立。这就是哲学家一直讨论的自由意志问题。自由意志对个人特别重要，但对于研究社会科学的学者就很麻烦。比如对于艺术家，他可能在自由意志冲击之下，一下子产生很好的艺术品。可是战争狂人的自由意志就可能导致政治冲突或者战争，你说的人性中的不确定性恐怕就是自由意志。

梁捷：是的，现代社会科学就是用不同的模型、不同的理论来模拟和逼近自由意志。以前的哲学家，都会花费大量的篇幅来讨论人性，都是根本性的问题。但是现代哲学家往往放弃了这种方式的讨论。也许他们认为这种整体式的讨论很少能达成共识，也不够刺激。自由意志对于哲学家而言，只是一个古老或者说边缘的论题了。

吴亮：自然科学之所以存在，是因为它研究自然对象，是物质之间的自由运动，不考虑自由意志。人的运动则必须加上自由意志。社会科学包括经济学里面缺乏这类必然性的基础。

梁捷：经济学家认为，人类社会中也有一些基本上值得信赖的公理或者基础。比如人是自私自利的，比如人们施行等价交换等。

吴亮：可是为什么等价交换一定是人的行动基础，而不是其他的自由意志的行为规则？

梁捷：世界是复杂的，可我们要认识世界，只能运用化简的逻辑。即使一只苹果也是复杂的，不同画家会画出截然不同的苹果，要看你怎么来画，又把理论置于什么样的位置。作为一个现代人，我能接受多元的世界、多元的理论。比如对于我们身体的疾病，在一般层面上我相信西医，但也在一些角度上信任中医。这两者之间并不一定存在多大的分歧。多元化就是多元化,这恐怕也是多数人会接受的实用主义态度。

吴亮:这个世界的复杂性要远远超过我们的认识。我们并不构建出包罗一切的体系。即使是最简单的事实,一旦涉及人,情况就完全不对,可能你认为的重要事实对我而言无足轻重。

梁捷:经济学家卡尔多提出,经济学应当研究"特征事实",这种特征事实可以帮助我们寻求事实,减少矛盾。这个概念的实质就是总有一些事实会强烈地凸现出来,让所有人都不能无视。比如讨论国际政治,那么不管你运用什么理论框架,"9·11"事件的重要性都让人无法忽视,它就是一种特征事实。

吴亮:虽然"9·11"从影响来看很重要,影响了全世界,可这个共识只是西方社会的共识,非洲人或阿拉伯人很有可能认为"9·11"没有那么重要。许多人把它看作历史起点,其实它只是先前一系列斗争的阶段性结果之一。

梁捷:是的,这就是社会科学或者说历史哲学的根本方法论问题。把历史纳入怎样的框架,如何来认识,所谓的史观,这些是相当重要的。我们对历史认识的深化,一个当然是掌握更多的史料,分析出更多以前不知道的事实;另一方面则是史观或者认识框架的变化,从新的角度看事物,就可能有完全不同的认识。

吴亮:但是新的认识框架不一定就比旧的更好,不一定具有更多科学性,仍然只是一种说法而已,就像马克思主义在中国影响何其大。有些层面,马克思主义深刻浸入中国文化;有些层面,马克思主义只是一个表层符号。

梁捷:我认为《资本论》在当下更多是一个符号,一本圣经,而不再是一种有效思想来源。学术分科以后,即使是大学教授也有很多基本专著没有读过。整个学界非常虚伪,充满了自欺欺人的现象。我碰到一个文学博士，他说他正在读《唐诗三百首》，我觉得这很正常，也很佩服他，难能可贵之处是他有勇气读这种书。目前有一本书《如何谈论你没有读过的书》非常流行。梁文道的一篇书评文章里说，国外正流行一种游戏，不同学科的专家教授聚在一起聊天，比赛谁更无知。有的经济学家说自己没有读过凯恩斯，有的哲学家说自己没有读过柏拉图，而最终得冠军的是一位英国文学教授，他承认自己没有读过莎士比亚。

吴亮：这也许是一个笑话。你真的要和我说起读过的书，那我也有很多很多漏洞。但过去的学者真的没有那么多作弊的，知识也还没有爆炸。

梁捷：对经济学家来说，如果你当到教授以后，还没有读过亚当·斯密，那就不好意思再读了。学界都非常势利，我们都早就学会如何谈论一本自己没有读过的书，只要通过二手、三手的资料大致了解一些学者的思想，就足够让我们对这些主题侃侃而谈。对了，你是否读过齐美尔的书？

吴亮：我没有认真读过，但汪民安向我强烈推荐过。

梁捷：今天讨论了很多马克思主义在现代艺术中的作用，而我觉得现在齐美尔可能更重要。马克思认为，在现代社会中存在强烈的冲突，而且这种冲突是你死我活性质的，不可调和。同样是对社会状况进行描述，齐美尔的讨论态度就和马克思大不相同。他比马克思生活的时代稍微晚一点，但论题非常接近。齐美尔认为社会冲突并非不可调和，而是通过其他间接的、隐含的方式表达出来。工人对资本家非常不满，常常会通过消极怠工、怨恨情绪、背后造谣等手段进行报复。现代社会的主旨并不是阶级冲突，而是其他形式的情感。比如齐美尔分析过"陌生人"的问题，影响很大。陌生人正是现代工业革命改变乡村格局所造成的。

资本主义的最大影响,并不一定是资本主义生产方式,而有可能是对社会格局、社会认同的改造。在乡村社会中,我们养一只猫一只狗,绝对不会关在笼子里。我们看到野花,从来不会想到把它采下来。只有在现代城市里,我们才会想到花钱购买鲜花,再把它插到花瓶里,人为地仿造自然。齐美尔最著名的一本著作叫《货币哲学》,在一定程度上与马克思的《资本论》相对应。齐美尔认为货币并非中性,不同人对货币抱有不同情感,将最终影响到货币的流通周转。同样的一块钱,穷人眼里的效用和富人眼里的效用完全不同;同样的一块钱,在买矿泉水和买汽车时的效用完全不同。

吴亮:汪民安也向我提到过这些思想。我最早在1985年就讨论过"都市里的陌生人"这些问题,当时我完全没有读过国外相关的论述,国内还没有翻译。汪民安后来跟我说,我的很多论述和国外那些学者的论述在思路上非常接近。他说,如果我多懂一些外语,能够阅读更多东西,也许成就会很不一样。我回答说,如果我真的读了那么多文献,可能就写不出这些东西了。我居然瞎想瞎弄还写出两本书。我当时在马路上走,看着那么多陌生人,突然觉得我有一种安全感,觉得很奇妙。当然那时还是八十年代,还不太了解大城市的犯罪、暴力和恐怖主义,我不是城市研究者。我只是对城市不断有感觉,它和过去文学为我描述的感觉很不同。粗略地说,从历史角度看,马克思更宏观,有动员性的说服力,而齐美尔的论述更多文学性,具有私人感受力。

梁捷:在上世纪五六十年代,马克思更为流行。但是现在意识形态的氛围要淡了很多,我们能够直接感受到的,就是每天琐碎的日常生活,就是无聊、没劲、郁闷,也许就是因为和父母在话语上的冲突,也许就是因为退休邻居的琐碎议论,影响一个人的情感和思想。我觉得,艺术表现的方向也许更多从马克思方式转向齐美尔方式,这更符合当代破碎的、平庸的、多元的、镜像的日常心理。

八十年代的先锋文学和先锋批评

杨庆祥　吴亮

（吴亮对话中国人民大学文学博士杨庆祥，2008年）

一、批评的开始

　　杨庆祥：我注意到你进入文学批评界的方式很独特，你开始是一个工厂的工人，后来因为文章写得好，被调到作协做专业批评家。一个工人成为卓有影响的批评家，在九十年代以后就很少见了，我觉得这里面肯定有很多精彩的故事，你能否谈谈这一过程，你是怎样从一个工人走向文学批评界的，这与你的个人遭遇、八十年代的社会环境之间有什么联系？

　　吴亮：这个故事我以前在其他地方也简单说过，现在可以说得更详细一些。我1971年初中毕业，1971年年底进了工厂。工厂的生活不用说，和文学没有什么联系。当时我进的是一家小厂，不是那种机器流水线式的大工厂，管理不是很严格，比较自由散漫，当然劳动也是很繁重的。那个时候呢，首先是没有别的事情可以做，你知道七十年代初没有什么电影可以看，没有现在意义上的业余生活，下班回家后只能是看点书，我们这代人工作之余大部分时间都是在阅读，当然我们有时候也会出去玩啊，打牌、下棋什么的，但这些都没有占据我太多时间。阅读主要是凭兴趣，阅读多了慢慢就会形成一些自己的想法。

这段时间除了看文学作品消磨时间以外，也看一些理论方面的书。当时比较偶然，我有一些朋友是干部子弟，他们家里有一些内部书籍，当时上海有一个编译小组，专门翻译内部参考读物，还有一些内刊，我记得一个美国"左翼"分子叫斯威奇，一个法国人叫勃兰特，这两个人批判苏联，热爱毛和中国"文革"。他们的分析提供了新的视角。当时为了配合批判苏联修正主义，还出了一些苏联小说，《落角》《你到底要什么》，等等。随着中美关系的慢慢解冻，和西方开始有接触，比如当时英国首相日本首相刚来过，马上就出版希思和三木的传记，因为出版翻译受国家控制，出书速度很快，还有《阿登纳回忆录》《出类拔萃之辈》，等等。（李陀：有些书我都忘记了，你一提我就想起来了。）就是从那个时候我开始阅读一些与当代世界有关的传记，我最早知道球王贝利就是从哪一本传记里面看到的，但当时没有电视转播，根本不知道他是怎么踢球的。

1976年之前的几年，我的一些中学同学在安徽插队，也有在内地工厂里做工人的。每年10月之前他们就回来度假了，然后要混到过年以后才回去，他们都是一些爱读书的人，当时我们不大谈理论，大家都喜欢谈当时的政治，因为七十年代的前半段社会政治生活有很多波动，我进工厂的时候是"林彪事件"，批林批孔，接下来邓小平复出，又反击右倾翻案风，然后是"四五运动"和毛泽东去世。

"林彪事件"以后其实我们就思考一些问题，开始反思毛泽东的路线，当时资讯很少，年纪又轻，虽然我们总觉得里面有问题，并开始讨论这些问题，但讨论几乎没什么结果，因为讨论常常会把我们引向某个危险的结论。总而言之当时看的东西很多很杂，这种阅读的范围和图书获得的渠道使我在进工厂以后获得了一个自我学习的过程，基本上是无序的，什么书都看。由于其中一些书是内部的，阅读的时候有一种紧张感，大家都会很快把它传阅，所有这些书籍可能都影响了我最早的思维方式。

相对来说集中看马克思的东西比较多，当时也只有这些东西可看，马克思的理论，一些文章，包括文风我都非常喜欢，《法兰西内战》《路易·波拿巴的雾月十八日》《关于普鲁士的书报检查制度》，等等，令人亢奋的文采，有些我直到现在还能背诵。对马克思的东西，国内的出版社是不会删节的，我就直接看他们的全集，有好几十本，我早期的评论中有很明显的社会历史分析的色彩，也许与这种阅读经验有关。后来，二十世纪七十年代末，中国出现了一些反映现实的作品，面对这样的一些作品，我会很自然地去使用这样一些方式来进行批评。

杨庆祥：也就是说其实你当时有一个读书的小圈子，好像在七十年代末这种情况比较多见。那你当时在阅读的时候就开始写作吗？写哪些方面的东西？

吴亮：当时并没有写作，但有这么一个准备期。我最早的写作实际上就是写信，和朋友交流。通信的时候经常会谈一些理论，但我们见面的时候不谈，我们知道日常生活中谈理论是很难谈的，但是写信能表达，无非就是看了一本书，有点感想，有点激动，或者如获至宝，但是具体是什么我想不太起来了，就这样一个过程。我有一些信留在安徽马鞍山我的一个朋友手里。当时安徽有个作家张弦，就是《被爱情遗忘的角落》的作者，1979年底他到上海把他的一篇小说改写成电影剧本，叫《苦难的心》吧。当时高考已经恢复，我还在工厂里面。一天，我接到他的电话，他说，我是张弦，你是不是有个朋友叫黄晓中？我说是啊。他说，我是他的朋友，我想见见你，我们聊一聊。当时家里都没有私人电话，他电话直接打到我工厂，于是我们就约了时间，我还记得是在上海的永福路52号，上海电影制片厂的一个招待所，专门用来给那些来改稿的作者住的。我在那里见到了张弦,他告诉我他和黄晓中很熟,因为他和黄晓中的母亲在"文革"中都作为牛鬼蛇神一起蹲过牛棚,"文革"结束后,两家经常走动。有一次,张弦去黄晓中家玩的时候,看到桌子上有很多信,其实就是我写给黄晓中的,张弦看了几页后非常吃惊,说想不到还有这些年轻人在思考这些问题。

那个时候张弦已经快四十岁了,他当时是"右派"刚改正,和王蒙、刘宾雁等都是一拨人。我们认识以后他每次来上海都要和我见面聊天,很好奇地问我对这个问题那个问题的看法,其实我并不比他知道得更多。也许我书比他看得多,但他的生活阅历,他写的文学作品提供了我没有经历过的东西。来往一两年以后,大概是1980年秋天吧,他给我写了封信,说过段时间要来上海,然后说吴亮你应该写作,你有那么多想法,你写篇文章给我看看。看了信以后我觉得很不好意思,我记得他每次来上海的时候都给我找一些内部电影看,当时看电影还是一件很稀奇的事情,而且都是些外国片子。既然张弦这么说了,我觉得应该写一篇像样的文章给他看看,就是说我是为了交作业,才开始正式写文章。这时候,我以前的一些朋友大多考上了大学,我们依然通信,讨论当下的问题,这个时期好像考虑问题比较成熟一些了,开始用理论方式来思考问题。但写什么呢?当代文学我那时看得不多,因为我的工厂没有图书馆,许多文学杂志已经恢复出版,但我不愿花钱去买,当时主要就看看报纸,每家工厂都有《文汇报》《解放日报》。记得《文汇报》就发表过卢新华的《伤痕》,这些作品都知道,当时文学确实很热,后来又看了《乔厂长上任记》。张弦给我电话的时候,《乔厂长上任记》已经出来一年多了,有过很多评论,已经没有人再谈了,这些评论我好像也浏览过。我当时就是一个场外的观众,不下去踢球,就在旁边看热闹,我当时也不知道这些评论写得好不好,但当我一拿起笔,就觉得我应该比他们写得好。于是我找来《乔厂长上任记》又读了一遍，我相信我肯定能写出一篇和以前的评论不一样的文章。当时的评论都集中到乔厂长这个人物身上，认为他是一个改革者，一个铁腕人物，我说"历史的发展并不需要我们呼唤产生乔厂长式的人物，而是要消除呼唤乔厂长的社会条件"。大概就是这个意思，这个说法很马克思，也就是说不仅仅要消灭剥削，而且要消灭产生剥削的根源，这是同样的逻辑。除了马克思，卢梭的《论人类不平等的起源》之类我印象也很深，当然我那时对马克思的历史唯物主义非常熟，可以说耳熟能详。（李陀：这个估计你们想不到吧？就是我们那个时候其实很喜欢马克思。杨庆祥：对，我们以为你们当时都不读这些东西了。）有一句话我记得特别清楚，就是马克思在《路易·波拿巴的雾月十八日》的再版前言中说："当有人认为波拿巴是小丑，有些人说他是英雄时，我关心的则是，究竟是一种什么样的历史条件使一个小丑变成了英雄。"这句话一直影响我到现在。马克思很喜欢黑格尔的一句话，"存在就是合理的，合理就必须是存在的"，这种辩证关系、发展观念对我们影响很大，而且我觉得他表述得特别有力量。马克思辩证唯物主义的理论框架和思考问题的方式实际上已经让我当时的思考形成了一个套路，如果说这也是一种教条的话，肯定比当时其他的教条要精彩得多，这是一个精彩的教条。另外，我的文风也相应受到影响，我一直很喜欢比较华丽的风格，我给朋友们写信的时候经常写长句子。

杨庆祥：这篇文章叫《变革者的新任务》，我记得是《上海文学》1981年第2期的头条，当时影响很大。发表的时候有没有一些波折，修改了几次？我记得八十年代初还是比较敏感的，一篇文章的发表往往很费周折。

吴亮：张弦看完我的文章后可能很喜欢吧，他推荐给了《上海文学》，稿子到了周介人的手里，周介人把我叫到编辑部去，让我修改。当时我都是写在白纸上,我没有方格稿纸,周介人给了我一大叠稿纸,让我誊写,他还在我的文章上面作了些旁批。当时我文章中有一些类似斯威奇批判苏联官僚制度的句子,周介人说这个不好,现在已经否定"文革"了,毛泽东晚年说党内有资产阶级,你文章的语气让人误会你还在说党内有资产阶级。因为这样一些政治忌讳,他把我文章中一些有关体制论述的东西删掉了。其实《乔厂长上任记》作为小说并不能承载这些东西,只是当时我的想法比较庞杂,都想通过这篇文章表达出来。删掉这些内容后,文章的密度肯定就减弱了,但周介人觉得很好,1980年末他给我写了一封信,内容是:"吴亮同志,大作已发,明年第二期打头。"这是我收到的第一封编者来信,所以记忆特别深刻。我当时不知道"打头"是什么意思,后来知道是"头条"的意思。后面的内容是:"我们将在作协召开一个青年批评工作者会议,请拨冗参加并准备发言。"(杨庆祥:一篇文章就成名了?李陀大笑:这篇文章当时很重要,尤其是放在头条。)开会时我认识了程德培。当时文章还没有刊出来,开会后不久,周介人突然找我过去,说:"吴亮,不行啊!"当时好像中央领导讲了话倡导文学创作要考虑社会效果,他很紧张,让我进一步删改文章中的一些内容,我很不情愿。过了好几年,也就是我调入作协以后,周介人对我说:"阿亮,你知道吗?那时候让你改文章的时候你一脸的不愿意。你临走的时候还留了句话,说我可以同意你们删改我的文章,但我还是坚持我的观点。"现在看来很可惜,我的原稿都没有保存,虽然当时的看法可能比较幼稚,但从文献角度来看还是有意义的,可以看出我当时的写作背景,哪些提法是忌讳的;从我的措词行文还可以看出在当时的语境中我对某些问题的认识程度,又有哪些东西影响了我。

这篇文章发表后,周介人继续让我为《上海文学》写文章。几星期后我又写了篇东西,对话体,写着玩的,《一个面向自我的新艺术家和他友人的对话》,当时我还没看到柏拉图的对话录什么的,印象比较深的是歌德和爱克曼的对话录,这是"对话体"对我影响最大的一本书。当时上海美术馆有一个法国画家艾立翁的画展,那会儿我已经和一些画家有了来往,看完那个展览我一时兴起就写了这篇对话,从"懂"还是"不懂"开始进入话题。当时我很矛盾,一方面所谓的黑格尔对我影响很大,所谓理念世界,绝对精神,概念的确定性;另外,弗洛伊德的无意识对我也有影响,还有克罗齐的艺术就是直觉,非理性。我两者都很赞同,我在文章中就利用两个人通过对话来讨论,各自辩护。周介人看完以后说这不错,说吴亮你写社会政治方面的文章太危险,这个好。发表后他对我说,你再写一篇,这样我就继续写了十好几篇,后来成了一本书。这实际上暗示了我写作的两个方面,一个是社会历史意义上的写作,另外一个是现代主义意义上的写作,后来我就慢慢倾向于现代主义的批评了。那个时候国内的先锋派还没有起来,只有朦胧诗很火,但是我对诗不敏感,当时我主要就是看叙事文学,诗看得少,几乎没有写过诗评,不过我很关心诗界的几场争论,我对争论始终有兴趣。

后来先锋文学出来以后,我开始亢奋,亢奋还有一个背景,当时有很多西方小说已经翻译过来了。我很早就看罗伯·格里耶,我看《外国文艺》,通俗一些的有南京的《译林》,全是侦探,谋杀案,都是《尼罗河上的惨案》这个路数,可读性强,长篇中篇都有。另外还有《伤心咖啡馆之歌》啊,还有罗伯·格里耶的一些短篇,他的长篇当时还没翻译出来,还有一些拉美的小说,北京的《世界文学》。我读这些小说没有什么障碍,诗可能会有读不太懂,但读现代小说很轻松。

二、关于"85新潮"

杨庆祥：1985年可能是当代文学中比较重要的一年吧，很多人都觉得1985年是一个"转折"，你当时在选本《新小说在1985年》中谈到，说1985年你感到了一个变化，以前都是靠朋友的介绍读小说，后来你必须亲自去阅读，要不就读不懂。也就是说1985年有一个很大的变化，但是变化到底在什么地方，或者说是哪些细节体现了这一"变化"，目前大家说得不是很清楚。包括现在的研究都没有给出令人信服的理由，所以我就想你能不能回忆一些1985年的人和事，比如你参加了哪些重要的会议，你写了哪些文章，从这些历史的细节里面看看能不能找到这种"变化""转折"的痕迹？

吴亮：这个从何谈起呢，假如我有1985年的一些日记，假如我看到一篇相关的文献，促使了我的一些回忆，我可以作一些补充。（李陀：还得将来去上海去找几个人，一块聊，大家互相激发，一个人可能回忆不起来，毕竟都二十多年了。）这个问题可能有一个预设，根据这个预设我们会得出差不多的结论，举出一些主要的流派，作家，代表作，有过一些什么讨论什么会议，也就是一些大家都在重复的说法。你看我们能不能跳出这样一个方式，不要这么提出问题？

其实1985年也就是个简单的说法，它只是一个符号，说起1985年我们会想起那个时代的文学氛围，想起很多往事。假如我们完全是私下聊天，那会是一个日常生活的回忆，可能就会跟别人不一样了，那么假如你是文学性的回顾，我肯定就会按照问题本身去想它，别的全部过滤掉，肯定会变得比较枯燥。1985年发表的一些作品，实际上在1984年甚至更早的时候就写出来了，但由于种种原因，压到这一年才发表出来。但这都不重要，重要的是这段时间和美术界的"85新潮"是一样的。大家是为了方便，就这么称呼，所以我觉得，说

"85新潮"实际上就是在说八十年代,就是八十年代的一件事情。

杨庆祥:你这个说得很有道理,就是说"85新潮"是整个八十年代文学艺术发展的一个结果,只是恰好在那一年比较突出而已。

吴亮:而且这一年实际上没有什么重大的事情,假如我们仅仅是从发表作品看,比如《收获》《上海文学》《人民文学》,等等,这一年确实有一些很好的作品,比如韩少功的、莫言的、马原的、阿城的。这是我们一种传统的思维方式,就像编一本文学史教材的话,肯定会说这些年度有些什么代表作。

但是我觉得八十年代文学呈现的很多问题实际上非常复杂,如果用一个时间点来切断它,或者说有一个什么样的高峰、开端、爆发还是转折,这样说虽有某种近似性,但都不够准确。

杨庆祥:你和程德培在1985年编了一个年度选本,《新小说在1985年》,当时影响很大,现在依然是我们研究八十年代文学史的重要参考资料,当时为什么要编这个选本?有些什么想法?

吴亮:当时的想法?可能当时看了一些书受到了一些启发吧。我和程德培当时在上海作协理论研究室,假如我的记忆没有错的话,当时已经有些很有意思的书翻译过来了,比如《流放者归来》《伊甸园之门》《美国的文学周期》《1890年的美国文学》,这种回忆录加综述的、断代的文学研究的方式给我们影响不小。另外也受了别林斯基的影响,他喜欢十年一段十年一段来论述文学现象。在这种影响下,我们准备找一个点来呈现当代文学,正巧1985年的作品比较集中,于是就选择了这一年。(李陀:这一年唯一的特点也可能就是作品比较集中。)还有,我觉得有一种期待被实现了,这个期待很多人在回忆中都提到了,就是1984年的"杭州会议",参加者有李陀、黄子平、韩少功、阿城、郑万隆、程德培、李庆西、李杭育、季红真、南帆、鲁枢元、蔡翔、周介人、李子云、茹志鹃等人。这个会上大家都十分兴奋,我现在一下子想不起来这个会上有多少故事,只记得这个会上大家非常有激情,非常天真。(李陀:说天真比较准确。)会上李陀预告明年某些杂志的第一期上会出现什么作品啊,比如刘索拉那个《你别无选择》,我记得李陀就说起过,诸如此类吧。大家都觉得文学在中国这么发展很让人吃惊,有一种"终于到来了"的感觉,大家甚至都不敢相信这是真的,在当时的语境中,文学可能这么发展吗?总之当时的形势让大家找到了兴奋点。

1985年以后文学期刊的出版异常繁荣,我和程德培整天都泡在作家协会的图书室里。每个月新的期刊我们都会翻看,有些作品事先我们都有消息,比如莫言会有什么作品出来,韩少功会有什么作品出来。我们和作家多少都有些通信,编辑和朋友之间也会打招呼,什么作品关照一下。很多作品都发表在《上海文学》上面,《人民文学》当时在搞改革,也发表了不少新作。另外这一年的7月份我和程德培在上海的《文汇读书周报》上开辟了一个专栏。这个专栏起先在《文汇报》的"百家文坛",叫"新作过眼录",开始我和程德培写,后来据说报纸有个惯例,专栏不是随便开的,德高望重的老前辈都极少开专栏。为了保持一个均衡,很多人都来写那个"新作过眼录",慢慢地,它的倾向性就没有了。但我们是希望有倾向性的,所以这一年7月份开始就把这个专栏移到了《文汇读书周报》上,改称"文坛掠影",每个礼拜一篇,这个事情本身也促使了我和程德培要阅读大量作品,我记得我们最早评论的有莫言的《透明的红萝卜》、韩少功的《爸爸爸》、王安忆的《小鲍庄》、马原的《虚构》。因为有这样一个专栏的压力,我们就会看很多作品。另外,1985年以后笔会特别多,研讨会也特别多,大家经常刚刚分手又见面,大家总是在会议的将近尾声的几天里彻夜聊天,分手以后每个人脑子里面有很多计划,处于一种非常亢奋的状态,有一种迟到的青春的感觉。我那个时候已经三十岁了，感觉自己像是十八岁。另外一个就是批评的方式，1984年在厦门大学开了一个新方法论会议，当时我还没有进上海作家协会，以一个业余作者的身份，当时是周介人带队，主要是《上海文学》的作者，老周在这里面起到了很大的作用，这个会是刘再复主持召开的，这时大家手里好像有点新式武器了。后来我才知道，当时大学里面的那些人他们学的理论还是反映论啊，工具论啊，这些东西。我的意思是说，在挣脱旧的文学规范方面我没有太多负担，因为我根本就没有学过这些东西。我完全是在二十世纪七十年代作为业余爱好读过一些文艺理论罢了，比如别林斯基、车尔尼雪夫斯基，他们比较影响我早期的一些评论。另外我在八十年代初阅读了一些哲学美学方面的文章，当时没有大部头的哲学著作的翻译，主要是一些杂志上的文章，我记得有一本《哲学译丛》，我是在这里面看到李泽厚的一些文章。主要是译文，除了谈哲学美学以外，还有一些理论会议的介绍，综述，比如新康德主义啊，存在主义啊。通过《哲学译丛》这样一些窗口接触了一些西方非马克思的理论与概念，也不是特别能准确理解它们的意思，材料不全，不够系统，也就是凭直觉，凭感觉，我会尝试用它们来描述一些新的文学现象，比较幸运的是我没有受到那些僵化的教条的影响和束缚，我比较轻松，我没有这个障碍。

杨庆祥：你这么说就提醒了我们，我们发现八十年代最重要的一些批评家，比如你、李陀、程德培都不是学院派的，没有接受完整的大学教育，这样实际上对他们来说是一个解放，转变过来相对比较轻松。不过我以前还是有误解，我以为你们刚开始读的都是一些最新的西方的东西，比如《文学理论》啊，新批评的东西啊，（吴亮：当时这些东西也出来了，但影响没有那么大。）比如你说你在读别林斯基，这是我没有想到的，我以为你们早就不会读这些"老古董"了。（李陀：你没来的时候我们还在说呢，俄罗斯的这些文学作品和文学批评对我们的影响太大了。）这么说有个问题就明白了，以前我一直很疑惑，你在《新小说在1985年》中选了刘心武的两篇小说《519长镜头》和《公共汽车咏叹调》，我就觉得和其他的篇目很不协调，明显的不是一个风格的。现在想来你们当时所谓的"新小说"的标准并不是后面的"先锋小说"，而是非社会主义现实主义的小说都被认为是"新小说"吧？是不是这样的？

吴亮：当时我们的新小说的概念不是罗伯·格里耶的那个"新小说"，只是针对当时中国文学写作的语境中所出现的一些新的东西。比如我们比较喜欢的像张辛欣的《北京人》，我专门写过评论文章，完全是口述体，口述实录的，我们当时给了很高的追捧。对于那些看不懂的，晦涩的作品，我们也很喜欢，可能它的价值不在于它说了什么，而是在于它就这么出来了。小说可以这么写，最重要的是方式的改变，就是说有权利这么写，它可以成立，而不在于它究竟传达了什么意思，这个载体本身比载体所承载的意义更重要，我们需要载体的解放。在评论《北京人》的时候，我采取的方式是，你既然说的是一个事实，是口述实录，我就按照你这个文本所传递的现实生活的情形，去评述你所展示的社会生活的各个方面，我就不会太多从叙述学角度去谈。

当时我们想到了所谓的"新文体小说"，所以刘心武的小说被我们选在了里面，也是为了表示我们的一种开放性，表明我们并不是仅仅喜欢莫言啊，残雪啊，那些古里古怪、晦涩的、学西方的作品。刘心武的那些作品学西方谈不上，就写一个事件，他有一种新的意识在里面，对他来说或者他有自己的考虑，或者是一个很随便的信手拈来的东西，但这和我们无关。也就是说，一个作品的意义和作者的创作意图有时候是分离的，从解释学的角度来看，和作者无关，文本更重要，所以我们把这两种东西进行了分割，你可以写，你可以有你的解释，你不同意我的观点无所谓，但是我可以解释你，我把你的东西放在我的框架里面予以解释，当我们不是来孤立谈论刘心武作品的时候，当把他的作品放在我们这样一个选本中的时候，它和别的小说就共同展示了一个景观，展示了一种差异性。

三、关于上海"批评圈子"

杨庆祥：你在《批评的发现》里面谈到了文学的圈子，当时上海是有一个小圈子的，你能不能谈谈这方面的情况？为什么想起来写那么一篇文章？

吴亮："圈子"这篇文章我还有记忆，我很高兴你还读过这篇文章，文章的题目是《论圈子文学和圈子批评家》。当时这篇文章给《上海文学》被退了稿，好像是周介人说这篇文章公然标榜了圈子文学；我记得我又给了王斌，他在河北石家庄主编《文论报》，发表了，影响当时也不是很大，后来收到集子里面，估计看的人也不是很多。

当时已经有人说我们在搞小圈子，说你们写东西是不给大众看的，不给读者看的，你们都是圈子写给圈子看的。那么当时我就想起一件事，你说我是印象派，我就是印象派；你说我是野兽派，我就是野兽派了。历史上都有这样的例子，一开始是贬义的，那么我就公开为这个圈子批评家和圈子文学进行辩护，所以呢这是一种针锋相对的做法。当时我文章触及的面比较宽，常常因为受了一种刺激而写作，反应特别快。你刺激我一下，我马上产生一些想法，很快就写出一篇文章来。

后来又提出"先锋文学"，我现在也弄不清楚到底是谁最早提出这个"先锋文学"的概念，但这不重要。当时我写了一系列的文章，

《为先锋文学辩护》啊,《向先锋派致敬》啊,《真正的先锋一如既往》啊,还有很多,当时程德培把上海作协的《写作参考》变成了一份刊物,叫《文学角》,因为我和程德培的关系,我就在上面写专栏,我喜欢写系列文章,就像画家画画一样,来个系列的展示,这样能比较全面地呈现自己的想法。《文学角》当时是双月刊,一年六期,我从1988年写到1989年,这些文章有些时评的意思,提一些主张,有点模仿宣言、布告的口吻。(李陀:其实还是别林斯基的影响,不过可能是无意识的。)当然这些都是以后了,但我觉得这都是1985年的延续。

杨庆祥:当时在你们的圈子里面,《上海文学》非常重要吧?

吴亮:那是非常重要的,我通过一个偶然机会认识周介人以后,他经常发表我的文章。我在其他的一些回忆文章中多次提到这一点,老周经常退我的稿件,要我删改文章,当时发表文章不容易,我就会作些让步,也就删了,改了。《上海文学》推出了一大批年轻批评家,到了1985年以后,年轻批评家的影响力越来越大,很多的杂志都在争夺年轻批评家的文章,就像现在画廊都在抢那些出了名的画家一样。

杨庆祥:当时《上海文学》是相对比较活跃的,1985年以后好像北京比上海要沉闷一些,你觉得这主要是什么原因造成的?

吴亮:可能是因为北京是政治中心吧。中国作协×××都在那里,甚至当时《人民日报》《光明日报》都有文艺版,都有文艺评论,他们都比较板着面孔。《中国青年报》当时还比较开放一些,有些年轻人。上海当时没有这样一些中央级的大报,相对而言控制的比较松一些,是不是还有些其他个人原因,我不得而知,我也很少去关注这些问题,可能上海相对不是一个政治化的中心,而且当时整个的气氛就是鼓励文艺繁荣,鼓励文艺创作。当然中间有过一些反复,比如提倡文艺创作要考虑社会效果,批判"苦恋"、搞"清除精神污染",有几拨这样的运动,作协经常开会,一会儿某某领导发表讲话,一会儿

×××发表一些指示。(杨庆祥:这一点1984年是不是很关键?"作协四大"提出了"创作自由"。)这些情况你要去查资料,因为我不是太关心这些东西,我在八十年代初开始写作的时候还在工厂里面,我只管把文章给编辑部,我也没有去研究当时的政治,当然我本人对政治是感兴趣的,但是对现实中的人事变化、政策变化这种政治不是太关心。

四、关于先锋批评和先锋文学

杨庆祥:现在我了解到你的批评之路实际上是从"改革文学"开始的,但实际上我们现在记得你的主要就是你的先锋批评,比如《马原的叙述圈套》,这是影响最大的。(李陀:所以说程光炜带你们一帮博士生作八十年代文学研究非常重要,因为做得非常细致、系统,要不都是以讹传讹的文学史故事,那都是很不准确的。)那你能不能谈谈你当时写这篇文章前前后后发生的事情?

吴亮:我和马原的第一次见面都忘记了,想不起来了。我印象最深的是他到上海来改小说,文艺出版社请他来改稿,在建国路有个招待所,我经常去那个招待所。后来认识了他,来往就比较多,而且当时他稿费也赚了不少,所以经常请我吃饭。(杨庆祥:当时稿费很高吗?)当时稿费也不高,但是消费水平很低,钱比较值钱。当时没有什么消费,没什么名牌,也不要买车买房。吃完以后呢,他就把他已经发表的和还没有发表的小说给我看,然后还给了我一个目录,我就去资料室把这些作品都找到,通读了一遍,而且在他的小说旁边都作了很多眉批。当时我的想法是我要写一篇最好的文章,能够配得上马原的小说,因为我觉得马原是一个智商很高的人,我不能让别人觉得我的智商比他低,后来我就把这句话写到文章中去了。而且我写这篇文章的方式和他写小说的方式比较像,带有一点游戏模仿的意思。这篇文章写的时间不长,但准备的时间蛮长的,我记得当时我准备了提纲,包括马原的方法,马原的观念,马原的信仰,马原的有神论,马原的相对主义,等等。关键是他的方法论,起源于方法又归结于方法,这是一个主要的结构,当然我很仔细地读了他的作品,找到很多的细节来论证。

杨庆祥:刚才你说你开始的批评文章主要受马克思和别林斯基的影响,但是在这篇文章中已经看不出来这种影响了。因为你在这篇文章中提出了八十年代先锋写作和先锋批评的一个关键词,就是"叙述",这个时候你是不是受到了叙事学、结构主义等理论的影响?

吴亮:是这样的,喝汤我们用勺子,夹肉我们用筷子。假如说马原的作品是一块肉的话,我必须用筷子。因为当时我解释的兴趣在于马原的方法论,其他所谓的意义啊,西藏文化啊,我都全部避开了。也就是对作品内容的阐释都避开了,我就研究他的形式,但是当时我还没有系统看过什么叙事学方面的东西,有些概念都是我生造的。

杨庆祥:那你现在还觉得马原的小说很好吗?

吴亮:我仍然这么觉得,我后来重读过他的作品,我还是觉得很好。我不知道李陀是怎么看的?

李陀:我一直对马原的作品有保留,所以马原对我有意见。有一次,一家出版社出他的集子,让我写序,我没写,马原还挺不高兴。

杨庆祥:为什么李老师对马原的小说持保留态度?

李陀:可能当时我读的西方的小说比较多,我觉得他的东西不新鲜,对他的态度跟对刘索拉的态度一样,刘索拉的小说当时是我推荐发表的,但是后来王蒙让我写篇批评文章,我也没写,我也是觉得对她的东西太熟悉了,不新鲜。但现在反过来想想,我觉得那时我对马原可能不太公正，当时我看到你的文章后很吃惊，原来可以从这个角度来看马原，我怎么没想到？所以我想当时你是不是第一次作形式分析？这篇文章是不是八十年代文字批评中第一篇研究文学形式的文章？

吴亮：在我个人的写作中是第一次有意识地作形式分析了。至于整个八十年代是否是第一篇，我不清楚，我没有看那么多。

李陀：但我觉得真正做形式研究的，你这篇文章算是一个开始，以前可能也有相关的分析，但都不深入彻底。

吴亮：实际上当时我是有一个判断的，就是马原的内容就是他的形式，研究了他的形式，他的内容就出来了，就是这个意思。但是我也并不反对其他的读解方式。比如对他小说中的人称啊，西藏经验方面的读解当时都有，不过真正进行形式分析的应该说几乎没有，没有什么可以参考的东西，

杨庆祥：当时分析马原的小说可能是很有难度的，找不到一个很好的方式来分析它。

吴亮：我当时写了几篇文章，现在看我的集子都找不到了。比如我有两篇文章是评论韩少功的，我记得主题是关于韩少功的感性世界和他的理性世界。他一方面很感官，一方面很理性，这篇文章我现在手头也没有了，可能韩少功还有，他好像把这篇文章作为他某本集子的前言或者后记了，两篇文章有一万多字，也是把当时他发表的小说都评价了一下。评韩少功我就觉得用评马原的那种方式有点吃力。还有就是评张承志的那篇，还获得了上海文学奖，《自然、历史、人》。这篇文章是浪漫主义的写法，这种写法我也同样是喜欢的，这可能和我曾经喜欢雨果，喜欢俄苏文学有点关系，一种比较夸张的，激情的，有肌肉感的方式，特别是雨果，这种趣味在写张承志的时候有一种宣泄。后来我还写过一篇关于《金牧场》的评论，大概在1988年吧，里面已经涉及了他的精神信仰的问题，可惜现在也找不到了。当

时他的信仰还没有像九十年代之后那样明确地表现出来，不像后来的《心灵史》，但他是有信仰的。

杨庆祥：八十年代你写关于马原的文章的时候，我觉得你对"先锋文学"是有一个期待的。

吴亮：不仅是期待，是非常激动，你看我的当时的那些文章都很亢奋，尤其是在《文学角》上面连载的几篇文章。

杨庆祥：为什么这么亢奋？

李陀：主要是几乎每个月都有非常好的作品出现，每个月都有，那是很难忘的事，作为文学批评者你不可能不亢奋。倒不是说原来有一个非常清晰的期待，这个期待被实现了，不是这样。

吴亮：除了作品以外，还有一批人也让我兴奋，大家像吃了药一样，在一起彼此看小说，看文章，开会，还有新的东西被不断翻译过来，国家发生的一些事情也让我们亢奋。大家有时候很迷茫，很苦闷，但我们会因为苦闷而亢奋。

杨庆祥：是不是当时大家都很有使命感？

吴亮：谈不上使命感。我从来不说我有使命感，只是觉得国家的事情和我们个人的生活都有密切的关系。1989年以后我的感觉就是我没法写了，没有意义了，不是说我的文章不能写了，这只是一个原因。关键是，读者全部都不在了，我以前写文章的读者定位很清楚的，比如我写这篇文章会想到李陀会怎么看，少功会怎么看，会有几个到几十个期待中的读者。后来这些人都消失了，散了，刊物也调整方针了，主编也换掉了，我就不写了。

杨庆祥：现在过了二十年回过头去看"先锋文学"，包括马原啊，莫言啊，你们的评价会不会有变化，会不会和当年有差距？

吴亮：我觉得不能把他们孤立地拎出来加以评判，一定要把他放在一定的历史环境和过程里面，并借助很多方面的材料，来发现他们当时是以一种什么样的方式呈现的,才能进行相对客观的判断,它不过是一个见证之一,但它永远是和那个时代联系在一起的。在我看来,他们和历史是血肉相连的事情,因为我是当事人之一,我是和他们一起走过来的,我有记忆,比如曹雪芹的同时代人看《红楼梦》和我们今天看《红楼梦》肯定不一样。如果我们仅仅看孤立的文本,当代这些作家的作品是否是经典,我打个问号,我不敢肯定。

杨庆祥:这个观点我是很赞同的,也是我们的研究想要做到的,就是要用一种同情的理解的历史眼光,回到当时的历史情境中去理解这些作品,如果仅仅是用后来者的知识立场和趣味进行简单的价值判断,可能没有什么意义。当然文学最终是要作一个判断的,终归还是有一个"好文学"的标准吧?

吴亮:这个谈得就有些远了。历来的文学就是插在书架上的一本本的小说、诗、作家传记以及关于它的文学史,等等,就是一段文学的经典系列,但我现在觉得历史现场的描述更有意思。也就是说,文学史怎么写?如果文学史仅仅是一个作品的排列,挑出几个重要作品,几个重要作家,在排行榜上他们占前几位,把文学简化,看了又怎么样呢?还不如写一个叙事性的作品,就是把那个时代、作品、作家、文学活动都写出来的文学史,可能这样的文学史读本更有意思。当然这就是你们这一代人要做的工作了。

杨庆祥:就像《伊甸园之门》这样的叙事性文学读本。不要把作品从文学活动、作家生活中剥离出来。

吴亮:如果剥离出来,比如看马原,我可能会得出和李陀多年前看马原一样的感觉,就是觉得不新鲜,持保留的意见,我们后来看了更多的作品后,会觉得他可能陈旧了,不让人激动了,这和阅读主体的变化关系很大。

杨庆祥:上次我看查建英的《八十年代访谈录》,其中阿城的一个观点很有意思,他就说当初"寻根文学"出来的时候大家对它的期待很高,希望能由此找到另外一种文化来解构革命文化,结果让人很失望,没有找到这种文化,又走到以前的批判"国民性"的老路子上面去了,他举了韩少功《爸爸爸》的例子,说实际上是没有达到"寻根文学"的意图。意思也就是说"寻根文学"失败了,并没有找到另外一种文化,没有找到一个和"五四"相区别的文化。你怎么看这个观点?

吴亮:阿城后来去了美国,也经常回来,我们有一些接触。他是一个对民间生活很感兴趣的人,强调物质生活,他个人兴趣也很广泛,比如原始巫术。他认为艺术的起源,包括叙事作品的起源都和"实用性"有关,所以他说他一生就是为了吃饭,他写作就是为了用稿费换两根烟抽抽,他是有意识地这么去思考,他平时动不动就流露出这种意来。比如在说到中国通俗文学的时候,他特别强调报纸的普及、连载和市民生活的兴起,这当然不是他研究出来的观点,但是他很强调这些。他说小说历来就是"通俗的",历来是一个消遣的东西,他有时候会故意唱些反调,他好像对"先锋文学"一直评价不高,但他也不绝对。因为他这个人很丰富,很复杂,我们不好把握。阿城实际上是一个独步中国文坛的人,没有办法复制,有谁模仿阿城吗?没有。你可以模仿马原,形式上的特征可以模仿,明显的修辞结构和语言特色可以模仿,但阿城的文字不好模仿。

至于他讲的文化,其实就是最基本的物质生活。最近几次我们见面,他就谈到中国这么多年的革命对基本的生活造成了伤害,这是一个方面;另外是对语言的破坏,所以在他的小说中虽然谈不上是美化生活,但绝对没有什么批判性,他很少在小说中批判什么。以他对文化概念的理解来看,像韩少功这样带有象征性的,隐喻的,通过一个虚构的空间来隐射或者批判国民性之类的东西,他可能觉得和他的想法是很不一样的。但问题不在于大家是不是做了让阿城满意的事情，而是阿城提出这个问题引起其他人的回应。大家对这个命题的理解肯定是不一样的，这是好事情，完全可以展示这之间的差异。不需要同意或者是不同意。反而是在这种差异中有很丰富生动的不同表达。

我认为并不是韩少功的作品让"寻根文学"走上了死胡同，而是后来变成了一种猎奇，成了一种时髦，有很多跟风的很差的作品，这种情况在当代中是很常见的。"寻根文学"的遗风一直延续到了九十年代，比如一些小说常写的什么寡妇的故事啊，性故事啊。"性"也是"寻根文学"的一个关键词。（杨庆祥：如王安忆的《三恋》。）不仅是王安忆，实际上汪曾祺那里早就有了，他的小说里面就开始写一些带有色情意味的歌谣，比如描写一个小妞走过来，"两只眼睛飘飘的，两只奶子翘翘的，有心上去摸一把，心里又是跳跳的"，多生动多精彩！后来我们出去开会，一路上大家都会奉献各自收集到的一些色情歌谣，那时大家以谈民俗的借口大谈性，成了茶余饭后的消遣。但是城市里面的"性描写"是不被认同的，那个时候色情录像还没有普及。农村不一样，黄色歌谣和《金瓶梅》之类的传统在中国农村一直都有。后来这些东西在九十年代的小说中被不断发掘出来，比如贾平凹的《废都》就是。

"先锋文学"突然刹车，原因是多方面的。实际上1989年前，已经有人在谈论"先锋文学"的终结，后来不久《钟山》杂志就开始倡导"新写实"了。1989年以后"先锋文学"就不太有人再提了，但还有作品，如刘恒的《逍遥游》，它出现在一个不该出现的时候，因为一个更大的作品出现了，就是"1989年"。

杨庆祥：诗歌界好像对此反应比较敏锐，比如欧阳江河就在他的一篇文章中认为1989年是一个很大的断裂和转折，他认为写作的方式都发生转变了，但是小说评论界好像没有人提到1989年对小说写作产生了很大的影响。

吴亮：我对此没有办法判断，欧阳江河可能有他的个人经验，也许这件事对一些人很重要，而对另外一些人并不重要。

杨庆祥：九十年代以后，虽然"先锋文学"不再红火了，先锋作家的写作也发生了一些变化，比如热衷于写长篇，但是我觉得那种"先锋"的观念还是没有消失，已经融入了他们的写作，这些东西不可能一夜之间就没有了。还有就是，八十年代批评界和创作界是紧密结合的，但九十年代好像不是这么回事了，一批八十年代的批评家突然不写了，比如你，九十年代以后基本上不搞文学批评了，这是怎么回事？是你个人的原因还是社会环境的原因？

吴亮：对我来说，主要是1989年的影响。1988年的夏天，刘宾雁来过一次上海，他发言的时候说"文学离开人民，人民必然也会离开文学"。当天的报纸新闻都报道了这个发言，当时我对刘宾雁的文艺思想是非常不以为然的，我觉得他会搬起石头砸自己的脚，因为肯定有人比你刘宾雁更能代表人民。当时我是强调要用一些其他的东西来对抗这种文艺思想，甚至是一些"异质"性的东西，这些东西哪怕是翻译过来的、误读的，但是对于中国僵化的文艺思想是有用的。1989以后基本上不能谈论那些尖锐的问题，可以谈形式主义，可以谈唯美主义，但那已经没有主动性了，就是犬儒的表现了，是一种回避式的写作，而不是自由的选择。另外就是我上面说过的，我们圈子的人都已经散了。

杨庆祥：也就是说作家和批评家对1989年的反应是不一样的，作家们还在继续写，但是最好的批评家都不写了，这是为什么呢？

吴亮：这个我觉得每个人的情况不一样，我不能代表其他的批评家发言。

杨庆祥：今天的文学史教育让我们都以为"先锋文学"是和政治

离得很远的，现在看来不是这么回事，它实际上和政治是联系得非常密切的。

吴亮：对，如果先锋文学这个概念是有效的，我们暂且使用这个概念，那么它的形式感、探索性，甚至是模仿性，它本身都是一种政治，它在开拓一种空间，开拓一种"异质"表达的空间。而不在于究竟成效有多大。

杨庆祥：2005年你和李陀在网上发起了一场关于"纯文学"的论争，显示了很多的分歧和复杂性，那么，今天你们两位都在场，能不能谈谈你们的分歧到底在哪里？

吴亮：这个论争其实挺复杂的，不过好像被很多人误读了，理解得比较简单。一个方面是我觉得李陀怎么还这么热爱文学啊，对文学抱有期待，而我则对文学已经没有期待了，不抱有任何希望。其实我和李陀的主要分歧主要就在这一点，李陀觉得社会发生了这么大的变化，在这个时代文学应该做点什么；但是我认为文学什么都做不了，历史从来就不是文学家来推动的。李陀是文学理想主义者，我是政治理想主义者，我觉得这些事情应该由政治家来做。文学就是一个迷茫的事情，一个没有结论的事情。

李陀：其实这是一个非常复杂的问题，我和吴亮观点的背后有很多复杂的因素，还需要进行更多的讨论才能清楚些。

杨庆祥：八十年代实际上是一个批评的年代，批评界实际上控制了作品的阐释权力，我们现在文学史的很多结论实际上就是当年批评的结论。现在回过头去看，你觉得八十年代的批评有哪些地方做得不够好？我在阅读八十年代的一些批评文章的时候经常有这种感觉，那就是文章写得特别有才气，真是太聪明了。比如我读你的《批评的发现》的时候，就非常惊讶，怎么有这么多奇思妙想啊！但在读后总觉得少了点什么，我有一个感觉，好像这些批评文章中还缺少一些"历史意识",缺少一点高度和厚度,真正的大批评家都是有这样一个高度的。我的导师程光炜教授认为,八十年代本来是可以出世界级别的大批评家的时代,但是可惜没有。这里面可能涉及很多复杂的因素,也不能求全责备。这只是我的一种感觉,不一定准确。这里只是提出这样一个问题。

吴亮:我想可能和个人和社会环境都有关系,个人和环境是分不开的,当然我现在也不能想象,如果当时我在文章中加一句加一段会怎么样。(笑)

杨庆祥:我觉得还是和八十年代的环境有关系,八十年代很着急啊,大家都在赶,像你说的那样,很亢奋,抢注商标,早出来就成功,所以来不及仔细想,来不及沉淀。

李陀:还有一个原因,可能是知识准备还是不足,当然这是不能假设的,时代已经是那样了。我觉得八十年代最好的批评家北方是黄子平、孟悦,南方是你、蔡翔,我觉得应该进行更系统的研究,然后来回答这个问题,总的来说我是赞同你的观点的,但原因是什么,需要深入研究。

吴亮:不管八十年代如何辉煌,让人激动,但是都已经过去了,如果非要和今天作一个比较的话,我觉得批评的黄金时代应该是在现在,因为生活的变化,空间的拓展,有更多的资源可供我们来进行批评,而且作为一种学术讨论的空间比以前大得多了。批评的方式,中国社会发生的变化所提供的题材,都提供了无限的可能性。一个很好的批评的时代已经到来了,甚至我们都有些滞后了。你们这一代人可以做得更好。我们这一代人和你们这一代人之间的区别在于你们没有负担,但是缺少沉重感和责任感,你们的好处是视野开阔,(李陀:至少比我们当时视野开阔得多。)只是你们的身体体验可能没有我们多,这里没有什么优劣,只是时代的区别。

踪迹与涂抹

杨小滨　吴亮

（吴亮对话耶鲁大学文学博士杨小滨，2008年8月14日）

吴亮：我先提问题。假如这些照片没有署名，假如我在某本画册中看到这些照片，我想我的感觉可能认为这是某一个抽象艺术家突然把自己的照相机镜头对着类似他以前在平面上所做的东西，通过一个现成摄取图像的方式在街头、在某一个墙壁前、大铁门上，在诸如此类的事物前面，通过影视成像的方式把它呈现出来。很不幸，我已经知道这是杨小滨干的，而且你一开始就给它们命名，这个命名很明显带有一种后现代的特征。

杨小滨：我一开始叫"踪迹与涂抹"。

吴亮：你这里面没有什么涂抹。

杨小滨：有的。

吴亮：你这里面有些人在墙壁上涂些油漆，然后油漆剥落了，一些缺损，一些记号，有些是自然的痕迹，有些划痕，很多，看材质的不同，铁皮的或者水泥的，一些覆盖，一些裸露。不管怎么说，它留下一些痕迹，在我们所经过的空间里面，你留意到这些，随身带着照相机，把它们拍下来。我想你可能是这样。

杨小滨：你讲到题目的问题，这个题目本身跟你有关系。因为开始我把图贴在"菜园"的时候是没有题目的，然后你跟我讲要有一个自己的说法，我想既然是你的建议应该是非常值得重视的，然后我就想了想，反正跟某些理论是有关的，所以把它叫做"踪迹与涂抹"。现在我又加了一个更谐谑性的题目，叫"后摄影主义"，这个其实是没有什么意思的，只是好玩。但是我觉得"踪迹与涂抹"是有意思的，尤其是涂抹，其实是有很多涂抹的，就是有一批是在上海的街头看到……因为经常会有办证，然后有人会把它涂掉，但是这后面又隐隐约约出现那个电话号码，这个就比较有意思，而且有的是涂了两层，就是涂了以后又有人写上去，然后又被涂一次。等于有不同的作者，非常繁复，不是一个作者，首先是这个写办证的人，然后是城管人员或者什么人员，然后我再把它拍下来。

吴亮：这里有个整顿市容办公室。

杨小滨：所以我想这个跟……我很多理论装在脑子里就会有联想，就会想起德里达讲的 palimpsest，意思就是"羊皮纸上写字"。古代人在羊皮纸上写字之后，再要写就会把羊皮纸擦一下，擦掉以后再写，德里达的意思就是说你再写的时候，过去的痕迹还留在上面。比如你在说一句话的时候，你这话是带着以前记忆的一些痕迹在里面，他这个哲学概念是很广的，他自己运用在视觉上面就更接近，他也是涂抹以后又显出后面原来的东西。所以踪迹是不停地在一些不经意的地方露出，这个正好是……其实我在拍的时候并没有一个理论先行，但是既然你吴亮老师要我用理论把它界定的话，正好又回过头来看，好像跟那个是吻合的。

吴亮：我记得你好像贴过一些照片，就是在中国的一些地方拍的一些奇怪的招贴与标语。

杨小滨：那是另外一批，另外一个系列。

吴亮：我知道，但我是先看你那个，先看那个感觉就很明显了，它是娱乐式的，通过记号涂抹、涂写，在中国发生一些变化，很有意思，有非常丰富的社会信息在里面。

杨小滨：也有我自己改写的。比如上海地铁站有一个"进入轨道"，然后到了很后面有一个"危险"。然后我就只把前面拍下来了，这就很奇怪，好像是要你跳进轨道，这就是我自己的一个再符号化的过程。

吴亮：我前面看的是你那一批沿途采风式的东西，你时不时会贴一点。后来你又突然出现这一批的照片，我好像说过，我说有点像塔皮埃斯，我想你肯定也不会太陌生，西方的那些利用现成的图像和综合材料做些平面、肌理、记号，这些很多了，像涂鸦什么的。

杨小滨：这个可以说由于安迪·沃霍那种现成品的概念，才会促使我有这个勇气去做这个，如果没有这样一种概念说可以用别人的东西来做成一种艺术品的话……

吴亮：我一开始就知道是这样的，我会想到你是一个戏拟，比如说，你是针对美术史的，我觉得你倒没有针对一个现实，如果说针对现实的话，你前面那些东西更像是针对现实的。而这些，你是针对美术史的。就是说，美术史把那些大师们吹得那么高，比方讲塔皮埃斯是很经典的，西方很多艺术大师都做这个，肌理、厚薄、粗细，中间有些无意识，有些偶然性，特别像波洛克那些，就说只要用一种特殊方式把一种材料放在一个平面上，或改变了一个平面，产生一种效果、一种质感，特别是因为有了画册，就是通过摄影把这些材料作品变成照片。我们现在看到的好多都是画册，比方举个例子：杜尚，或者博伊斯，原作是没法看的，我们要读它完全是个语境的问题，要具备一定的知识，哪怕是传奇、传说、传闻，它们共同产生一种新的灵晕，这个灵晕就是说艺术家已经被神秘化、偶像化了，这是一个。另外一个是图片所显示的意味，形式感要比原作更强，使它平面化。很多博伊斯的作品，拍成照片很漂亮，比如就是一个架子，上面有好多油漆罐，或者有许多现成品，一堆垃圾，但是我们知道，一张拍垃圾的照片是可以成为艺术品的，但现成的垃圾——当然也有人把它当艺术品来看，绝大多数人都能接受一张垃圾的照片，但不能接受一堆真实的垃圾，因为它会发臭会霉烂，它保存都成问题，人们都会捂着鼻子，可是一张拍垃圾的照片，拍一片废墟啊，都能成为一张非常漂亮的照片，就像死的鱼，画成画都行。像以前那个库尔贝的画，画死了的鱼，鱼都发臭了；还有塞尚画苹果，人家说苹果都烂了，但我们闻不到臭味，它变成一个作品了，它已经有了这种平面感。你是一个先有理论再做作品的人，你在按快门的一瞬间你是觉得好玩，你不假思索，但你肯定有理论在里面的。我不是强加你，由于你的身份，你来做这个事情，肯定是后现代主义的，你非常熟悉它们，我不能不想到这种理论对你是有影响的，或者说，它解放了你——就像你说你胆子很大，就因为有这种理论做依托来支持你。所以说我觉得你这些作品等于是回过来在艺术史当中和它做一种调侃性的对话，就是说我就随便拍，这些东西是不是艺术品，都无所谓，它们到处都有，俯拾皆是，只要你留意，只要你拍，只要你有一架拍立得，你就能把它记录下来，然后就把它变成……果然是艺术品，果然非常好看，放到一个适合的尺度，放到一个合适的相框里面，签上名，就是艺术品。我就是获得这种感觉，它印证了一种说法，这说法其实也已经不新了，一个很陈旧的观点了，就是说，艺术和非艺术的界限已经没有了。还有你的身份，也不重要，比如我们问，一个不是艺术家的人拿一个可口可乐罐头放在某个地方，是艺术吗？人家仍然不会认为是艺术，还非得要安迪·沃霍这么做才是艺术。那么你再问，怎么才能从非艺术家变为艺术家呢？我们查一查艺术史，特别是近现代以来，许多牛逼大明星出身不是画画的或学建筑的，库哈斯，包括前面说到的波洛克，开始都不是，但他们持续做，他就获得艺术家身份了。归根结底还是一个身份和话语制造的问题。

杨小滨：你讲的这个有意思的话题太多了，我都不知道按照哪个线索去说了。

吴亮：如果要谈到你的作品的话，我觉得它们是一系列非常有趣的有意思的一些镜头片段……按照帕索里尼曾经说过的，人生就是个无限的镜头，人一睁开眼睛就是一个镜头，无穷无尽的镜头。这是个形象的比喻，他是把电影理解为镜头。我们说电影是从无穷的镜头当中摘出的一些镜头，通过剪辑的方式。他说人生就是一个镜头的不断的延续，最后临到死亡使你觉得这部电影要终结了，他就把眼睛变成了镜头，每一部电影最后出现一个"终"字，它是个死亡符号，告诉你一切都结束了。用一个电影镜头来取代人的眼睛，来拍一个开放性的，全部的……不管是你摆拍还是拍纪录片，无所谓，这不影响它的本质，就是把那些图像摄入镜头，然后通过剪辑方式加上一个终结符号变成一个完整的单元。我觉得你的做法有点类似，本质一样，你在你的日常当中，或者有意无意地随手拍一些东西，然后通过你房间里的电脑，通过组合、剪接，串起来，然后把它做成一个展览，这个展览就是你的一个个人语言，镜头的一个选择。

杨小滨：镜头的捕捉其实蛮重要的，昨天我去地铁看到一个"今日本站有效"，把这个"今"字去掉以后，就成了"日本站有效"，所以这个镜头的捕捉它是一个……

吴亮：那已经是曾经了。

杨小滨：所以我觉得还是这个镜头它到底捕捉哪一片。一开始帮我办展的这个朋友，也是，她看我的博客，她说：我不知道你在画画。她觉得是画，然后我才告诉她。

吴亮：你拍的照片放多大？

杨小滨：现在放到"45×60"。

吴亮：不是很大。颗粒什么的受影响吗？就是清晰度什么的，效果怎么样？

杨小滨：个别的晚上拍的会有影响，但是你可以把它解释成像点彩效果一样。你可以看到里面的一些色粒。基本上如果是白天拍的都还好。

吴亮：就是整个肌理还是很清楚。

杨小滨：后来是一个朋友建议买一个大一点的，后来我用的是八百万像素，所以还可以。

吴亮：你肯定有很多不满意的，就删掉了。你觉得满意的，可以保存下来的，有多少？

杨小滨：现在展的是二十张，我再弄的话大概也就三四十张，不会很多。因为有些比较相似，太类似的，我当然就选出一张就够了。

吴亮：我相信你选择的标准都是在你拍摄以前就有框架，我们可能大都有点图像共识，因为我们看过太多这种图像，你会按照这种标准，抽象艺术的美学标准，它是说不清楚的，但是我们的经验会告诉我们这幅画OK，那幅画就不要了。

杨小滨：所以这个到底是经验还是理论，因为你刚才讲我是从理论出发的，只是我自己还没有意识到，也许是我的潜意识里面也会怎么样去潜移默化地左右自己的经验去取舍，但是确实没有先有一个抽象的想法说我应该这样做我才去这样做，而是就看到了……大概是十年以前坐公车的时候看到一些印记，我觉得不要浪费掉了，就把它弄下来，根据一定的取舍一定的方式来把它照下来应该会比较有意思，所以慢慢地就开始做这个东西。当然还有一个，关于废品或者现成品这个观念，这个算不算理论，我对这个还是蛮怀疑的，但是确实是知道有些东西是可以把它变成艺术。

吴亮：这个里面除了很明显的西方的现代艺术和摄影这两种成

分以外，中国传统的水墨里面也有类似的经验，比如说中国人做水墨画以前，他们有些做水墨画的效果，加点肌理的，比如说"树皮皴"，就是模仿肌理，它不像西方传统文艺复兴以后要非常精确地表现这些东西，他会用染、擦来表现肌理，虽然没有肌理这个概念，但是已经碰到同样的怎样模仿现实的问题，这是一个。比如说画远的山他会通过留白啊，晕染啊，也有近处的，岩石，或者树，他会用到这种手段，是比较润还是比较涩比较枯的，他会去研究，已经有种形式意味在里面。还有一种叫"屋漏痕"，也是通过日常观察，发现屋檐下面有些水，慢慢慢慢洇下来，很脏，发霉发黄了，就是"屋漏痕"。这种东西跟我们讲的很多肌理啦，痕迹啦都有关，但是中国人不是用西方这套语言来思维，他很经验性的。比如说从视觉经验来讲，不管是为了获得愉悦还是模仿现实，中国古代每一个技术性的东西都是模仿现实的，虽然一些比较高级的画论从来不讲这些，比如像刘勰，完全是在讲一些非常玄的理论。后来到了一些画画的人当中，他们有一些术语，其实这些术语已经涉及一个肌理啊，触觉啊，质感啊，或者说"师法自然"，已经很仔细在观察这些事情，这是一个。当然不能简单把你的东西和这个放一块儿，但这可以提供一个参照。我觉得比较直接的影响就是西方现代艺术，看过西方现代艺术特别是抽象艺术以后，对你的作品会有一种熟悉感、亲切感。我们想象，在抽象艺术刚出来的时候，人们对马路上那些油漆什么的东西视而不见，可能有些风景画家会画，画一个老房子，一面墙，因为他是把它当作写实中的一部分来处理，要画出一把椅子，很陈旧了，一面墙，斑斑驳驳，他的目的是要画逼真。但仅仅把这块平面提取出来，作为一些"它什么都不是"，它并不想表现一扇门，也不想表现一堵墙，不是为了这个，就是一个平面。就是现代艺术给了我们很多很多这种图式，已经进入我们的意识，已经成为我们经验的一部分，然后带着这样一种对图像的认识，再来看这些东西的时候你会觉得你完全能接受，而且在"菜园"里面很多人都很喜欢。

杨小滨：我想接着讲一点，就是这个跟抽象艺术之间，我觉得我这个东西还是比纯粹的抽象艺术更有意思，它是有历史感的。我后来发现是有历史感的，就像你刚才讲的老房子，为什么老房子比新房子更有吸引力，因为它有历史感，它跟原来是不一样的，或者说它原来那些历史的踪迹……你会去想象这段历史是怎么过来的，才会觉得这样的斑驳有意义。

吴亮：你要说区别当然有很多。比如西方搞抽象艺术的人是在非常有限的时间里人工做出来的，你是一个自然生成的过程，虽然里面也有人为的，这都与你这个创作者无关，你所作的只是一瞬间，拍下来，你是一瞬间记录性地拍下一个在你拍它以前早就存在的某样东西，你把它拍下来，但这个东西是自然生成的——因为风吹雨淋，因为人为的覆盖——这不是一个为创作艺术而去做的事情，有人工的，有非人工的；有为了覆盖，有为了漂亮，因为雨它褪掉，又因为太阳晒某一个漆皮翘起来。

杨小滨：后来我把所有这些都印出来以后，去掉一些保留一些，发现这里边有一个区别，我保留的大部分是人工的，就是人工弄出来的，而去掉的那些大多是自然形成的。所以也许从表面上看差别不是很大，但是要我去筛选的话我会尽量去——这不是一个概念先行的，但是最后的结果很奇怪，我把自然侵蚀的结果的那些去掉了，那些不如能够看出人工痕迹的更能抓住我，它那个可以看出人。我觉得我要讲的是——我的照片里面是有人的。就是说你看不到人，或者说你看到桂林的风景，或者拍一个九寨沟的很好的湖的照片，你也许是看不到人的，但是我这个痕迹的照片里其实有人，只是这个人不在场，是需要你通过想象或者回忆这个历史的踪迹来想象当初他是怎样把它弄上去的，怎么弄上去的也不一定，可能是无意识的挥洒。

吴亮：你说这种明显能看出有人的痕迹，它是哪几种形态体现出来的，是一些字、一些画？

杨小滨：有些是用刷子涂一下，或者是用什么笔把它这样乱涂。

吴亮：你的东西大部分是墙和门，这哪样不是人做的？

杨小滨：不是，不是平面，而是墙和门上面的，涂上去的痕迹。

吴亮：不管怎么说它是贴在一个人造的东西上的，本来就是人为的嘛。

杨小滨：你说墙和门是人造的，可问题是墙和门那些背景可能不是很重要。

吴亮：你所拍的表皮都是人造物。

杨小滨：就像油画的油画布。

吴亮：你甚至可以拍一个白墙，什么都没有，你也是一个反讽。就像马列维奇一样，一个白墙。

杨小滨：是的。我拍过一个在白墙上面有几个手指甲印子，那个基本上就很难看出，一点点的指甲印。

吴亮：我手机里有幅照片，在一个厕所里，有人用手指甲抠出一男一女两个印子，我觉得好玩就随手拍下来了，旁边两个字：厕所。这个有点像传说中耶稣的裹尸布，都是人造的；也有点像克莱因让女人裸体沾着颜料，躺在那里。他这明显就是人抠出来的，那些是艺术家的概念比较多。

杨小滨：偶然这个图像可以变得有一点点具象。我里面有一幅，不晓得是有意还是无意的，就是看上去很像一只猫。你刚才还有讲到对艺术史的反讽也是很重要的，就是废弃品和艺术品之间的区别到底在哪里，这个当然从杜尚开始就颠覆这样的传统。

吴亮：是否杰作，不在于作品本身，我就是隔绝了来看，看图像本身。我们可以想象一个观众进来，拿到一本画册，或者拿到一个宣传品，听到你的画廊的主持介绍这是一个教授一个诗人弄的，他客串了一下，玩了这样一件事情。猛一看是个抽象艺术，但又很记录性的，是一个很寻常的墙壁上的痕迹，被他注意到了，然后把它拍下来，再通过他的挑选展现在这里，照片还是蛮好看的——就是这样的形式。然后大家想深一点地了解的话，就会知道在这里面你有很多就像我们前面说到的现代理论。但这些都不是这些作品直接告诉我们的，不是那么明显就能直接告诉我们的，这是需要你用很多文字去解释的，非常需要。

杨小滨：这也是一开始，我刚才讲到的题目，一开始实际表达的也差不多这个意思，需要有点艺术史的知识，尤其是关于非艺术品和艺术品之间究竟有没有区别，或者说究竟有没有互换性。像劳森伯格，据说他画室里面的很多作品被打扫卫生的人扔掉了，他非常生气，因为那个人觉得是垃圾。

吴亮：确实是垃圾。

杨小滨：所以艺术品可以变成垃圾，本来是废弃的垃圾的东西可不可以又转换成艺术品。其实我这里面甚至可以回到所谓的工农兵意识的概念，这里面实际上是一些很底层的东西很底层的人。

吴亮：以前我们看到过很多类似的照片，在乡村啊什么的，我们这些年到一些村子里去，比如安徽啊江西啊什么地方，一些旧房子还没有拆掉，在房子的墙上用白的石灰刷了一层，但是剥落了，里面露出毛泽东像，或者一些标语，农民没有把这些东西铲掉，只刷一层石灰。我经常看到这些，也经常看到一些人专门拍这些，还出画册。

杨小滨：那种群众艺术它反而不是真正的群众自发的艺术，那个是根据某一种宣传的或者是政治的需要……

吴亮：它也记录一段历史。

杨小滨：是，它的目的、对象性质还是不太一样，画那个东西的人是按照某一种指令，一种社会的要求政治的要求去做这个东西，跟我拍到的那些底层的人随意按照他自己自发的想法去弄出来的东西还是不一样。

吴亮：那么你想说这个区别，它的价值在什么地方？你说是自发的，是啊，大家都是为了种种的原因，我们不知晓的原因，大家合成了这个东西，而你把它拍下来了，它的价值何在？

杨小滨：价值在于我们应该可以把生活当中的一些偶然的东西变成艺术，我觉得是这样的。比如说你提提裤子，把这个东西拍成一个十秒钟的短片的话，把它放出来也可能是艺术，可是你为什么要拍？

吴亮：我觉得你这种解释当然也是种解释，但是有点说小了。我觉得要把你说大一点，就是你是针对艺术史的一种用照相机进行再书写，或者用你的说法是"戏谑"。这个词我觉得你很喜欢用，我也喜欢你用这个词，一种游戏模仿，模仿在什么地方呢，你一直用拍立得，它早就已经生成在某处，然后，大师们也不过如此，这一点非常关键。假如说那些小的，那些都无所谓，比如你的初衷，觉得好玩，很日常，日常经验我觉得也很重要，但对我来讲我觉得日常经验不重要，重要的是我觉得——我们是带着一种先在的艺术史的一个印记，我们的记忆，我们的图式，我们脑子里已经有的图式。当我们看到一个作品的时候，我们为什么又觉得陌生又觉得不陌生，陌生在于你杨小滨怎么弄这个？不陌生在于艺术史上有好多这种图像，已经在我们脑子里存在了，但是它又不是大师做的，也不是塔皮埃斯，也不是劳森伯格，也不是涂鸦也不是什么，都不是。涂鸦，你比如说巴斯奎德，他都是在画画，你都不是，你是出于某种原因涂一涂画一画。

杨小滨：不是选那些艺术创作的东西，那我肯定是不选的。

吴亮：从这个里面，作为一种人的行为的东西，被掩盖了磨损了,或者又裸露了,和作品作为一件抽象艺术作品里面所表现的色块、线条、无意识这些被现代艺术抬得很高的名词,它们基本都包括在里面,然后你就通过你的方式,或者说通过杨小滨的巧智,就把它弄下来了。我认为是个巧智,是个游戏,它的趣味在于游戏性。

杨小滨:你可以称之为"懒艺术",因为自己不画,取巧。

吴亮:也不懒,你拍得巧,而且实际上和艺术史构成了一种对话,是对艺术史的一个反讽,或者说也是一个调侃式的、无恶意的、善意的、开玩笑式的。而且反讽不是通过亵渎、抹杀,是共同参与的,用参与来回应这个事情。我觉得这个价值可能在这里。我这么讲是考虑到你的身份,没办法,你对这个后现代主义相当熟悉。这里面有很多包括你说的书写啦,像德里达的形容,在已经被抹掉,而又没抹干净的东西上面,又出现新的一种刻痕,一种记号,然后你再把它做成一种时间的回溯。你可以回想这里面发生了好多事情,你慢慢可以看进去,但是你不看进去呢,这个作品本身的表现效果也蛮好看的,就是抽象艺术,就是一种抽象,就是格林伯格式的,就是平面。但是你要说它,可以说很多很多,你不说它,就是个平面,就是蛮好看的一张照片。你可以把照片编号,签字,然后,送朋友收藏也好,卖掉也行。

南京，城市的肚子

上官秋清　吴亮

（吴亮对话《城市画报》记者上官秋清，2010年8月）

上官秋清：我对南京几乎一无所知，虽然去过那里，但都是非常片段的，没有很深印象。要我问问题，我自己也问不出什么样的问题来，只是我把我们杂志之前的一个思路给你说一下。

吴亮：说吧。

上官秋清：我们每次做一个城市，也不是要给它定位什么性格。但是我自己的一个理解，做一个城市还是应该把这个城市的一些——不是说新的时尚或老旧的古迹，不想做这两种东西，是希望把它内涵的东西表现出来。南京是一个文人气被保留下来的城市，但又很难找到明显的表现，它有些蛛丝马迹，可能在大街小巷，在平民身上会偶尔流露出来，这就是我们所谓的泛文人气的东西。我们就想从现在的人、一个切面……比如2008年我们去了南京，我们能够从现代人身上看到一些过往。就是在今天流露出来的，它既是一个今天的南京，但只稍微挖掘一下就能看到以前的南京。

吴亮：你们已经做过哪些城市了？

上官秋清：我们做了苏州、杭州、台北、青岛，等等，不算特别多。因为这个内容这样做起来，是从去年开始的，还没有特别成型，还在边做边看的过程当中。

我们主任是南大毕业的，一定要做南京。我对南京不熟悉，所以已经问了几个在南京读书或工作的朋友，还加上我对南京的一点点印象（作家群、艺术家群）。我发现南京的艺术家（也许别的地方的也一样）比较安于在那个地方待着，没有那么的……像广州的艺术家，可能就希望跑到北京去，可能需要更好的环境，于是为了改变环境可以割舍，这可能是因为乡土气不够，比如上海这边，没有乡土气，商业气质比较浓，所以轻易就可以割舍。

吴亮：你刚刚说的其实包括了很多问题，比方一个杂志找了个选题，请不同的人来谈，盲人摸象，你摸一块，他摸一块，然后给出色彩斑斓的，或者说比较多样性的一幅图景，无非就是谈它的现实、历史人文、饮食、建筑风貌……当然还包括谈这个话题的人的个人经验——你在什么情况下和它相遇，路过，你曾经在它这里消磨过一段时光……诸如此类。

上官秋清：很多人是在里面生活过的。

吴亮：但这所有东西，对当地人来讲，一般是不看的。这当然也无所谓，因为大家在阅读杂志时，只是在通过阅读文字阅读一个城市而已，它就是一个读本。至于所被谈论的某个城市，不管是南京还是北京，巴黎还是纽约，都是无所谓的。另外，不仅城市本身在变化，它固有的复杂性多面性……永远是不确定的；它取决于一个策划、一个切入的角度，在什么时候，一个有什么倾向的人，出于什么目的，都会影响对一个城市的描述，不一样。特别是现在，当人的主体性、个体性开始凸现之后，比如请来谈话的那些人，多是有点传奇性的，生活有点变动，有点各个城市的比较，所谓的视野比较开阔，有比较丰富的经验。他们描述这个城市的时候，会带有很多这个城市本身并不具备的意味，他的主观性会影响对这个城市的描述。我们看到的不是这个城市本身，而仅仅是看到一种描述，无非是这样一个情况罢了。

你后面的那个南京艺术家的问题好多人都问过我，上次刘晶晶也问，为什么南京画家大多不爱动，我说那你去问南京画家。但当你去问南京画家的时候，每个人给出的理由也不尽相同。据我自己的一个观察——我对南京还比较熟——很多画家是南艺毕业的，就南京的文化、当代艺术和传统国画而言，南艺几乎就等于大半个南京。我们现在谈一座城市，当然是偏重文化艺术来谈，所以毫无疑问，南艺人的构成很重要。南京作为江苏省会，民国首都，它当然是大都市了。虽然它是近几年才又开始发展，之前很久都一直不动，你在十年前去南京就会发现它基本没什么发展，那么多高楼都是这几年才起来的。南艺有很多人来自南通，徐州也有一大帮，还有许多南京本地人。他们的人员构成很多都是江苏人。他们如果一个人去北京，不会找同乡，来上海，以前会找，现在也不找了。但是在南艺当中是有同乡感的，有很多同乡，所以他们一下子就会认同这个地方，在学校里面三四年，分配到单位里，出版社啊，美院啊，或者什么自由职业，他们这帮人老在一起。一个人会习惯一个地方，或者说懒得动懒得挪窝，是因为有帮朋友。南京这方面在我看来是比上海北京都好的。北京抱团往往是为了艺术，来自五湖四海的人聚在一起，北京机会多。但是南京主要是因为生活方式，比较舒服，也想出名也不那么急于出名，这是南京的特点。它那种体制化或者商业性程度又不如上海，我说的商业性不是指当代艺术的商业，是所谓的商业化城市。讲究生活品质，南京类似上海，但是比较多的××就类似北京，它属于有点两者之间的，这是一个南京的特殊性。这仅仅是我一个局外人的观察，我常去南京，因为南京离上海很近，这个地理条件很重要，假如我住在北京就不会这么频繁地去南京了。

上官秋清：方便。

吴亮：对，方便。我最近搬家了，马上跟住得近的几个朋友联络，方便啊，吃个饭什么的不会打扰别人。原来我住得远，没必要让朋友跑过去。

上官秋清：我发现南京艺术家就算是离开南京，也是去农村，不会去另外一个城市。像汤国就经常在查济，这好像比较接近古人的生活。

吴亮：他是一个例外，怎么说呢，上海艺术家也有喜欢田园的，也有。

上官秋清：上海的郊区跟查济，跟一个古村落还是不太一样。

吴亮：这里面有地理原因，也有个人的偶然性在里面，比如汤国自己在农村有一段生活，当然，有这种生活的人很多啦。我在1992年就有一篇评论，里面预言汤国会住到乡村去，他当时一直都在画农舍，我觉得他就恨不得住在里面。南京画家大部分还是生活在城里，他是个例外，虽然他大概也有一半时间在南京吧。

上官秋清：对，就因为他是个例外，所以有点说头。

吴亮：南京这个城市和郊区比较近，有丘陵，中山陵，东郊那一大片全是树、山，它是个有山有水的城市，还有扬子江。上海是没有山的，以前，上海郊区的每一分地不是粮田就是菜田。南京的近郊还有一直没开发的荒地。现在南京郊区整治得非常漂亮，它本来就荒着嘛，不像上海要弄点开发区还要把农民迁走。

上官秋清：就在城市的郊区。

吴亮：嗯，它很快就进入郊区了。你可以看看叶兆言的一本书，《老南京》，可以翻翻。

上官秋清：他现在还在南京？

吴亮：还在南京。南京作家你说不爱动吧，确实不爱动，叶兆言、苏童、韩东、毕飞宇……都不动。但是他们也有好动的，朱文不是跑北京去了吗？

上官秋清：可能他做的事情跟他们不一样，是搞别的。

吴亮：是，搞别的，拍电影去了。还有徐累，本来不大会跑，现在也跑北京去了。陆续还有好几个画家去北京，这可能和当代艺术热有点关系。但也并不是所有人都去嘛，大部分没去。

上官秋清：所有这些人不同的决定，或走或留，可能他们觉得南京有些地方可以留下来，有些地方可以离开，他们都会有答案。洪磊是从南京走的吗？

吴亮：他一直在常州。常州的画家很少待在常州，洪磊是个例外，他九十年代的时候在北京漂了好几年，觉得没意思，就回来了。他也是少数。其他的比如金锋、周啸虎，都在上海，还有一些在北京。南京的画家也很少出国，当年朱新建去法国，两年就回来了。我很多次去南京，在画家聚会上常常会看到一些人，从国外回来的，很多。还有一些艺术爱好者，出国之后又回来了。

上官秋清：你的意思是南京跟外面的关系也很密切。

吴亮：现在交通方便了嘛，回来也方便。现在上海也是一样，像在纽约的谷文达、张洹，在上海都有工作室，大部分时间在上海，很方便。那些比较早出去的就比较习惯于在国外，有些人出国以后也没有出什么大名，但是生活方式改变了，回来反而不习惯。有人现在回来，很大诱惑是国内有机会了，又比较热闹，在国外过年过节比较无聊，平时更无聊。

上官秋清：现在环境好很多了，那个时候他们出去是环境有压力。

吴亮：对。当年创作环境不好，对西方也好奇，加上国内太贫困了。那时候大家都说嘛，到国外去洗碗都很正常，还有就是街头画肖像，并不丢人。赚钱，赚学费、房租。

上官秋清：那边的苦跟这边的，可能相比之下还好点。你现在不做文学评论了？

吴亮：马上又要做了。要做杂志不是？虽然我不会自己直接去做,但我在里面可能关心的事要比以前写评论时还要广泛一些。以前写评论可以只想自己想写的问题,但是现在你要想别人想的问题了。我觉得也蛮好的。

上官秋清:你一般去南京待几天?

吴亮:时间不长,顶多一个礼拜,一般都是两三天,三到四天。我去忙三天时间是个极限,否则会很累,因为去了不可能睡大觉,我也没有睡懒觉的习惯。一早起来就会有人来,下午去喝茶,然后晚上又是聊天,见这个见那个,安排都比较紧。

上官秋清:那你这次去是……

吴亮:这次是两件事情,一个是工作的事情,顺便看那些画家;一个是我这次还是要麻烦我那些朋友,他们有车啊什么的,给我安排地方,我就省点心,文学圈子也要见面,也要约。

上官秋清:现在你对南京文学界了解吗?是个什么现状?

吴亮:我也不太清楚。我去南京和画家交往多,和作家偶尔见一下,也不大会问他们创作的过程,吃饭是偶一为之,正式场面上也不大能谈这些话题。我这次去找的人实际上是多年没有什么来往的,搞文学批评的,文学教授什么的。我现在这个刊物的性质,一定要请很多人来参与,来展示他们的一些想法,所以一定要和他们接触。不是编一本书,是期刊,每期要出。

上官秋清:现在评论这一块还是比较难吧。

吴亮:做得好的不多。当代文学很热,热是什么意思呢?大学文科学生虽然比理科少很多,但这么多大学都有中文系,都有当代文学,都有文学硕士生、博士生、硕士博士点,所以在读的和学这个专业出来的人还真不少,数量非常惊人。

上官秋清:他们研究什么呢?

吴亮:问题是他们这些人当中谁能写出我所需要的文章,就是说能够符合——我们总有一个标准吧，比方说你要有见地，要有你的发现，或者再高一点，你形成你的风格，你的文章要有风格，不是机械的报告。

上官秋清：作为批评家还要跟他所评论的对象有关系。

吴亮：是啊。关系也不一定，比如现在要开一个谁的讨论会，那么就得看他的几个文本。

上官秋清：对啊，那还是有素材。

吴亮：对，看几个文本，这些文章都是经验化的，你可以看到一些论文汇编什么的，了解一下目前基本是怎样的写作水平，肯定当中也会有个别有意思的，但我估计也不要寄很高希望。

上官秋清：当代文学是个什么样的现状？它是否提供了很多有意思的素材给评论家去评论呢？就像七八十年代，台湾文坛很热闹。

吴亮：波伏娃的讨论是谁主办的？

上官秋清：南大法语系。

吴亮：还是一些搞翻译的在做这个。

上官秋清：对。

吴亮：这种会议通常是乏味的，中文一遍，英文一遍，还有法语……

上官秋清：对这个议题本身，我还是蛮感兴趣的，因为波伏娃这个人好久没有被关注了，现代人的精力被分散得太厉害了。

吴亮：你做完南京还做哪些城市？

上官秋清：先做南京，再做上海周边的旅游的地方，无锡啊什么的。

吴亮：你们现在确定的切入点是哪几个？是通过人来切入，还是你们自己有些设想？

上官秋清：有人。先定下人，然后再通过这些人来切入。我还是先组织素材，再确定主要方向。就像刚才说过的南京的文人气，如果能够成立的话,或者不成立也行,去看看是否真的还有这个东西。

吴亮:大家都说南京有文人气,是因为关于南京的书写都是作家在写、文人在写,所以他们就比较容易凸显这个。

上官秋清:他们之所以会写这个,是因为确实有……

吴亮:从古代开始说,说到民国遗风,很多的故事,李香君啊什么的,基本讲来讲去就是这些事,什么夫子庙,夫子庙也有好多故事……其实日常当中,南京人讲话是最粗鄙最下流的。

上官秋清:对的,我也听说过。

吴亮:我在别的地方没见过这么粗的,而且朋友之间讲话也全都是骂人的话。

上官秋清:感觉很野。

吴亮:比如一个好朋友,会说"你这个屌人"怎样怎样,很多人开口就是这种语言。

上官秋清:而且说话的语气都很重。

吴亮:很野。

上官秋清:我有一个朋友是南京人,他自己说南京人说话之前一吐痰,然后什么粗话都来了,很受不了,现在他还不是一样回去了。

吴亮:南京的江苏作家的整体力量,真是要比上海好得多。上海不行。上海一直说什么在三十年代的时候怎么样,那时候是制度化造成的。但是在南京,根是在那里的,一看就是一个南京的作家,而且他们是有一帮人,这确实不一样。上海的流动性大,当上海的流动性被切掉的时候,它就马上不行了。因为上海的历史就是流动的历史,活水一旦被切掉,马上就死了,上海不是靠记忆来过日子,是靠现实过日子,上海的现实性很强。有人……上个世纪末已经有人在搞上海的怀旧什么的,但是他所谓的怀旧是在当下被消费的,他绝对不会陶醉在怀旧当中,完全不会。但是在南京或者在西安,你一去那个氛围里，比如我们去查济，当下没有东西，当然你可以说现在有学生去写生什么的，但是到了傍晚，没有东西提示你这是个什么年代的环境，十年前，九十年代，或者二十一世纪。等到已经全部回自己房间的时候，晚霞起来，街上开始没人的时候，你突然觉得不知道这是什么年代了。那种缓慢的节奏，那种氛围，一下子把你笼罩了。这种感觉是上海不会有的，上海随时在"当下"。

上官秋清：你看我们新做的"田子坊"，在田子坊里面偶尔可以有一点点这个你刚才说到的感觉。这是上海几个所谓的新的消费场所，或者什么创意园区之类的里面，一个比较特殊的地方，觉得可不像是上海的一个地方了，因为它有留住了时光的感觉在里面。

你看我们现在做这种杂志，一方面想文艺一点——我是觉得还不够文艺，一方面它可以同时兼有呢——希望能在这里面让时间稍微放慢一点，就是拖住时间的感觉，让读者可以有片刻的放松，根据我们打开的这个路，可以接着往前走。但它还是要抓住一个地方的游戏精神，或者说你要给别人能继续挖掘的点，这些点不要做尽，要有余味，我希望这个余味更悠长一点。这余味从哪里来，就是从我们所找到的素材里来。所以我做南京，或者另外一个城市、乡村，就要有这种味道，能够通过这些人物、地点、回忆、描述，或者是记者的观察，能加在一起形成一种氛围，让读者在阅读的过程当中可以被这种氛围所感染、所吸引。所以它是一个写意的东西。

吴亮：我可以给你一些想法。我觉得你以后要是做关于一些城市的感觉经验的时候可以参考。我以前在一些文学随笔里面谈到过一些概念，比方说我讲新天地，我说它是个"飞地"。这个词以前是用在军事基地之类的地方，外国领事馆，哪怕是本国的一支驻地部队，它跟周围完全无关，它是密封的。当然，新天地周围现在已经越来越时尚化了，不那么飞地化，但它一开始就是飞地，本来是根本不存在的,是被制造出来的。另外还有一些概念,比如说我们做一个城市,不管是做成崭新的还是老旧的,它都是一种对表皮的关注。为什么我们晚上喜欢看霓虹灯,喜欢看橱窗,包括看人也是,都喜欢表皮。对表皮的关注……我还有一些词,比如"凝视"和"闪视",以前我们都是凝视一件事情,现在就是"闪视",快速移动,东西不断进来,每个东西在你视网膜里留不了几秒钟,"啪"就没有了。这种"闪视"包括一种……当然,与声光色、电视媒介都有关系,有技术的原因,它影响了我们的心态,制造出许多话题,关于我们心态的话题,比如没有耐心啊,喜新厌旧啊,快速遗忘啊,我们在非常短的时间里来回穿梭……另外一个,我们刚才说到一个词,叫"留住时间",这也是一个比较老的说法。还有一个老的说法,我曾经用过这个词,来自左拉的一篇小说《巴黎的肚子》,写的是巴黎中心以前有个菜市场,里面有各色人等,充满欲望啊什么的。后来他写的这个菜市场变成一个车站,又变成一个美术馆,历次变迁,后来再要大动干戈弄的时候,有人就不愿意了,说这是左拉写过的东西,不能动,就好比老舍写过的什么东西,就不能动了。但结果还是——发展是硬道理嘛——还是弄掉了。"肚子"这个词,我用到过,但是这小说我没看过。左拉的书太多了,这肯定也不是他最重要的小说,因为这个事曾经在巴黎有过争论,是不是要保留这个地方,因为左拉是巴黎的一个象征嘛。但是能够做巴黎象征的人也太多了,巴黎要保护的东西太多了,也轮不到这个菜市场。你刚才说的田子坊,或者说上海有些什么小地方,或者南京有些地方,我现在不讲什么夫子庙,它已经表皮化了,有些就是小街小巷,其实就是肚子,一个城市如果没有肚子的话,那注定是不可爱的。这个肚子很有意思,你能进去,它要有一点私密性。比如苏州有很多肚子,但是里面已经不行了,开了太多店,旅游团在里面横冲直撞,是种闯入者的形象。本来是个私房,我们偶然闯入,或者途经、迷路，然后进去了，发现有新天地。阿城在写他的《威尼斯日记》的时候经常写这些迷失的经验。

上官秋清：有的。读小学的时候我跟一个同学最喜欢去陌生的老房子群里转，走得很深，其实是希望迷路的，是希望到一个不熟悉的地方去，就是这种感觉，你会发现新的生活。

吴亮：像上海这些弄堂很有意思。以前是这样的，一块街坊，造房子的时候有些里弄，他们为了安全用围墙围住，所以有许多小街坊中间是被隔开的，这种情况什么时候打破的呢，是在大炼钢的时候，全民炼钢，把所有的铁都弄下来，还有土高炉什么的，就把那些围墙都拆掉了。上海的弄堂的名字很有意思，比如我的老家，叫兴隆邨，就是屯子，后面叫渔阳里，"里"更早，渔阳里再靠淮海路这一段叫"康绥公寓"。这三个地方的房子完全不一样，康绥公寓比较高级，蜡地钢窗，有卫生设备，我们这边房子是二十年代造的，算是老式房子，渔阳里是石库门房子。它由三个年代共同构成，本来这三个住宅群全都有围墙分割，各自为政，但是等我懂事的时候，墙已经全部拆除了。我们小时候就喜欢在弄堂里捉迷藏，所有弄堂都是很好玩的，你拐过一个弯就是完全不同的天地，房子结构完全不同，这个完全像肚肠一样的。我小时候有一个经验，比如去淮海路，都会穿弄堂走，抄近路，有时候一片街区我们不太熟，我们总觉得里面应该是通的，结果一看走进一个死胡同了，但是它有好多岔路口，这种经验现在越来越少了。

上官秋清：就在老的区域里还有。

吴亮：它肯定是不同的年代、不同的开发商、不同的什么人造的不同的房子，而且这些房子比邻而居，没关系的，这房子一看我们就知道是三十年代，另外一间更早，都是不一样的。

上官秋清：那么在南京有这种街区吗？

吴亮：我没有机会去这些地方。杭州有，我小时候，我祖父在杭州住。好像那么复杂的里弄只有上海有。

上官秋清：我那次去杭州，去郁达夫故居。

吴亮：也有点这样的味道。

上官秋清：但是现在是个派出所。

吴亮：我去过，当时还和一个电视台拍过这个故居。

上官秋清：故居旁边就是以前浙江的省立图书馆，旧的图书馆，很漂亮，但是全部已经封掉了。

吴亮：北京的胡同也有类似的地方，就是很长一条路，然后拐弯，胡同都很长，但是胡同旁边的房子基本上都是差不多的，都是比如说四合院，不像上海，有各种年代的房子，小建筑、小洋楼旁边是一排居民住宅，然后突然又多一个很奇怪的房子，这是上海的特点。

上官秋清：南京有它的特点吗？记得我有一次去南京，正好他们发行海子的诗集，我在报纸上看到很小的消息，然后我就去新华书店买这本书，结果居然卖光了。南京真的很奇怪，一本诗集居然卖光了。然后我就去找那个出版社，我走了好长的时间，路全是两边有法国梧桐的那种，好像我找到出版社都没买到，说都没了。

吴亮：我建议你去看看这本书，是个女人写的，这个女人叫雅各布斯，《美国大城市的死与生》。

上官秋清：我买了，但是没看。

吴亮：很通俗，你花两个晚上就能看完。这个人是记者，她对建筑不是很懂，但是她从女人的经验去谈这些，她对美国后来很多城市的建设起了很大的影响作用。比如她调查的情况，一条大街各方面条件都很好，就开店，但是怎么会没生意？她说因为这条街很长，旁边没有拐弯处，没有短街。比如我们的淮海路，有襄阳路、陕西路，每一个靠近淮海路的街口都是商业大街，一条直统统的大路，旁边很多商店是没有整理的，人们不愿意这样逛马路，要穿过很大一条路去对面买东西，人们是不愿意的，人们总是在一边走，走到拐弯就进去。所以她用一个鱼骨理论，就像鱼骨头一样，这是一个脊椎，旁边有鱼刺，鱼的肋骨，这种肋骨形的、放射形的小街往往是能够留人的。另外一个，当一个地方的商业开始起来以后，房产商他们进来，把穷人都赶走，这样不行，一定要混居，这个生态太重要了。生态一单调，这地方全是高档的商店，这地方马上就萧条。

上官秋清：这就是我要回到说田子坊嘛。田子坊目前就是这么一个地方。它属于那种外来的和本地的东西在融合，纠结在一起的这么一个阶段。它里面的人并没有全部搬走，还在里面生活，但是有些已经在变化，比如说把自己的房子租出去，因为这地方房租会很高，大有钱赚，所以就搬到别的地方去住，把这地方的房子出租。有的人看到旁边的人赚钱了，就把房子卖出去，但是卖出去的价格很离谱，然后租房的人就笑话他们说："好离谱，根本不知道行情。"它里面街道很小，像毛细血管一样。还有一点就是因为陈逸飞最早在那里做创意园区，实际上那地方是工厂区，支弄，过来之后实际上其他弄堂就是居民区，石库门的房子，和很少一些小洋楼。石库门那边的房子大概是从2006年慢慢发展起来的，2006年只是说泰康路210弄就代表田子坊，全部是小的工厂改造的，有些小的店铺之类的，都是创意人、画家去，陈逸飞当时还是很有些号召力的，对于那些新的时装设计师，他们让田子坊真正成长起来。

吴亮：现在怎么样？

上官秋清：中庭里面有咖啡馆和店铺，中庭以西全部是石库门房子，那边发展起来之后全会是小店铺，不像这边有大的空间。

吴亮：现在人气旺不旺？

上官秋清：非常旺。那种旺很琐碎，变得非常琐碎。

吴亮：那里也是交通要津。

上官秋清：这些人跟以前的人是不一样的，以前的人有时候会感觉到是站在他们肩膀上在做这个，但实际上是有一点投机分子的感觉，不是那么有创意、有理想的人，是他们在做这个事情。但实质上这些人是很生活化的，是很生活化的一些实践者。

吴亮：现在原住民还有吗？

上官秋清：有，还挺多的。

吴亮：那为什么不出租呢？

上官秋清：还没有到时间，才一年多啊。210弄有六年多了，但是那边才一两年，正在过渡。

吴亮：那个地方好像还是当代艺术比较活跃。

上官秋清：其实很生活化的。

吴亮：这样是对头的。老是"当代艺术"也不好。当代艺术比较活跃还是在苏州河沿岸。

上官秋清：是，那边是已经形成了。

吴亮：它里面有些茶馆，有些卖布艺的。田子坊也有吗？

上官秋清：什么都有，五花八门的，非常零碎。

吴亮：东西也很贵？

上官秋清：也不是很贵。里面也有很多外国人在做，比如韩国人，用很少的钱，把环境布置得很有格调。比如有个酒吧叫"the film"，他把空间改造得很好。也有吃印度菜的，也不错，挺舒服的。

外国人去的特别多，中国人去的少一点，可能是还不太知道。

我觉得到那种地方去的是比较有闲的人，就会觉得很享受，没有闲的人就会觉得太杂乱了，无法接受。

吴亮：那些东西越久越好。

上官秋清：它现在就已经很旧了。我第一次也不太喜欢，但是去多了几次我就感觉到了。

吴亮：像新天地吗？我偶尔跟朋友去，通常都坐在酒吧外面。

上官秋清：它那边也有在外面的，但是很窄，两边离得非常近。

吴亮：人看人有时候也很有吸引力。卢梭当时在批判欧洲剧院的时候说："剧院就是一个堕落的地方。"他说人根本不是去看戏的，就是去看人的……被他骂得一塌糊涂，说是炫耀新衣服。因为没机会炫耀，那个时候商业还不是太发达，在十七八世纪的时候，后来有商业街的时候就不一样了。

上官秋清：你有没看过一本德国人写的书，叫《奢侈与资本主义》。

吴亮：我知道这本书。奢侈一直是带动经济的东西。

上官秋清：他说奢侈品主要是贵族和情妇带动的，带动的那些人经常是赊账的，但是他们就靠它去宣传，最早的广告代言人，然后赚的其实是暴发户的钱。你这个提议很好，就是南京的肚子。

吴亮：城市的肚子，在肚子里才能看到东西，表面都差不多了。两种东西我觉得都没什么好看，一种是新东西，另外一个就是老古董，很标志化，也没意思，看来看去还是这个那个的，没什么好看的。

一个人的上海

肖海生　吴亮

（吴亮答《生活》杂志编辑肖海生，2009年11月）

上海的那些琐事

肖海生：网络上流传着您写的《八十年代琐事》和《上海往事：1990年代》的系列，很多人在其中找到了认同和呼应。这些文章的缘起是什么？

吴亮：一些事情的起因都是很偶然的。说起《八十年代琐事》，得从查建英的《八十年代访谈录》说起。

2006年5月，因《八十年代访谈录》的出版，三联书店《读书》杂志的执行主编吴彬和查建英来上海开了一个座谈会。当时查建英已经听到一些批评，集中在两个问题上：为什么回忆八十年代，访谈只做北京的那拨人，这能涵盖八十年代吗？另外，为什么全都是名人？当然名人总是更有代表性，你要在马路边上随机找一百个人来回忆，那也是有限的。至于为什么全是北京人，查建英这样解释：本来上海是计划要来的，比如陈村啊，吴亮啊，孙甘露啊，都想采访。但当时她女儿在北京，还小，而她的访谈基本是通宵进行。那帮人都是夜猫子，通常是事先发个邮件，列一些提纲和问题，准备一下，然后晚上带个录音机就过去了，一直谈到半夜甚至天亮。以这样的访谈方式，她当时要来上海就很困难。在北京采访时，当晚她就必须请女友去家里陪着她女儿，这样才能进行工作，如果来上海，那牵涉的琐事就太多了。

肖海生：那就您来看，上海文化人的八十年代是什么样的？

吴亮：对我来说，八十年代就是一些很个人化的往事。要讲些大事，各种运动、会议，碰到各种人和事，大家都差不多。后来我去北京，有人问起八十年代和当时那些人和事对我的影响，我说：影响为零。李泽厚、甘阳、刘小枫这些当时的所谓"精神领袖"，他们翻译、编选的书我当然是看过几本，比如卡西尔的《人论》是甘阳翻译的，但我不觉得因为这本书，我就受到了甘阳的影响。正如你不能因为读了《共产党宣言》，就认为你是受了陈望道的影响。

那次座谈会是 2006 年 5 月在上海开的，我简单地说了几句，话说完了，心里反而落下了一件事。6 月份，"世界杯"开始了，手上的一切事情都停下来了，因为时差的关系，每天晚上要看两场球，中间会有一到两个小时的休息，正好是半夜一两点的时间，这就很尴尬了，又不能睡，干吗呢？那不如写点东西。所以，我就开始在网上写东西，一小段一小段，不能写长了，因为还有第二场球赛。我说过，我是在模仿文德斯的《一次》，他就是两三句，一两段一页，再配上照片，我觉得这个方法很好，就用这种方法来书写自己的一些零碎经验。

一直到那年的秋天，我陆陆续续写了大概有两百段。写作时，我提到了很多文化人，但也有我的家人，还有一些无名无姓的人，比如我的邻居。当时就是写着玩，也没想过去发表。我一边写一边在网上贴，很多人就跟帖。

肖海生：但并没有结束，好像突然间就结束了。

吴亮：八十年代对很多人来说，还是带有情结，八十年代发生了那么多事情。我也隐讳地写了几句，特别是 1989 年，比如那年初夏，王安忆和刘再复本来要去新加坡，但王安忆因故没去成，后来她告诉我夏天她在北京时,看到有人在街上被枪打了。当然这个我不便写,于是我写成:1989年7月,上海的夏天很热,大家心情都压抑,上海的青年话剧团在他们的草坪上有个露天的演出,好像演的是莎剧,进场后,王安忆和她先生坐在我前面,她回头说:吴亮,有时间你去我家,我给你说说北京的事情。我把这也写进去了。但具体说什么,戛然而止,留下了空白。

还有一段:1989年11月,华师大的吴洪森和王元化老先生比较熟,王元化七十岁生日那天,我们一起约了王安忆,一起去老先生家,买了一束百合花。上去以后,当时王元化还住在淮海路,家里也没暖气,小客厅就点了一个红外线的取暖器,他穿着棉拖鞋,一件驼色的毛衣,我印象很深。当时他的夫人张可(满涛的妹妹)身体也不太好,她一直在旁边,看到百合花很高兴,找来一个瓶子插了,然后就坐在一边听我们聊天。王元化心情非常沉重……

这样的片断写了四五段,当然,我努力写得比较隐晦,贴在陈村的网站上。几天后陈村告诉我:网管打电话来,说王安忆是上海作协主席,这样写对她不太好。不得已,陈村就把那几段内容给屏蔽了。我写不写本来无所谓的事,但是一被屏蔽我就觉得很不舒服。在法国,萨特可以上街的时候,罗兰·巴特说我可以不上街,这是自由的。但在一个不能随便说话的环境中,那不如干脆什么都不要写。而且,再这样满足于写鸡毛蒜皮那就是谎言。后来浙江有家摄影出版社通过朋友来找我,说他们设法弄照片,能不能让我把这个系列写完,然后出书?我说,你们可以选用我已经写的部分,但我不愿意再写,没法弄了。所以,八十年代的回忆就这么夭折了。我的记忆力很好,如果让我放开来写,我肯定还能写很多。比如现在我正在写七十年代,那就完全放开了,因为七十年代那段历史已经被定性,不存在太大的风险问题。而八十年代仍然很复杂,仍然有障碍。

肖海生:七十年代的文章是关于什么?

吴亮：是给《书城》杂志的，关于阅读，我把它叫做"阅读前史与书的轮回"。完全是个体的经验。想到哪写到哪，已经有了一大摞手稿，但这个系列我一定会写完。我半途而废的东西太多了。

我觉得最难写的还是八十年代。我愿意写的是别人没法写的东西，我的七十年代和我的九十年代都和别人不一样，包括我九十年代介入当代艺术圈，观察的立足点有所交叉，和其他人完全不同。假如我写八十年代，估计和其他人经验大部分雷同，我很难提供独特性。

肖海生：相对来说，写九十年代还好一点。

吴亮：2006年我刚把八十年代系列搁下，《南方人物周刊》就来找我，说要做一组和上海有关的文章。我为此写了一篇《上海往事》，记忆的门一下被打开，我就停不下来了，还是先在网上写帖子。2007年《南方人物周刊》开始让我每周一篇，写两千字，他们连载，一月四篇。当时我觉得这也不错，但他们只发了一个月就不再继续。我猜想，他们的杂志可能需要多样性，而我的这个太局限于我的个人语境了，两千字写个什么画家朋友，别人都不知道他们是谁。我呢，一写起来，基本不考虑别人怎么想。他们的编辑也很不好意思，但既然他们不能用了，我索性把文章写得长一些给了《上海文学》，2007年发了半年时间。《上海文学》现在的社长赵丽宏是我的老朋友，他说加上之前的专栏，我已经写了两年半的专栏。我想是啊，我也不能老占着篇幅，所以这个专栏就停了。关于二十世纪九十年代的回忆也就自然停下来了，现在能看到的也就是十几篇。但是，九十年代确实还有很多往事值得回忆。

"海派"何在

肖海生：二十世纪二十年代到四十年代，海派作家一时风行，比如像施蛰存、刘呐鸥、穆时英、叶灵凤、邵洵美等人。您对他们是怎么看的？

吴亮：关于"海派作家"，之前有过很激烈的辩论，据说沈从文骂过上海人，鲁迅对上海作家也没什么好话，但我不熟悉他们，没有看法。

肖海生：但是现在，这个上海作家群体越来越得到普通读者的关注，重新被阅读，然后也有一些评论文章出来。那个年代，文学的气象还是很不一样的。

吴亮：那个年代还没有我，我不知道。或者要去问问陈子善。我看到陈子善就开玩笑说，这是张爱玲专家。

其实之前也有很多人问我这个问题，我都说搞不清楚，或者说，回答出来的都不是上海，无非是每个人对上海的看法而已。而且这种看法都可能是临时性的，或者是一种套路，人云亦云。

我曾经想过，作为一个迟出生的人，我可以通过大量阅读和资料占有之后，对施蛰存、刘呐鸥他们那样的创作群体作一些分析和判断。但当我了解很多资料后，这些资料的观点反过来又影响我，结果我成了更多他人的观点的综合。特别是你看得比较多以后，你会觉得无话可说。所以，比较有发言权的，还是自己亲历的事件和时期。

当然，从二十世纪二十年代开始的那三十年间的上海文化状况，这个话题我还是很感兴趣。但如果就因此复述别人的观点，或说一两句糊弄的话，那又有啥意思呢？

肖海生：好，那我们能不能谈谈第二批集中出现的上海作家群，比如王安忆、陈村、吴亮，等等。他们现在处于一个什么样的状况？比如像王安忆，每天还在创作，每天写两千字。或者像孙甘露和马原。他们曾经或者现在还在书写上海。

吴亮：因为太熟悉，我反而更难回答。比如王安忆，我们是来往最为频繁的,其实也就是二十世纪八十年代末的那一段时间……他们平时写作很忙,所以我一般不会去打扰他们。

  肖海生:还有上海新世纪初的那些作家,比如卫慧、棉棉她们。

  吴亮:她们已经过去了,某种意义上已经成为历史人物了。我曾经到处找人写关于她们那个作家群的文章,后来弄到三篇谈棉棉的,都发表了,而卫慧大家都不愿意碰。棉棉两年前把《熊猫》改编成《声名狼藉》,据说也只是先前未发表作品的修改。我觉得事情无关好不好的问题,她们对一种生活方式的呈现,与众不同。她们之间也不同,甚至差异更大。当然她们也不代表全部,各人从各自的非常个人化的角度来谈。现在已经没有了百科全书式的巴尔扎克,也许不会再有了,何况两位女作家?如果不是看了她们的作品,我们也不知道、不甚知道有这样的生活方式。她们提供的这种经验,只是呈现,无须别人认同,事实上,认同她们的,并非是一个极少数。阅读一定是这样的,不纠缠谁对谁错,不应该这样来考虑文学问题。

  肖海生:像她们笔下的上海,如果不是有过对她们作品的阅读,您会了解吗?

  吴亮:十多年前,我就看过卫慧的小说,非常不喜欢,太拙劣了。从我个人的偏见来讲,你懂什么呀,才跑来看到几样时髦东西,就那么大惊小怪。但现在时过境迁再一想,往往是一个乡下人对一个城市他才会很敏感,他会激动,会有想象,如果你一直在这里生活,反而可能会麻木,会不屑于去看,会不识庐山真面目。人家有感觉就是因为他是一个乡下人,就像拉斯蒂涅(《高老头》主人公)来到巴黎,就想要征服巴黎。这种差异性是有文章可做的。从这个角度来谈,卫慧和她的书流行一时是有其道理的。她无知,东拼西凑,但也许更有意思。就像中国当代艺术,很多东西我们觉得是不能看的,但外国人觉得好,你也不能说他们就愚蠢。

肖海生：说到当代艺术，北京"798"那边的画廊现在已经大不如前了。

吴亮：那是因为前几年太热闹了，有泡沫。那些画家的工作室都大得像工厂一般，就现在，宋庄里还住着几千个艺术家。上海的画廊也有关门的，但没有北京那么大起大落，苏州河艺术区那边也有些移居上海的艺术家，但大部分还是以本土为主。

肖海生：如果大部分都是本土艺术家，他们的创作经验、视野和内在的撞击会不会相对近似，艺术呈现会不会单调和归一？

吴亮：这个无所谓，因为现在所谓的创作并不是守住一口深井去挖掘。当代的文化特征就是一种游牧文化，就是资讯，是漂泊型的、移动型的，是拿来主义的、不断变化的。它不会像福克纳那样，虚构出一整个小镇，这种艺术方式已经过去了。现在是一个全球化背景下的艺术创作方式。而且，你说这些人是在上海待着，可他三天两头就离开上海，各个国家飞来飞去，移动既是他的创作方式，也是他的生活方式。

肖海生：那像韩寒、郭敬明这样的还很活跃的新锐作家呢？比如韩寒现在在做的杂志《独唱团》、郭敬明的《最小说》《岛》，还有北京的张悦然的《鲤》，都是介于杂志和书之间的"MOOK"，您如何看？

吴亮：韩寒现在已经不算上海的吧？郭敬明也不算上海人吧，他不过是在上海开了家公司。

你所说的他们在做的这些杂志，我不知道。不过，我倒是正打算找人来写作这样的观察和批评文章。既然他们有这么大的影响面，那我们就应该关注。前不久我在《文学报》上看到他们也搞了一个类似韩东和朱文在1998年发起的"断裂行为问卷调查"，说"80后"作家对"先锋派"完全嗤之以鼻，对八十年代完全嗤之以鼻，这与韩东他们当年说"鲁迅不影响我们"一样。

肖海生：那您认为现在当下还有一个相对清晰的"海派作家"的群体吗？

吴亮：没有。必须要重新定义。其实，我一直很讨厌"海派"这个词，十多年前我在一篇文章说过"臭名昭著的海派"——我不是形容被指的那个群体，我是指这个名词本身。究竟是沈从文、鲁迅说的"海派"，还是周信芳的"海派"，或是任伯年、吴昌硕的那个"海派"？后来甚至变成流氓加才子的代称……这其中有太多的误读和掺入，"海派"到底指什么都没有好好定义，"重振海派文化"又从何谈起？

城市的隐喻

肖海生：放下这个名词不谈，那还在写作的这些上海的作家，他们对当下上海的城市文化的形成有什么样的影响？

吴亮：上海现在没有很独特的城市文化流派。其次，上海作家也不具备什么共同特征。

肖海生：比方说，《长恨歌》出来后，北京人、成都人、广州人，他们就会通过这个小说来想象、来虚构上海这座城市。

吴亮：那是错误的。你只能通过《长恨歌》了解到王安忆怎么看上海，对了解上海本身用处不大。比如我在上海生活，我对上海的看法就和她完全不同。你不能通过一篇小说来了解一个城市，小说不是一个折射镜，甚至不是一个变形镜。王安忆自己也一直强调：小说就是虚构的世界。当然，因为小说是充满了确定的细节、语言、时空和生活方式，你会不断接受到这样的暗示和强化，但这和我们所说的客体的上海不是一回事。那已经是一座被语言腐蚀过的城市。

当然，它也可能唤起一些人的某些记忆，即使和现实中的城市不符合，我们也不能让他们清除掉那些记忆，那毕竟是很私人的幻象。

肖海生：十年二十年后再回过头来看，这些作家对上海的描写是否会有某些共同的特性？

吴亮：就算是同一个社会，对不同人的影响也是不一样的。比如，我们现在回过头来看，同样是阅读苏俄文学作品，王蒙就会钟情于那种少年布尔什维克情结，他看到的是卓娅与舒拉，关于集体化、拖拉机之类的，这种东西对他们的影响最大。他们基本还是受意识形态的影响、他们的理想主义，等等。而到了我们这一代，在二十世纪七十年代再看的就不是苏联，而是十九世纪的俄罗斯文学，反而向前提了。

肖海生：那现在上海本土的作家都在做什么呢？作为评论家和评论杂志的主编，您有什么样的观察？

吴亮：没有什么非看不可的作品。不光是上海作家，国内的作品我都很少看。我现在很"过分"，宁可看文学理论，甚至也不怎么看外国文学作品。相比而言，从二十世纪下半叶以来，国外的文学理论发展得更加精彩。

这些年来，上海作家所提供的作品，他们所提供的可能性对我所希望看到的而言，还是很不够的。我无意去批评具体的人，但我觉得应该有更多的好作品更与上海这座深不可测的城市相匹配的作家诞生。但我也不想去质疑什么。就像以前都说中国男人不能打篮球，可姚明出来了。但出来也就出来了，这一切都不能说明什么。没有就没有。

为什么二十世纪三十年代开始的文学盛况不可能在今天再现？还有一个外部原因。当年的上海是自由的，居住、出版、写作空间，要知道，那些所谓的"海派作家"大部分都不是上海本地人。而现在的上海已经没有这样的条件了。

肖海生：我还听到一些说法，比如说，之前的一些作家失去了对当下生活的理解和判断,自己也故步自封,停留在他们过去的那个年代出不来了。

吴亮:这是一方面。这种看法还是局限于体制内的作家,或者是专指写小说的人。如果我们把视野放开,观察更多的现象,比如像我们隔壁的《萌芽》杂志,在他们海量的来稿中,会不会出现一些具有潜质的文章,再出现一个韩寒或者郭敬明?我不知道。当然这批作家生活在一个新的文化空间,这种文化空间不需要他们对生活的城市作太多了解。所谓了解真实的上海,标准到底在哪里?在图书馆,还是你要在这里拥有一千个朋友,生活十年以上?另外,你怎么知道他们没有对他们自己生活的判断力?无非是你不认同罢了。

肖海生:如果把上海和北京相比,现代的消费文化,会不会更适合上海的城市气质,从而更快地融入到这个城市生活中来?

吴亮:从我直接看到的,以及听说的、阅读中的经验,我觉得时尚、消费文化对上海来说,和北京有类似性,并没有太大的差别。它们都是突然出现的。但这里面又有一些细微的差别。

根据近代史资料的研究,北平的西式生活最早是在东交民巷萌芽的。那里曾经是外交使团的驻地,异国的东西进来了,异国的东西就是新东西,再加上当时清王朝的解体,它就和皇城根下清朝八旗子弟后裔、胡同文化混合起来,形成北京近代之后的市民文化。

北京有一点很特殊,这里的重要人物基本上都是政治人物,无论如何,它都具有政治性。在近代史上,北平一直是个政治中心,围绕其中的大学学府、知识分子,都是以政治为其主要诉求。上海不一样,辛亥革命时,上海的一些民间商会会提供钱,支持代表自己利益的武装、武装起义者;"一战"的时候,据说上海商界也捐钱,俨然已融入了当年的世界。上海还成立过最早的国民大会。上海这个地方很神奇,除了开埠之后各国的租界,各地的商人们也到这里建立各种各样的商号，比如山西的、徽帮的、宁波帮的、广东帮的、潮州帮的，等等，非常类似西方大公司的雏形。商会以外，又配有一套司法系统和一套公共服务系统，工部局、巡捕房……这整个系统的形成是渐进式的，从十九世纪下半期，一直到抗战爆发以前。1927年蒋介石掌权以后，民国政府曾经有一个大上海计划，打算把上海虹口变为一个中心，甚至有很成熟的城市规划图。最早的电影厂、电话局、报馆、自来水厂、医院等公共机构与设施，乃至西餐馆、照相馆、酒吧、舞厅、戏院……所有这些慢慢形成的东西，华洋杂处，城市的各个阶层都发展起来了。这些后来都完全改变了，取而代之的是另一种城市系统和生活场景，过去的遗产全部破坏掉。所以，现在的上海是一个重新开始建立的过程，这和当年慢慢地成长已经不太一样，那种自发性没有了。现在是在权力高度控制之后的放开，这些东西重新出现，但它的味道、气质和当年自然成长起来的是不一样的。

回过来讲，北京其实也是这样。前两天我看到一个电视节目讲蔡国强，在北京买下一个四合院，一个很破的房子，然后请人重新改造。据说他原来是想换梁啊、柱啊，把整棵树移植进去，但他的房子是在一个小巷子里面，大车没法开进去，所以你就知道他是和一般百姓混居的。谁能想到，在那条百姓进进出出的小巷子里，会出现这样一个东西？他可以把旧砖头全部一一编号拆下来，然后再照原样的顺序安回去，如此进行重建。这个过程本身就很后现代，同时也是中国近现代历史的一个隐喻。生活先被摧毁，然后又重建，它的多重性全部扭合在一起，类似北京、上海随处可见的建筑奇观与文化奇观。

因而，你要描述这样一种情况出现的时候，你就不能用以前的渐进方式，必须考虑到现代社会的结构断裂和历史的突发性变化。

肖海生：我原本以为上海它的商业文化会更加自然一些。

吴亮：上海也有很多像蔡国强这样中间介入改变其原有生长方式

（或阻止其衰败过程）的宅子。你看着不起眼的一幢小楼里，很可能里面是一个不可思议的俱乐部。社会的现状就和这些房子一样，你一时半会是看不清楚的，它的历史还在走。

"用文学思考所有问题"

肖海生：为什么在经历过批评界、艺术界之后，您又来做《上海文化》这样一本文化评论杂志，这其中是否有您的一些想法和寄托？

吴亮：不是我想的，是领导叫我做的。我接受任务。《上海文化》创刊于1987年，一开始叫《上海文论》，2009年我接手后，就想重新做一本以文学批评为主的杂志。之前我们开过一次会，我说，首先，文学已经泛化，它已经不是我们以前想象的那样单纯，我们首先要把自己打开。尽管如此，它还是有自己的核心，我们目前还是以传统的文学研究为主体的一本杂志，这是由我们主办方作家协会和文学研究所的性质决定的。但我们应该尽量超越习惯的做法，所以有些栏目设置，比如像"视野"、"跨界叙事"，是尽量趴在窗户上朝文学之外张望；另外一个，是通过批评文章或者文学史的文章，把这种视野带进来，并不是题目本身，而是以跨越学科的方式来讲一个作品，杂志封面上打出的"新批评"和当年艾略特他们所说的"新批评"是不一样的，并不仅仅是形式上或者文本上的分析。

其他就是一些常规的栏目，也没有特别的新花样好翻，你说这世上还有什么新东西呢？关键就是你怎么来理解这些栏目，你要找到什么样的文章，你的标准是什么，这些就很难言传了。不过文字永远是第一位，如果文字都不行，你还会有什么好观点，那是不可能的。

肖海生：杂志中曾经有一个栏目是"一个作家和一个城市"，写到了王朔和北京、刘呐鸥和老上海、叶兆言和南京、孙甘露和上海，可后来这个栏目为什么不见了？

吴亮：没有好稿子，我宁可让这个栏目暂时空缺。

肖海生：您曾经说过：用文学来思考所有问题。那么，作为一本文化评论杂志的主编，您如何对上海本地的热点话题、市井生活等作持续的关注和了解？

吴亮：要了解这些，上海其实有许多报刊可以去看，像《上海星期三》、《周末画报》《外滩画报》《青年报》副刊。但我对这些信息兴趣不大。

肖海生：您现在还会关注当代艺术？

吴亮：还会，但也只是作壁上观。这就是我现在做《上海文化》杂志的好处，我关注的问题不再需要自己去一点点琢磨，我可以找人来研究，然后把它集结出来，使之成为一系列的答案，或者说是解读。

肖海生：比如做《上海文化·秋季增刊》时，其中包括电影、摄影，等等，那些选题您是如何确定的？

吴亮：你没发现吗，那些选题几乎全是过去时，我强调历史性。因为一切迟早都要变成历史。但在具体操作时，我需要鲜活，包括对当下事件的敏锐、你整个的知识体系和视野，你的文采，都应该是鲜活的。你虽是写历史，但照样应该写得很鲜活。

肖海生：那有没有想过，通过《上海文化》这本杂志来影响一个普通读者，甚至是普通市民？

吴亮：没想过。我不奢望他们会来看这本杂志，假如有，那是一个美丽的意外。主要的读者还是批评界的文艺界的，还有学院。我现在着力寻找一些年轻人，新人，包括学院才俊与敏锐的媒体工作者。我到退休还有五年多时间，现在自己的状态和经验都还管用，我能做的只有两点：一个是知道学习，一个是相信年轻人。

上海是座动物园

蛐蛐　吴亮

（吴亮答自由撰稿人蛐蛐，2009 年 12 月）

蛐蛐：如果把上海比成一类人或者一种动物，你认为会是什么？

吴亮：如果比喻为一类人，上海人都是过客，无论老上海人，还是新上海人，都是。上海不属于任何人，想发大财的是过客，想捞一把的也是过客；穷人是过客，富人也是过客。将要举办的"世博会"其实就是个大客栈，所有人都是上海的过客。

动物？上海是座动物园，什么样的动物都有。

蛐蛐：你是上海人吗？给我们讲讲你小时候的上海吧。

吴亮：你怎么定义"上海人"？我在上海长大，但祖籍不是，大多数上海人都是这样。

小时候的上海，我跟我这一代的上海人有相似的记忆：匮乏、拥挤、车少、穿一样的衣服、受简单的教育……用不超过十个词，就可以概括当时的这座城市。

无论现在还是过去，我都说不上更喜欢哪个时候的上海。我常想到过去，可能因为那是属于我自己的回忆，现在的上海就是将来的回忆。

蛐蛐：你感觉自己身上有上海的印记么？

吴亮：我不知道，你得问认识我的人，他们说的才算数。八十年代我到外地去，很能喝酒，别人会说你很不像上海人。也有朋友说我是很典型的上海人,喜欢玩,喜欢自由,可为可不为,爱看电影,不过不刻意,也没说有什么电影非看不可。几年前收到一个嘲讽电影的短信段子,出于好奇,就把里面提到的四部片子看全了。

我对上海的话题没太大的兴趣,世博会,新房子老房子,都没兴趣。我已年过五十了,我在上海过一种自在的生活,我并非脱离世界,不拒绝,但又无所追求。

蛐蛐:能谈谈艺术在上海吗?比如田子坊、苏河的出现,你是如何看待的?

吴亮:在符号消费的世界,你得容忍那些表面的艺术现象,要允许别人玩虚拟消费,如果一个女人很难看,但她也有打扮漂亮的权利;好莱坞、拉斯维加斯、澳门,有人喜欢说它们很假,但这是另一部人的需要,毋庸反对。

田子坊、苏河,他们的发展路线就是SOHU的路线上海式模仿。前卫艺术一旦成功就走向了死亡,因为它本来是边缘艺术,由于被金钱、时尚、权力所认可,它就不是前卫艺术了。当年北京的政治波普,曾被评论解释为"画出了1989年后人们的无聊感",我觉得,现在的艺术其实才是真的无聊,生活态度、方式、活动都那么无聊,很多地方我都不愿去了,很多活动也都不想去了。只是出于人之常情,我偶尔还会去,就像看看动物园,到底现在的动物们会是个什么样子。

我现在的状态和七十年代的状态差不多,和我发生关系的基本就是家人、朋友。周围没什么可看的,我就看书吧;外面可看的东西太多,我就选择什么都不看。

说上海那么多干吗,评论上海那么多干吗,其实没什么意义。文化跟你有关就丰富,跟你没关就不丰富。批评家是啄木鸟、夜莺,要做好的事情就是吃虫子、唱歌,森林那么大,你能管那么多吗?其他看似和你很有关,其实一点儿关系也没有。

九十年代我曾写过,"假如你在喝一杯咖啡,你就喝你面前的这一杯,不要去管谁在你周围喝,还有什么别的咖啡可喝"。

蚰蚰:上海过去有而现在消失了的文化现象是哪些?那过去没有而现在出现了的呢?你如何评论这种变化?

吴亮:很难用三言两语回答,可能需要用一些琐碎概念来表述,饮食、口语、书籍、交通工具、城市轮廓都变了。巨大的变化发生在九十年代后,城市外观的变化让我感觉突然而且陌生,一开始是陌生,然后就麻木,最后就习惯了,一言难尽。

这个城市的生活表面发生变化了,但制度并没有变,所有的人都开始焦虑,开始为了欲望和生存走上一条不归路。

周立波的"海派"清口不错,我挺喜欢。上海话其实很好玩,比如"帮帮忙"、"我死给你看",里面有典型的上海性格和处世在;还有他学"打桩模子"的腔调,很有趣。

蚰蚰:除了你主持的《上海文化》,你觉得上海还有哪本杂志能反映这个城市的内在,而不只是表面?

吴亮:《上海文化》以前是个文学批评杂志,后来转为文化批评,现在又变回了文学批评杂志。我每天会收到很多杂志报纸,都草草看看了事。

不太读报读杂志,我凭借几十年生活在这座城市里的经验和直觉获取关于上海的讯息,要知道,资讯不仅仅是从报纸杂志上看来的,更多的是从朋友、周围人中来;至于这个城市的文化,不能局限于媒体给你的总结。文化艺术是个相对的领域,说白了就是个胡说的领域,主观色彩为多,不需要别人给你标准。

蚰蚰:你认为上海的文化和北京、香港有什么不一样?上海的文化强项体现在哪里?

吴亮:香港这十年我没去过,以前去过两次,走马观花了解不深,能说什么?没法说。

北京虽然去过很多次,但我对北京印象不错主要是因为对北京的朋友印象好,这也不能算是了解吧?我不喜欢北京城里的交通,既难看又不合理的道路粗暴地把古城给撕裂了。

上海车也多,但有很多小马路。1949年以前上海的马路都是为黄包车设计的,哪里想得到半个世纪后冒出了这么多私家车和出租车。我虽生活在上海,却很难三言两语概括它,我真的了解它吗?越是活在其中,越熟悉,就越难总结。

上海文化本身没有原创性,这个跟上海以前是码头有关。过去要出名来上海,但现在"要出名去北京,要卖票来上海",上海在今天是依附性的。

蛐蛐:你曾提到过,你觉得"海派"必须要重新定义,能具体说说吗?

吴亮:过去说到的所谓"海派",主要是挑起"京海之争"的沈从文等人的定义,吴昌硕等为代表的绘画流派,麒麟童开拓的"海派"京剧,都是在三十年代以及更早,很难将如今的上海与那个时候比,无论是制度还是别的方面。现在上海的文化逐渐在恢复多样性,不是一直说上海"海纳百川"吗,那怎么能只用一个流派来定义?

如果非要用"海派"来说,那你告诉我它到底是什么?你说大饼油条是"海派",还是咖啡?石库门是"海派",还是高楼大厦?现在没有"海派"了,是个虚词,没法具体定义,只是个花架子,没有实质意义。以前一直说上海"华洋杂处,海纳百川",那就起码应该有一百个派吧。

假设真有过一个海派文化存在,就必须回到某个历史场景下:人自由地流动、自由地写作、自由地出版(书号不需要买,以免制造腐败)、自由地拍电影……现在是"开而不放"。我们看到的物质上的变化,国家给的政策只是表面上的;要说真正的文化,没有真正的自由就不可能有真正的文化。必须给予文化发展真正的自由,真正的市场化,为什么不去看看西方的例子、经验?比如文化基金会,非营利性文化机构什么的。究竟在怕什么呢?

政府和国家不是一个概念,一个国家和一个城市的文化,不该是由政府来决定的,官方扮演的角色应该是给予文化扶持和便利,而现在经常做的却是"政府出面,请'智囊团'来为这个城市设计文化的定位及发展方向",不应该是这样的。

蚰蚰:如果可以选择,除了上海,你会选世界上哪个城市居住?

吴亮:在没走遍世界之前,我没法选择。现在我居住在上海,这不算选择的结果吧。

蚰蚰:在上海生活,你经常出没于哪些地方?如果有朋友来上海,你会带他们去吃喝玩乐的地方分别有哪些?

吴亮:从襄阳南路到巨鹿路是我每天的固定路线,从家去我办公室,还有长乐路,那里有我家的老房子,常回去,属于自己的私人空间。

九十年代初,上海的饭店酒吧还很少,选择余地也很少,从九十年代中期后开始多了,现在太多了,多了就记不住了。你让我说让我推荐,我其实根本就麻木了,可能老了,随便了,迟钝了,关于一个地方的记忆,都与人有关,好吃难吃,无所谓了。

九十年代中期,我的一个同事去台湾探亲,带回来两本小册子,一本《中国吃》,一本《南北看》,大地出版社出的,我看得入迷,还特地复印四处流传;后来同事又去台湾,补全了,就来问我讨回,要凑成一套。书是唐鲁孙写的,我喜欢这个人,他很厉害。

食物面前人应该是平等的。有一家饭馆是在肇家浜路宛平路那里,加油站的对面,红砖头房子,叫"小白桦",里面的盐水猪肝和清蒸鲥鱼不错。涮羊肉,凤阳路国际饭店后面,在新昌路和黄河路那里的"清梅居",用的是上海少见的紫铜炭锅,以前有二锅头,现在可能没啥利润不卖了,但还有伊力特曲。羊肉质地好,清水火锅,难得。

另外还有一家在虹许路一个大卖场楼上,本邦菜,星月轩,老板姓胡,那里的酒香草头、猪脚、猪鼻和红烧鳗鱼,味道生猛。

西餐馆嘛,在进贤路上有一家,名字不记得了,上海四五月份坐在它二楼的露台上,吃完牛排晒太阳。

城市之魂

——《环球企业家》专访吴亮

（吴亮答《环球企业家》，2009年9月）

《环球企业家》：你写了一系列关于城市的书：《城市笔记》《城市伊甸园》《老上海——已逝的时光》和《没有名字的城市》等，来描述上海的变化。我想知道，这二十多年来，你觉得上海最重要的变化是什么？

吴亮：变得陌生了。那种感觉让我陷入疏离、亢奋、迷惑、麻木、惊讶与狂喜的交织之中。

《环球企业家》：外界评论说，你一直保持了一个漫游者和观察者的姿态来描写现实的上海和想象中的上海，这两个上海的联系和背离各是什么？

吴亮：有无数个上海，有无数个上海的幻象，它们之间有无数种联系。

《环球企业家》：你曾提到"上海人的自私和冷漠、品味和虚伪、仰慕和自卑、炫耀和媚外"，最近二十多年的急速发展中，上海或者说上海人的本质改变了吗？在你看来，这种最根本的特质或者说精神是什么？

吴亮：那似乎是一个全称否定的判断，可能是我九十年代说过的吧。有一阵，我喜欢用这一类的句式发表意见，它传递的未必是一个事实，顶多是事实的某个侧面、某个维度，但更重要的是它流露了我当时的不满情绪。不错，这个判断本身又构成了一个事实，即语言的事实。其实，上海人和其他任何地方的人一样，并不存在所谓的本质，人们都在生成之中，我不知道怎么回答你，因为我不明白什么叫"根本特质"。

《环球企业家》：十二年的工厂生活为你今后的写作和思考提供了一个怎样的基础？

吴亮：给了我强壮的体能与对时间的紧迫感，如果你曾经将十六岁至二十八岁的十二年光阴消耗在繁重单调的体力劳动中，你就会明白这一点。

《环球企业家》：你曾提到"上海是一个没有音乐的城市"，是否可以这样理解：上海是一个文化杂糅的城市，而多元文化稀释了上海自身的文化属性？

吴亮：并不存在这种"多元属性"，顶多勉强说"多样性"。"多元"的前提是"自由"，而"多样性"的前提不过是"允许"。

《环球企业家》：是否可以说，侧重于对现代都市的感性体验，是很多上海作家的一贯风格？

吴亮：不知道。因为它尚未出现。

《环球企业家》：很多人一方面栖身于城市，另一方面又把塞外牧马放羊或者面朝大海春暖花开当作自己的生活理想。每个人都在谈论"大城市病"，诸如交通、污染、嘈杂和建筑的冰冷等，但也有人欣赏这种亚洲城市的拥挤的充满活力的"市声"。你的看法是什么？

吴亮：万事皆不可逆转，所以人们就只好喋喋不休地谈论了。这些话题我在1985年开始写的《城市笔记》里就已经全部涉及，可惜，我说得太早。

《环球企业家》：你认为，应该解决哪些城市的弊端，以达到理想的城市生活方式，所谓"诗意地栖居"？也就是说，城市，如何才能让生活更美好？

吴亮：为解决一个弊端，就会生出几个新的弊端，弊端是文明的伴生物，它不可解决。一个理想城市的存在，必然有许多垃圾城市作为参照系，作为牺牲品，这是残酷的城市发展不平衡铁律。你要想居住在理想城市，你首先得有钱，而你为了钱，你必须贪婪，而你一贪婪，你就绝不可能诗意！真是太悲哀了，人们居然以为荷尔德林或海德格尔所谓"诗意地栖居"指的只是漂亮的房子。

《环球企业家》：如果可以选择，你愿意生活在全球哪座城市里？为什么？

吴亮：一切皆可。因为说到底，我们都居住在我们的身体里，换言之：栖居在心。

吴亮说吴亮

(吴亮2002年8月口述)

1985年、1986年那会儿,我写了第一本关于城市的书,有点理论有点描述。当时一个朋友,李庆西,给这本书起了个名字叫做《城市笔记》。

1985年我还在做一些文学方面的事情。每天醒过来就要知道,今天有什么作品发表,今天的文坛在讨论什么问题,很夸张吧。许多问题,我会非常起劲地参与进去,争论,发表不同意见,有时候会从相反的方向思考。1985年,有一个很大的潮流叫"寻根",文化寻根,当时有许多小说都在写农村,农村历史,农村传奇,农村神话。当时很著名的人物,阿城,韩少功,贾平凹,李杭育,郑万隆等作家,"寻根文学"的主将,掀起一股热潮。1984年底在杭州开了一个会,我也在,许多人,李陀,黄子平,阿城,陈村,曹冠龙,程德培,李庆西,李杭育,韩少功,周介人,李子云,茹志鹃,郑万隆,陈思和,我记忆力不错吧。

我本人没有乡村生活经验,自小没有看农村题材书籍的爱好,很难进入到这样一个话语空间里面,也很难说出些什么。我还是一直比较看重我个人的经验,我想,是不是城市被忽略了。即便是我们所了解的农村,对我来讲,一定要通过别人讲述,也许知青们对乡村有记忆，有经验，有故事；对于我来说，没有。我从小，懂事以后，一直到1985年那会儿，围绕我自己的空间始终是城市。我知道世界的一切事情，都是因为我有一个城市。会议结束后，我就开始写篇文章，写城市对我的影响。在那时的文坛，还几乎没有写城市的作品。有写改革的，也有写发生在城市里的故事，但它不是写城市。没有我们现在所说的那种城市概念。

在那个时候，西方关于城市学的书，介绍过来的非常罕见，我杂书看得很多，我看的小说，电影电视，可能那里面的一些城市景观，无形中影响了我。凭我当时的直接间接经验，断断续续写了两年时间，就成了那本书。用一种不太成熟的理论术语，和我借用的其他领域的术语，不太严格的言论，构成了这本书，所以当时起名为"笔记"。不是学术，我也没有条件做这事情。当时已经知道西方的城市发展到了什么程度，我们通过影像照片，国外归来的人，各种各样的书也出了很多。上海当年处在萎缩状态，城市多年不发展，都市化非常不充分。所以，我就不敢多写上海。

到了二十世纪九十年代初，当时正好有些闲，就开始写另一本书，那本书非常具有描述性。那时候的上海跟现在相比，完全不可同日而语，现在已经非常都市化。那时候，上海还处在一个变化的前夕，大家都不知道，许多方面还是停滞的。如果说在变化的话，仅仅是一些观念上的生活方式和时尚，至于各种空间，建筑外貌，基本上还是原来的格局。我当时意识到这个问题，所以书里没出现任何一个具体的地名。我觉得城市不是我凭空想出来的，而是，我有好多好多经验，有间接有直接。它的街道，许许多多房子，弄巷，酒吧，还有图书馆，博物馆，电影院，商场，广场。当时还想写仓库，车站。篇幅所限，加上人很懒，篇幅差不多了我就刹住了。都市生活场所，都是公共场所，任何人都可以进入的地方。我自己还比较满意，因为没有过多地被具体的经验所束缚，它能够展开我的想象力。而这里面反复出现的一个漫游者，那就是想象中的我。不是我自己，是我想象的我。当然，这个漫游者有些行为有些习惯却是我的习惯。我经常在城市的各种地方活动，但我一直不介入。而且你会发现漫游者对任何事情都是不卷入的，他不是当事者，顶多是个目击者。他是一个不知详情的目击者，他在旁边观察到的事情，而那个事情内部是什么样的，他不知道，他很表层。

这本书写完，这个书名叫《城市伊甸园》，我想可以告一段落了。

促使我写这本书的动力很奇怪，直到现在还有。曾经有人问我，你是不是喜欢上海？我说我喜欢谈不上，我说我习惯，或者我迷恋。但简单的喜欢或者爱，谈不上。这个城市甚至很可恨，很可怕，很脏很乱，有种种的不舒服，可能因为我生性懒惰，我脑子是勤快的，身体比较懒惰。这座城市为我身体的懒惰提供了便利。只要我不太多地卷入世俗的事务，只要我有时间，我有一个敞开的空间，但我要能自由进出，那么我觉得就非常愉快，就会不断地想象着事情，所以，这座城市对我影响太大，或者说在我心目当中，这座城市它是由两座城市构成的：一座很经验很日常，在地图上它很明确；另一座是虚构的城市，但那个城市不是乌托邦，还是跟这个城市有密切的关联，我常常是想象着有这样一座城市，然后我陶醉在其中。有时候通过谈话，或者写作中，我构造着这座城市，但在这个构造中，也掺杂着我的日常经验，但也不想为日常经验所束缚。我在1998年曾经想写一本更具体的书，开了一个头，我当时的题目叫《地图与肖像》。当然地图后来被人用得太多了，时尚地图、酒吧地图，烦了，不写了。我当时这样想，我生活的这个空间是可以用一张地图来予以描绘的，我想象中的这座城市也是可以用另外一种地图描绘的。不管怎么说，当我们坐在飞机上，降落到这座城市的时候，我觉得那完全是一张地图，当你进入后,地图消失了,你进去了。就像阿拉伯神话魔毯,壁画,当你把壁画打开以后,你可以进去,这个故事对我影响很深。当你没有进入的时候,它是一幅画;当你一旦进入,图画消失了。你身居其中。我一直迷惑在这种感觉里面。

我可以进去,也可以出来。我有时候喜欢走出来看它,有时候又想进去。

不管它是虚拟的还是实在的,它都是一张地图。

再一个呢,就是肖像了。在我几十年的生活当中,我的家人,亲戚,同学,邻居以及各种各样我偶然情况下认识的人,他们都是很具体的,构成了我的一个肖像图。我想有机会我就想写这么一种半是回忆半是虚构的,不是小说,叙事文本。地图是因为有肖像出现,它才变得活了。我已经写过一个提纲,有好几百段,但现在才写了二十段不到,后来因为做画廊,就把这个工作搁下了。因为当时我以为我不会被什么事打搅,那么我可以花三五年时间很悠闲地写这样一本书。

但这个愿望我一直想做而没能做完。前年开始口述这本《艺术在上海》,比较落实,落实在画廊里面。可能在接下来的写作当中,我还是想恢复地图与肖像这样的写作方式。同时把这种方式和当代艺术和画廊,包括我目前的生活,全部结合在一起,结合来写。不完全是纪实,也不完全是虚构,想写这样的。1985年的时候,还仅仅是好奇,这个话题吸引了我,从1990年、1991年写《漫游者行踪》的时候,部分满足了我的这种愿望,我觉得还没有彻底满足。过了一段时间又来了。很奇怪,我一直很想对我的周围的空间作一个描述,有时候一想到一本书将要写就有点激动,而它究竟是什么样,我却不知道,这件事情本身对我有一种诱惑力。我真的不知道,有时候不要说一本书了,就是一篇文章,一行字,觉得朦朦胧胧想写一个东西,但不清楚,当你写下来,就知道了。它原来是这样。写作的过程是一个生成过程，本来没有，完全是无中生有。因为你还没有把它落到纸上的时候，它非常混沌。它是一种刺激，一种雾后面的东西，你要把雾拨开，它就呈现了。但是你要把雾拨开，是一件很费劲的事情。

我在1996年的时候曾经出过一个四卷的文集，题目分别叫做《独行者说》《观察者说》《逍遥者说》《批评者说》。我现有文章的分类。我不同的状态——当我是独行者的时候，我可能是个比较封闭的人；当我是个逍遥者的时候，我是一个生活化的人；观察者对什么都很好奇。不一定很准确，但我觉得其实每个人几乎都是由几个角色构成的。

也许更多的人不写作吧。

我也常常反省，我对自己说，生活不是被你用来写作的，生活不是用来被你谈论的。生活是被你度过的。来对自己老写作的一种方式进行反省。结果我就进入一个陷阱，这种观点我还是写出来了，写作不决定一切，可这句话我还是把它写出来了。所以，写作就是不能改掉的一个癖好，就是有什么感觉，就是要把它写出来。当然也有很多很多观点我丢失了，不写了，或者和人们聊天就聊掉了，那也就拉倒，也无所谓，没什么可惜的，但是既然有时间写，就写吧，也不一定要刻意不写。我很喜欢禅宗的公案，不要太迷信语言，要相信生活本身对你的启示。但是，最终它还是变成了文字。虽然它强调说要不立文字。

人是一个符号动物。有时候不是写给公众看，而是说给自己听。

我喜欢罗兰·巴特。我在读他某本书的时候，一些句型文字都会影响我。那些影响会潜移默化的。我不是一个可以随便学习他人的人，我看了很多书，为什么我不能什么都学呢？因为我们气质不对，或者感觉不能共鸣。当然，有时候我也会看到一些我非常佩服的作家，不仅是罗兰·巴特，也包括其他人。当读到一些非常好的东西的时候，我想，哎呀，我还能说什么？他们已经说出来了。别自以为聪明，比你聪明的多的是。有时候也觉得，罗兰·巴特这些话不怎么样。这也很正常，即便是一个非常了不起的作家，也不可能每句话都是经典。

正式以半职业的状态开始写作是从八十年代初开始。1981年、1982年。二十五岁刚过。我正式开始写作，起步还是比较晚。现在，别说二十五岁，十八岁就可以成名了。

我"七○届"中学毕业。我这一届开始，一部分人可以留在上海了。我在一家工厂里，待了整整十二年。我最早的写作是我在工厂当工人的时候写的。我没有进过大学，后来因为写作，就直接从工厂进入了作家协会。那是一家很小的工厂，这家厂所承担的任务是给饭店修理各种各样的器具，冰箱、炉灶，我干过很多工种，我干过钳工、泥瓦工、修理工。我当时的工作很辛苦很繁重，当时年轻，还没看到问题。上下班，在路上，我住在长乐路，就在淮海路旁边；我的小学和中学都在淮海路，上课下课，同学们的家，平时上街，都在淮海路附近。后来上下班都步行，在南京路上。只需要一刻钟，非常轻松，行走的感觉美妙极了。我对逛街特别有心得。我是把逛街跟购物完全分开的。在我书里写过，购物者是带着功利的目的进入，我完全是无所事事，闲逛。不是因为看了谁的书开始闲逛，我一直都那样。我觉得逛街是一种享受。我现在体力不如以前，现在街道的状况也不如以前。当时污染没这么严重，车辆没这么多，步行空间要比现在大，现在太拥挤。那时候，有许多闲暇，黄昏之后上海街道几乎是没人的。晚上，看一些小说，看影视是在七十年代末以后。当时都是看一些文学作品，我当时最喜欢看欧洲的城市小说。巴尔扎克，狄更斯，当时也没有什么现代派的小说被介绍过来，都是些经典小说。英国法国的，有些铜版画插图的。当时有些同学、工厂的同事，家里有些藏书的，朋友就是这样来的吧，大家交换书籍。阅读给我带来一些异国都市的东西，带给我很大的想象空间。

我有时候混到一个病假,在家里看小说,看到黄昏时分。当时,是一个很匮乏的时代,用电很节约,我祖母认为天还没有完全暗,开灯是很浪费的。所以,当天慢慢黑,也没法看书的时候,我眼睛累了,我就出去逛街。等到逛了会儿街之后,天黑了,家里饭也做好了,父母也回家了,一起吃饭。黄昏,薄暮时分,昏黄的傍晚,我就喜欢逛街,那时候很奇怪,刚看过的小说的建筑,氛围,内心的一种感觉,会影响我当时的心境。我会好多次有种感觉,恍恍惚惚的感觉。当我走在我家附近的几条马路上的时候,眼前景物给我一种若即若离的感觉,对我而言,当时读书是逃避。当时也没有觉得那种生活是多么难以容忍,但事实上绝对是难以容忍的。但没那么清晰,也没有更好的生活在等待着你,大家都过着一种灰色的生活,而且有些人情况比我更糟糕。他们在农村,没有收入,家境很差,物质匮乏。我当时的生活非常非常乏味,辛苦。所以,很多的乐趣都在于阅读,主要是小说,帮助我度过了这样一个漫长的岁月,所以,很难剥离掉我的阅读生活,而来单独讨论我的生活是怎么过来的。它确实成为我生活中非常重要的一部分,甚至现在想起来,阅读对我现在的影响比当时日常生活对我的影响不知道要大多少倍。当时阅读也不是说是为今后作什么准备,什么读大学,根本不可能实现,所以也不想到什么将来,也不写,有时候和同学通信,讨论一些超出我们年龄的问题,确实是种逃避。还算比较幸运。阅读就是把身体遗忘,把你所待的房间遗忘了,进入到另外一个世界里去了。把书一合上,就回来了。就像是乘魔毯出去了一趟。

现在有时候也会有这种感觉,难得有这种感觉。现在我们想改变生活本身。当然生活这是很实在的事情,但是,想象的空间没有了。现在想象让位给人生的目标和计划,一步一步去实现。所谓梦想成真,我觉得梦想不必成真。如果梦想真的可以成真,那究竟有几个梦想可以成真？肯定是一些很可怜的梦想，肯定是很可怜的。买部车，买套房子，而且多么的艰难，又艰难又可怜。但是很多很多想象，它们跟这些完全没有关系。

下班后根本没有力气把工作服洗掉。把衣服挂在工作室里，第二天穿的时候，汗已经干了，全是盐花。发臭。一点没感觉。那时候满手老茧，要用汽油洗手，木屑擦手，当洗干净后，你就很舒服了。美美地吃顿晚饭。确实那时候的生活，阅读带给我的快感，今天是没法比拟的。现在家里太多书了。要是那时候，开心得要疯了。不过也可能书读太多我会觉得生活更不能容忍。当时书还很少，你还能容忍。

此一时彼一时。我当时还很羡慕我在农村的朋友。他们回上海，一回就半年。当时太羡慕了。一个月就几十块钱，你必须像一个囚犯一样去上班。我在工厂里干的活都是非常辛苦的，造成我现在非常懒惰，不爱动。我觉得我这辈子身体动的事情，已经在前面全都动掉了。我动得太多。我曾经跟朋友聊天说，假如我现在还在工厂干活，可能我的身体会很结实，不会这么胖。

八十年代初，在工厂，正式开始写作。七十年代看了好多书，主要是小说，也看历史，书少。觉得范文澜的《中国通史》都很不错。还有一类书，就是马列主义。因为马列主义而去借德国古典哲学，法国启蒙时代的哲学，狄得罗、伏尔泰，图书馆还能借得到，看了一些。自以为思想成熟，常常跟同学讨论国家大事，国家前途，共产主义的前途。

我还曾经偷书呢，在上海社会科学院，翻墙进去，图书室被封了，半夜我们破窗而入，偷了杜威的书，梁启超《饮冰室文集》。有一大套。当时觉得很危险很刺激。我和几个同学热衷于在通信中讨论，是在粉碎"四人帮"之前。在通信当中，满足了我作为批评者的角色，言论，论述，观点，开始为这些东西着迷。

那时还写日记一类的东西，但不是记录自己日常生活里发生的事。我会描写一段虚拟的东西，小段落，写不下去，我不会写故事。我可以把文论写得有故事性，但是我无法写故事。写作当时一方面是跟朋友交流，再就是写给自己看。我把一件事情，一种感觉写下来，它就在了。自我感觉，帮助记忆。写下来它就存在。

正式写作发表是在八十年代后。一开始就写文学评论，我还是适合写评论，我不适合做学问，我受不了学问。我从来没有经历过一个系统的学习，我不能做，那么我就不做了。常常在一些学问当中发现一些问题。因为学问和学问之间总是干架。既然有这一派那一派，在论战当中存在的话，我想它建造一个体系，就必定面临一个问题，你的长处你说得很对，但观点和观点之间会有一些薄弱环节，你的盲区，留着你就不完整，要补齐了就不对了。有好多问题。批评不一样。我现在很少看长篇学术著作，我觉得所得甚少。包括萨特、罗兰·巴特，奠定他们地位的长篇巨著，我都觉得不怎么样。我都是采取阅读片段的方式来阅读他们。我从来不会一章接一章看，不喜欢的就跳过去。就像走路，有拦住的地方就绕过去。我是那种不求甚解的人。读书何必甚解？我不钻牛角尖，有时候我会琢磨，有些地方停下来，我会想下去。在它刺激了我的思维的时候，要是这地方我毫无兴趣，我就不读了。这跟吃饭一样。

我凭兴趣看书，但看了那么多枯燥的书，我觉得有趣，就像下棋一样，那里面的逻辑那么紧密那么有趣。黑格尔、康德，那时没有弗洛伊德。很多思想观点影响了我。他们怎么把这些观点推出来，他们的逻辑起点是什么，他们怎么提出问题，怎么反驳一个观点。我认为很不错的一个观点，他们马上就反驳掉了。他们怎样找到这样一个缺口。我很好奇。

根本不可能有人引导，我是一个少时失学的人。

瞎读书。我看到很多自学的人,他们都有很严格的计划,我没计划。我干这行是不需要系统读书的。艺术,想象力的事情,感觉形态的东西,没法说对错。我现在写的是书,你可以说好看不好看,有意思没意思。你不能说我在讲一个什么真理,在探讨某个课题。它没法用事实来验证,它属于非实证的,也不属于科学领域。所以不需要严格的训练,就凭感觉,凭你的灵感,你的天分,你的想象力就可以了。可以没有导师,没有严格的训练。别的科目就不行。

我的生活很简单。比较悠闲,舒服。在一个停滞闭塞的年代里,我居然还保存了内心的一个小角落,带我认识了很多风景,这种状态对我是很有好处的。我在工厂里工作,但是又生活得很游离,也不卷入,就过一种神情恍惚的生活。基本上像我这种生活状态的人应该是废物。我必然是下岗。我觉得自己很幸运。我非常自得其乐,我是一个很知足的人。现在朋友多了,大家对我有要求。我很讲究朋友的感觉,大家想让我做点什么就做什么,不让朋友失望,但是,能够偷懒就偷懒。

我曾经两次接到杂志的电话采访。听什么歌长大的。听高音喇叭里的歌长大的。那不是音乐,而是声音,马路上的叫卖声,老师的训斥声,奶奶喊吃饭的声音,升旗的国歌,音乐课上的歌,我父亲喜欢听评弹,没有音乐。七十年代街头小混混,八十年代,有人开始练琴,弹钢琴和拉小提琴,朋友家里的唱片。到一个朋友家,把窗帘拉起来,留声机插好。我记忆中不是音乐,而是听音乐这回事情给我印象深刻。有裂缝的唱片。听觉的经验是很匮乏。我对听的渴望,远远不如我对看的渴望。阅读是我的嗜好。

最早的美术作品。是淮海路的橱窗,电影院门口的海报宣传画。图像和音乐同样匮乏。图像的补课对我来说是很有效的。所有图像我都有兴趣。我从来不回避。我看电影我喜欢看它的场景。好看的照片，图像，马路景观，打扮得好看的衣着，发式，什么我都能看，我从来不回避。我看电影，几乎从来不看剧情，剧情太简单，一看便知结局，我只看场景。我那本书里的很多场景都来自影视，我会对电影中的有些街头，马路，贫民窟，一段楼梯，一个废弃的仓库，电视里放着电影，我只看图像，都会很喜欢。我小时候喜欢画画，记得十岁前，两三岁开始喜欢画，儿童画，三年级图画课被取消，"文革"了。那年我十一岁。在1968年、1969年的时候，我曾经画过领袖像，在白纸上用铅笔描，还是画得不像，进了工厂后给工厂的师傅画过速写，也曾经想过画有颜色的画，但是当时要画画，到了福州路美术用品商店，一管细细的油画颜料，三毛一支，我当时工资每月二十元，颜料画布画笔，两本杂志大的油画布，五毛钱，太厉害，放弃了对色彩的向往。可能要寻找一些乐趣，阅读是最不花钱的。

后来我工资有三十几元了，每月省下十元钱，过了半年看看这六十元够我去哪里，如果要去更遥远的地方，可能要存八九个月。当时七十年代中期吧，我二十岁左右，去过很多地方。泰山、庐山、黄山、桂林，当时，工厂里的人觉得很奇怪，吴亮怎么那么有钱？上海话叫做"脱底棺材"，今天有钱就花掉。这样一个人。我当时旅行有时跟朋友一起，有时一个人，住小旅馆，澡堂子都住过。一起玩的人也有，都是出差的人，全部都是出差的，我就知道，原来出差是可以玩的。我请假，加班调休，写调休单。后来到了八十年代经常参加些文学会议，我现在对旅游的厌烦就是公费旅游太多了。我现在感觉美好的还是自费旅游，你很珍惜，公费旅游惯了以后，自己出去玩，就不习惯了。旅游也是逃避，每次旅游出门，看见外面的田野，就开心。回到上海，想到又要上班，就想，未来的日子怎么过啊！

好酒也是从那时候开始的。当时喝酒很厉害，酒也很便宜。我跟父亲一起喝。夏天的时候，回家路上有卖散装啤酒的，像氧气筒一样，一打开龙头，就下来了。其实就是生啤。一杯酒八分钱。有时候喝两杯，上瘾了，每天下班就在那里喝杯啤酒。一毛六是一顿午饭的价钱。白酒，土烧，现在看来就是劣质白酒，九毛一斤，我买三两，三两是两毛七。酒喝了之后，如果醉了，就睡觉。如果钱不够，只喝一杯啤酒，或者二两白酒，有点微醺，脑子特别放松。开始看书。那时候，特别喜欢看小说，还是爱情小说，感觉特别美好。看屠格涅夫，看普希金的诗，都是跟当下生活毫不相干。抽烟也是从那时候开始的。我不能为了我将来一个缥缈的事情，牺牲我当下的快乐。所以，喝酒、抽烟、旅游，我一项都不落。当时大家同样的收入，因为我都花光了，所以我比不舍得花钱的人舒服很多。现在回头看我是完全对的。将来的事情将来做好了。

虽然画不画了，还是喜欢看，成为一个观者。我的视觉神经比较发达。我不是很刻意。直到今天，我家里唱片是不全的，画册也是不全的。我就是很松弛。我没有日常收集，所以我不做学问。很杂，很偶然，很开放型的。很多东西是临时想到的，自己出来的。方法，综合能力，偶然性，敏感，整合能力，这种东西我觉得可能是与生俱来的，需要天分。自我认识，适当地加以确认。你要说，要写，要开始交流，跟人辩论，然后你发现你哪里有问题需要加强和弥补。及时唤醒的记忆，经验的泛起，官能开放性，这一些加在一道，很够用了。我的记忆存储器，很多很重要的还是视觉。有时候连带也会闻到一些香气，比如回家时邻居家炒菜的香味，现在还能闻到。关于音乐旋律的回忆不多，但是音乐的藏品我都有。我对味觉的记忆比较好。

在写作当中，一个词的出现。我必须要写下第一行字，而且对第一行字特别挑剔，写不好要涂掉，涂掉一行字，涂得一塌糊涂后拿掉。直到现在我都是用手写。拿几张纸，写出几个词来，然后这几个词开始发酵。

我现在搬了新家,还有很多书在老家里。刚搬的时候,家里很干净很空荡,我的老家和新家之间路不远,我喜欢逛过去。我会喜欢上老家去。每次像蚂蚁搬家搬几本书过来,当书差不多搬完了的时候,我的记忆渐渐淡去,我也就不怎么经常过去了。

我长乐路上的老家,有刻骨铭心的记忆。房子的样子,慢慢变旧的家具,慢慢变老的我的母亲,还有我使用过的东西,一直唤醒我。一个环境,一行字,一本书,都是视觉,都能激发我想起往事,激起一个思绪,想起某一个人。只有记忆让我们生命完整,人不是生活在未来里面,是生活在记忆当中,历史当中。我老想过去是因为我的年纪吧,我更注重是当前,当前的事情。不是以前那段事情多么值得谈,而是我喜欢谈,谈本身,我觉得很有意思。

1989年以后,文学评论不写了。当代文学对中国文化影响很大。文学会议的召开,媒体都来报道,因为文学里包含太多的信息,和社会的心理。作家也是知识分子的代表。有些文章有很大影响是我始料不及的。每次写文章都觉得在为一些朋友写作。1989年以后,不少杂志主编换了,朋友出国了,一种氛围消失了。第二年我离婚,我觉得没有自由了,必须建立全新的生活。

我在作家协会里有一个位置,有基本的生活费,孩子归母亲。我很自由了。不上班,也不写作,就开始跟画家混在一起。1993年前那些活跃的画家,没有媒体报道,没有展览的可能性,也没有市场,不要谈出国了,非常艰难,也是非常纯粹的,当时我还会自己跑到北京、重庆去看艺术家,非常有意思。同时玩玩,没有任何目的,就像我当年看书,就是自己喜欢。但是跟七十年代不一样,就觉得他们都是些重要人物,总有一天他们会改变,生活情况不会老这样。已经有种信念了。完全是交朋友。偶尔写些短评,也没想过要发表,因为没地方发表。当时很空闲。当时写《城市伊甸园》也很奇怪,跟当时的文学、艺术没有什么关系。就讲一个空间，很纯粹。历史性，意识形态的东西完全抽离了，没有了。没有时代背景，没有国家。工人无祖国。

在这座城市里发生了那么多的事情，有时候不用靠眼睛，靠鼻子都能闻出它的气味。有些观点我同意。有些观点都可以谈论出来。这是一个层面，一个表面的纪实性的方面，随着时间也会变化的东西，其实说不说也无妨。反过来想，我们都生活在一种连续的纪实性当中，假如你把所有纪实性的东西剔除的话，那生活还剩下什么呢？报纸一过期就得扔掉，但我们还得看报纸，因为我们就在这纪实性里面。还有一种相对比较稳定的，它与记忆有关，与我们的内心世界有关，跟我们特殊的感觉有关，这种感觉因为没有浮上一个公共语言的表层，所以无法跟人交锋，也没有对错。那么，你只能独自去回味它，让它慢慢发酵，甚至慢慢腐烂被遗忘。我想每个人都一样，每个人都是有感觉的。这些东西是一直诱惑我的，而且是比较持久地诱惑我的。对这城市，不管是具体的或者抽象的，我的感觉和别人有没有关系我并不在乎，也并不想通过这个来跟人说什么。但从文化批评的层面，流行的层面，那无所谓。这一个世界别人很难进来，别人的观点很难影响我。我被更多的要求谈论的，是前面一个层面，因为人们需要消费这个话题。

有许多许多小说，报道，对近代上海历史的回忆和描述，每一本都有不同的信息和知识在里面。但是，没有看到一个人，一本书，或者一篇文章，抓住了这座城市的灵魂。我相信城市是有灵魂的，没有人，张爱玲也没有。肯定不是。什么原因？他们都是经验主义者，想象力都围着经验在转，而城市精神，它的本质是很抽象的。不是理论的抽象，而这种抽象的东西，一定要超越时空才能带动人。不然的话，我们就完全受制于一大堆材料。讲黑社会官场，讲名人的沉浮、人民的贫困、城市的改变，都太表象。这也很重要。但灵魂都没有抓住。它存在而无形,应该用文字说出来,但没有人把它说出来过。

上海比较适合人们居住。一座真正的城市,它不仅仅让人们生活,它还是让人们想象的,而且这个想象不仅仅是在大剧院,在音乐厅。你在这城市里的感觉并不是仅仅是生活在这里。比方这么想吧——乡村,土地给人的感觉并不仅仅是用来耕作,山林并不仅仅为了砍柴,河流也并不仅仅是为了捕鱼。你有没有能力对土地山林河流体会到超出让你谋生这种意义以外的意义?

当然城市是为了功能而建造起来的房子和马路,公共设施,都是为了生活方便。它是一种存在,但也在变化中,一旦成为我们的第二自然,它肯定还有别的功能。比如我们看到一座建筑,当它有灯光的时候,我们知道有人在里面生活;当它没有灯光时,我们想象它是学校吗?它是一座工厂吗?基本是从功能上考虑。无法对所有的建筑命名。看到橱窗,它不一定煽起购物的欲望。这就是一种漫游者态度,他好像和这城市无关,我们没有必要考虑这个人他怎么吃饭,从事什么职业,但他毫无疑义肯定会吃饭。他会利用一些闲暇游离出来。

就像一个行吟诗人跑到乡村,他不是农民,你说他没有资格说乡村吗?他当然还有资格。我想我对城市就是这样的。有时候,我超越喜怒哀乐,一个家族的兴衰,一个名人的沉浮。那些是灵魂的躯壳,这个灵魂不是你我他,它绝对有灵魂。七十年代我看描写都市的小说,到八十年代后,也一直写城市。波德莱尔,当我读他读到物我两忘的时候,眼前出现的马路景观,你觉得完全是另外一座城市,一座一百多年前的外国人对外国某个城市的描绘。没有插图没有照片,它的文字,你感觉怎么可能知道它的外貌?它语言的功能并不高,根本不可能如实地描述了一个伦敦或者巴黎,它打动我的是什么?真是有视觉的,这视觉很混沌,正好就浮现出来了。但它是有灵魂的,这种灵魂可以穿越时空,可以从当时穿越过来,在我心里,影响我。它是无形的，但它是存在的。电是存在的，但你不知道它在哪里。一下子被电击中了。那么，阅读都能够如此，那么大的城市，难道不会这样吗？我觉得会。

反过来讲，肖像是纪实的，那些人，他们来了，又离去，这也构成了我一部分的日常基本生活。但即便这样，我还是认为有一个东西存在。而且没有看到一个中国的作家写出来过。

波德莱尔写巴黎的忧郁，巴黎不仅仅是忧郁的，但他写了巴黎的忧郁；狄更生是一个写实主义者，他写出一个伦敦；德莱塞写的充满欲望的美国城市，都揭示了一个灵魂，灵魂的一面。通过纪实，想象的。上海，人家说"东方巴黎"，金融中心，上海变漂亮了，上海的步行街如何如何。很表象，这些都不是文学艺术的概念。意大利和法国画家，比如籍里柯和郁特里罗画的街景，现在上海哪里能看到这种绘画？没有。才能问题。到目前为止，写上海的文人，没有一个拥有诗性的灵魂，张爱玲是很有才华的，但她没有诗性的灵魂，她是很世俗的人。她吸引人是因为她的洞察力，敏感和对细枝末节的把握。她很值得玩味，她很透彻，很世故，但她没有诗意。我所说的诗意不是美化这个世界，忧郁是诗意，糜烂也是诗意。还是没有一个人出现。

并不是上海这城市决定了什么。你说这城市物欲，难道当年的伦敦、巴黎不物欲吗？

被物质吸引还是比较表层的。最起码是被日常经验所覆盖。当然我说诗意也不是说摆脱日常经验，它和日常经验是有关的，但它总能挣脱出来进入另外一个层面。它不能陷在里面。热闹我也很需要。有时候我会守在这个很空洞的地方，我觉得很奇怪，这地方，南京路上怎么会有这样一个地方？我觉得它很脱离，一下子很脱离，这种享受也是非常好的享受。源于生活，脱离生活。

喜欢的东西都很日常。喜欢聊天，我不聊天也可以；喜欢吃吧，我跟人家比我汗颜,是因为周围的朋友太不会吃;喜欢抽烟,这不值一提;喜欢女人,这很正常。没有什么奇怪的癖好。也没有嗜好,我的生活很正常,我跟人交往也很正常,沟通也很正常,面临问题解决问题的能力也很正常,虽然我会逃避一些问题,不过事到临头,我都会面对的。能不面对的就不面对。没有一个明显的开始。小时候我是一个不爱说话的人。小学老师在我的学生手册上写到我上课的时候特别爱讲话,我想不起来。可能老师是对的。但我觉得我比较怕羞,上课让我站起来回答问题,我都不能很顺利地回答问题。考试第一,满分,第一个交卷。"文革",家里经历了一些变故,我就非常害怕见人。喜欢说话,表达观点,是八十年代以后了,后来越来越变本加厉。

我尊重常识。我不会为了追求诗意而做故意违背常识的事情。故意特立独行,故意搞得古里古怪,故意反常,故意不守规矩,不管是行为举止还是言谈做派。我还是遵守好多规则。我想这也不是我要犯一个忌。人都是有些阴暗面,欲望人人都有,为什么要有法律,就是人人都想犯忌。我不会放纵一个不好的结果出现。

当发生一些事情的时候,比如"冷战"结束后,东方西方的格局,那么我就不能停留在人们一般谈论的情绪化层面,我会去找些书籍来很认真地看。我不是这方面的行家,我会尽可能地买书来看。这我很有兴趣。你说明星关我屁事。我无法对一些重大国际事件满足于一种情绪化一般的表态,比报纸的资料要深一步。对俄罗斯很感兴趣,找了很多书来看,这跟我专业没关系,我觉得满足一下。随着时间的推移,它在变化。

人们现在动不动就随便表态,这太成问题。一个很专业的问题,在中国很容易被意识形态化,被立场化,被表态化。这个很要命。真相如何,为什么会这样,你的利益何在,人们为什么会这么做,原因在哪里。这些都没有了。只有你表态,你帮谁。你看谁不顺眼。这样的逻辑很普遍，没什么道理好讲。

我现在所写的东西都不涉及一个最终的真相和真理。我写的是艺术，艺术它特别相对。那是我的一个限度啊，我有知识边界的，如果超出，那就是一片黑暗。我有限的精力和知识是一盏灯，它所照亮的区域是有限的。在这灯光以外，我能看到什么？我什么也看不到。人都应该这么承认，我认为这是常识。

假如你还是想入非非，不切实际，那么你肯定是一个要被时代所抛弃的人。这个时代已经不再需要这样的人了。但是由于我的存在，你会看到这两者完全是不矛盾的。我不是去放弃诗意的生活。诗意的生活并不是要你浪迹天涯，背起背包去玩，到西藏去，到巴黎去。我说你去你可以旅行，但是你的灵魂不会战栗。度假似的旅行，对我毫无意义。

还有一个我想说的是，我完全不想教育什么人，我也不是什么楷模，在目前这个时代，内心生活是可能的。但同时内心生活需要一种能力，并不是你想有就有。内心生活不仅仅是情感，也不仅仅是道德操守，它是跟想象和美有关，那种美也不仅仅是抒情浪漫品位，或者通过购买所获得的，当然购买也很重要。这是我常识的一面。生活的经济学常识，反过来，也不是你有了钱必然就有了这种能力。以我来讲，日常生活，是一种基本存在，但是在它的另一面，有内心生活，不一定高于它，但它是另外一种存在。我觉得它才真正有价值，它老在你心里徘徊不去，因为物质生活终会过去，只有很稳定在你心中游荡的那个它，在发酵，在飘离，像灵魂在出窍一样，那是一种非常美妙的感觉。这种感觉，这种在内心的经验，是一种特别好的事情。其实很多文章可写可不写，但是我能写干吗不写？我有这个能力，包括说也一样，交流，说话，表面化的东西。有的观点我不说，不等于它不存在，有些感觉不是一定要说它才有。当然能说比不说好。能写出来比说好，能够印出来更好。

后记

这是一本谈话录。其中,除了个别对话稍早,大部分根据2008年以来的谈话录音整理而成——2008年初我的眼睛做了手术,医生告诫我暂时不要阅读与写作,我就对自己说,好吧,那就找些人随便说点什么,用录音机把它记录下来。我明白,自从便携式微型录音机越来越廉价以来,已经有无数人在这么做了,我既不是第一个也不会是最后一个。过去,人们以为可以通过现场记录和复制技术拯救那些稍纵即逝的即席言论和偶然思想,使之不被湮没;但现在的情况正好颠倒了过来,人们所轻易掌握的数码技术手段因其廉价与普遍滥用,使那些或许有可能具有价值的言论与思想混杂在如瀚海一般过量保存的谈话录音中——被录音了,却没有闲暇进行文字整理;作了文字整理,却没有相匹配的地方刊登;侥幸发表了,却没有合适理想的人翻阅;匆匆浏览了,却没有留下印象;认真阅读了,却迅速地为纷至沓来的其他信息所覆盖;更可担忧的是,不仅目前已有的由数码技术所保存的语音图像资料恐怕在可以预料的短近将来都难见天日,那些接踵而至从未来朝我们浪潮般压迫过来的信息不仅是天文数字,而且每时每刻在以几何级数在增长。

也许,热衷记录我们平时的谈话本身就是一个过于自恋的错误,这个错误还导致了另一种倾向，即稍有机会，就事无巨细地记录并精心保存自己的图像与言论，却无暇关注其他人哪怕是最熟悉的人的同类记录。追根溯源，在漫长的日常生活中我们彼此交谈，只不过为了达成关于某个情境性的遭遇、沟通、诉求或临时合作之目的，一旦交流完成，原先的说话内容就自然废弃，我们的注意力和条件反射之本能被接踵而至的新情境所吸引。说话不需要拥有持久的生命力，它不需要固置在原先的地点。简而言之，日常中的大量说话交流，其意义与有效性仅在此时此刻，我们平时说话并不是为了被记录，说过了听过了，相继而来的生活之流就应将其迅速淹没，了无痕迹才是它的应有宿命。

当然写作与日常谈话有所不同，特别是那种据说也正在慢慢消失中的老派写作，这种老派写作坚信，写作只能是为少数人的，甚至它只在两个人之间发生，它起源于一个人说，一个人听；然后反过来，听的人开始说，说的人开始听，最终形成对话。古老的写作几乎都起源于对话，无论苏格拉底、孔子还是佛陀……我愿意相信，只要人们对话的欲望和对话的形式没有从他们的肉体内与生活中消失，这一类老派写作也肯定会继续存在。许多年来，我的写作一直偏爱对话的形式，这可以追溯到二十世纪七十年代，那时我的写作只能私下进行（以片断或通信的方式），尝试公开发表那些危险疑问与异端见解无异飞蛾扑火。八十年代起我开始正式写作，我最初出版的那些书的其中之一，《艺术家与友人的对话》就是一本虚构的谈话录。那时候还是一个低信息时代，一个所谓思想得以被允诺解放的初醒之晨，我和我的同代人以为一个回归性的启蒙运动也许真的将要来临，我们为一切我们所遇见的有可能是新的观念和新的事物欣喜若狂，我们每时每刻发现自己产生了新的疑问或新的解答。因为没有机会和必要的技术条件，我们无法记录我们平日里的某些思想邂逅和遭遇性的论辩，以及某些自以为有点意思的闲聊式谈话。

能记录就记录吧,能整理就整理出来吧,当然,能发表更好。为了此时此刻,为了曾经存在的谈论,无论它是否会被湮没或终究要归于尘土,在我们或你们的一息尚存之际,只要一息尚存,思想与谈论就不会停息,不管它是渺小还是伟大……也许根本就不存在什么渺小与伟大,那些虚妄概念不过寄生于某些谈论,并被另一些谈论质疑,它们并不存在于我们之前或我们之后的无限世界中……《此时此刻》所谈论的那些话题都是极为有限的,它们依赖于这个尚未消失的时代,被局限在这个自以为已经非常开放与发达的时代,但我们必须依存这个时代,无论它有多么骄傲或有多么可笑。

吴亮

2012 年 3 月 31 日